Thilo von Trotha

Die Operationen im Etropol-Balkan;

ein Beitrag zu der Geschichte des russisch-türkischen Krieges, 1877-78

Thilo von Trotha

Die Operationen im Etropol-Balkan;
ein Beitrag zu der Geschichte des russisch-türkischen Krieges, 1877-78

ISBN/EAN: 9783743317642

Hergestellt in Europa, USA, Kanada, Australien, Japan

Cover: Foto ©ninafisch / pixelio.de

Manufactured and distributed by brebook publishing software (www.brebook.com)

Thilo von Trotha

Die Operationen im Etropol-Balkan;

Die Operationen
im
Etropol-Balkan.

Ein Beitrag

zu der

Geschichte des russisch-türkischen Krieges
1877--78.

Kriegsgeschichtliche Studie

von

Thilo von Trotha,

Major à la suite des 8. westfälischen Infanterie-Regiments Nr. 57
und Adjutant der General-Inspektion des Militär-Erziehungs- und Bildungswesens.

Hannover.
Helwing'sche Verlagsbuchhandlung.
(Th. Mierzinsky, Königl. Hofbuchhändler.)
1887.

Erster Abschnitt.

Der Balkan und seine Pässe.

Balkan ist die türkische Bezeichnung für Gebirge im Allgemeinen; im Besonderen wird die ganze Gebirgsstrecke vom Timok bis zum Schwarzen Meer von den Türken Chodscha Balkan, d. h. Haupt-Gebirge, benannt.

In ihren einzelnen Theilen führt die Balkankette besondere Namen nach den Hauptorten der betreffenden Gegend.

Einerseits der Durchbruch des Isker, andererseits die von Sliwno nach Osten zu beginnende Gabelung der bis dahin aus einem Kamm bestehenden Kette in mehrere Verzweigungen geben von selbst die Eintheilung des Balkan in eine westliche, mittlere und östliche Kette.

Die westliche Kette, welche vom Timok bis zum Durchbruchsthal des Isker reicht, besteht von Westen nach Osten zu aus dem St. Nikolaus-Balkan, dem Tschiprowiza-Balkan, dem Berkowaz-Balkan, dem Wrazza-Balkan und dem Kutschuk-Sofia-Balkan.

Die mittlere Kette, in einer Länge von 250 Kilometern vom Isker-Durchbruch bis Sliwno reichend und auf manchen Karten speziell Chodscha-Balkan benannt, besteht aus dem Bujuk-Sofia-Balkan, dem Etropol-Balkan, dem Slatiza-Balkan, dem Tetewen-Balkan, dem Trajan-Balkan, dem Kalofer-Balkan, dem Schipka-Balkan, dem Trawna-Balkan, dem Elena-Balkan und dem Sliwno-Balkan.

Der Hauptkamm der östlichen Gruppe füllt zunächst als Kasan-Balkan, Asap-Balkan und Karnabad-Balkan (merkwürdigerweise so genannt, obschon die Stadt Karnabad südlich des südlichen Zweiges liegt) den Raum zwischen den beiden Quellflüssen des Kamtschik (Akali und Deli Kamtschik) bis zu deren Vereinigung aus und wird östlich des Deli Kamtschik durch den Emineh-Balkan fortgesetzt, welcher den Raum zwischen dem unteren (vereinigten) Kamtschik und dem bei Missivri mündenden Hadschi Dere ausfüllt.

Südlich dieses Hauptkammes, von ihm durch das Thal des oberen Deli Kamtschik und das des Hadschi Dere getrennt, streicht von Sliwno aus ein südlicher Zweig als Wodo-Balkan, Motei-Balkan und Aidos-Balkan in der Richtung nach Missivri.

Nördlich des Hauptkammes zweigt sich in der Gegend von Sliwno eine nördliche Kette ab, welche unter verschiedenen sehr schwankenden Einzelbenennungen nördlich des Akali Kamtschik in der Richtung über Osmanbasar, Schumla, Prawady und Varna nach der Küste zieht.

Ueber die Benennung dieser ganzen östlichen Gruppe herrscht vielfach Unsicherheit und Verschiedenheit. Bisweilen wird die ganze östliche Gruppe mit allen ihren Zweigen „Kleiner Balkan" genannt; auf manchen Karten dagegen heisst der mittlere Zug „Kleiner Balkan", der südliche „Grosser Balkan"; auf anderen Karten wieder ist es umgekehrt. Um Irrthümer zu vermeiden, sei hier gleich erwähnt, dass auch die Gebirgskette, welche die Wasserscheide zwischen der oberen Tundscha und der oberen Mariza bildet, bisweilen „Kleiner Balkan" genannt wird.

Die Hauptkette des Gebirges, deren Kammhöhe im östlichen Theil zwischen 500 und 1000 m, im mittleren und westlichen Theil aber zwischen 1500 und 2000 m schwankt, zeigt im Allgemeinen Kuppenform und reiche Laubwaldungen.

Der südliche Abfall ist bei weitem der steilere; der nördliche macht um so weniger einen imposanten Eindruck, als derselbe durch niedere Vorberge verdeckt wird.

Diese Vorberge, welche in verschiedenen Zweigen in abweichenden Richtungen laufen, haben einen von der Hauptkette durchaus verschiedenen Charakter; sie bilden Hochflächen, welche zum Theil mit senkrechten Felsenwänden abstürzen, zum Theil mit allmälig flacher werdender Böschung sich zu den Thälern hinabsenken.

In ethnographischer Beziehung sei hier erwähnt, dass zur Zeit des Krieges die Nordseite des östlichen Balkan ausschliesslich von Türken bewohnt war; die Nordseite des mittleren und westlichen Balkan ausschliesslich von Bulgaren. Auf der Südseite des östlichen Balkan herrschte das türkische Element vor, die Südseite des mittleren Balkan hatte eine aus Türken und Bulgaren gemischte Bevölkerung, während die Südseite des westlichen Balkan wieder nur von Bulgaren bewohnt war.

Tartarische und tscherkessische Ansiedelungen fanden sich zerstreut auf der Nord- und Südseite; Griechen fanden sich in geringer Anzahl im östlichen Balkan.

Ueber den **Hauptkamm** des Balkan führen folgende Pässe — wobei die jedem Passe **vorgesetzte** Zahl seine Entfernung von dem vorhergehenden Passe in Kilometern, die dem Passe **nachgesetzte** Zahl seine absolute Höhe in Metern angiebt:

1) Der Pass St. Nikolaus (1348 m), 60 km südlich von Widdin.
2) 24 km. — Der Pass Wrscha Glawa oder Tri Tschuki (1897 m).
3) 20 km. — Der Pass Gareschda oder Kom (1919 m).
4) 15 km. — Der Pass Ginzi oder Schinzi (1508 m).
5) 20 km. — Der Pass von Isgorigrad oder Sokolez oder Wrazza 1412 m).
6) 5 km. — Der Engpass des Isker-Durchbruches bei Ossikowo (364 m).
7) 25 km. — Der Pass von Ogoja oder Lutikowo.
8) 10 km. — Der Pass Umurgatsch.
9) 7 km. — Der Pass von Tschuriak.
10) 16 km. — Der Pass von Babakonak oder Arabkonak (1050 m).
11) 5 km. — Der Pass von Strigli.
12) 14 km. — Der Pass Kasamarska (1496 m).
13) 10 km. — Der Pass von Slatiza.
14) 20 km. — Der Pass von Ribariza oder Rabaniza (1916 m).
15) 5 km. — Der Pass der Markow-Pforte oder Boba Kapudschik (1300 m).
16) 10 km. — Der Pass von Trajan (1434 m, nach anderen Angaben weit höher).
17) 18 km. — Der Pass Ostra Mogila (ca. 2000 m).
18) 15 km. — Der Pass Rosalita oder Mara Heiduk (1930 m).
19) 25 km. — Der Pass Selenodrewo-Imetli oder Ozan (1500 m).
20) 5 km. — Der Pass von Schipka (1207 m).
21) 5 km. — Der Pass Brdck oder Bädek (ca. 1500 m).
22) 10 km. — Der Pass von Trawna oder Tipurska Poljana oder Chrestez (1245 m).
23) 20 km. — Der Pass von Selenskirad oder Hainkioi oder Hainbogaz.
24) 15 km. — Der Pass Heiduk Tschokar oder Twardiza oder Ferdis (1085 m).
25) 10 km. — Der Pass Zupantschi-Messari; wahrscheinlich ein und derselbe mit dem mehrfach genannten, aber auf keiner diesseits bekannten Karte aufzufindenden Biatskischen Pass (1098 m).
26) 15 km. — Der Pass Demir Kapu, d. h. Eisernes Thor, oder Wratnik.
27) 22 km. — Der Pass von Kasan oder Kotal oder Kalabak (724 m).

28) 15 km. — Der Pass Asap Tepe (ca. 900 m).
29) 25 km. — Der Pass von Dobrol oder Tschalikawak, wahrscheinlich auch Pass von Kamtschik Mahale genannt (446 m).
30) 20 km. — Durchbruchsthal des Deli Kamtschik zwischen dem Karnabad-Balkan und dem Emineh-Balkan.
31) 15 km. — Der Pass Nadir Derbent.
32) 38 km. — Der Pass von Bana oder Sefula (437 m).
33) 10 km. — Der Pass von Emineh.

Den **Nordfuss** des Gebirges bezeichnet ungefähr die Linie Bjelogradschik - Tschiprowiza - Berkowaz - Wrazza - Ljutibrod - Orchanie - Etropol - Tetewen - Trajan - Selwi - Tirnowa - Osmanbasar - Eskidschuma - Schumla - Prawady - Varna;

den **Südfuss** dagegen die Linie Ak Palanka - Pirot - Sofia - Taschkesen - Slatiza - Rachmanli - Karlowo - Kalofer - Kasanlik - Maglisch - Hainkioi - Twardiza - Binkos - Sliwno - Burgudschik - Karnabad - Aidos - Missivri.

Zwischen diesen beiden Linien schwankt die Breite des Gebirges zwischen 20 und 80 Kilometer.

Verbunden sind die genannten beiden Linien durch folgende Gebirgs-Uebergänge:

1) Von Bjelogradschik über (12 km) Tschupren und (8 km) den Pass St. Nikolaus nach (40 km) Ak Palanka.
2) Von Tschiprowiza über (8 km) den Pass Wrscha Glawa und (15 km) Gornaja Luka nach (15 km) Pirot (Scharkioi).
3) Von Berkowaz über (12 km) den Kom-Pass und (12 km) Krividol nach (40 km) Pirot.
4) Von Berkowaz über (15 km) den Ginzi-Pass nach (30 km) Kostimbrod; hier aus dem Gebirge und nach (20 km) Sofia. — Diese ganze Verbindung ist gute Fahrstrasse, welche nordwärts nach Lom Palanka an der Donau führt.
5) Von Wrazza über (16 km) den Pass Isgorigrad nach (40 km) Kurila, hier aus dem Gebirge und dann nach (15 km) Sofia. — Die ganze Verbindung, welche dem Isker-Thal ziemlich parallel über den Kutschuk-Sofia-Balkan führt, scheint ein sehr beschwerlicher Saumpfad zu sein.
6) Von Wrazza ebenfalls über (16 km) den Pass Isgorigrad; dann ein sehr beschwerlicher Pfad durch das Isker-Tsal nach (35 km) Kurila.
7) Von Wrazza über (12 km) Ljutibrod und (30 km) den Pass von Lutikowo nach (20 km) Kremikowze; hier aus dem Gebirge und nach (20 km) Sofia. — Bis Kremikowze beschwerlicher Saumpfad.

8) Von Orchanie über (20 km) den Pass Umurgatsch nach (10 km) Schiliawa. — Sehr beschwerlicher Pfad; scheint für gewöhnlich kaum als Wegeverbindung benutzt zu werden.
9) Von Orchanie über (20 km) den Pass von Tschuriak nach (10 km) Jeleschniza. — Früher, vor Erbauung der grossen Strasse (siehe Nr. 10) die directe Hauptverbindung zwischen Orchanie und Sofia; jetzt ein wenig benutzter, beschwerlicher Saumpfad.
10) Von Orchanie über (20 km) den Pass Babakonak nach (10 km) Taschkesen; von hier nach (35 km) Sofia. — Diese Verbindung, die beste über den ganzen Balkan, ist eine in sehr gutem Zustande befindliche, von einer Telegraphenleitung begleitete Chaussee, welche nordwärts über Plewna nach Rustschuk führt.
11) Von Etropol über (14 km) den Strigli-Pass nach (9 km) Strigli. — Für Artillerie brauchbar, aber beschwerlich. — Noch nördlich des Strigli-Passes zweigt sich von dieser Strasse ein sehr beschwerlicher Saumpfad ab, der direct nach Süden führt und bei Mirkowo (10 km westlich von Slatiza) den Südfuss des Gebirges erreicht.
12) Von Etropol über (12 km) den Kasamarska-Pass nach (8 km) Slatiza. — Saumpfad.
13) Von Tetewen über (20 km) den Pass von Slatiza nach (8 km) Slatiza. — Sehr beschwerlicher Saumpfad.
14) Von Tetewen über (15 km) Ribariza nach (10 km) dem Rabaniza-Pass, dann nach (10 km) Rachmanli.
15) Von Tetewen zunächst nach (15 km) Ribariza, dann über (15 km) den Pass Marko-Pforte nach (8 km) Rachmanli. Für Fuhrwerk nur sehr schwer benutzbar.
16) Von Trajan über (15 km) den Trajan-Pass nach (10 km) Konare. — Nur für Fussgänger und einzelne Reiter zu benutzen.
17) Von Trajan über (8 km) Kloster Uspjenije (Himmelfahrts-Kloster) und (15 km) den Pass Ostra Mogila nach (8 km) Karlowo. — Schwieriger Saumpfad.
18) Von Trajan nach (20 km) Nowoselo, dann über (7 km) Ostrez nach dem (8 km) Rosalita-Pass und dann nach (10 km) Kalofer. — Saumpfad.
19) Von Tirnowa nach (35 km) Gabrowa; von hier über (15 km) Selenodrewo und (13 km) den Pass von Imetli nach (5 km) Imetli, 12 km westlich von Kasanlik. — Bis Selenodrewo zur Noth für Geschütze fahrbar, dann beschwerlicher Saumpfad.

20) Von Tirnowa über (35 km) Gabrowa und (20 km) den Schipka-Pass nach (6 km) Schipka; von hier nach (10 km) Kasanlik. — Ein verwahrloster, chaussirter Weg, nach einigen Herstellungsarbeiten für Artillerie und schweres Fuhrwerk brauchbar; der Abstieg vom Pass nach Schipka-Dorf wegen seiner Steilheit sehr schwierig.
21) Von Gabrowa aus ein sehr beschwerlicher Fusspfad über (15 km) den Berdek-Pass nach (10 km) Janina (Ketschidere), 5 km nördlich von Kasanlik.
22) Von Tirnowa über (32 km) Trawna, dann über Chrestez, den Tipurska Poljana-Pass und Seljzè nach (38 km) Maglisch. — Bis Trawna fahrbar; dann beschwerlicher Saumpfad.
23) Von Tirnowa über (40 km) den Pass von Selenskirad nach (10 km) Hainkioi. — Zum Theil sehr beschwerlicher Saumpfad.
24) Von Tirnowa über Elena und (45 km) den Pass Heiduk Tschokar nach (12 km) Twardiza. Auf der Nordseite bis zum Pass Fahrstrasse, von dort der Abstieg nach Süden Saumpfad.
25) Von Tirnowa über (20 km) Slatariza und (15 km) Bebrowa nach (18 km) Stararjeka; dann über (15 km) den Pass Zupentschi-Messari nach (20 km) Binkos an der Tundscha.
26) Von Stararjeka über (10 km) den Pass Demir Kapu nach (20 km) Sliwno.
27) Von Osmanbasar über (22 km) den Pass von Kasan (Kalabak) nach (4 km) Kasan und weiter nach (4 km) Gradez; von hier über (10 km) Wetschera nach (15 km) Sliwno. — Von Gradez geht eine Querverbindung nach Osten zu ab, welche bei (13 km) Kajabaschi in die Strassen-Verbindung Nr. 28 einmündet.
28) Von Schumla über (22 km) Eski Stambul (Preslaw) nach (8 km) Mahmudkioi; von hier über den Derwisch-Beir nach (30 km) Verbiza; dann zum (10 km) Pass Asap Tepe; von hier über (15 km) Kajabaschi nach (12 km) Burgudschik. — Die hier angeführte Weg-Richtung ist die grosse neu erbaute Strasse von Schumla nach Jamboli, welcher letztere Ort 25 km südlich von Burgudschik liegt. — Bei Kajabaschi mündet die von Gradez kommende Querverbindung mit der Strasse Nr. 27; von Kajabaschi nach Osten führt eine Strasse über Sungurlu nach (25 km) Karnabad.
29) Von Schumla über (22 km) Dragiejewo zum (25 km) Pass von Tschalikawak, dann bei (7 km) Kamtschik Mahale über den Deli Kamtschik und über (5 km) Dobrol und (8 km) Koscharewo nach (15 km) Karnabad. — Dies ist der alte Weg von Schumla nach dem Süden; früher auf der ganzen Strecke für Artillerie

und schweres Fuhrwerk passirbar, jetzt vernachlässigt und auf der Strecke von Dragiejewo bis zum Pass von Tschalikawak nur als Saumpfad zu bezeichnen. — Ein Nebenweg führt von Schumla bei (18 km) Köprikoi über den Akali Kamtschik, dann durch den Engpass Bairamdere nach (24 km) Tschalikawak an der Hauptstrasse, 4 km nördlich des Haupt-Passes. — Von Kamtschik Mahale führt nach Osten zu eine Querverbindung, bei (20 km) Iskodna den Deli Kamtschik überschreitend, nach (20 km) Nadirkoi an der Strasse Nr. 30.

30) Von Prawady bei (18 km) Köprikoi über den vereinigten Kamtschik, dann über den Pass von Nadir Derbent nach (30 km) Nadirkoi und weiter über den Aidos-Balkan nach (12 km) Aidos.

31) Von Varna bei Podbaschi über den vereinigten Kamtschik nach (24 km) Derwisch Jowanno; dann über Arnautlar, Aiwadschik, Jenikoi und Bana zum (35 km) Pass von Bana; dann nach (15 km) Missivri.

32) Von Derwisch Jowanno (siehe Nr. 31) über Fundukli, Aspro und Erekli zum (30 km) Pass von Emineh; dann dicht an der Küste entlang nach Missivri.

Die Querverbindungen zwischen den Endpunkten der aufgeführten Passwege sind auf der Nordseite des Gebirges weit weniger gut als auf der Südseite. Von Bjelogradschik nach (40 km) Tschiprowiza und weiter nach (25 km) Berkowaz führt ein beschwerlicher Saumpfad; von Berkowaz nach (40 km) Wrazza und weiter über (12 km) Ljutibrod nach (30 km) Orchanie und (20 km) Etropol ein mangelhafter Fahrweg; von Etropol nach (26 km) Teteweu und (40 km) Trajan ein beschwerlicher Saumpfad; von Trajan nach (40 km) Selwi theils Saumpfad, theils schlechter Fahrweg; von Selwi nach (45 km) Tirnowa ein chaussirter Weg; von Tirnowa über Kesarewo nach (65 km) Osmanbasar ein brauchbarer Fahrweg; von Osmanbasar über (25 km) Eski Dschuma nach (35 km) Schumla ein chaussirter Weg; von Schumla über (50 km) Prawady nach (45 km) Varna ist Eisenbahnverbindung.

Auf der Südseite führt von Ak Palanka über (15 km) Pirot nach (84 km) Sofia und weiter nach (35 km) Taschkesen eine gute Chaussee; von Taschkesen über (10 km) Strigli, ferner (25 km) Slatiza und (40 km) Rachmanli nach (25 km) Karlowo ein guter Fahrweg; von Karlowo über (24 km) Kalofer nach (36 km) Kasanlik Chaussee; von Kasanlik über (12 km) Maglisch, (20 km) Hainkioi, (10 km) Twardiza und (20 km) Binkos nach (24 km) Sliwno ein guter Fahrweg; von Sliwno über (25 km) Burgudschik und (32 km) Karnabad nach (27 km) Aidos Chaussee; von hier nach (40 km) Missivri ein guter Fahrweg.

Fasst man die angeführten Verhältnisse ihrer Gesammtheit nach ins Auge, so zeigen die Nord- und Südseite des Gebirges in Bezug auf die gegenseitige Lage der das Gebirge überschreitenden Verbindungen einen nicht zu verkennenden Gegensatz.

Auf der weitverzweigten Nordseite mit ihren mannigfach gegliederten Quer- und Nebenthälern bilden die Passwege verschiedene enger zusammengehörige Gruppen, zu denen einzelne Knotenpunkte den gewissermassen beherrschenden Eingang bilden; als solche Knotenpunkte sind besonders zu nennen Schumla, Tirnowo und Orchanie.

Von Schumla aus führt die neuerbaute grosse Strasse über Burgudschik nach Jamboli, und ausserdem mehrere Nebenstrassen nach Sliwno, Karnabad und Aidos. — Von Tirnowo führt die grosse Strasse über den Schipka-Pass und ausserdem die Strassen über Selenodrewo, Trawna, Hainkioi und Twardiza nach dem Thal von Kasanlik; ausserdem die Strasse über Bebrowa nach Binkos und Sliwno.

Von Orchanie führt die grosse Chaussee über den Babakonak-Pass und ausserdem mehrere Nebenstrassen über den Sofia-Balkan nach dem Thal von Sofia; ausserdem die Strasse über Etropol nach Slatiza.

Die Südseite des Gebirges hat vermöge ihres kurzen, steilen, gar nicht gegliederten Abfalls in ihrem westlichen und mittleren Theile derartige Pass-Knotenpunkte gar nicht aufzuweisen; die einzelnen Passstrassen erreichen den Südfuss des Gebirges gewissermassen selbstständig.

Sofia ist zwar ein wichtiger Strassenknoten im Allgemeinen und nimmt die verschiedenen in das Thal von Sofia mündenden Passwege in sich auf, beherrscht aber dieselben durchaus nicht in dem Sinne, wie dies auf der Nordseite mit denselben Verbindungen durch den Knotenpunkt Orchanie geschieht.

Erst im östlichen Balkan, wo auch die Südseite des Gebirges eine reichere Gliederung aufweist, kann von eigentlichen Pass-Knotenpunkten die Rede sein. In diesem Sinne sind hier Sliwno, Karnabad und Aidos zu nennen — doch greifen die Wirkungskreise dieser Knotenpunkte mehrfach in einander über.

Von den oben aufgeführten Gebirgspässen sind für unsere Betrachtung natürlich diejenigen von besonderer Wichtigkeit, welche im Kriege von 1877/78 die Schauplätze wichtiger kriegerischer Ereignisse gewesen sind.

Es sind dies im Allgemeinen die Pässe der mittleren Balkankette vom Isker-Durchbruch bis Sliwno.

Sowohl im Hinblick auf die rein geographischen Verhältnisse als auch auf den inneren Zusammenhang der in den Pässen sich abspielenden Ereignisse lassen sich alle diese Pässe in drei Gruppen zusammenfassen:

Erstens diejenigen Pässe, welche von Orchanie und Etropol aus über den Bujuk-Sofia-Balkan, Etropol-Balkan und Slatiza-Balkan — der Kürze wegen auch zusammen Etropol-Balkan genannt — in das Thal von Sofia führen. Die Pässe dieser Gruppe wurden von dem rechten Flügel der russischen Armee unter Gurko im Winter 1877/78 überschritten.

Zweitens diejenigen Pässe, welche von Tetewen und Trajan aus über den Tetewen-Balkan, Trajan-Balkan und Kalofer-Balkan — der Kürze wegen auch zusammen Trajan-Balkan genannt — in das Thal der Giopsa führen. Die Pässe dieser Gruppe wurden zu einem Uebergange im grossen Massstabe nicht benutzt; nur das schwache Detachement des General Karzow, welches die Verbindung zwischen den beiden Hauptmassen der russischen Balkan-Armee bildete, bewerkstelligte seinen Uebergang über diesen Theil des Balkan. Im Uebrigen wurden diese Pässe nur von schwachen Recognoszirungs-Abtheilungen theils überschritten, theils nur erstiegen.

Drittens diejenigen Pässe, welche von Tirnowa aus über den Schipka-Balkan, Trawna-Balkan und Elena-Balkan — der Kürze wegen auch zusammen Schipka-Balkan genannt — in das Thal der Tundscha führen. Die Pässe dieser Gruppe spielten bereits im Sommer 1877 bei der transbalkanischen Expedition Gurkos eine Rolle, waren dann während des Stillstandes der russischen Offensive stellenweise der Schauplatz blutiger Kämpfe und wurden im Winter 1877/78 von dem russischen Zentrum unter Radezky zum Uebergange benutzt.

a. Der Etropol-Balkan.

Bei einer eingehenden Schilderung der Oertlichkeits-Verhältnisse des Etropol-Balkans — in dem oben angegebenen weiteren Sinne — und der ihn überschreitenden Passwege nehmen wir unseren Ausgang am besten von derjenigen Passhöhe, auf welcher die grosse Chaussee von Orchanie nach Sofia den Hauptkamm des Gebirges überschreitet.

Diese Passhöhe wird bald Arabkonak, bald Babakonak genannt, wobei zu erwähnen ist, dass unter dem Namen Babakonak mehrfach die ganze betreffende Strecke des Gebirges verstanden wird, unter Arabkonak dagegen nur die wirkliche Passhöhe und der zu dem Dörfchen gleichen Namens führende südliche Abstieg.

Von dieser Passhöhe von Arabkonak oder Babakonak zieht der Hauptkamm des Gebirges in nordwestlicher Richtung nach dem 16 km entfernt liegenden Pass von Tschuriak. Derjenige Theil des Hauptkammes, welcher zunächst nordwestlich der

Passhöhe liegt und von derselben durch eine tiefe fast ungangbare Schlucht getrennt ist, wurde später unter dem Namen der „Schuwalow-Stellung" bekannt; einzelne Gipfel dieser Strecke bekamen (von Osten nach Westen zu gerechnet) die Namen: Finnländischer Berg, Pawlowskischer Berg und Preobraschenskischer Berg.

Von der Passhöhe Arabkonak — welche 1877 durch eine starke Redute gekrönt war — nach Osten zu läuft der Hauptkamm zu dem 6 km entfernten Berge Schandornik, an dessen Westseite der Strigli-Pass den Hauptkamm überschreitet. Letzterer zieht sich von hier aus über den Sucho Korito und den Adschiwus zu dem höchsten Theil des ganzen Etropol-Balkans, der Baba Gora, an deren Ostseite der Kasamarska-Pass, 14 km vom Strigli-Pass entfernt, auf der geraden Linie von Etropol nach Slatiza liegt; aus diesem Grunde wird der Kasamarska-Pass in den russischen Berichten mehrfach fälschlich „Slatiza-Pass" genannt; der eigentliche Slatiza-Pass überschreitet den Hauptkamm 10 km weiter östlich in der Richtung von Tetewen nach Slatiza.

Vorhin war gesagt worden, dass von der Passhöhe Arabkonak aus der Hauptkamm des Gebirges in nordwestlicher Richtung über die Höhen der Schuwalow-Stellung zum Pass von Tschuriak hinzieht. Von der Passhöhe Arabkonak aus in westlicher Richtung, gewissermassen die directe Fortsetzung des Höhenzuges Schandornik-Arabkonak bildend, zieht ein mehrere Kilometer langer Nebenzweig, welcher der Schuwalow-Höhe ziemlich parallel gegenüber liegt und von derselben durch eine tiefe bewaldete Schlucht getrennt ist. Dieser Höhenzug bildete den linken Flügel der weiterhin viel genannten türkischen Stellung, deren Zentrum die Passhöhe Arabkonak und deren rechten Flügel der Schandornik-Rücken bildete. Vom Schandornik aus zieht ein anderer Höhenzug — Wratscheschka genannt — in einer Länge von etwa 10 km in nordwestlicher Richtung und nähert sich mit seinem westlichen Ende — später Berg Onoprienko genannt — der Schuwalow-Höhe, von der ihn das Durchbruchsthal des Bebresch-Flusses trennt, dessen Quellen in der kesselartigen bewaldeten Schlucht zwischen den Höhenzügen Schandornik-Arabkonak und Wratscheschka liegen.

Die im späteren Verlauf der Darstellung vielfach zur Sprache kommende russische Stellung am Arabkonak-Pass hatte ihren rechten Flügel auf der Schuwalow-Höhe, ihren linken aber auf dem Höhenzuge Wratscheschka.

Beide Stellungen, die russische und türkische, stiessen also mit ihren östlichen Flügeln am Schandornik ziemlich dicht aneinander, während sie in der Front durch eine vom Schandornik aus nach Westen laufende tiefe bewaldete Schlucht geschieden waren, welche ausser auf der zur Passhöhe Arabkonak führenden Chaussee nur mit grossen Schwierigkeiten passirt werden konnte.

Am Nordost-Hange der Wratscheschka-Höhe — welche hier auch Greata oder Grechotan genannt wird — entspringt das Flüsschen Suchaja Rjeka („trockener Fluss"), welches nach Osten fliesst und bei Etropol in den Kleinen Isker mündet.

Zur Ergänzung der gegebenen Schilderung mögen einige Höhenzahlen folgen:

    Arabkonak . . . . 1050 m.
    Schandornik . . . 1600 m.
    Sucho Korito . . . 1380 m.
    Adschiwus . . . . 1410 m.
    Baba Gora . . . ca. 1800 m.
    Kasamarska-Pass . 1494 m.

Die einzelnen Höhen des Wratscheschka-Zuges schwanken zwischen 1300 und 1600 m.

Sämmtliche hier genannte Höhen sind grösstentheils bewaldet, mit Ausnahme der meist kahlen Baba Gora.

Nach dieser allgemeinen Schilderung des Etropol-Balkans gehe ich über zu der Beschreibung der verschiedenen ihn überschreitenden Passwege.

b. Die Chaussee Orchanie-Sofia.

Diese Chaussee, die beste der ganzen Türkei, läuft von Orchanie (Sumundschijewo) etwa 4 km nach Südwesten, macht vor Wratschesch eine Wendung nach Süden und tritt in eine enge, von steilen dichtbewaldeten Wänden eingeschlossene Schlucht, das Thal des oben erwähnten Debresch-Flusses.

Diesen Fluss und mehrere Zuflüsse desselben mehrfach überschreitend, erreicht die Strasse etwa 16 km von Wratschesch entfernt den Fuss der eigentlichen Passhöhe, welche in sieben Zickzacks erstiegen wird. Auf der Strecke von Wratschesch bis zur Passhöhe liegen vier Karaulas (Wachthäuser), die letzte am Fuss der Passhöhe.

Der kurze steile Abstieg führt am Dörfchen Arabkonak vorbei zu dem etwa neun Quadrat-Kilometer grossen Gebirgskessel von Komarzi (Komarli) hinab, in welchem die Dörfer Strigli, Ober-Komarzi, Nieder-Komarzi und Arabkonak liegen. Bei dem Dörfchen Arabkonak zweigt sich von der Chaussee in südöstlicher Richtung eine ziemlich mangelhafte Strasse nach dem Dorfe Strigli ab, während die Chaussee nach Südwesten abbiegt und, zunächst den genannten Gebirgskessel durchschneidend, den Komarskabach überschreitet.

An der „Neuen Karaula" vorbei tritt die Chaussee nun in das Thal von Taschkesen, welches den vom Hauptkamm des Gebirges nach Süden bis zur Malinska streichenden Nebenzweig Balabanitschka durchbricht.

Am West-Ausgange dieses Passes, etwa 8 km von der Passhöhe Arabkonak entfernt, liegt das Dorf Taschkesen.

Nachdem die Chaussee in die Ebene von Sofia eingetreten, überschreitet sie auf guten Brücken bei Bugarow (20 km von Taschkesen) die Malinska, bei Wraschdebna (6 km weiter) den Isker; von hier sind noch 9 km bis Sofia.

Die Höhenverhältnisse der Strasse sind folgende:

Thal von Orchanie	360 m.
Erste Karaula	550 m.
Zweite Karaula	758 m.
Dritte Karaula	862 m.
Passhöhe	1050 m.
Thal von Komarzi	800 m.
Neue Karaula	872 m.
Taschkesen	690 m.
Wraschdebna	544 m.
Sofia	500 m.

c. Die Wege von Orchanie über die Pässe von Tschuriak und Umurgatsch.

Die Angaben über den Weg über den Tschuriak-Pass sind, was die Entfernungen betrifft, sehr schwankend. Der Weg zweigt sich etwa halbwegs zwischen dem Dorfe

Wratschesch und dem Arabkonak-Pass von der grossen Strasse ab und führt in einem Seitenthal des Bebresch-Flusses aufwärts. Die Entfernung bis zur eigentlichen Passhöhe scheint etwa 10 bis 12 km zu betragen; der sehr steile wirkliche Aufstieg beträgt 6 km. Der auf der einen Seite von steilen Felsen, auf der anderen von tiefen Abgründen eingeschlossene Weg hatte nach erfolgter, allerdings nur sehr flüchtiger Ausbesserung eine Breite von zwei bis drei Meter. Der weit steilere südliche Abstieg führte über Tschuriak und Potop nach dem 10 km von der Passhöhe entfernten Dorfe Jeleschniza am Fusse des Gebirges. — Zwischen Tschuriak und Potop führt ein Weg in östlicher Richtung über das Gebirge, dessen Fuss er bei Njegoschewo, (10 km östlich von Jeleschniza, 5 km westlich von Taschkesen) erreicht.

Der Weg über den Pass Umurgatsch ist ein sehr beschwerlicher Fusspfad, der überhaupt von der Bevölkerung nur sehr wenig benutzt zu werden scheint. Der von Wratschesch bis zur Passhöhe etwa 12 bis 15 km lange sehr steile Aufstieg wird von drei kleinen und terrassenartigen Plateaus unterbrochen.

d. Der Weg von Etropol über den Strigli-Pass.

Von Etropol aus führt ein leidlich guter Fahrweg in westlicher Richtung, anfangs im Thal der Kleinen Isker entlang, bald aber in das Thal der Suchaja Rjeka (auch Ramno-Bach oder Rawna-Bach genannt) einbiegend, bis zu dem etwa 6 km von Etropol entfernten Dorfe Rawna (Ramno); dieser Punkt wird in den russischen Berichten häufig als „Dragoner-Biwak" bezeichnet; er hat eine absolute Höhe von 600 Meter.

Hier theilt sich der Weg, der von nun an eine weit schlechtere Beschaffenheit hat, in zwei Zweige:

Der eine Zweig führt, auf der Nordseite der Suchaja Rjeka bleibend, in westlicher Richtung nach dem Ostabhang des Greata (Wratscheschka), tritt hier in dichten Wald ein, nimmt eine südliche Richtung an, umgeht die Quelle der Suchaja Rjeka, ersteigt den sogenannten Wratscheschka-Pass und tritt zwischen den Bergen Greota und Schandornik auf den freien Höhenkamm hinaus. — Der ganze hier aufgeführte Weg, vom Dragoner-Biwak an, ist ein steiler, beschwerlicher Pfad durch dichten Wald, auf welchem Geschütze nur von Menschenhänden und unter grossen Mühseligkeiten fortgeschafft werden konnten.

Die Länge des Weges vom Dragoner-Biwak bis zur Wratscheschkahöhe scheint 8 km zu betragen; von hier sind noch etwa 3 bis 4 km bis zum Schandornik und dem hier den Hauptkamm überschreitenden Strigli-Passe.

Der andere Zweig führt vom Dragoner-Biwak direct in südlicher Richtung zum Strigli-Pass. Dieser Weg überschreitet zunächst die Suchaja Rjeka bei der Mündung eines von Süden her einmündenden Baches (in einigen russischen Berichten und Krokis wird dieser Bach Suchaja Rjeka genannt) und führt dann an dem östlichen Thalhang dieses Baches durch dichten Wald, welcher erst etwa 1 km vor der Schandornik-Höhe aufhört.

Die Entfernung vom Dragoner-Biwak bis zum Strigli-Pass beträgt etwa 8 km; hier vereinigt sich dieser Weg mit dem oben genannten.

Die Entfernung vom Strigli-Pass bis zum Dorf Strigli beträgt etwa 9 km.

Von jenem Wege, der vom Dragoner-Biwak direct zum Strigli-Pass geht, führt ein sich später theilender beschwerlicher Pfad weiter nach Osten zu über den Hauptkamm nach Bunowo und Mirkowo am Südfuss des Gebirges.

e. Der Weg von Etropol über den Kasamarska-Pass nach Slatiza.

Dieser Weg führt von Etropol (550 m) im Thal des Kleinen Isker aufwärts und ist auf der ersten 3 km langen Strecke leidlich gut; dann aber beginnt der etwa 9 km lange eigentliche sehr beschwerliche Aufstieg zum Passe. Der kaum 1 m breite Weg, welcher rechts von steilen Abstürzen, links von steilen zum Theil überhängenden Felsen eingeschlossen wird, führt über hohe natürliche Steinstufen aufwärts. Bald hinter der Karaula von Kasamarska (1140 m) erreicht die Strasse die Höhe des Kasamarska-Passes (1496 m). Der etwas bequemere, 5 km lange Abstieg führt in einer Schlucht entlang zu dem am Fusse des Gebirges liegenden Dorfe Klissekioi; von hier beträgt die Entfernung bis Slatiza (Höhe 700 m) in der Ebene etwa 3 km. Von der Karaula aus führt ein ebenfalls sehr beschwerlicher Fusspfad in südlicher Richtung nach dem etwa 10 km westlich von Slatiza gelegenen Mirkow; zwischen beiden Orten, ebenfalls am Fusse einer Gebirgsschlucht, liegt das Dörfchen Tschelopez.

f. Der Weg von Tetewen über den Slatiza-Pass nach Slatiza.

Von Tetewen läuft der Weg im Thal der Weissen Wid 4 km nach Westen, biegt hier in das Thal des Schwarzen Wid ein und steigt als Saumpfad über Nieder-Gurko und Ober-Gurko zu dem (20 km) Slatiza-Pass empor, von wo ein 8 km langer Abstieg nach Slatiza führt.

Zweiter Abschnitt.

Die türkische Armee von Sofia-Orchanie unter dem Oberkommando Mehmed Alis.

Bereits bei Beginn der Feindseligkeiten war bei Sofia eine Art Reserve-Armee gebildet worden, von der ein Theil zur Zeit des russischen Donau-Ueberganges nach Norden in Bewegung gesetzt wurde und sich demnächst bei Plewna mit der von Widdin aus vorrückenden Armee Osman Paschas vereinigte.

Als die Russen nach den erfolglosen Versuchen, Plewna mit Gewalt zu nehmen, nunmehr Miene machten, der dort stehenden türkischen Armee ihre Verbindungen abzuschneiden, fiel der inzwischen aus neu formirten oder sonst herangezogenen Truppen sich neu bildenden Armee von Sofia die Aufgabe zu, die Verbindung mit Plewna offen zu halten und die Sicherung der Lebensmittel- und Munitions-Transporte nach diesem Orte zu bewirken.

Orchanie, am Nord-Eingange des wichtigen Balkan-Passes gelegen, in welchem die Chaussee Rustschuk-Plewna-Sofia das Gebirge überschreitet, wurde zum Zwischenpunkt der Verbindung, gewissermassen zu einer Art Brückenkopf der langen Passstrasse bestimmt.

Zum Befehlshaber der wie gesagt erst aufs Neue in der Bildung begriffenen Armee von Sofia-Orchanie wurde Schefket Pascha ernannt, ein als fähig und energisch bekannter General, der im Sommer die — schliesslich allerdings ergebnislos endigende — Unternehmung gegen Suchum Kalé an der kaukasischen Küste befehligt hatte.

Als Schefket Pascha Mitte September in Orchanie eintraf, fand er daselbst alles soweit vorbereitet, um sofort den ersten Transport nach Plewna abgehen lassen zu können. Dieser Transport bestand aus etwa 2000 mit Lebensmitteln und Munition beladenen Wagen, deren Bedeckung durch ein etwa 12 000 Mann starkes Corps unter dem Ferik Achmed Chiwsi Pascha gebildet wurde.

Bei Telisch am 20. September auf schwache russische Cavallerie-Abtheilungen stossend, gelang es Achmed Chiwsi ohne Mühe, dieselben in leichten Gefechten am 21. und 22. zur Seite zu drücken und sich glücklich mit Osman zu vereinigen.

Schon Anfang October folgte der zweite aus ungefähr der gleichen Anzahl Wagen bestehende Transport, diesmal von etwa 6000 Mann unter dem persönlichen Oberbefehl von Schefket Pascha begleitet.

Am 6. October stiess die Avantgarde dieser Colonne bei Radomirze auf russische Cavallerie, gegen deren Rücken gleichzeitig von Plewna aus eine türkische Abtheilung vorging.

Nach kurzem Widerstande sahen sich die Russen zum seitlichen Ausweichen und zum Freigeben der grossen Strasse genöthigt; am 10. October traf auch dieser Transport in Plewna ein.

Diesmal vereinigten sich die Bedeckungstruppen nicht unmittelbar mit der Armee von Plewna, sondern besetzten, durch Truppen aus Plewna verstärkt, die auf der Marschlinie Orchanie-Plewna gelegenen Etappenpunkte Telisch, Ober-Dubnjak und Nieder-Dubnjak. Alle drei Punkte wurden verschanzt; die unter den gemeinsamen Oberbefehl von Achmed Chiwsi Pascha gestellten drei Besatzungs-Detachements bestanden zusammen aus 20 Bataillonen mit etwas Cavallerie und Artillerie.

Schefket Pascha kehrte nach einer Zusammenkunft mit Osman Pascha, wobei die fernere Art und Weise eines regelmässigen Nachschubes an Lebensmitteln und Munition festgestellt worden war, wieder nach Orchanie zurück.

Der fernere Nachschub ging in kleinen Transporten vor sich, welche von einer befestigten Etappe zur anderen einen ziemlich sicheren Weg hatten.

Schefket leitete inzwischen in Orchanie das Sammeln von Vorräthen und die Befestigung der Stellung. Die zu seiner Verfügung gebliebenen Truppen waren nach der zweimaligen Abgabe an die Armee von Plewna wenig zahlreich; Mitte October verfügte er in und bei Orchanie über 12 bis 15 Bataillone mit etwas Artillerie und Cavallerie.

Als Gurko in der letzten October-Woche gegen die vorhin genannten Etappenpunkte vorging und sich derselben bemächtigte — Ober-Dubnjak fiel nach mörderischem Kampfe am 24., Telisch nach blosser Beschiessung am 28., Nieder-Dubnjak wurde ohne Kampf geräumt — hatte Schefket einige Bataillone mit etwas Artillerie und Cavallerie über Radomirze vorgeschoben. Diese Abtheilung hatte einige Scharmützel mit russischer Cavallerie, war aber viel zu schwach, um auf die Ereignisse bei Dubnjak und Telisch irgend welchen Einfluss auszuüben, und musste nach dem Falle jener Punkte nach Orchanie zurückgehen.

In Konstantinopel machte man Schefket Pascha Vorwürfe, nicht energisch genug zur Rettung von Telisch aufgetreten zu sein und enthob ihn seines Commandos; für ihn wurde zunächst am 12. November Schakir Pascha provisorisch zum Oberbefehlshaber der Armee von Sofia-Orchanie ernannt, um bereits nach einigen Tagen das Ober-Commando an Mehmed Ali Pascha abzugeben.

In Konstantinopel hatte man inzwischen schon seit einiger Zeit die Bildung einer Entsatz-Armee für Plewna ins Auge gefasst.

Mehmed Ali Pascha, der am 2. October im Ober-Commando der Lom-Armee durch Suleiman Pascha abgelöst worden war, wurde nun auf einmal als die für diesen schwierigen Auftrag geeignetste Persönlichkeit angesehen; „in ihm glaubte man den Mann der rücksichtslosen Offensive zu besitzen, der die Schwierigkeiten besiegen und eine Vereinigung mit der Armee Osmans durchsetzen werde."

Wenn man sich vergegenwärtigt, wie schwankend und energielos die Heerführung Mehmed Alis am Lom gewesen war und wie er gerade wegen seiner mangelhaften Leistungen das Commando der Lom-Armee verloren hatte, so ist es schwer zu verstehen, wie man jetzt auf einmal in Konstantinopel auf Mehmed Ali unter weit ungünstigeren Verhältnissen, als unter denen er am Lom zur Thätigkeit berufen gewesen war, derartige zuversichtliche Hoffnungen setzen konnte; jedenfalls ist dies ein Zeichen der wunderbar wechselnden Strömungen, welche sich in Konstantinopel zur Geltung zu bringen wussten.

Am 2. November — vorläufig im Geheimen, um die Russen nicht auf die bei Orchanie sich vorbereitenden Dinge aufmerksam zu machen — zum Oberbefehlshaber der Armee von Sofia-Orchanie ernannt, hatte Mehmed Ali gleichzeitig den Auftrag erhalten, einen Theil der in Bosnien stehenden Truppen zur Verstärkung der ihm unterstellten Armee heranzuziehen.

Nachdem er sich zunächst nach Bosnien begeben, um dort an Ort und Stelle die zur Abgabe kommenden Truppen zu bezeichnen, traf er am 19. November in Sofia ein, besichtigte die hier angelegten Verschanzungen, ordnete verschiedene Verpflegungs-Angelegenheiten und begab sich am 22., von einer schwachen Cavallerie-Abtheilung begleitet, über Taschkesen und den Arabkonak-Pass nach Orchanie.

Die Angaben über Stärke und Vertheilung der Armee von Sofia-Orchanie zu diesem Zeitpunkt sind im Einzelnen ziemlich verschieden und einander mehrfach widersprechend; im Allgemeinen kann man annehmen, dass Mehmed Ali bei seinem Eintreffen in Orchanie am 22. November in der Linie Lutikowo-Slatiza direct über allermindestens 40 Bataillone, 50 Geschütze, zwei Cavallerie-Regimenter und eine Anzahl Tscherkessen verfügte; die Gesammtstärke dieser Truppen betrug mindestens 20000 Mann. Ausserdem standen schwache Abtheilungen in Berkowaz und Sofia, während ungefähr 30 Bataillone theils von Westen her aus Bosnien, theils von Osten her von der Schipka-Armee im Anmarsch waren. Eine Anzahl der bosnischen Bataillone traf noch in den letzten Novembertagen bei Arabkonak ein.

Was die Vertheilung der genannten Truppen betrifft, so scheinen am 22. November gestanden zu haben:

In erster Linie:
1) bei Nowatschin-Skrivena 5 Bataillone, 1 Batterie;
2) bei Prawez mindestens 3 Bataillone und 3 Geschütze;
3) bei Etropol mindestens 4 Bataillone und 1 Batterie.

In zweiter Linie:
4) bei Lutikowo 5 Bataillone und einige Geschütze;
5) bei Wratschesch 5 Bataillone und 2 Batterien.

In dritter Linie:
6) in der Arabkonak-Stellung 7 Bataillone, 19 Geschütze;
7) zwischen Taschkesen und Slatiza 8 Bataillone, einige Geschütze.

An regulärer Cavallerie scheint ein Regiment bei Slatiza, ein Regiment bei Wratschesch gewesen zu sein; ungefähr 1000 Tcherkessen waren bei den verschiedenen Abtheilungen vertheilt, die Hauptmasse bei Nowatschin-Skrivena.

Am Tage des Eintreffens Mehmed Alis begann gleichzeitig die russische Offensive.

Gegen die Stellung von Nowatschin ging von Wrazza her eine schwache russische Cavallerie-Abtheilung vor und hatte hier ein unglückliches und verlustreiches Gefecht zu bestehen, bei welchem zwei Geschütze den Türken in die Hände fielen.

Gegen die Front der Prawez-Stellung entwickelten sich von Ossikowo her russische Streitkräfte, während andere Colonnen auf beiden Ufern des Kleinen Isker gegen Etropol vorgingen.

Am 23. musste die Prawez-Stellung infolge einer gelungenen Umgehung des linken Flügels durch die für ungangbar gehaltene Schlucht von Lakowiza geräumt werden, und auch auf dem rechten Flügel wichen die türkischen Truppen aus den vorgeschobenen Stellungen auf die Hauptstellung von Etropol zurück.

Mehmed Ali gab unter diesen Umständen jeden Gedanken an eine seinerseits zu unternehmende Offensive auf und ging mit seinem

Gros unter Aufgabe von Orchanie bis in die Hauptstellung von Arabkonak zurück. Das bei Etropol stehende rechte Flügel-Detachement räumte am 24. unter Gefecht gegen überlegene Streitkräfte auch die dortige Hauptstellung und zog sich scharf verfolgt — wobei drei Geschütze verloren gingen — über den Strigli-Pass ebenfalls nach der Hauptstellung von Arabkonak-Schandrouik zurück, wo Mehmed Ali mit Ausnahme des bei Lutikowo stehen gebliebenen linken Flügel-Detachements jetzt seine ganze Streitmacht vereinigt hatte, die noch in den letzten Tagen des November durch eine Anzahl aus Bosnien eintreffender Bataillone verstärkt wurde.

Nach Oeffnung der Anmarschwege setzten die Russen ihre Offensive gegen die eigentliche Passstellung Arabkonak-Schandornik fort.

Unter lebhaftem Gefecht setzten sie sich am 28. und 29. November östlich der Chaussee auf der Kammhöhe des Gebirges dem rechten Flügel der türkischen Stellung gegenüber fest, sowie am 1. und 2. December auch westlich der Chaussee dem türkischen linken Flügel gegenüber; ein türkischerseits am 3. gemachter Versuch, den Russen die Stellung auf den Höhen westlich der Chaussee zu entreissen, scheiterte nach lebhaftem Gefecht.

Die Russen blieben von nun an in ungestörtem Besitz der ganzen Kammhöhe auf beiden Seiten der Chaussee, verstärkten ihre der türkischen Stellung auf Kanonenschussweite gegenüber gelegene Stellung durch Anlage von Batterien und Schützengräben und schafften mit grosser Mühe Geschütze auf die steilen Höhen.

Mehmed Ali, welcher die auf ihn gesetzten, allerdings von Anfang an übertriebenen Hoffnungen so schwer getäuscht hatte, wurde am 4. December seiner Stellung entsetzt und nach Konstantinopel berufen, wo er die Befestigung der Hauptstadt leiten sollte.

An seiner Stelle übernahm Schakir Pascha den Oberbefehl über die Sofia-Armee, deren Hauptmasse in der verschanzten Stellung Arabkonak-Schandornik versammelt blieb, während ein starkes Detachement Slatiza und schwache Detachements Lutikowo und Berkowaz festhielten.

a. Die Ernennung Mehmed Ali Paschas zum Oberbefehlshaber der Armee von Sofia-Orchanie und sein Verhältniss zu dem Generalissimus Suleiman Pascha.

Als Mehmed Ali nach seiner Abberufung vom Commando der Lom-Armee in Konstantinopel eingetroffen, wurde er zu den Verhandlungen der Dari Schura (des Kriegsrathes) herangezogen, wo er sein Urtheil abgeben sollte in Betreff eines geplanten Versuches zum Entsatz von Plewna von Westen her.

Mehmed Ali erklärte, dass zur Durchführung dieses Planes mindestens 60 zuverlässige Bataillone, 10 Batterien und einige Cavallerie-Regimenter erforderlich seien. Woher diese Truppen genommen werden sollten, blieb zunächst unbestimmt, da nach der Ansicht der Dari Schura die in der Bildung begriffenen Armeen von Adrianopel und Konstantinopel für unvorhergesehene Fälle verfügbar bleiben sollten.

Nach längerer Besprechung wurde Mehmed Ali mit dem Bedeuten entlassen, man wäre über die betreffenden Massregeln noch nicht schlüssig.

Am 28. October wurde Mehmed Ali durch Grossherrlichen Erlass zum Ober-Befehlshaber aller Truppen in Bosnien ernannt mit dem Hauptquartier in Serajewo; gleichzeitig wurde der Befehl beigefügt, binnen 48 Stunden abzureisen.

Am 30. October ging Mehmed Ali zu Schiff und landete am 2. November zu Salonichi. An der Landungsstelle erwartete ihn der Gouverneur der Stadt und führte ihn sofort auf das Telegraphenamt, woselbst ihm von Konstantinopel mitgetheilt wurde, dass die Dari Schura unter dem Vorsitz des Grossveziers versammelt sei und er (Mehmed Ali) die vorgelegten Fragen umgehend zu beantworten habe.

Es findet nun folgender Depeschenwechsel statt:

Dari Schura: „Wie viel Truppen sind Sie im Stande, von der Ihnen unterstehenden Armee für Orchanie abzugeben?"

Mehmed Ali: „Siebzehn Bataillone und zwei Batterien."

Dari Schura: „Uebernehmen Sie das Commando der Entsatz-Armee von Plewna. Sie haben die Bataillone und Batterien aus Alt-Serbien und Bosnien selbst auszuwählen und nach Orchanie zu beordern."

Einen rechten Zweck vermag man in dieser komödienhaften Inscenesetzung der Ernennung Mehmed Alis zum Oberbefehlshaber der neu zu bildenden Entsatz-Armee schwerlich zu entdecken; jedenfalls hat man darin wohl ein Zeichen der grauenhaft verfahrenen Zustände in den leitenden Kreisen zu erblicken.

Vortheilhaft war es, dass Mehmed Ali gleichzeitig auch Oberbefehlshaber der Truppen in Bosnien war, wodurch die wahrscheinlich zahlreichen Reibungen vermieden wurden, welche unausbleiblich gewesen wären, wenn ein anderer General als Oberbefehlshaber der Armee von Bosnien hätte Truppen an Mehmed Ali abgeben sollen.

Von einer Veröffentlichung der eigentlichen Bestimmung Mehmed Alis wurde von Seiten der türkischen Regierung zunächst Abstand genommen, wie es scheint, um die russische Heeresleitung — deren Späher man überall vermuthete — nicht zu verschärften Gegenmassregeln zu veranlassen. Es wurde sorgfältig verbreitet, dass Mehmed Ali das Ober-Commando gegen Montenegro übernehmen würde und gleichzeitig zum Generalissimus sämmtlicher türkischer Truppen in Bosnien ernannt wäre.

Um die Aufgabe und Stellung Mehmed Alis in seinem neuen Commando-Verhältnisse richtig verstehen zu können, ist es nothwendig, einen Blick auf die allgemeine strategische Lage zu werfen, wie sie zu dieser Zeit von der türkischen Heeresleitung aufgefasst wurde.

Suleiman Pascha war Ende September zum Oberbefehlshaber der Ost-Armee (Lom-Armee) ernannt worden; am 10. November erfolgte seine Ernennung zum „Generalissimus der Donau-Armee", wobei ausdrücklich erwähnt wurde, dass die Plewna-Armee (Osman) und die Balkan-Armee (Reuf) ihm (Suleiman) unterstellt seien. Das Verhältniss der Sofia-Armee (Mehmed Ali) zu Suleiman war zunächst unklar gelassen. Suleiman selbst fragte am 14. November telegraphisch in Konstantinopel an, ob Mehmed Ali ihm unterstellt sei oder nicht; er erhielt eine bejahende Antwort.

Behufs Orientirung über die allgemeine strategische Lage müssen wir jetzt bis Anfang November zurückgreifen.

Ueber die Plewna-Armee waren zu dieser Zeit bereits sehr bedenkliche Gerüchte verbreitet; zuverlässige directe Nachrichten gelangten aus Plewna nicht mehr durch die russischen Linien hinaus.

Am 3. November wurde von Konstantinopel aus an Osman Pascha der Befehl abgesandt, Plewna zu räumen — auf welchem Wege dieser Befehl geschickt wurde und ob er überhaupt an Osman Pascha gelangte, ist leider nicht bekannt.

In diesen Tagen war das Gerücht verbreitet, Osman werde versuchen, nach Selwi durchzubrechen.

Suleiman meldete hierüber nach Konstantinopel: Wenn sich das Gerücht von dem Marsche Osmans auf Selwi bestätige, so werde er (Suleiman) mit 30 Bataillonen auf Elena marschiren, während Reuf mit 30 Bataillonen und seiner Gebirgs-Artillerie über den Pass Mara Heiduk auf Selwi marschieren solle; auf diese Weise werde eine Vereinigung der drei Armeen auf der Nordseite des Balkan ermöglicht werden.

Dieser Plan kam nicht zur Ausführung, da die Nachricht von dem Marsche Osmans auf Selwi sich nicht bestätigte.

Suleiman machte nun nach Konstantinopel den Vorschlag zu einem anderen Entsatz-Versuch.

Durch Abgaben von der Lom- und Balkan-Armee soll bei Orchanie ein Corps von 40 bis 50 Bataillonen gebildet werden, über welches Suleiman persönlich den Befehl übernehmen will, um mit ihm über Radomirze auf Plewna vorzugehen und der Armee Osmans den Weg zum Abzuge frei zu machen. Zur Unterstützung dieser Bewegung soll Mehmed Ali die nach Sofia bestimmten Truppen nach Berkowaz führen und von hier aus über Wrazza gegen Plewna vorgehen. Gleichzeitig soll die Lom-Armee gegen Elena vorgehen und die Balkan-Armee „wenn möglich" (was Suleiman bezweifelt) über den Balkan herüber der Lom-Armee die Hand reichen.

Doch auch dieser Plan wurde — zum Theil infolge der von Konstantinopel aus dagegen geltend gemachten Bedenken (welche näher zu erörtern hier nicht der Platz ist) — aufgegeben.

Mitte November — das genaue Datum ist aus den schwankenden Angaben verschiedener türkischer Quellen nicht festzustellen — machte Suleiman in Konstantinopel dringende Vorstellungen: Es müsse nun endlich mit den Operationen zur Befreiung Osmans begonnen werden — und zwar schlug er nunmehr vor: Er selbst wolle mit der Lom-Armee auf Elena marschiren; Mehmed Ali solle von Orchanie aus sich Lowtschas zu bemächtigen suchen, und gleichzeitig solle Reuf mit der Balkan-Armee über den Pass Mara Heiduk nach der Nordseite des Balkan vordringen, und alle drei Armeen sollten sich in der Richtung auf Tirnowa vereinigen.

Vorgreifend sei hier gleich erwähnt, dass Suleiman in Ausführung dieses in Konstantinopel gut geheissenen Planes thatsächlich mit seinem linken Flügel die Offensive gegen Elena ergriff, dem hier stehenden russischen Detachement am 4. December eine verlustreiche Niederlage beibrachte und sich in den Besitz der Stellung von Elena setzte.

Starke russische Truppenmassen, welche von allen Seiten zum Schutze Tirnowas bei dem Nicolaus-Kloster in der sogenannten „Stellung von Jewkowzü" zusammengezogen wurden, brachten indessen hier die Offensive des linken Flügels der türkischen Lom-Armee zum Stehen, während einige Tage später die Offensive des rechten Flügels dieser Armee durch die für die Russen siegreiche Defensiv-Schlacht bei Metschka und Trestjennik (12. December) gebrochen wurde.

Der nun bekannt werdende Fall von Plewna veranlasste Suleiman, die ganze Offensive aufzugeben und auf der ganzen Linie den Rückzug anzutreten.

Reuf Pascha hatte gar keinen ernsten Versuch zur Ausführung des allgemeinen Operationsplanes gemacht.

Nach dieser zur allgemeinen Orientirung nothwendigen Abschweifung richten wir jetzt unsere weitere Aufmerksamkeit ausschliesslich auf Mehmed Ali und seine Armee.

Mehmed Ali hatte sich von Salonichi aus zunächst nach Sjennica, Nisch und Pirot begeben, um hier an Ort und Stelle die nöthigen Befehle zu ertheilen zur Absendung der für die Armee von Sofia bestimmten Verstärkungen.

Während dieses seines Aufenthaltes in Bosnien erhielt er — wahrscheinlich am 14. oder 15. November — von Konstantinopel aus den Befehl, dass er dem Generalissimus Suleiman unterstellt sei, sowie auch Mittheilung von denjenigen Plane des Letzteren, wonach Mehmed Ali mit der sogenannten Sofia-Armee von Berkowaz aus über Wrazza gegen Plewna operiren sollte. Infolge dieser Mittheilung begab sich Mehmed Ali nach Berkowaz, um sich Kenntniss von den örtlichen Verhältnissen der ihm zugewiesenen Operationslinie zu verschaffen.

Inzwischen hatte Suleiman den Plan der gleichzeitigen Offensive von Orchanie und Berkowaz aus aufgegeben und verlangte nunmehr von Mehmed Ali ein Vorgehen von Orchanie gegen Lowtscha.

Mehmed Ali begab sich nach Empfang dieses Befehls zunächst nach Sofia, wo er am 19. November eintraf und somit thatsächlich das Commando über die Armee von Sofia-Orchanie übernahm. Die fernere Thätigkeit Mehmed Alis während der kurzen Dauer dieser seiner Commando-Stellung wird weiter unten erörtert werden; hier mag als Charakteristik für das ganze Verfahren Mehmed Alis eine Aussage Suleimans folgen, welche, wenn auch von Parteilichkeit gegen Mehmed Ali beeinflusst und dazu bestimmt, die Schuld des Misslingens des Entsatzversuches von Suleimans Schultern auf fremde abzuwälzen, dennoch im Allgemeinen ziemlich richtig sein dürfte.

Diese Aussage Suleimans lautet folgendermassen:

„Ich setzte mich mit Mehmed Ali in Verbindung und es wurde zwischen uns verabredet, dass wir gleichzeitig gegen Elena und Lowtscha operiren sollten. Bis zum Tage der Einnahme von Elena beschränkte sich aber Mehmed Ali auf die Abfassung von Telegrammen an das Seraskeriat, in denen er sich auf zahlreiche Hindernisse beruft und die Einnahme von Lowtscha für unmöglich erklärt. Anfangs beruft er sich darauf, dass er noch nicht die erforderlichen Truppen habe; dann darauf, dass er keine Brigade-Generale habe; endlich auf das schlechte Wetter. . . ."

Mehmed Ali seinerseits, dem bei seiner geheimen Ernennung zum Oberbefehlshaber der sogenannten „Entsatz-Armee" eine vollkommene selbstständige Stellung zugesichert worden, war durch seine kurz darauf erfolgte Unterstellung unter den Oberbefehl des persönlich mit ihm verfeindeten Suleiman sehr entrüstet, glaubte sich von diesem, — vielleicht mit Recht — in vielen Fällen rücksichtslos behandelt und suchte sich diesem ihm verhassten Unterordnungs-Verhältniss wohl nach Möglichkeit zu entziehen.

Jedenfalls war das gegenseitige Verhältniss dieser beiden hervorragenden Generale ein sehr unerfreuliches und sicherlich nicht geeignet, die schon an und für sich so missliche Lage der türkischen Heere günstiger zu gestalten.

b. Die türkischen Stellungen im Etropol-Balkan.

Die grosse Strasse von Rustschuk-Plewna-Sofia überschreitet, von Telisch im Allgemeinen südlich laufend, bei Ossikowo den Kleinen Isker, zieht dann als fortlaufender Engpass in westlicher Richtung über Han Prawez und Lazan (Laschen) nach Orchanie und von hier im Allgemeinen in südlicher Richtung über Wratschesch zum Arabkonak-Pass.

Von Ossikowo aus führt ein Weg im Thal des Kleinen Isker aufwärts nach Etropol; von hier führt ein Weg in südöstlicher Richtung zum Kasamarska-Pass und jenseits desselben nach Slatiza; ein anderer Weg führt von Etropol in südwestlicher Richtung zum Strigli-Pass und mündet jenseits desselben in die grosse Sofia-Strasse.

Von Orchanie führt ein Weg in westlicher Richtung nach Lutikowo und von hier in südwestlicher Richtung über den Pass von Lutikowo oder Ogoja nach dem Thal von Sofia.

Auf der Strecke vom Durchbruch des Grossen Isker bis zur Linie Etropol-Slatiza wird also der Hauptkamm des Balkan von vier wirklichen Wegeverbindungen überschritten vermittelst der Pässe von Lutikowo, Arabkonak, Strigli und Kasamarska. Von diesen ist nur der Arabkonak-Pass für schweres Fuhrwerk passirbar, die anderen genannten drei Pässe sind eigentlich nur Saumpfade, und können Geschütze und leichtes Fuhrwerk nur unter grossen Schwierigkeiten und stellenweise von Menschenhänden gezogen hinübergeschafft werden.

Zwischen den Pässen von Lutikowo und Arabkonak liegen noch die Pässe Umurgatsch und Tschuriak, welche indessen von keiner wirklich benutzten Wegeverbindung überschritten werden; ein ehemals von Wratschesch über den Tschuriak-Pass führender Weg war seit langen Zeiten nicht mehr in Benutzung.

Die Linie Etropol-Wrazza bezeichnet ungefähr den Nordfuss des Gebirges; nördlich dieser Linie breiten sich die Vorberge des Balkan aus, südlich derselben steigt der massive Hauptstock des Gebirges empor.

In der allgemeinen Richtung der eben genannten Linie Etropol-Wrazza läuft folgende Wegeverbindung:

Von Etropol über Prawez nach Han Prawez an der Chaussée; von hier Chaussée bis Orchanie; hier wieder von der Chaussée abbiegend über Skrivena (hier über den Bebresch), Nowatschin, Karaula Romanja (auch Kara Derbend) und Ljutidol; dann entweder bei Ljutibrod oder etwas weiter abwärts bei Dermanza über den Isker und von beiden Punkten aus nach Wrazza.

Zu erwähnen sind noch zwei Wegeverbindungen, welche von Nowatschin wie von der Karaula Romanja (diese über Radotin) nach Lutikowo führen.

Das rings von steilen Gebirgsketten eingeschlossene Thal von Orchanie wird dem Umfange nach durch die vier Punkte Lazan, Wratschesch, Lutikowo und Skrivena bezeichnet. Bei Lazan tritt die grosse Strasse aus dem Engpass von Prawez heraus, zieht dann über Orchanie am Südrande des Thalkessels entlang und tritt bei Wratschesch wieder in das Gebirge ein.

Bei Lutikowo tritt der von Orchanie zum Lutikowo-Pass, bei Skrivena der von Orchanie nach Ljutidol-Wrazza führende Weg in das Gebirge ein.

Betrachten wir die türkischen Stellungen im Etropol-Balkan vom strategischen Gesichtspunkte aus, so ist hier Orchanie gewissermassen ein nördlicher Brückenkopf für die Pässe von Arabkonak und Lutikowo, und Etropol ein solcher für die Pässe von Strigli und Kasamarska.

Die türkischerseits verschanzten Stellungen — deren Einzelheiten an den betreffenden Stellen gebracht werden, zerfielen ihrem Zweck nach in zwei Kategorien, nämlich in solche Stellungen, welche die Annäherungswege zu den genannten beiden Brückenkopfpunkten sperrten, und in solche, welche die Pässe selbst vertheidigten.

Zu der ersten Kategorie gehörten:
1) Die Stellung von Etropol, welche den Weg Ossikowo-Etropol sperrt;
2) Die Stellung von Prawez, welche die grosse Strasse Ossikowo-Orchanie sperrt;
3) Die Stellung von Nowatschin, welche den Weg von Wrazza nach Orchanie sperrt.

Zu der zweiten Kategorie gehörten:
1) Die Stellungen von Lutikowo und Wratschesch, welche, am Nordfuss des Gebirges gelegen, den nördlichen Eingang der Pässe von Lutikowo und Arabkonak sperrten;
2) Die Hauptstellung von Arabkonak-Schandornik, welche, auf dem Kamm des Gebirges gelegen, die beiden Passhöhen von Arabkonak und Strigli unmittelbar vertheidigten;
3) Die Verschanzungen bei Slatiza am Südfuss des Gebirges, welche den südlichen Ausgang des Kasamarska-Passes sperrten.

Der Pass von Arabkonak war also, seiner hervorragenden Wichtigkeit entsprechend, sowohl an seinem nördlichen Eingange durch die Stellung von Wratschesch, wie auch auf seiner Passhöhe durch die Hauptstellung vertheidigt.

Die Vertheidigung des Lutikowo-Passes lag an seinem nördlichen Eingange; diejenige des Strigli-Passes auf der Passhöhe selbst; diejenige des Kasamarska-Passes an seinem südlichen Ausgange.

Räumlich betrachtet zerfielen die türkischen Verschanzungsanlagen in vier Gruppen:
1) Die Stellungen Prawez-Etropol;
2) Die Stellungen Nowatschin-Lutikowo-Wratschesch;
3) Die Stellung von Arabkonak-Schandornik;
4) Die Stellung von Slatiza.

Zu erwähnen ist ferner, dass Sofia, dieser grosse Zentralplatz der „Entsatz-Armee", auf seiner Nord- und Ostfront durch einen Gürtel starker Forts geschützt war.

c. Mehmed Ali von seinem Eintreffen in Sofia bis zu seiner Abberufung von dem Commando der Sofia-Armee.
19. November bis 4. December.

Die Lage, in welche Mehmed Ali bei seiner Befehlsübernahme am 19. November eintrat, wird scharf charakterisirt durch folgende Unterhaltung, welche am 21. November zwischen der Kanzlei des Sultans (nicht zu verwechseln mit der Dari Schura) und dem in Sofia befindlichen Mehmed Ali telegraphisch geführt wurde.

„Kanzlei: Irgend etwas Neues aus Plewna?

Mehmed Ali: Von den nach Plewna geschickten Personen noch niemand zurückgekommen. Kiasim Pascha wird noch einige Tscherkessen abschicken, welche versuchen werden, auf der Strasse von Rahowo nach Plewna zu gelangen. Ist es nicht möglich, einen Luftballon zu construiren und jemand zu finden, der ihn bewegen kann? Bei günstigem Winde könnte er vielleicht nach Plewna hinein und dann leicht wieder heraus kommen. Die Franzosen benutzten einen solchen bei der Belagerung von Paris.

Kanzlei: Construction eines Luftballons erfordert Zeit; wir dürfen aber keine Minute verlieren. Der Sultan hat befohlen, ausser jenen Tscherkessen noch ortskundige Leute der Bevölkerung oder der Truppen abzuschicken mit guter Bezahlung und guten Versprechungen.

Mehmed Ali: Leute aus Orchanie sind bis auf zwei Stunden Entfernung an Plewna herangekommen, aber nicht hinein, wegen zu grosser Wachsamkeit der Russen. Wir hoffen noch auf die Möglichkeit, von der Donauseite her nach Plewna zu gelangen. Morgen gehe ich persönlich nach Orchanie ab und werde alles versuchen, Nachrichten aus Plewna zu erhalten.

Kanzlei: Wie viel Bataillone sind jetzt unter Ihrem Befehl? Wie viel Bataillone sind in Orchanie?

Mehmed Ali: In Orchanie und Umgegend befinden sich 2 Bataillone Nizam, 6 Bataillone Redifs, 19 Bataillone Mustachfis, 4 Bataillone Muawine — im Ganzen 31 Bataillone.*) — In Sofia 7 Bataillone Mustachfis und die aus Nowibazar angekommenen 2 Bataillone Redifs und 2 Bataillone Nizam, im Ganzen 11 Bataillone. — Unterwegs sind 4 Bataillone, ferner in Berkowaz 3, im Ganzen 7 Bataillone. — Ein Bataillon in Berkowaz kam aus Widdin, zwei von den unterwegs befindlichen Bataillonen aus Nowibazar. — Der Feind, der sich gegen Berkowaz zeigt, besteht nur aus Cavallerie (siehe 4, c.); ich will von dort zwei Bataillone nach Orchanie ziehen. — Ausser den erwähnten 6 Bataillonen, welche aus Nowibazar gekommen sind, wird morgen hier eins der in Bosnien formirten Bataillone eintreffen. — Gestern und heute sind 4 Bataillone aus Nisch ausmarschiert, die übrigen (der aus Bosnien abgerückten) 6 Bataillone befinden sich auf dem Wege zwischen Sjennica und Nisch. — Gestern Abend habe ich telegraphisch mit Suleiman den Operationsplan berathen. Er theilte mir mit, dass er mit Reuf übereingekommen, dass dieser 15 Bataillone der Balkan-Armee nach Orchanie senden soll. — Die hier vorhandenen Mustachfis sind zum Kampf gegen reguläre Gegner wenig zu brauchen; ich brauche dringend Nizams und Redifs. — Wo sind die in Candia und in Konstantinopel formierten Bataillone?

Kanzlei: Die Zeit, die wir jetzt zur Rettung Plewnas versäumen, kann später nicht durch ein ganzes Jahrhundert gut gemacht werden. Wir werden versuchen, Verstärkungen aus Candia und anderen Orten zu bekommen, aber die Zeit reicht nicht. Der Sultan hat befohlen, schleunigst die Operationen auszuführen, über welche Sie sich mit Suleiman geeinigt haben — und hierher zu melden, wann Sie dieselben beginnen.

Mehmed Ali: Ich werde versuchen, stets in Uebereinstimmung mit Suleiman zu handeln. Was den Tag des Anfanges meiner Operationen betrifft, so werde ich nicht die Ankunft der Bataillone aus Candia (!) abwarten, wohl aber die der Bataillone aus Bosnien, besonders derjenigen, welche aus Nisch ausmarschiert sind. Ich hoffe, dass diese Letzteren sowie auch die Bataillone aus Sofia sich innerhalb zehn Tagen in Orchanie sammeln werden; in dieser Zeit müssen auch die 15 Bataillone der Balkan-Armee eintreffen. — Der Tag des Anfanges der allgemeinen Operationen muss von Suleiman bestimmt werden. — Aus der Correspondenz einer deutschen Zeitung,

---

*) Nizams sind Linien-Truppen; Redifs sind Landwehren; die Mustachfis entsprechen ungefähr unseren Landsturm-Formationen; Muawine sind irreguläre Schaaren, früher unter dem Namen Baschibozuks bekannt.

die ich heute gelesen, ist ersichtlich, dass die Russen bei Plewna 130,000 Mann concentrirt haben; es ist daher (?) nothwendig, dass Suleiman seine Bewegung einen oder zwei Tage früher beginnt als ich und dass er einen Theil der Russen auf sich zieht. — Sobald meine Vorbereitungen fertig sind, werde ich mich sofort zur Verfügung Suleimans stellen. Morgen früh theile ich Ihnen in einer Depesche in französischer Sprache (damit keine Fehler in den Namen vorkommen) die Vertheilung der russischen Truppen um Plewna mit.

Kanzlei: Wir erwarten morgen den Schluss der Verhandlung und die französische Depesche."

Weiter oben ist schon bemerkt worden, dass Mehmed Ali am 22. November sich von einer schwachen Cavallerie-Abtheilung begleitet, von Sofia über den Arabkonak-Pass nach Orchanie begab.

Nachdem er im Laufe des Tages die türkischen Stellungen längs der grossen Strasse besichtigt, nahm er am Abend in Wratschesch Quartier.

Auf die freudige Nachricht über das glückliche Gefecht, welches am heutigen Tage die Tscherkessen unter Mehmed Bei (der dafür von Mehmed Ali kraft seiner Vollmacht sofort zum Liwa-Pascha d. h. Brigade-General befördert wurde) gegen russische Cavallerie bei Nowatschin gehabt und wobei sie zwei Geschütze erbeutet — folgten am Abend die von Prawez und Etropol her einlaufenden Meldungen, welche den Vormarsch starker russischer Colonnen aller drei Waffen von Ossikowo her im Thal des Kleinen Isker gegen Etropol anzeigten.

Am Morgen des 23. meldete der Commandant dieses letzteren Ortes, dass die Russen sowohl im Thal des Kleinen Isker (Detachement Oldenburg 5. e.) wie auch im Thal der Lipenka (Detachement Rüdsewski, 5. e.) gegen die Stellung von Etropol in Anmarsch seien und dass er wahrscheinlich genöthigt sein werde, Etropol vor dem überlegenen Gegner zu räumen.

Am 23., gegen Mittag, von Wratschesch bei Lazan eingetroffen, vernahm Mehmed Ali in nordöstlicher Richtung lebhaftes Gewehrfeuer. Als er sich nach einer gute Umschau gewährenden freien Bergkuppe auf dem linken Flügel der Prawez-Stellung begeben (wo er persönlich mit seinem Gefolge in lebhaftes Gewehrfeuer gerieth) sah er den linken Flügel der in der Prawez-Stellung stehenden türkischen Abtheilung im Gefecht mit russischer Infanterie, welche in einer türkischerseits für ungangbar gehaltenen Schlucht den linken Flügel der Stellung umgangen hatte (es war dies das Detachement Rauch, siehe 5. g.), während an der von Ossikowo kommenden grossen Strasse, ungefähr 2000 m nördlich von Han Prawez, eine russische Batterie auffuhr und das Feuer gegen die Front der Stellung eröffnete (es war dies Artillerie des Detachements Ellis, siehe 5. f.). Gleichzeitig gingen russische Schützenschwärme gegen die bewaldeten Hänge in der rechten Flanke vor (Oberst Grippenberg mit dem Regiment Moskau, siehe 5. f.).

In der Front und in beiden Flanken bedroht, trat die in der Prawez-Stellung befindliche schwache türkische Abtheilung gegen Abend den Rückzug nach Lazau an, wo sie von den dort stehenden 5 Bataillonen aufgenommen wurde; die in der Prawez-Stellung aufgestellt gewesenen Geschütze wurden ebenfalls glücklich zurückgeschafft. *)

---

*) Die entgegenstehende Angabe des „Augenzeugen" auf pag. 192 im 28. Bande der „Jahrbücher für Armee und Marine" ist thatsächlich falsch und beruht sichtlich auf einer ziemlich groben Verwechselung mit den auf dem Rückzuge von Etropol verlorenen drei Geschützen.

Mehmed Ali, der am Abend des 23. nach Wratschesch zurückkehrte, hielt im Hinblick auf die allgemeine Sachlage eine fernere Behauptung von Orchanie nicht ausführbar, da er hier nicht nur von Prawez aus in der Front, sondern auch von Nowatschin und Etropol aus in beiden Flanken bedroht war. Noch am Abend zog er daher die nach Skrivena und Lazan vorgeschobenen Abtheilungen nach Wratschesch zurück, wo nunmehr mindestens 18 Bataillone vereinigt waren, und ertheilte für den folgenden Tag (24.) nachstehende Befehle:

„Schakir Pascha verbleibt mit 5 Bataillonen, 2 Batterien und 500 Tscherkessen unter Mehmed Pascha bei Wratschesch zur unbedingten Festhaltung dieses Passausganges und zum Schutz der hier lagernden grossen für Plewna bestimmten Vorräthe. Die Ebene von Orchanie und das Thal des Behresch sind abzupatrouilliren; die Strasse von Lazan ist durch eine detachirte Abtheilung zu beobachten. —

„Der Rest der bei Wratschesch versammelten Truppen — wahrscheinlich 13 Bataillone, 1 Cavallerie-Regiment und 10 oder 12 Geschütze — marschiert um 7 Uhr Morgens von Wratschesch nach dem grossen Lager am Arabkonak-Passe, woselbst die Truppen weitere Bestimmung erhalten werden. —

„Das bei Slatiza stehende Detachement zieht sich ebenfalls nach der Arabkonak-Stellung heran, behält jedoch die nächsten fünf Kilometer im Auge und vertheidigt sie nach Möglichkeit."

Dieser Befehl wurde noch an demselben Abend im Auszuge telegraphisch der Dari Schura nach Konstantinopel mitgetheilt.

Am Morgen des 24. brachen die dazu bestimmten Truppen von Wratschesch auf und trafen Mittags in der Arabkonak-Stellung ein. Mehmed Ali war hier bereits um 10 Uhr Vormittags angelangt und hatte sein Hauptquartier in einer Baracke, dicht neben dem Telegraphenzelt südlich der Schanze VI, unmittelbar an der Chaussee aufgeschlagen.

Die zwischen Slatiza und Taschkesen aufgestellt gewesenen Truppen — 8 Bataillone — waren ebenfalls bereits bei Arabkonak eingetroffen, doch scheint eine, wenn auch nur schwache Abtheilung zur Beobachtung des Kasamarska-Passes zurückgeblieben zu sein.

Den Nachmittag des 24. benutzte Mehmed Ali zur Besichtigung der Verschanzungen der Arabkonak-Stellung, auch trat er in einen lebhaften Depeschenverkehr mit der Dari Schura, die, mit den angegebenen Gründen nicht einverstanden, ein Festhalten der ganzen Stellung von Orchanie in ihrer früheren Ausdehnung verlangte und befahl, sofort Verstärkungen an Schakir Pascha zu senden und zum Entsatz von Plewna zu schreiten.

Die von Mehmed Ali als Antrittsleistung in seiner neuen Stellung angeordnete Räumung von Orchanie bedeutete allerdings den völligen Verzicht auf die Ausführung seiner eigentlichen Aufgabe: eines offensiven Vorstosses zum Entsatz von Plewna — dass man hierüber in Konstantinopel aufs höchste bestürzt und zum Theil auch entrüstet war, ist leicht begreiflich. Dass Mehmed Ali nicht „der Mann der rücksichtslosen Offensive sei" und dass es ihm schwerlich gelingen werde, „nach Besiegung der Schwierigkeiten seine Vereinigung mit Osman Pascha durchzuführen" — lag allerdings auf der Hand; wenn man aber keinen besseren General hatte, den man sofort an Mehmed Alis Stelle setzen konnte, so durfte man schwerlich darauf rechnen, durch telegraphisches Eingreifen in die Operationen die Sache zum Besseren zu wenden.

Für Mehmed Ali lagen unter den gegebenen Umständen nur zwei vernünftige Möglichkeiten vor: entweder er wies die telegraphische Einmischung in seine

Operationsleitung unbedingt zurück und führte den von ihm als am zweckmässigsten erkannten Plan weiter durch — oder er sah in der telegraphischen Weisung gewissermassen eine Entbindung von aller Rücksicht auf die Vorschriften gewöhnlicher Klugheit und setzte Alles auf die Entscheidung eines mit rücksichtsloser Energie und Verwegenheit unternommenen Offensivstosses.

Mehmed Ali hatte aber weder zu dem einen noch zu dem anderen Verfahren die nothwendige Charakterfestigkeit und Entschlossenheit; er behalf sich mit schwächlichen halben Massregeln, welche gar keinen vernünftigen Zweck hatten.

Am 25. wurde Schakir Pascha in seiner Stellung bei Wratschesch durch 8 Bataillone und etwas Cavallerie verstärkt und schob nun seinerseits Detachements in der Richtung auf Skrivena und Lazan vor — eine Massregel, die gänzlich zwecklos war, denn wenn man es nicht versuchen wollte, durch einen energischen überraschenden Vorstoss den Russen die Prawez-Stellung wieder zu entreissen, so lag die erste überhaupt mögliche Vertheidigungs-Stellung der Türken auf den Höhen von Wratschesch, aber nicht im Thalkessel von Orchanie.

Bei Wratschesch und von hier aus vorgeschoben standen am 25. unter Schakir Pascha nunmehr 13 Bataillone; in der Hauptstellung von Arabkonak mindestens 20 Bataillone, welche noch am Abend des 25. durch drei aus Bosnien kommende Bataillone mit einer Batterie verstärkt wurden; ausserdem rückte das aus Etropol abgezogene Detachement — mindestens 4 Bataillone — an den rechten Flügel der Stellung heran.

Der 26. und 27. November vergingen ohne besondere Ereignisse.

Mehmed Ali war während dieser Zeit in einem fortgesetzten telegraphischen Verkehr mit der Dari Schura, der zum Theil in einem äusserst kindlichen Tone geführt wurde, wie z. B.: „Was werden Sie thun, wenn die Russen, Sie umgehend, in die Ebene von Slatiza herabsteigen?" Antwort: „Ich werde sie umgehen und gefangen nehmen!"

Von Suleiman traf am 26. ein telegraphischer Befehl ein: unbedingt mit den von der Balkan-Armee gekommenen Truppen die Stellung von Slatiza, mit seinen (Mehmed Alis) eigenen Truppen aber „die Pässe von Ober- und Nieder-Komarzü und von Orchanie" zu halten.

Von der Balkan-Armee waren thatsächlich 15 Bataillone unter Schukri Pascha am 22. November aufgebrochen; wann dieselben bei Slatiza angekommen, ist nicht bekannt.

Die Bezeichnung „Pässe von Ober- und Nieder-Komarzü und von Orchanie" ist unklar; unter „Pass von Orchanie" scheint der Arabkonak-Pass verstanden zu sein; unter den „Pässen von Ober- und Nieder-Kamarzü" wahrscheinlich diejenigen Pässe, welche von der kleinen Hochebene am Südfuss des Arabkonak-Passes westwärts über Taschkesen nach Sofia und ostwärts über Mirkowo nach Slatiza führen.

Am 28. November Vormittags liefen verschiedene Meldungen der Vorposten ein, welche den Vormarsch russischer Abtheilungen aus der Gegend von Etropol gegen den rechten Flügel der Stellung anzeigten.

Als Mehmed Ali gegen 1 Uhr Mittags bei der Güldis Tabia eintraf, fand er hier folgende Sachlage vor:

Die Russen erstiegen den bewaldeten Nordhang des Gebirges in zwei Richtungen: östlich auf dem von Etropol in kürzester Linie zum Strigli-Pass führenden Wege Regiment Pskow (linke Kolonne des Detachements Dandeville, 6. b. 7.); westlich an dem steilen Osthang des Berges Greata entlang Regiment Welikoluz (rechte Kolonne des Detachements Dandeville; 6. b. 5.).

Die Güldis Tabia selbst war von drei Redif-Bataillonen besetzt und mit vier Geschützen armirt; die aus Etropol gekommenen vier Mustachûs-Bataillone waren weiter nördlich gegen die beiden Anmarschrichtungen des Feindes vorgeschoben. Es scheint, dass e i n Bataillon eine nördlich von Güldis Tabia auf einer niedrigeren Geländestufe gelegene Verschanzung besetzt und seine Schützen bis zum Waldsaum vorgeschoben hatte, während die a n d e r e n d r e i Bataillone den Greataberg in der rechten Flanke der russischen Marschrichtung besetzt hielten.

Die ö s t l i c h e Kolonne der Russen brachte gegen 2 Uhr Nachmittags in einer kleinen Waldlichtung östlich der Güldis Tabia einige Geschütze in Stellung und eröffnete aus ihnen das Feuer (die Geschütze des Oberst Oreus); zu einem ernsten Infanterie-Gefecht kam es hier nicht; die Russen setzten sich ziemlich ungestört in dem Waldrand gegenüber der vorgeschobenen Verschanzung fest.

Die am Berge Greata stehenden Bataillone geriethen mit den hier vordringenden Russen in ein lebhaftes Feuergefecht, konnten jedoch, obwohl sie durch ein aus der Güldis Tabia vorgeschicktes Redif-Bataillon verstärkt wurden, das Vordringen des Gegners auf die Dauer nicht aufhalten.

Gegen 3 Uhr Nachmittags trafen zwei soeben aus Bosnien angekommene Redif-Bataillone bei der Güldis Tabia ein und wurden von Mehmed Ali sofort zur Unterstützung der am Berge Greata fechtenden Mustachûs-Bataillone vorgeschickt.

Als diese beiden Bataillone in das Feuergefecht eintraten, stellte es sich heraus, dass man an diese mit Snider-Gewehren bewaffneten Bataillone in der Eile Munition des Henry-Martini-Gewehres ausgegeben hatte, sodass sie gar nicht im Stande waren, sich am Feuergefecht zu betheiligen. Trotz dieses verderblichen Missgriffes gingen beide Bataillone jetzt entschlossen zum Bajonett-Angriff vor und warfen sich mit lautem Allah! auf den Feind, der in diesem Augenblick gleichfalls zum Angriff vorbrach.

Der Zusammenstoss nahm einen für die Türken unglücklichen Ausgang; beide Bataillons-Commandeure fielen, der eine todt, der andere tödtlich verwundet.

In fester Haltung wichen die beiden Bataillone nach der Güldis Tabia zurück und deckten so den wie es scheint ziemlich ordnungslosen Rückzug der Mustachûs-Bataillone.

Der türkische Verlust in diesem Gefechte wird auf einige hundert Todte und Verwundete angegeben.

Die Russen verfolgten nicht, sondern begnügten sich mit der Festsetzung am Waldrande und brachten auch hier bald Geschütz in Thätigkeit.

Als Mehmed Ali um 1 Uhr Mittags bei der Güldis Tabia eingetroffen war, hatte er zunächst den Entschluss gefasst, gegen Flanke und Rücken der im Thal der Suchaja Rjeka vordringenden Russen einen Offensivstoss zu führen. Als er die hierzu für erforderlich gehaltenen Truppen, 10 Bataillone und zwei Batterien, aus der Reserve-Stellung bei Ober-Komarzü telegraphisch heranbeordern wollte, zeigte sich, dass allerdings die Güldis Tabia mit dem Reserve-Lager durch eine telegraphische Leitung verbunden, dass aber der dazu gehörige Apparat bereits seit Wochen schadhaft war und nicht benutzt werden konnte.

Unter diesen Umständen glaubte Mehmed Ali — weil die nun durch mündlichen Befehl heranzubeordernden Truppen wahrscheinlich nicht vor Einbruch der Dunkelheit zur Stelle sein würden — auf die ganze Unternehmung verzichten zu müssen.

Ob es nicht doch möglich gewesen wäre, die betreffenden Reserven noch rechtzeitig heranzuziehen, ist bei der Unkenntniss der genauen Einzelumstände nicht gut zu entscheiden. Wenn man aber die Verhältnisse ins Auge fasst, wie sie im Laufe des Nachmittags auf russischer Seite lagen (6. b.), so liegt es auf der Hand, dass ein selbst am späten Nachmittage von Güldis Tabia aus mit 10 Bataillonen unternommener kräftiger Vorstoss die nur aus drei schwachen Bataillonen bestehende russische linke Flügel-Kolonne wohl ziemlich wahrscheinlich in das Thal der Suchaja Rjeka hinuntergeworfen haben würde, wodurch der ebenfalls nur aus drei Bataillonen bestehenden rechten Flügel-Kolonne Dandevilles in ihrer so wie so schon bedenklichen Lage am Berge Greata der Rückzug vollständig abgeschnitten wurde.

Dass ohne den bei der Patronen-Ausgabe vorgekommenen Irrthum und ohne die Lodderei der betreffenden Telegraphenstation die Sache sehr leicht eine für die Russen gefährliche Wendung hätte nehmen können, liegt auf der Hand.

Im Laufe der Nacht vom 28. zum 29. November wurde die Güldis Tabia mit der links benachbarten Redute Nr. II durch Schützengräben verbunden; acht frische Bataillone aus der Reserve wurden zur Besetzung der Stellung vorgezogen; die gestern am Gefecht betheiligt gewesenen Truppen wurden in die Reserve zurückgezogen, welche noch im Laufe der Nacht durch vier aus Bosnien eintreffende Bataillone verstärkt wurde.

Da für den 29. ein allgemeiner Angriff der Russen erwartet wurde, so hielt Mehmed Ali die vorgeschobene Stellung bei Wratschesch für unhaltbar und schickte um 11 Uhr Nachts Kiasim Pascha mit zwanzig Tscherkessen dorthin ab, um dem dort kommandirenden Schakir Pascha den Befehl zu überbringen: Die angehäuften Getreide-Vorräthe zu vernichten und unter Zurücklassung der für Plewna bestimmt gewesenen Munition sofort mit allen Truppen zum Gros nach Arabkonak abzurücken — wo dieselben auch am Morgen des 29. eintrafen.

Bei Wratschesch waren Tscherkessen zur Beobachtung zurückgeblieben; etwa 2 km vor dem linken Flügel der Arabkonak-Stellung hatten drei Bataillone eine Vorposten-Stellung bezogen.

Im Ganzen verfügte*) Mehmed Ali in diesem Zeitpunkt über 44 Bataillone, von denen 39 Bataillone die Arabkonak-Stellung selbst besetzt hielten, während 5 Bataillone in der Richtung auf Slatiza entsendet waren. An Artillerie waren ungefähr 50 Geschütze vorhanden, der Hauptsache nac Khrupp'sche Vier- und Sechspfünder und einige Gebirgs-Geschütze.

Ausser den hier aufgezählten Truppen standen noch einige Bataillone und Geschütze in der Lutikowo-Stellung.

Am 29. November Morgens wurde zunächst durch Patrouillen festgestellt, dass die beiden russischen Abtheilungen, welche gestern getrennt die Kammhöhe erstiegen, nunmehr die Verbindung unter sich durch eine Postenstellung hergestellt hatten.

Vom rechten Flügel der russischen Stellung aus ging eine Cavallerie-Abtheilung gegen den Engpass der Chaussee vor und stieg zum Theil bis zu dieser hinunter (es war dies General Krasnow mit einer Escadron Dragoner).

Von beiden Seiten wurde ein schwaches Geschützfeuer unterhalten, die vorgeschobene Verschanzung nördlich der Güldis Tabia war von den Türken geräumt worden.

Um Mittag brach plötzlich aus dem Walde nordöstlich der Güldis Tabia russische Infanterie zum Angriff gegen genannte Redute vor (es war dies der eigenmächtige Angriff von drei Compagnien Pskow, 6. b. δ).

---

*) Nach den übrigens nicht unbedingt zuverlässigen Angaben des „Augenzeugen" in den Jahrbüchern.

Die Türken müssen durch den mit grosser Schnelligkeit ausgeführten Angriff völlig überrascht worden sein und die Besatzung der Redute scheint anfangs den Kopf verloren zu haben — denn nur so ist es erklärlich, dass es einer kleinen Anzahl der Stürmenden wirklich gelang, die vier Meter hohe Brustwehr zu ersteigen, in das Innere der Redute hineinzufeuern und sogar ein Geschütz in den Graben zu werfen. Als demnächst türkische Verstärkungen in der Redute eintrafen, wurde die kleine Zahl der tollkühnen Eindringlinge schnell überwältigt und meist niedergemacht. Der Angriff war völlig gescheitert und die Reste der Angreifer eilten dem deckenden Walde zu, verfolgt von drei vorbrechenden Bataillonen, welche indessen sehr bald durch andere zur Aufnahme der weichenden Truppe vorgehenden russischen Abtheilungen (ein Bataillon Ismailow) zum Stehen gebracht wurden.

Der türkische Verlust belief sich auf 8 Todte und ungefähr 40 Verwundete.

Ueber die Einzelheiten des Angriffs auf russischer Seite siehe 6. b. 3.

Das beiderseitige Geschützfeuer wurde den Rest des Tages über und selbst die Nacht hindurch fortgesetzt, ohne irgend einen Erfolg zu erzielen.

Mehmed Ali erwartete für den 30. November einen verstärkten feindlichen Angriff gegen seinen rechten Flügel; den Gedanken an eine eigene Offensive hatte er gänzlich aufgegeben.

Im Gegensatz hierzu war ein Theil seiner Umgebung von der Ueberzeugung durchdrungen, dass unbedingt ein Versuch zum Entsatz Plewnas gemacht werden müsse und zwar je schneller desto besser, weil die Russen sich wahrscheinlich von Tag zu Tag verstärken würden, während die türkische Armee für die nächste Zeit keine nennenswerthen Verstärkungen zu erwarten habe. Durch einen kräftigen Offensivstoss, der mit 15 Bataillonen von der Güldis Tabia aus in nördlicher Richtung gegen die Front der russischen Stellung, und mit 20 Bataillonen ostwärts ausholend gegen die linke Flanke derselben unternommen werden sollte, hoffte man die Russen von der Kammhöhe hinunter zu werfen, womöglich zu vernichten, und Etropol wieder zu gewinnen.

Die Stimmung der türkischen Truppen, durch den wenn auch eigentlich äusserst unbedeutenden Erfolg des 29. November ausserordentlich gehoben, war augenblicklich einer dreisten Offensive günstig.

Mehmed Ali hörte diese Vorstellungen seiner Umgebung an, pflichtete ihnen in gewissem Sinne bei, beschloss jedoch, „den nächsten Tag in abwartender Stellung zu verbleiben, den Vorschlag einer Diversion gegen Etropol aber im Auge zu behalten und näher in Erwägung zu ziehen."

Der für den 30. November erwartete Angriff erfolgte nicht, aber auch Mehmed Ali konnte sich seinerseits nicht zur Offensive entschliessen.

Am 1. December Nachmittags erschienen russische Schützenschwärme dem linken Flügel der türkischen Stellung gegenüber auf den bewaldeten Höhen westlich der Chaussee, deren Besetzung der damit beauftragte Nassif Pascha eigenmächtiger Weise unterlassen hatte, indem er mit den ihm zu diesem Zweck unterstellten vier Bataillonen eine ganz zwecklose Bewegung in westlicher Richtung ausführte.

Mehmed Ali, welcher am Nachmittage des 1. December sich persönlich von dieser Sachlage überzeugt hatte, befahl seinem Stabs-Chef Mussapher Bei, am Morgen des 2. Dezember sich mit drei Bataillonen in den Besitz jener Höhen zu setzen.

Als Mussapher Bei bei Tagesanbruch von Redute VII aus gegen jene Höhe (welche später den Namen „Finländischer Berg" erhielt) vorging, wurde er mit Gewehrfeuer empfangen und wich wieder auf die Hauptstellung zurück. Das Vorgehen Mussapher Beis muss übrigens sehr wenig energisch gewesen sein, da es russischerseits gar nicht besonders erwähnt wird.

Mehmed Ali, welcher persönlich hier anwesend war, gab den Befehl, vorläufig den Angriff nicht zu erneuern; dagegen gab er Schakir Pascha den Auftrag, sich genau über das Gelände vor dem linken Flügel der Stellung zu orientiren und für den nächsten Tag (3.) einen Angriff vorzubereiten, zu welchem ihm 18 Bataillone zur Verfügung gestellt wurden.

Dem türkischen rechten Flügel gegenüber war im Laufe des 2. December nichts Besonderes vorgefallen, nur hatten die Russen hier die Anzahl ihrer Geschütze vermehrt.

Am 3. December Morgens begann eine allgemeine Kanonade von Seiten der russischen Batterien; auch auf dem Berge westlich der Chaussee, den heute Schakir Pascha angreifen sollte, war eine gestern noch nicht bemerkte Batterie aufgestellt.

Der erste Angriff gegen die russische Stellung auf dem „Finländischen Berge" wurde von Schakir mit 7 Bataillonen unternommen, wobei er den rechten Flügel der Russen zu umfassen suchte.

Als Mehmed Ali, nachdem das Gefecht bereits begonnen, bei Redute VII eintraf, liess er eine Batterie auf die offene Kuppe nördlich der genannten Redute vorgehen und von hier aus das Feuer gegen jene russische Batterie eröffnen, welche auch nach einiger Zeit zum Schweigen gebracht wurde (Näheres hierüber siehe 6. h. 7.).

Allmälig zog Schakir neue Verstärkungen in das Gefecht, welches mehrfach hin und her wogte, ohne dass es den Türken gelang, die russische Stellung selbst zu nehmen.

Infolge des Auffliegens von zwei Munitionskarren in Redute VII entstand zunächst unter einigen hinter den fechtenden Truppen in Reserve folgenden Mustachfis-Bataillonen arge Verwirrung; sie begannen ein sinnloses Feuer auf ihre eigenen vor ihnen befindlichen Bataillone, diese glaubten sich im Rücken angegriffen und schliesslich wich Alles in der Richtung auf die Redute VII zurück.

Ob Schakir alle ihm zur Verfügung gestellten achtzehn Bataillone wirklich zur Verwendung gebracht hat, ist zweifelhaft; jedenfalls war es ihm mit seinen bedeutend überlegenen Kräften nicht gelungen, die nur von vier russischen Bataillonen vertheidigte Höhe zu nehmen.

Da das dichte Buschwerk, welches einen Theil der von den Russen besetzten Höhe bedeckte, denselben sowohl zu verdeckten Aufstellungen wie zu verdeckten Bewegungen sehr günstige Gelegenheit bot und ausserdem manche Strecken des vor der eigentlichen feindlichen Stellung liegenden Geländes für den Angreifer völlig ungangbar machte, so hatte Mehmed Ali den Entschluss gefasst, dieses Buschwerk niederzubrennen. Um diesen Versuch mit einiger Aussicht auf Erfolg zu machen, schickte Mehmed Ali um Mittag einen Wagen nach Sofia, um ein Fass Petroleum zu holen. Der Wind, der bisher lebhaft von Süden wehte, schien diesem Vorhaben günstig. Als in der Nacht das Petroleum eintraf, hatte sich der Wind indessen vollständig gelegt und die gemachten Versuche, das Buschwerk in Brand zu stecken, blieben ohne Erfolg.

Die Türken hatten während der Nacht ihre Stellung nördlich der Redute VII durch ein Erdwerk und eine Anzahl Schützengräben befestigt.

Am folgenden Tage (4.) fand zwischen beiden Stellungen nur ein ziemlich zweck- und ergebnissloses Feuern statt; die Erzählung des „Augenzeugen" (pag. 205.) von einem heftigen Angriff der Russen auf die türkische Stellung und von beiderseits erlittenen schweren Verlusten ist ein vollständiges Phantasiegemälde.

Am Abend des 4. December erhielt Mehmed Ali seine Abberufung vom Commando der Sofia-Armee, welches an Schakir Pascha überging.

Dritter Abschnitt.

Einleitung der gegen den Etropol-Balkan gerichteten russischen Operationen.

Kaum war Ende October durch die Einnahme der befestigten Etappenpunkte Dubnjak und Telisch der eiserne Ring um Plewna geschlossen, so wurde die Aufmerksamkeit der russischen Heeresleitung durch eine von Westen her der Einschliessung drohende Gefahr in Anspruch genommen.

Anfang November verbreitete sich das Gerücht, Mehmed Ali Pascha sei bei Sofia mit der Bildung einer 60000 Mann starken Armee beschäftigt, um mit derselben zum Entsatz von Plewna die Offensive zu ergreifen.

Sowohl das Armee-Ober-Commando wie der die Einschliessung auf dem linken Wid-Ufer commandirende General Gurko waren der Ansicht, dass man nicht abwarten dürfe, bis jene Armee nach vollendeter Organisation die Offensive ergreifen würde, sondern man müsse versuchen, durch einen möglichst schnell zu führenden diesseitigen Offensivstoss jene Armee vor ihrer vollständigen Versammlung zu schlagen und unschädlich zu machen.

Sowohl das Armee-Ober-Commando wie General Gurko knüpften an diese beabsichtigte Offensive den Gedanken eines sofortigen Balkan-Ueberganges über die Pässe des Etropol-Balkans an.

Das Armee-Ober-Commando sandte um diese Zeit den Generalstabs-Oberst Bobrikow nach Serbien, um für den Fall eines russischerseits auszuführenden Balkan-Ueberganges eine gemeinsame Operation in der Richtung auf Sofia zu vereinbaren.

General Gurko seinerseits trug sich mit dem Gedanken, nach vollendetem Uebergange und nach erfolgter Unschädlichmachung der „Armee von Sofia", am Südfuss des Gebirges entlang nach dem Schipka-

Pass zu marschieren und hier mit dem auf der Nordseite des Passes stehenden Radezky in Verbindung zu treten.

Das um diese Zeit erfolgende Eintreffen der 2. und 3. Grenadier-Division vor Plewna liess es ausserdem möglich erscheinen, genügende Streitkräfte für die geplante Offensive von der Einschliessungs-Armee abzuzweigen, ohne diese selbst zu sehr zu schwächen.

Für die in Aussicht genommene Offensive gegen den Etropol-Balkan glaubte Gurko folgende Truppentheile in Anspruch nehmen zu dürfen: Die 1. und 2. Garde-Infanterie-Division mit ihrer Artillerie, die Garde-Schützen-Brigade und das Garde-Sappeur-Bataillon; die ganze Garde-Cavallerie, sechs Regimenter, mit ihrer reitenden Artillerie, die kaukasische Kosaken-Brigade und ein Linien-Dragoner-Regiment.

Die mit einigen Sotnien Kosaken bisher in Lowtscha und den benachbarten Balkan-Pässen stehende 3. Infanterie-Division — das sogenannte Lowtscha-Selwi-Detachement unter General Karzow — wünschte Gurko in der Art zu seiner Offensive heranzuziehen, dass eine Brigade ihm direkt unterstellt würde, um vermöge ihrer vorgeschobenen Aufstellung sofort die Avantgarde seines Corps zu übernehmen; die andere Brigade sollte vorläufig zum Schutz der Einschliessungs-Armee gegen Süden durch Sperrung der Pässe des Trajan-Balkans in Lowtscha stehen bleiben; später, wenn Gurko glücklich auf der Südseite des Balkan angelangt sei und seinen Vormarsch in östlicher Richtung angetreten habe, sollte dann diese Brigade über den Trajan-Pass herüber sich mit ihm vereinigen.

Dies waren die Grundzüge des Planes, welchen Gurko am 6. November durch den Generalstabs-Oberst Pusürewski dem in Bogot befindlichen Armee-Ober-Commando vorlegen liess.

Der Grossfürst-Generalissimus sprach sofort seine Zustimmung zu dem Plane aus; er fügte hinzu: er habe selbst bereits die Absicht gehabt — allerdings erst nach dem Falle von Plewna — 12 Infanterie- und 4 Cavallerie-Divisionen in der Richtung auf Sofia über den Balkan gehen zu lassen.

Der Chef des Feldstabes, General Nepokoischizki, billigte den Plan ebenfalls, während sein Gehülfe, General Lewizki, verschiedene Einwendungen machte: Die Operationslinie der Armee werde ungebührlich lang, und die Versorgung des über den Balkan vorgedrungenen Corps mit Lebensmitteln und namentlich mit Munition werde grosse Schwierigkeiten haben. Diesen Einwendungen gegenüber setzte Pusürewski eingehend die Massregeln auseinander, welche Gurko behufs Versorgung seines Corps mit Lebensmitteln und Munition theils bereits getroffen, theils ins Auge gefasst hatte.

Seine endgültige Genehmigung des Planes glaubte der Grossfürst-Generalissimus von der Einwilligung des Kaisers abhängig machen zu müssen, „da die Sache zu wichtig sei".

Am 7. November begab sich demgemäss der Grossfürst-Generalissimus in Begleitung seines Stabs-Chefs Nepokoischizki und des Oberst Pusûrewski nach Poradim zum Kaiser Alexander.

Nach einer mit den genannten Persönlichkeiten abgehaltenen Berathung, der ausserdem noch der Kriegsminister General Miljutin beiwohnte, gab der Kaiser Alexander ebenfalls seine Einwilligung zu dem Vorschlage Gurkos.

Im Anschluss an die Verhandlung wurde eine vor kurzem eingereichte Denkschrift des Generals Totleben vorgelesen, welche, ohne einen bestimmten Plan vorzulegen, ebenfalls im Allgemeinen den Vorschlag machte, die Offensive zu ergreifen.

Am 8. November kehrte Pusûrewski nach Nieder-Dubnjāk zu Gurko zurück und brachte diesem nicht nur die Genehmigung des vorgeschlagenen Planes, sondern auch die Mittheilung, dass die Serben ebenfalls die Feindseligkeiten eröffnen würden, sobald Sofia genommen sei.

Der ganze Plan wurde vorläufig in der nächsten Umgebung Gurkos als Geheimniss behandelt; Gerüchte über einen derartigen Plan waren unter den Truppen schon seit einiger Zeit verbreitet.

Die bereits eingeleiteten umfassenden Massregeln behufs Sicherstellung des Bedarfs an Lebensmitteln und Fourage wurden mit grossem Eifer weiter geführt und in Radomirze grosse Magazine mit regelrechter Verwaltung errichtet. Ein bedeutender Fuhrenpark wurde zusammengebracht und ausserdem Massregeln getroffen, um eine Anzahl Pferde als Tragethiere zum Transport von Lebensmitteln und Munition benutzen zu können.

Während die Hauptmasse der Truppen Gurkos bisher die Front gegen Plewna hatte, war seit Ende October eine aus der kaukasischen Kosaken-Brigade, dem Regiment Moskau der 2. Garde-Infanterie-Division und der 4./2. Garde-Batterie bestehendes Detachement nach Telisch-Radomirze vorgeschoben; die Kosaken-Brigade hatte den Auftrag, zwischen Isker und Wid nach Süden zu aufzuklären, nach Osten zu über Toros mit der Cavallerie des Lowtscha-Detachements, und nach Westen zu über Tschumakowize mit der am linken Isker-Ufer streifenden Garde-Cavallerie Verbindung zu halten.

Am 5. November ging die kaukasische Brigade bis Jabloniza vor und vereinigte sich hier mit der von Lowtscha her eintreffenden 2./3. Infanterie-Brigade.

Nachdem am 7. eine Rekognoszirung der feindlichen Stellung auf den Höhen von Prawez stattgefunden und am 8. das Regiment Moskau ebenfalls nach Jabloniza herangerückt war, ging das vereinigte Detachement am 9. bis Ossikowo vor, bezog hier eine verschanzte Stellung am rechten Ufer des Kleinen Isker und rekognoszirte von hier aus am 12. gegen Prawez und Etropol, während gleichzeitig die auf dem linken Ufer des Grossen Isker operirende Garde-Cavallerie, welche am 9. November Wrazza genommen hatte, von dort aus ein Rekognoszirungs-Detachement in der Richtung auf Orchanie vorgehen liess.

Die genannten Rekognoszirungen stellten fest, dass bei Lutikowo, Nowatschin, Prawez und Etropol stärkere türkische Abtheilungen in befestigten Stellungen ständen.

Am 14. begann der Vormarsch der übrigen zur West-Armee bestimmten Truppen aus den Stellungen vor Plewna nach Süden zu, und bis zum 18. waren in der Umgegend von Jabloniza folgende Truppentheile versammelt:

Die 1. Garde-Infanterie-Division mit ihrer Artillerie;

die 2. Garde-Infanterie-Division mit ihrer Artillerie — mit Ausnahme des Regiments Moskau und der 4./2. Batterie, welche bereits bei Ossikowo standen;

die Garde-Schützen-Brigade;

das Garde-Sappeur-Bataillon;

das Garde-Husaren-Regiment;

das Garde-Ulanen-Regiment;

die 5. und vier Geschütze der 6. reitenden Garde-Batterie;

die reitende Gebirgs-Batterie.

Einige ebenfalls zur Hauptmasse der West-Armee gehörige Truppentheile — die donische Kosaken-Brigade Kurnakow, das Dragoner-Regiment Jekatarinoslaw Nr. 4, die 16. reitende und die 19. donische Batterie — scheinen bei Bulgarisch-Izwor gestanden zu haben.

Auf dem linken Isker-Ufer detachirt in der Gegend von Wrazza befand sich die Hauptmasse der Garde-Cavallerie: Garde-Dragoner, reitende Grenadiere, Grodno-Husaren, Kaiser-Ulanen, die 2. und 3. und zwei Geschütze der 6. reitenden Garde-Batterie.

Bei Ossikowo stand das Avantgarden-Detachement in der bereits bekannten Zusammensetzung. Das Anfangs zu ihm gehörige Cavallerie-Detachement des Oberst Orlow war aufgelöst; die beiden Eskadrons Kasan-Dragoner Nr. 9 und die Sotnien des 30. Don-Regiments waren wieder zu ihren Regimentern abgerückt; zwei Sotnien des 24. Don-Regiments waren bei der 2./3. Infanterie-Brigade verblieben.

Gurko selbst traf am 17. in Jabloniza ein, besichtigte am 18. die dortige Stellung und gab in einem sehr eingehenden Befehl seinen Streitkräften zunächst folgende Gliederung:

Regiment Preobraschensk der 1. Garde-Inf.-Div.	
Regiment Leib-Grenadiere der 2. Garde-Inf.-Div.	Avantgarde
Regiment Welikoluz Nr. 12	unter
Ein Bataillon Pskow Nr. 11	General
2. Compagnie des Garde-Sappeur-Bataillons . .	Dandeville:*)
Dragoner-Regiment Jekaterinoslaw Nr. 4 . . .	
Kaukasische Kosaken-Brigade mit Batterie. . .	
Donische Kosaken-Brigade mit Batterie . . .	$12^{1}/_{4}$ Bataillone.
Zwei Sotnien Donzen Nr. 24	4 Eskadrons.
Halbe 1./1. Garde-Batterie.	21 Sotnien.
2./2. Garde-Batterie	
4./3. Batterie.	24 reitende,
16. reitende Batterie	20 Fuss-Geschütze.
19. donische Batterie	
Regiment Garde-Dragoner	
Regiment reitende Grenadiere . . .	Rechtes Seiten-Detachement
Regiment Grodno-Husaren	General Leonow II.
Regiment Kaiser-Ulanen	16 Eskadrons,
2., 3. und zwei Geschütze der 6. reitenden Garde-Batterie	14 reitende Geschütze.
Sechs Garde-Infanterie-Regimenter . . .	Gros:
Garde-Schützen-Brigade	General Schuwalow.
1., 3., 4. Comp. Garde-Sappeur-Bataillons .	
Zwei Bataillone Pskow Nr. 11	$30^{3}/_{4}$ Bataillone,
Garde-Husaren-Regiment.	8 Eskadrons,
Garde-Ulanen-Regiment	
$10^{1}/_{2}$ Garde-Fuss-Batterien	84 Fuss-Geschütze,
5. und vier Geschütze der 6. reit. G.-B. . .	16 reitende Geschütze.
Reitende Gebirgs-Batterie.	

---

*) Auf dem Papier waren dem Detachement Dandeville ausserdem noch zugetheilt das Dragoner-Regiment Astrachan Nr. 9, sowie die 2./3. und 5./3. Batterie. — Das 9. Dragoner-Regiment stiess indessen überhaupt nicht, die beiden Batterien (welche später als das Detachement Dawidow aus Lowtscha abgerückt waren) erst nach der Einnahme von Etropol zum Detachement. — Um Missverständnisse zu vermeiden, sei hier erwähnt, dass die Zusammensetzung des Detachements Dandeville auf dem Papier schnell hintereinander mehrfach geändert wurde. So ist die Zusammensetzung, welche Pusürewski in seinen „Erinnerungen" giebt, die von Gurko zuerst befohlene; die von mir gegebene Zusammensetzung ist so, wie sie sich thatsächlich nach mehrfachen Abänderungen bei Beginn der Operationen am 21. gestaltet hatte.

Den einzelnen Abtheilungen waren zunächst folgende Aufgaben gestellt:

Das **Avantgarden-Corps** nimmt Aufstellung bei Golemi Bulgarisch-Izwor und schiebt auf den Wegen nach Orchanie und Etropol Detachements vor, die sich in ihren Stellungen ebenso wie das Gros der Avantgarde zu verschanzen haben.

Das **rechte Seiten-Detachement** basirt sich auf Wrazza und operirt im westlichen Bulgarien.

Das **Gros** steht in der Umgegend von Jabloniza; die dortige Stellung wird ebenfalls verschanzt.

In Bezug auf die Verschanzung der Stellungen, auf den Sicherheitsdienst und inneren Dienst der Truppen wurden von Gurko sehr eingehende Befehle gegeben; ferner wurde die Aufstellung einer Relais-Linie angeordnet, welche einerseits die Verbindung von Tetewen (hier standen Truppen des Lowtscha-Detachements) über Bulgarisch-Izwor, Jabloniza und Staroselo nach Wrazza — andererseits die Verbindungen zwischen den einzelnen Abtheilungen der West-Armee zu unterhalten hatte.

Schliesslich erhielten alle diejenigen ziemlich zahlreichen grösseren oder kleineren Commandos des 4. donischen Kosaken-Regiments, welche sich noch von früher her bei den verschiedenen Abtheilungen der West-Armee befanden, den Befehl, zu ihrem bei Plewna stehenden Regiment zurückzugehen.

a. Commando-Verhältnisse.

Kaiser Alexander befand sich, formell betrachtet, nur als Zuschauer auf dem Kriegsschauplatz; sein Hauptquartier, von welchem nie formelle Befehle ausgingen, war absichtlich, meist auch räumlich von dem Hauptquartier des wirklichen Armee-Ober-Commandos, d. h. des Grossfürsten Nikolaus Nikolajewitsch getrennt.

Dem Armee-Ober-Commando unmittelbar unterstellt waren:

Die Dobrudscha-Armee (General Zimmermann).
Die Rustschuk-Armee (Grossfürst Thronfolger).
Die Schipka- oder Balkan-Armee (General Radezki).
Die West- oder Einschliessungs-Armee (Fürst Karl von Rumänien, dem General Totleben als Gehülfe beigegeben war).
Das Lowtscha-Selwi-Detachement (General Karzow).

Eine eigenthümliche Stellung hatte General Gurkow als „Befehlshaber der Garden und der Cavallerie der West-Armee".

Da die Garde thatsächlich einen Theil der Einschliessungs-Armee bildete und die dem Commando Gurkos unterstellte Cavallerie ausdrücklich als „Cavallerie der West-Armee" bezeichnet wurde, so musste Gurko eigentlich als dem Commando der West-Armee unterstellt betrachtet werden, was aber thatsächlich **nicht** der Fall war; er erhielt die Befehle direct vom Armee-Ober-Commando.

Von Beginn der Operationen gegen den Etropol-Balkan waren die Truppen Gurkos als nunmehrige West-Armee endgültig von der Einschliessungs-Armee losgelöst.

General Gurko, eigentlich Commandeur der 2. Garde-Cavallerie-Division, war dem Dienstalter nach ein sehr junger General, im Besonderen jünger als General Schuwalow, Commandeur der 2. Garde-Infanterie-Division, welcher Letztere aber erklärt hatte, er werde mit Freuden unter einem so vorzüglichen General wie Gurko commandiren.

Dennoch scheinen bei Beginn der Operationen zwischen Gurko und einzelnen ihm unterstellten Generalen irgend welche Reibungen stattgefunden zu haben; hierauf lässt wenigstens eine eigenthümliche Rede schliessen, welche Gurko nach seiner Ankunft in Jabloniza an die um ihn versammelten Generale richtete.

Nachdem er zunächst verschiedene dienstliche Anordnungen besprochen, führt er fort:

„Ich bitte mir aus, dass sich Niemand unterfängt, über den Gang der Operationen in den Tag hinein leichtsinnige Urtheile auszusprechen. Dermaleinst wird mich die Geschichte beurtheilen — jetzt sind die einzigen Richter über meine Handlungsweise Se. Majestät der Kaiser und der Grossfürst-Generalissimus, und so lange mein Kopf auf meinen Schultern steht, werde ich allein das Commando führen."

In dem ferneren Gange der Ereignisse traten keine Zeichen irgend welcher Reibungen zu Tage.

b. Zusammensetzung der West-Armee Gurkos.

Stabs-Chef war General Naglowski; der Gehülfe des Letzteren war Oberst Suchotin. — An höheren Generalstabs-Offizieren befanden sich ausserdem bei der West-Armee die Obersten Pusilrewski, Kaulbars, Parenzow, Bunakow und Timrot, welche bald dieser, bald jener der zu bestimmten Zwecken formirten grösseren Abtheilungen zugetheilt wurden.

Regiment Preobraschensk . ⎫ 1. Garde-Infanterie-Division.
    „ Semenow . . . ⎬ Commandeur:
    „ Ismailow . . . ⎪ General von Rauch.
    „ Garde-Jäger . . ⎭ General Prinz von Oldenburg.
Regiment Moskau . . . . ⎫ 2. Garde-Infanterie-Division.
    „ Leib-Grenadiere . . ⎬ Commandeur:
    „ Pawlow . . . . . ⎪ General Graf Schuwalow.
    „ Finland . . . . . ⎭ General Brok.
1. Bataillon des Kaisers . . . . . ⎫
2. „ der Kaiserin . . . . . ⎬ Garde-Schützen-Brigade.
3. „ Finland . . . . . . ⎪ General Ellis I.
4. „ der kaiserlichen Familie . ⎭
Regiment Pskow Nr. 11 ⎫ 2. Brigade der 3. Infanterie-Division. — Anfangs
  „ Welikoluz Nr. 12 ⎭ General Dawidow, dann General Dandeville.
Garde-Sappeur-Bataillon. — Oberst Skalon.
Reitende Grenadiere ⎫
Garde-Dragoner . ⎪ 2. Garde-Cavallerie-Division.
Garde-Husaren . . ⎬ Commandeur:
Garde-Ulanen . . ⎪ General Leonow II.
Grodno-Husaren . ⎪ General de Balmen.
Kaiser-Ulanen . . ⎭ General Klodt.

Jekaterinoslaw-Dragoner Nr. 4 } Kombinirte Dragoner-Brigade.
Astrachan-Dragoner Nr. 8 . . } General Krasnow.
Don-Regiment Nr. 21 } 7 Sotnien. — Kombinirte donische Brigade.
Don-Regiment Nr. 26 } General Kurnakow.
Kuban-Regiment . . . } 12 Sotnien. — Kaukasische Brigade. —
Wladikaukas-Regiment . } Oberst Tscherewin.
Zwei/24. Don-Sotnien bei der 2./3. Infanterie-Brigade.
1. und 2. Garde-Artillerie-Brigaden, jede mit 6 Batterien.
2., 4., 5. Batterie der 3. Artillerie-Brigade.
2., 3., 5., 6. reitende Garde-Batterie.
16. reitende Batterie bei der kombinirten Dragoner-Brigade.
8. donische Batterie bei der kaukasischen Brigade.
15. donische Batterie bei der donischen Brigade.
19. donische Batterie . . } ohne besonderen Verband.
Reitende Gebirgs-Batterie }

Jedes Garde-Infanterie-Regiment hat 4 Bataillone à 4 Compagnien.
Jedes Linien-Infanterie-Regiment hat 3 Bataillone à 5 Compagnien.
Jedes reguläre Cavallerie-Regiment hat 4 Eskadrons.
Jedes Kosaken-Regiment hat 6 Sotnien.
Jede Fuss-Batterie hat 8, jede reitende 6 Geschütze.

Alle reitenden Batterien, sowie die 4., 5., 6. Batterie einer Linien-Artillerie-Brigade haben Vierpfünder.

Alle Garde-Fuss-Batterien, sowie die 1., 2., 3. Batterie einer Linien-Artillerie-Brigade haben Neunpfünder.

In der Darstellung kommen in Bezug auf Truppenbezeichnungen folgende Abkürzungen zur Anwendung:

1./2. G.-Inf.-Brig. = erste Brigade der zweiten Garde-Infanterie-Division.
Zwei 2./3. Bataillone = zwei Bataillone der 2. Brigade der 3. Infanterie-Division.
2./2. G.-Batterie = 2. Batterie der 2. Garde-Artillerie-Brigade.
Eine/1. G.-Batterie = eine Batterie der 1. Garde-Artillerie-Brigade.
Vier 2./3. Geschütze = vier Geschütze der 2. Batterie der 3. Artillerie-Brigade.
Zwei/19. donische Gesch. = zwei Geschütze der 19. donischen Batterie.
5./21. Sotnie = 5. Sotnie des 21. donischen Kosaken-Regiments.

c. Vormarsch der Avantgarde der West-Armee von Telisch nach Jabloniza.

Ende October erhielt die bis dahin in Mahaleta gewesene kaukasische Brigade den Befehl, nach Telisch zu rücken und unter das Commando des Generals Brok zu treten, der von der 2. Garde-Infanterie-Division aus mit dem Regiment Moskau und der 4./2. G.-Batterie ebenfalls hierher vorgeschoben war und seinerseits ,wieder ein Bataillon und zwei Geschütze nach Radomirze vorgeschoben hatte. Die kaukasische Brigade hatte von Gurko den Auftrag: „Südlich von Radomirze Fühlung mit dem Feinde zu halten, ausserdem fortwährend über Toros mit den Patrouillen des Lowtscha-Detachements und über Tschumakowize (wo eine Sotnie der Brigade aufgestellt wurde) mit der bei Mahaleta stehenden und am linken Isker-Ufer streifenden Garde-Cavallerie Verbindung zu halten.

Am 31. October rückte die Brigade nach Telisch, am 1. November nach Lukowiza.

Am 3. November erhielt der Brigade-Commandeur Oberst Tscherewin von Oberst Suchotin folgende Mittheilung:

„Die Garde-Cavallerie hat nach Westen zu über Knjäschewo, Bjeloslatina und Dschurilowo aufgeklärt; zwei Eskadrons haben Komarowo und Dschurilowo, zwei Eskadrons haben Bjeloslatina besetzt. Brigade Tscherewin soll gegen Orchanie vorgehen und diesen Punkt womöglich besetzen."

Einer Mittheilung des Generals Brok vom 4. November zufolge sollte ferner die Verbindung mit einer wahrscheinlich in der Gegend von Türkisch-Izwor befindlichen Patrouille des Lowtscha-Detachements hergestellt werden.

Nachdem bereits einige Sotnien und Patrouillen seit einigen Tagen das Vorgelände durchstreift hatten, ging die ganze Brigade unter Heranziehung der bisher in Tschumakowize belassenen 3. Kuban-Sotnie nach Jabloniza vor und vereinigte sich hier mit dem von Lowtscha gekommenen Detachement des Generals Dawidow.

Patrouillen gingen vor in östlicher Richtung auf Han Brussen und Lipen, in westlicher auf Widrar.

Am 7. gingen die 1. und 2. Kuban-Sotnie rekognoszirend in der Richtung gegen Orchanie vor, stiessen bei Prawez auf türkische Infanterie in verschanzter Stellung und blieben nun beobachtend bei Ossikowo stehen.

Das Regiment Moskau war inzwischen mit seinem Gros am 3. November ebenfalls nach Radomirze gerückt, wo am 7. ein Detachement Garde-Sappeure — 1 Offizier, 38 Mann — sich mit dem Regiment vereinigte.

Am 8. rückte das Regiment ebenfalls nach Jabloniza.

d. Vormarsch der vom Lowtscha-Detachement abgegebenen Truppen nach Jabloniza.

General Karzow, Commandeur der 3. Infanterie-Division in Lowtscha, erhielt am 31. October Abends folgendes Telegramm des Grossfürst-Generalissimus: „Schicke sofort im Eilmarsch eine ganze Brigade nach Türkisch-Izwor, um dort den Umständen gemäss gegen Jabloniza und Lukowiza zu operiren. Benachrichtige mich direct von Allem, was vorgeht."

Am Morgen des 1. November rückten die vorhandenen fünf Bataillone der 2./3. Infanterie-Brigade mit der 4./3. Batterie unter General Dawidow nach Jabloniza ab; das 2. Bataillon Welikoluz sollte aus Tetewen ebenfalls nachrücken, sobald es dort durch ein Bataillon Neu-Ingermanland Nr. 10 abgelöst worden.

Oberst Orlow sollte mit der verfügbaren Cavallerie — zwei Escadrons Kasan-Dragoner Nr. 9, zwei Sotnien Nr. 24, zwei (?) Sotnien Nr. 30 nebst zwei / 19. donischen Geschützen — als Avantgarde der 2./3. Brigade ebenfalls nach Jabloniza marschieren.

General Dawidow erreichte am 2. November Türkisch-Izwor, blieb hier zwei Tage lang, den 3. und 4., stehen: „weil der Tross zurückgeblieben", und erreichte erst am 5. Jabloniza, wo eine Vertheidigungsstellung auf der Strasse nach Ossikowo eingenommen wurde.

Das Detachement Orlow bildete während dieses Marsches einen Schirm gegen Etropol; seine Patrouillen gingen bis Lipen, Han Brussen und Ossikowo.

Der Grossfürst-Generalissimus war über den zweitägigen Halt Dawidows in Türkisch-Izwor äusserst aufgebracht und ordnete am 10. November an, dass Dawidow nach Lowtscha zurückkehren und dort die 1./3. Brigade übernehmen sollte, während der bisherige Commandeur dieser Brigade, General Dandeville, zum Commando der 2./3. Brigade berufen wurde. Da Dandeville augenblicklich zu Rekognoszirungszwecken in den Balkan-Pässen abwesend war, so konnte er erst am 15. November in Jabloniza eintreffen.

e. Die Avantgarde der West-Armee bei Ossikowo vom 9. bis 18. November.

α) Vormarsch von Jabloniza nach Ossikowo.

Am 9. November rückte das nunmehr vereinigte Detachement von Jabloniza aus in eine Stellung am rechten Ufer des Kleinen Isker gegenüber von Ossikowo.

Die kaukasische Brigade stellte eine Postenkette längs des Isker nach Westen, und vorwärts bis in die Schlucht von Prawez, wo auf 600 Schritt Tscherkessenposten gegenüber stehen.

Die beiden Eskadrons Kasan-Dragoner gaben eine Postenkette nach Osten bis Bulgarisch-Izwor.

Am 12. November sollten die türkischen Stellungen bei Orchanie, Prawez und Etropol von drei Seiten rekognoszirt werden: von Westen her durch die Garde-Dragoner; von Norden und Osten her durch das bei Ossikowo stehende Avantgarden-Detachement.

β) Rekognoszirung gegen Orchanie.

In Bezug auf die den Garde-Dragonern hierbei zugewiesene Rolle erhielt General Tscherewin folgende Mittheilung von dem Commandeur des Garde-Dragoner-Regiments, Oberst Kowalski: „Ich werde morgen, am 11., mit einem Detachement nach Lutikowo rücken, um am 12. im Rücken von Orchanie gegen den Wratschesch-Pass vorzugehen. In Nowatschin lasse ich eine halbe Eskadron zur Verbindung mit Ihnen und um von dieser Seite her zu demonstriren. Theilen Sie mir möglichst schnell Ihren Entschluss mit, damit wir im Einvernehmen und womöglich gleichzeitig handeln."

Dieses Schreiben wurde durch einen Bulgaren aus Wrazza überbracht.

Die kaukasische Brigade konnte indessen die geplante Unternehmung der Dragoner nicht unterstützen, da der Eingang in das Thal von Orchanie durch die verschanzte Prawez-Stellung gesperrt war.

Oberst Kowalewski konnte nicht nach Lutikowo gelangen; auch sein Versuch, durch eine halbe Eskadron, welche von Ljutidol auf Nowatschin vorging, die Verbindung mit der kaukasischen Brigade herzustellen, scheiterte. Lutikowo und Nowatschin zeigten sich von starken türkischen Truppen-Abtheilungen besetzt.

γ) Rekognoszirung gegen Prawez.

Von der Ossikowo-Stellung aus gingen am 12. November zwei Rekognoszirungs-Detachements vor:

General Tscherewin mit einem Theil der kaukasischen Brigade nebst der 8. donischen Batterie, dem 1. und 3. Bataillon Moskau und vier 4./2. Garde-Geschützen ging längs der grossen Strasse gegen Prawez vor. Abgesessene Kosaken und einige Geschütze eröffneten gegen die türkische Stellung das Feuer; da dieses türkischerseits nur mit Gewehrfeuer erwidert wurde, so schloss man auf das Nichtvorhandensein von Geschützen in der türkischen Stellung. Nach einiger Zeit trat das Detachement den Rückmarsch nach Ossikowo an.

δ) Rekognoszirung gegen Etropol

Ein zweites Detachement unter Oberstlieutenant Kobordo — zwei Bataillone Pskow Nr. 11, zwei Sotnien Kosaken, zwei Eskadrons Kasan-Dragoner und 4./3. Batterie — ging von Ossikowo gegen Han Brussen vor, stiess hier Nachmittags auf eine schwache feindliche Abtheilung und entwickelte sich gegen dieselbe: Das 1. Bataillon in Compagnie-Colonnen in zwei Treffen, die Batterie zwischen den Compagnien, die Cavallerie auf beiden Flügeln.

Nach schwachem Widerstande wichen die Türken nach einer Höhe zurück, welche gegenüber von Han Lago am linken Ufer des Kleinen Isker, nördlich des von Etropol nach Orchanie führenden Weges liegt. (Unter 5. b. als „zweiter Höhenzug" oder „türkische Hauptstellung" bezeichnet.) Die Höhe war mit Schützengräben verschanzt; aus einem weiter rückwärts sichtbaren Lager (5. b. erster Höhenzug oder Reserve-Stellung) erhielt die türkische Abtheilung Verstärkung. Als trotzdem die russische Infanterie zum Angriff gegen die gedachte Höhe vorging, wurde der Angriff abgewiesen. Oberstlieutenant Kobordo trat bei Einbruch der Dunkelheit den Rückzug an, anfangs von der aus den Verschanzungen vorbrechenden türkischen Infanterie, später von berittenen Tscherkessen verfolgt, welche Letztere mehrfach durch Salvenfeuer abgewiesen werden mussten.

Der russische Verlust belief sich auf 12 Mann todt, 3 Offiziere 36 Mann verwundet.

Am 15. November traf General Dandeville in der Stellung von Ossikowo ein und übernahm den Befehl über das hier stehende Avantgarden-Detachement.

f. Versammlung der West-Armee bei Jabloniza.

Schuwalow mit dem Gros der 2. Garde-Infanterie-Division und der Garde-Schützen-Brigade marschierte am 14. aus der bisherigen Stellung am Wid nach Radomirze, blieb hier den 15. stehen, rückte am 16. nach Petroweni, am 17. nach Jabloniza.

Rauch mit der 1. Garde-Infanterie-Division rückte am 15. in die Gegend von Telisch, am 16. nach Radomirze, am 17. nach Wroneniza (Bresniza?), am 18. nach Jabloniza.

Das Garde-Husaren-Regiment mit der 5. reitenden Garde-Batterie marschierte am 16. von Mahaleta nach Radomirze, am 17. nach Jabloniza. Ebendahin scheint das Garde-Ulanen-Regiment marschiert zu sein mit vier / 6. reitenden Garde-Geschützen, sowie die reitende Gebirgs-Batterie.

Die donische Brigade Kurnakow, die kombinirte Dragoner-Brigade Krasnow und die 19. donische Batterie scheinen über Radomirze und Toros nach Bulgarisch-Izwor marschiert zu sein. Das Dragoner-Regiment Astrachan Nr. 8 war ebenfalls am 16. bei Radomirze, scheint dann aber aus irgend welchen nicht näher bekannten Gründen zunächst am Wid verblieben und erst später den anderen Abtheilungen der West-Armee gefolgt zu sein.

g. Relais-Linien und Telegraph.

Nach erfolgter Versammlung der Westarmee bei Jabloniza wurden auf besondere Anordnung Gurkos folgende Relaislinien gestellt und zwar von folgenden Truppentheilen:

1) Tetewen — Bulgarisch-Izwor: donische Brigade.
2) Bulgarisch-Izwor — Jabloniza: — Dragoner-Brigade.
3) Jabloniza — Staroselo: Garde-Ulanen.
4) Starosele — Wrazza: rechtes Seiten-Detachement.
5) Jabloniza — Radomirze: Garde-Husaren.
6) Ossikowo — Bulgarisch-Izwor } kaukasische Brigade.
7) Ossikowo — Jabloniza . . . }

Jede der genannten Linien stand unter einem Offizier. Die einzelnen Posten waren je 3 km von einander entfernt; jeder Posten bestand aus fünf **Mann** und wurden diese nach drei Tagen abgelöst.

Die Benutzung dieser Linie zu Privatzwecken (Briefe und Pakete) war streng verboten; dienstliche Meldungen sollten auf ihnen n u r schriftlich, niemals mündlich geschickt werden.

Als Beweis, wie nothwendig letztere Anordnung war, wird folgender Vorgang angeführt: Am 19. November kam von Radomirze her durch die Relais-Linie folgende m ü n d l i c h e Meldung nach Jabloniza: „Aus Woron rücken die Türken in grossen Massen an, die Unsrigen werden beschossen."

Da ein Ort Woron in der ganzen Gegend nicht bekannt war, das Erscheinen türkischer Abtheilungen bei Radomirze aber überhaupt kaum denkbar war, so erschien die ganze Meldung von vornherein verdächtig, und ein Generalstabs-Offizier bekam den Auftrag, sofort längs der ganzen betreffenden Relais-Linie (25 km) die Entstehung dieser Meldung zu ermitteln. Schliesslich stellte sich heraus, dass die in Radomirze aufgegebene Meldung gelautet hatte: „Unter Trossmannschaften entstand Streit um eine Hammelheerde und es kam dabei zum Schiessen." Diese Meldung, welche bezweckt hatte, das Armee-Commando in Jabloniza über das aus der Gegend von Radomirze etwa gemeldete Schiessen aufzuklären, hatte unterwegs nach mehrfachen Wandlungen (welche ohne Kenntniss des russischen Wortlautes für den Leser nicht verständlich sein würden) schliesslich jene oben angegebene alarmirende Gestalt angenommen.

Im weiteren Verlauf der Operationen wurden mehrere neue Relais-Linien eingerichtet: so nach der Einnahme von Prawez und Etropol zwischen diesen beiden Orten durch das Garde-Husaren-Regiment, und nach der Besitznahme der Gebirgsstellungen zu beiden Seiten der Passstrasse zwischen diesen einzelnen Stellungen unter sich und rückwärts nach Etropol durch das 4. Dragoner-Regiment, dessen Commandeur Oberst Rehbinder zum Chef der sämmtlichen die Gebirgsstellungen verbindenden Relais-Linien ernannt wurde.

Bei dieser Gelegenheit mag auch der telegraphischen Verbindung Erwähnung geschehen, soweit sie der West-Armee während der demnächst zu schildernden Operationen zur Verfügung stand.

Von der Station Tschirikowo des Plewna umgebenden telegraphischen Ringes führte am 1. November eine Zweiglinie bis Teliseh, welche am 6. bis Radomirze, am 8. bis Lukowiza verlängert wurde, mit theilweiser Benutzung der Reste des die Chaussee begleitenden türkischen Telegraphen.

Bis Ende November war die Linie bis Ossikowo fortgeführt; die w e i t e r e Fortsetzung längs der Chaussee scheint aber erst Anfang Januar in Angriff genommen zu sein.

b. Anordnungen Gurkos in Bezug auf den allgemeinen Dienstbetrieb.

Alle Truppentheile hatten ihre Stellungen zu verschanzen und Hüttenlager zu errichten. — In allen Stellungen waren alle einzelnen Batterien und Abschnitte zu nummeriren und mit Tafeln zu versehen, aus denen die zur Besetzung des betreffenden Abschnittes bestimmten Truppen ersichtlich waren. — Tag- und Nachtwache durfte nicht geschlagen und überhaupt kein Spiel gerührt werden. — S i g n a l e zur Alarmirung von Truppen anzuwenden war unter allen Umständen auf das strengste verboten; jeder Offizier war verpflichtet, jeden etwa dennoch entstehenden Alarm möglichst sofort zu unterdrücken. — Der Wachtdienst war streng zu handhaben; nach der feindlichen Seite darf Niemand ohne Ausnahme passiren; v o n der feindlichen Seite her wurde Alles durchgelassen; die betreffenden Personen waren aber dem nächsten höheren Truppenführer vorzuführen. — Alle zur Erhaltung der Gesundheit zweckdienlichen Massregeln waren streng zu handhaben; jeden Sonntag war von den Truppentheilen direkt an das Armee-Commando ein Rapport über den Gesundheitszustand der verflossenen Woche einzureichen.

1. Verpflegungs-Massregeln.

General Gurko hatte bereits seit einiger Zeit behufs Sicherstellung der Verpflegung seiner Truppen für den Fall der Offensive folgende Massregeln ins Auge gefasst:

1) Die im Besitz der Truppentheile befindlichen Zwiebacksvorräthe derartig zu sparen, dass bei Beginn einer Offensive pro Kopf eine elftägige Zwiebacks-Portion à 2 Pfund (ein russisches Pfund = 410 Gramm) vorhanden sei; hiervon sollten 12 Pfund von den Leuten getragen und 10 Pfund im Truppentross verladen werden. Unter starker Zuhülfenahme des überall in diesen Gegenden zahlreich vorhandenen Viehes hoffte Gurko dann mit einer halben Zwiebacks-Portion pro Tag, also mit dem gesammten Vorrath überhaupt 22 Tage zu reichen.

2) Um das Aufsparen aller verfügbaren Zwiebacks-Vorräthe für die Offensiv-Operationen möglich zu machen, sollte einerseits die tägliche Fleisch-Portion von einem Pfund auf anderthalb Pfund vermehrt, andererseits so lange als möglich die Ausgabe von Zwieback durch Ausgabe gewöhnlichen Brotes ersetzt werden.

3) Zu diesem Zweck sollten bei Radomirze — hier befanden sich viele Mühlen — grosse Magazine angelegt, Backöfen für die Truppen gebaut und eine ausreichende Menge von Schlachtvieh gesammelt werden.

Behufs Durchführung dieser Massregeln wurden folgende besonderen Bestimmungen erlassen:

1) Die bei Mahaleta stehende Garde-Cavallerie hat aus der Gegend zwischen Isker und Skit möglichst viel Fuhren sowie möglichst grosse Vorräthe an Weizen zu beschaffen. Nach den Ortschaften genannter Gegend sind Offiziere zu entsenden, welche Fuhren und Weizenvorräthe (Mehl oder Körner) zu sammeln haben. Den Einwohnern sind von diesen Offizieren Quittungen über die gemachten Lieferungen auszustellen; auf diesen Quittungen ist gleichzeitig zu vermerken, ob die Lieferung freiwillig geschehen ist oder mit Gewalt hat erzwungen werden müssen.

Die betreffenden Vorräthe werden auf den Fuhren verladen, nach Mahaleta gebracht, hier von dem Intendanten der 2. Garde-Cavallerie-Division gesammelt, in grösseren Transporten nach Radomirze geschickt und hier dem General Brok, welcher das dort stehende Detachement befehligte, zur Verfügung gestellt. Ein in Radomirze stationirter Intendanturbeamter hat die eingelieferten Vorräthe in Empfang zu nehmen, für deren Unterbringung Sorge zu tragen und den Landleuten die durch vorgezeigte Quittungen bewiesenen Lieferungen in folgender Art durch Bezahlung in klingender Münze zu vergüten: für ein Kiló (35 Liter) Weizen-Mehl 5 Rubel, für ein Kiló Weizen-Korn $3^1/_2$ Rubel; für jede Fuhre für 24stündige Dienstleistung 2 Franken. Für solche Lieferungen, welche laut Quittungsvermerk mit Gewalt haben erzwungen werden müssen, werden überall nur die halben Sätze vergütet.

2) Jedes Infanterie-Regiment schickt ein Bataillon und alle vorhandenen Bäcker nach Radomirze bzgl. Tscherwenibreg; die hier in der Umgegend zahlreich vorhandenen Mühlen werden soweit nöthig in Stand und demnächst in Betrieb gesetzt zur Vermahlung der eingelieferten Weizenfrucht; ferner werden hier für sämmtliche Truppentheile Backöfen gebaut, um das gewonnene Mehl zu verbacken. Dieses Brod wird als Ersatz für die tägliche Zwiebacksportion an die Truppen ausgegeben.

3) Aus den so gesparten Zwiebacksvorräthen haben die Truppen bis zum Abend des 13. November unbedingt einen Vorrath von 20 Pfund pro Kopf bereit zu stellen.

4) Die Truppentheile haben den für ihren Pferdebestand nöthigen Fourage-Bedarf selbstständig zu beschaffen.

Infolge dieser Massregeln war beim Abmarsch aus den Stellungen vor Plewna thatsächlich für jeden Mann ein Vorrath von 20 Pfund Zwieback vorhanden, von denen die eine Hälfte von dem Manne getragen, die andere Hälfte im Tross nachgeführt wurde.

Jedes Regiment führte mindestens 32 Stück Schlachtvieh (2 pro Compagnie) mit sich.

Die nach Radomirze und Tscherwenibreg zum Brodbacken commandirt gewesenen Bataillone stiessen während des Marsches nach Jabloniza wieder zu ihren Regimentern, einige Compagnien kamen erst später nach.

Die bisher geschilderten Massregeln betrafen alle die Verpflegung der von Anfang an unter Gurkos Commando stehenden Garde-Truppen; es bleiben jetzt noch diejenigen Massregeln zu erwähnen, welche behufs Sicherstellung der Verpflegung für die vom Lowtscha-Detachement nach Jabloniza entsendete 2./3. Infanterie-Brigade getroffen waren.

General Karzow (Commandeur des Lowtscha-Selwi-Detachements) hatte drei Compagnien der 1./3. Brigade (5., 6., 7. Compagnie Alt-Ingermanland Nr. 9) nach Türkisch-Izwor und Toros geschickt, welche das in der Umgegend jener Orte meist noch auf dem Felde stehende Getreide einsammeln, vermahlen und verbacken mussten, um es als Brod oder Zwieback theils auf gesammelten Landfuhren, theils auf den von den Regimentern zurückgeschickten Trossfahrzeugen der 2./3. Brigade nachzusenden, welche auf diese Weise drei Wochen lang ihre Brodverpflegung erhielt.

Auch wurden im Laufe des Monats November zwei aus Sistowa für Lowtscha angekommene Intendantur-Transporte mit Zwieback der 2./3. Brigade nachgeschickt.

Vierter Abschnitt.

Die Operationen der russischen Cavallerie westlich des Isker.

Bevor wir uns zur Betrachtung der Operationen der Gurko'schen Hauptmacht wenden, mögen die in diesen Zeitraum fallenden Ereignisse bei dem rechten Seiten-Detachement westlich des Isker vorgreifend zur Darstellung kommen.

Nachdem Ende October die türkischen Etappenpunkte Dubnjak und Telisch gefallen und hierdurch eine engere Einschliessung Plewnas auf dem linken Wid-Ufer möglich geworden war, erhielt die 2. Garde-Cavallerie-Division den Auftrag, nach Mahaleta am Isker zu rücken, um von hier aus das Gebiet nach Westen zu auf Rahowa und Wrazza aufzuklären, die hier plündernd und requirirend überall herumstreifenden Schaaren irregulärer feindlicher Reiterei zu vertreiben und möglichst viel Getreide, Futter und Fuhrwerke zu sammeln.

Die 1. und 2. Brigade trafen bereits am 31. October, die dritte Brigade am 3. November bei Mahaleta ein. Von hier aus waren sofort zwei Eskadrons Garde-Dragoner nach Knjascha und zwei Eskadrons reitender Grenadiere nach Tschumakowize vorgeschoben; erstere hielten Verbindung mit der am unteren Isker auf der Strasse Nikopolis-Rahowa stehenden rumänischen Cavallerie; letztere dagegen mit der in der Gegend Telisch-Radomirze stehenden kaukasischen Brigade.

Behufs Erfüllung der oben erwähnten Aufgabe unternahm die Garde-Cavallerie in der ersten November-Woche eine Anzahl Streifzüge in westlicher Richtung. Nachdem bereits am 2. November ein Detachement von zwei Escadrons Garde-Dragoner nach Dschurilowo (45 km südwestlich von Mahaleta) zu Requisitionszwecken entsendet worden, gingen am 4. November gleichzeitig drei Detachements gegen die Linie Rahowa-Wrazza vor.

Rechts von Mahaleta aus drei Eskadrons Garde-Ulanen gegen Rahowa;

in der Mitte, ebenfalls von Mahaleta aus, drei Eskadrons Garde-Husaren gegen Borowan-Altimir;

links von Tschumakowize aus zwei Eskadrons Grenadiere gegen Wrazza.

Alle hierbei gesammelten Nachrichten stimmten darin überein, dass die Türken aus dem etwa 50 km breiten Raum westlich des unteren Isker, welchen die genannten Abtheilungen in den Tagen des 4., 5. und 6. November durchstreift hatten, Vieh, Lebensmittel und Fuhrwerk auftreiben und nach Wrazza schaffen liessen. Wahrscheinlich sollten diese Vorräthe von hier nach Orchanie, dem Stapelplatz für Plewna, weitergeschafft werden.

Im Hinblick auf die bevorstehenden Operationen seiner Hauptstreitkräfte gegen Orchanie hatte General Gurko für seine inzwischen bis Jabloniza-Ossikowo vorgeschobene Avantgarde eine Rekognoszirung der verschanzten Stellungen angeordnet, welche die türkischen Truppen in der Umgegend von Orchanie besetzt hielten.

Um diese Rekognoszirung von Westen her zu unterstützen, sollte General Leonow von Mahaleta aus das Garde-Dragoner-Regiment mit zwei reitenden Geschützen längs des Isker aufwärts bis Dermanza und von hier aus ebenfalls gegen Orchanie vorgehen lassen.

Da im Hinblick darauf, dass Wrazza bestimmt und die Strasse Wrazza-Orchanie wahrscheinlich vom Feinde besetzt war, ein derartiges Vorgehen der Dragoner sehr gewagt erschien, so machte Oberst Bunakow, der Stabs-Chef des Generals Leonow, bei seiner Anwesenheit im Hauptquartier des Generals Gurko den Vorschlag, mit drei Regimentern der Garde-Cavallerie einen gewaltsamen Vorstoss gegen Wrazza zu unternehmen, hierdurch das sich daran anknüpfende Vorgehen der Garde-Dragoner gegen Orchanie zu maskiren und gleichzeitig den Versuch zu machen, den wichtigen Strassenknotenpunkt Wrazza durch Ueberraschung zu nehmen.

Als Gurko diesem Vorschlage seine Genehmigung ertheilt, ging General Leonow sofort an die Ausführung.

Nachdem die zu dem Unternehmen bestimmten Truppen — Garde-Dragoner, reitende Grenadiere, Kaiser-Ulanen und vier reitende Geschütze — bereits am 7. November auf dem linken Isker-Ufer bei Tschumakowize versammelt, wurde von hier aus am 8. der Vormarsch in zwei Kolonnen angetreten. General Leonow selbst mit der kombinirten Dragoner-Brigade — Dragoner und Grenadiere — unter General Klot nebst der Artillerie marschirte an diesem Tage über Kamenopol und Ober-Besewiza bis Wrbeschniza, während das Regiment Kaiser-Ulanen als rechte Seiten-Kolonne über Gabore und Wiroschka marschierte und bei Mramoreni die Strasse Rahowa-Wrazza erreichte.

Von diesen Punkten aus gingen beide Abtheilungen am 9. Morgens überraschend gegen Wrazza vor, dessen schwache, nur aus einigen hundert Mann Infanterie und Tscherkessen bestehende Besatzung nach kurzem Gefecht in das Gebirge entfloh. Wrazza mit sehr bedeutenden dort bereits angesammelten Vorräthen nebst einem grossen Wagenpark fiel in die Hände der Russen, welche ihren Erfolg mit einigen Todten und Verwundeten erkauft hatten.

Um dem Feinde den Weg von Wrazza nach Orchanie zu verlegen und um gleichzeitig die ganze Unternehmung gegen Orchanie hin zu decken, waren am frühen Morgen des 9. beim Abmarsch der Haupt-Kolonne von dieser aus zwei Eskadrons Garde-Dragoner links nach Dermanza entsendet worden, waren dort auf Tscherkessen-Schwärme gestossen und hatten dieselben auf Ljutidol (in der Richtung auf Orchanie) abgedrängt. Von Seiten des Regiments Kaiser-Ulanen war am Morgen des 9. wahrscheinlich schon bei Beginn der Bewegung gegen Wrazza die 2. Eskadron in der Richtung auf Berkowaz bis Hadschilar Mahale vorgeschoben; Patrouillen dieser Eskadron waren bis dicht an Berkowaz herangekommen und meldeten, dieser Ort sei ziemlich stark befestigt.

Nachdem Leonow seinen Truppen am 10. Ruhe gegeben, brachen am 11. die Dragoner mit zwei / 6. Geschützen zu der befohlenen Rekognoszirung gegen Orchanie auf, während das Grenadier-Regiment den Transport eines Theiles der erbeuteten Vorräthe nach Dubnjak gedeckt zu haben scheint. Die Kaiser-Ulanen mit zwei / 2. Geschützen blieben als Besatzung in Wrazza zurück.

Nachdem die Dragoner bei Dermanza den Isker überschritten, traten sie in den langen, von steilen Felswänden und tiefen Abgründen eingeschlossenen Engpass ein, welcher von hier über Ljutidol, Karaula Romanja, Nowatschin und Skrivena nach dem Thalkessel von Orchanie führt. Noch nördlich der Karaula stiessen die Dragoner auf eine Abtheilung türkischer regulärer Cavallerie, welche abgesessen den Weg zu sperren versuchte, von den ebenfalls abgesessenen Dragonern aber bald vertrieben und zum Rückzug in der Richtung auf Nowatschin veranlasst wurden.

Eine halbe Eskadron bei der Karaula zur Deckung gegen Nowatschin zurücklassend, ging das Dragoner-Regiment, nunmehr rechts abbiegend, in der Richtung auf Lutikowo bis Raschkowo vor und bezog hier das Biwak. Patrouillen, welche nach Lutikowo und Nowatschin vorgeschoben wurden, meldeten, dass an beiden Orten sich türkische Verschanzungen befänden; bei Lutikowo sollten 6 Bataillone und einige Geschütze, bei Nowatschin 3 Bataillone und zahlreiche berittene Tscherkessen stehen.

Am folgenden Tage trat das Dragoner-Regiment den Rückmarsch an und biwakirte bei Dermanza; am 13. wurde der Marsch nach Wrazza fortgesetzt.

Bei Dermanza blieb ein Detachement (eine halbe Eskadron?) zurück, welches flussabwärts mit den bei Roman stehenden Garde-Ulanen (zwei Eskadrons) die Verbindung herstellte.

Zur Sicherung seines in Wrazza stehenden Detachements, welches von Norden, Westen und Süden her auf feindliche Ueberfälle gefasst sein musste, schob Leonow in genannten Richtungen ständige Beobachtungs-Detachements vor.

Ausser dem bereits erwähnten Detachement in Dermanza stand ein solches bei Ossikowo,*) welches den Zugang nach Wrazza von Süden her über den Pass von Isgorigrad beobachtete und im Isker-Thal entlang mit dem bei Dermanza stehenden Detachement Verbindung hielt.

Derartige Beobachtungs-Detachements standen ferner auf dem Wege nach Berkowaz bei Hadschilar Mahale, auf dem Wege nach Lom Palanka bei Kriwodol und auf dem Wege nach Rahowa bei Baniza.

Zum Commandanten von Wrazza war ein Stabs-Offizier des Grenadier-Regiments, Oberst Ketschudow, ernannt, und ihm zu Zwecken des inneren Dienstes eine aus sechs Zügen kombinirte Eskadron dauernd überwiesen. Ketschudow, welcher während der ganzen Dauer der Feindseligkeiten bis zum Februar in dieser Stellung verblieb, stellte in der Stadt bald vollkommene Ordnung her, übernahm die Verwaltung der erbeuteten Vorräthe, regelte das Requisitionswesen der Umgegend und leistete durch Absenden von Lebensmittel-Transporten der West-Armee bei ihren weiteren Operationen wesentliche Dienste.

Nach dieser den Ereignissen vorgreifenden Abschweifung kehrt die Darstellung zu dem Zeitpunkt zurück, wo die von der Unternehmung gegen Orchanie zurückkehrenden Dragoner wieder bei Wrazza eintrafen.

Bereits am 9. November war eine Eskadron Kaiser-Ulanen gegen Berkowaz entsendet gewesen, und hatte die Meldung zurückgebracht, dass dieser Ort besetzt und befestigt sei.

---

*) Nicht zu verwechseln mit dem gleichnamigen Ort an der grossen Sofia-Strasse, wo dieselbe den Kleinen Isker überschreitet.

Es kam nun für Leonow darauf an, die Stärke dieser Besatzung zu erfahren, die Verbindungen zwischen Berkowaz und den noch in türkischen Händen befindlichen kleinen Donauplätzen Rahowa, Tschibra Palanka und Lom Palanka zu beunruhigen, das feindliche Requisitions-Gebiet nach diesen Richtungen hin zu beschränken und den Gegner über die diesseitige Stärke im Zweifel zu lassen.

Am 13. entdeckte eine Offizier-Patrouille (wahrscheinlich wohl der bei Kriwodol aufgestellte Beobachtungsposten) die Anwesenheit einer Kolonne türkischer Infanterie in der Stärke von einem Bataillon in der Gegend von Lilatsch, nur etwa 12 km nördlich von Wrazza.

Ein zur Abfangung dieses Bataillons aus Wrazza abgeschicktes Detachement (Stärke nicht angegeben) konnte „wegen zu sehr vorgerückter Tageszeit" seinen Zweck nicht erreichen; die von Rahowa gekommene Kolonne, welche nach Angabe von Eingeborenen auch Geschütze mit sich führte und welche wahrscheinlich in Unkenntniss der Besetzung Wrazzas durch die Russen nach letzterem Orte bestimmt gewesen war, konnte ungehindert nach dem noch 40 km entfernten Berkowaz gelangen.

Als am 14. November von Bulgaren die Nachricht nach Wrazza gebracht wurde: Berkowaz werde von den Türken geräumt — wurde Oberst Offenberg mit vier Eskadrons (2., 3. Eskadron Ulanen, 4. Eskadron Grenadiere, 3. Eskadron Dragoner) und zwei Geschützen von Osten her gegen Berkowaz vorgeschickt. Vor der Ostseite der Stadt angekommen, gingen die Grenadiere und Dragoner abgesessen bis dicht an die Stadt vor, unterstützt durch Artilleriefeuer. Nachdem sich herausgestellt, dass der Ort nicht etwa geräumt, sondern von mindestens 1000 Mann mit einigen Geschützen besetzt sei, trat das Detachement (dessen Verlust nur in einigen wenigen Leuten und Pferden bestanden hatte) den Rückzug an.

Am 16. ging Oberst Kowalewski mit der 1. und 4. Eskadron Dragoner und zwei Geschützen abermals gegen Berkowaz vor, diesmal mit dem Auftrage, von Norden her sich dem Orte zu nähern. Das Detachement marschierte zu diesem Zweck auf Umwegen am 16. nach Kriwodol, am 17. über Stubel und Sumer nach Hausanzi, gewann von hier aus am frühen Morgen des 18. bei Borowzi die von Lom Palanka nach Berkowaz führende Strasse und ging auf ihr gegen Berkowaz vor, zwei Züge zur Rückendeckung gegen Kutlowiza vorschiebend. Nachdem das Detachement ungehindert ziemlich nahe an die Stadt herangekommen, eröffneten die beiden Geschütze das Feuer gegen dieselbe, welches bald von einigen feindlichen Geschützen erwidert wurde.

Nachdem man festgestellt, dass der Ort ziemlich stark befestigt und besetzt sei, trat das Detachement, ohne Verluste erlitten zu haben, den Rückmarsch an und traf am 19. wieder bei Wrazza ein.

Bevor wir die Thätigkeit der hier versammelten Cavallerie weiter verfolgen, ist es nothwendig, einen zum Theil vorgreifenden Blick auf die Ereignisse zu werfen, welche in der zweiten Hälfte des November in der Gegend von Rahowa stattfinden.

Von der 4. Cavallerie-Division — General Arnoldi — war wie bereits erwähnt das Dragoner-Regiment Jekaterinoslaw Nr. 4 Mitte November zu den in der Gegend von Jabloniza versammelten Hauptkräften der neugebildeten West-Armee gestossen; mit dem Husaren-Regiment Mariopul Nr. 4, dem donischen Kosaken-Regiment Nr. 4 und der 7. reitenden Batterie war General Arnoldi vorläufig bei den Einschliessungs-Truppen am linken Wid-Ufer geblieben, während General Meyendorff mit dem Ulanen-Regiment Charkow Nr. 4, der 8. reitenden Batterie und der rumänischen Roschioren-(Husaren-)Brigade Mitte November längs der Donau gegen Rahowa vorging.

Das zur Garde-Cavallerie-Division gehörende Regiment Grodno-Husaren scheint die Verbindung zwischen den Detachements der Generale Leonow und Meyendorff unterhalten zu haben.

Zu derselben Zeit (Mitte November) war Oberst Slaniceanu mit einem wahrscheinlich bei Korabia vom linken auf das rechte Donau-Ufer übergesetzten Detachement rumänischer Truppen — 6 Bataillone, 5 Eskadrons und 18 Geschütze (nach anderen Angaben noch stärker) — am unteren Isker eingetroffen und hatte den Vormarsch nach dem noch von einer schwachen türkischen Abtheilung besetzt gehaltenen Rahowa angetreten.

Am 17. November vereinigte sich Slaniceanu vor Rahowa mit dem Detachement Meyendorff, worauf die russisch-rumänischen Truppen zu einer vollständigen Einschliessung des Platzes schritten.

Nachdem ein am 18. unternommener Angriff der Russo-Rumänen mit ziemlich bedeutendem Verlust abgewiesen worden, machte die türkische Besatzung am 21. den Versuch, die den Platz einschliessenden feindlichen Truppen zu durchbrechen und nach Widdin zu entkommen. Trotz der bedeutenden Ueberlegenheit der Einschliessungstruppen nahm dieser scheinbar hoffnungslose Versuch einen ziemlich günstigen Verlauf; die Hauptmasse der Besatzung entkam, wenn auch mit Verlust ihres Trosses, thatsächlich nach Lom Palanka.

Am 30. November wurde auch dieser von den nach Widdin abziehenden Türken ohne Gefecht geräumte kleine Platz von den Rumänen besetzt, während General Arnoldi mit einer kombinirten Brigade der

4. Cavallerie-Division — zu dem Ulanen-Regiment Charkow Nr. 4 und der 8. reitenden Batterie war inzwischen das von Plewna herangezogene Husaren-Regiment Mariopul Nr. 4 gestossen — an diesem Tage Kutlowiza erreichte und das seit dem 21. November hier stehende Regiment Kaiser-Ulanen in der Beobachtung von Berkowaz ablöste. Zur Verbindung zwischen Lom Palanka und Kutlowiza rückte am 7. December die Roschioren-Brigade nach Tscherowina.

Nach dieser etwas vorgreifenden Darstellung der Ereignisse im Norden von Wrazza richten wir unsere Aufmerksamkeit wieder auf die bei diesem Ort versammelte Cavallerie des Generals Leonow.

Um die Verbindung zwischen Berkowaz und Lom Palanka dauernd abzuschneiden — was durch vereinzelte Streifzüge natürlich nicht zu erreichen war — wurde am 21. November das ganze Regiment Kaiser-Ulanen nach Kutloviza vorgeschoben; gleichzeitig erhielt das bis dahin weiter nordwärts operirende Regiment Grodno-Husaren den Befehl, zur Unterstützung des bei Wrazza stehenden Detachements an dieses heranzurücken.

Hier waren inzwischen bereits die noch fehlenden vier Geschütze der 2. reitenden Garde-Batterie eingetroffen; die 3. reitende Garde-Batterie scheint zusammen mit den Grodno-Husaren am 23. November Wrazza erreicht zu haben.

Inzwischen war ein Theil des Wrazza-Detachements zu einer ernsten und verlustvollen Thätigkeit berufen gewesen.

In der Nacht vom 20. zum 21. November, um 1 Uhr, war in Wrazza folgender Befehl des General Gurko eingetroffen: „Am 22. findet eine verschärfte Rekognoszirung aller türkischen Stellungen statt von Etropol bis Lutikowo. Zu diesem Zweck hat General Leonow in Wrazza nur ein Regiment mit vier Geschützen zurückzulassen, mit den übrigen Truppen des Detachements aber morgen den 21. gegen Orchanie vorzugehen und in solcher Entfernung vom Gegner Halt zu machen, dass am 22. um 9 Uhr Morgens das Geschützfeuer gegen die feindliche Stellung eröffnet werden kann. Da es in der Absicht liegt, bei Gelegenheit der Rekognoszirung sich womöglich der türkischen Stellung bei Prawez zu bemächtigen, so sind die im Orchanie-Thal stehenden türkischen Truppen festzuhalten und die Absendung von Verstärkungen nach der Prawez-Stellung möglichst zu verhindern."

Da bei dem Eintreffen dieses Befehls das Regiment Kaiser-Ulanen bereits nach Kutlawiza abmarschiert war, so hatte General Leonow augenblicklich nur die Garde-Dragoner und reitenden Grenadiere zu seiner Verfügung; von jedem dieser beiden Regimenter wurde je eine

Eskadron zum Zurückbleiben in Wrazza bestimmt, während General Klot den Befehl erhielt, mit den übrigen sechs Eskadrons und der 2. reitenden Garde-Batterie die befohlene Unternehmung auszuführen.

Von diesen sechs Eskadrons muss übrigens noch die halbe 2. Dragoner-Eskadron in Abzug gebracht werden, da ein Zug derselben bei Dermanza als geschlossenes Piket zurückblieb, während ein anderer Zug von hier aus längs des Isker nach Roman zu, wo Anschluss an die Garde-Ulanen war, eine Relais-Linie bildete.

Da durch die vorausgegangenen Rekognoszirungen bekannt war, dass sowohl bei Lutikowo als auch bei Nowatschin Verschanzungen seien, so beschloss General Klot, gleichzeitig gegen beide Punkte zu demonstriren.

Zu diesem Zwecke blieb Oberst Lichtanski mit zwei und einer halben Eskadron Dragoner und zwei Geschützen am Abend des 21. bei der Karaula stehen, mit dem Auftrage, am anderen Morgen gegen Nowatschin vorzugehen, um 9 Uhr das Feuer zu eröffnen und dasselbe bis 3 Uhr Nachmittags fortzusetzen. General Klot mit drei Eskadrons Grenadieren und vier Geschützen marschirte am Abend des 21. bis Raschkowo, um von hier aus am anderen Morgen in derselben Art gegen Lutikowo zu demonstriren.

Noch in der Nacht schickte Klot indessen einen abändernden Befehl an Lichtanski, wonach die 3. Eskadron Dragoner mit den beiden Geschützen zu dem gegen Lutikowo bestimmten Detachement stossen sollte, während Lichtanski mit anderthalb Eskadrons nicht gegen Nowatschin demonstriren, sondern nur zur Festhaltung des Strassenknotens an der Karaula von hier aus 2 km vorgehen und dort stehen bleiben sollte. Schon war am frühen Morgen des 22. die 3. Eskadron mit den Geschützen im Begriff, den Marsch nach Raschkowo anzutreten, als abermals ein anderer Befehl kam: Die 3. Dragoner-Eskadron sollte zwar zu dem Detachement des General Klot stossen, die beiden Geschütze aber bei Lichtanski verbleiben und dieser sollte mit seinem nur aus anderthalb Eskadrons und zwei Geschützen bestehenden Detachement in der anfänglich befohlenen Art gegen Nowatschin demonstriren.

Am Morgen des 22. herrschte ein starker Nebel, sodass die bei dem Detachement des General Klot befindlichen vier Geschütze, nachdem sie mit grossen Schwierigkeiten in eine Stellung gebracht, erst gegen Mittag das Feuer eröffnen konnten, welches von der türkischen Stellung aus nur schwach erwidert wurde.

Als nach einiger Zeit von Oberst Lichtanski schnell hintereinander mehrere Meldungen eintrafen, wonach sich das Detachement desselben in grosser Gefahr befinden musste, gab General Klot den bei ihm befindlichen Abtheilungen den Befehl, sofort nach der Karaula zurückzugehen. Als General Klot hier ankam, fand er den Oberst Lichtanski mit dem schwachen Ueberrest seines fast ganz vernichteten Detachements vor.

Lichtanski war im Nebel an den auf den Höhen von Nowatschin gelegenen Verschanzungen vorüber gegen Skrivena vorgegangen und hier auf Widerstand gestossen.

Als demnächst der Nebel fiel und die Türken nunmehr die geringe Stärke und gefährliche Lage der feindlichen Abtheilung übersehen konnten, eröffneten sie von den Nowatschin-Verschanzungen aus ein lebhaftes Geschütz- und Gewehrfeuer und schoben Infanterie gegen den einzigen Rückzugsweg der Russen vor, während gleichzeitig von Skrivena aus weit überlegene Tscherkessenschwärme gegen die Front der kleinen Abtheilung vorbrachen.

Der vom Oberst Lichtanski nunmehr angeordnete Rückzug wurde mit grosser Kaltblütigkeit und Ruhe ausgeführt. Um die Geschütze, welche auf dem schlechten und zum Unglück noch von zahlreichem Fuhrwerk flüchtender Bulgaren-Familien versperrten Gebirgswege nur mit Mühe vorwärts kamen, Zeit zu verschaffen, leisteten die Dragoner den verfolgenden Tscherkessen hartnäckigen Widerstand — aber schliesslich gelang es der Uebermacht, die kleine Schaar zu überwältigen. Nachdem kurz vorher das eine Geschütz in eine Schlucht gestürzt, fiel das andere nach einem wüthenden Handgemenge, in welchem die meisten der noch kampffähigen Russen den Tod fanden, in die Hände der Verfolger. Oberst Lichtanski und etwa einem Dutzend Dragoner gelang es sich durchzuschlagen und glücklich nach der Karaula zu gelangen, wo sie allerdings nur von einem vier Mann starken dort zurückgelassenen Relais-Posten aufgenommen wurden. Das Feuer dieser wenigen Leute genügte, der Verfolgung Halt zu gebieten; die Tscherkessen machten keinen Versuch, die Karaula zu nehmen (wodurch dem Detachement des General Klot der einzige Rückzugsweg abgeschnitten gewesen wäre), sondern gingen unter Mitnahme der beiden Geschütze auf Nowatschin zurück.

Als General Klot mit seinem Detachement bei der Karaula angekommen, ging er sofort mit drei Eskadrons in der Richtung auf Nowatschin vor, in der Hoffnung, die Tscherkessen einzuholen und ihnen die Geschütze abzunehmen.

Da die Tscherkessen jedoch bereits unter den Schutz der Nowatschiner Verschanzungen zurückgegangen und hier von stärkeren Abtheilungen aufgenommen worden waren, so mussten sich die Russen damit begnügen, auf dem Kampfplatz die Leichen ihrer gefallenen Waffengefährten zu begraben und dann den Rückmarsch anzutreten. Um 8 Uhr Abends wurde bei Dermanza das Biwak bezogen und am folgenden Tage der Marsch nach Wrazza fortgesetzt.

Der Zweck der ganzen Unternehmung war insofern allerdings erreicht, als die bei Lutikowo und Nowatschin stehenden türkischen Abtheilungen keine Verstärkung nach Prawez hatten abgeben können.

Zur ferneren Beobachtung der Stellungen von Lutikowo und Nowatschin wurden nunmehr die 1. und 4. Eskadron Grodno-Husaren von Wrazza nach Dermanza vorgeschoben, welche mit der bei Swodja stehenden 4. Eskadron Garde-Ulanen (von dem Hauptcorps der West-Armee) Verbindung hielten.

Infolge des allgemeinen Rückzuges der Türken aus der Umgegend von Orchanie wurde auch Nowatschin am 28., Lutikowo am 30. November von ihnen geräumt und noch an denselben Tagen von Abtheilungen der in Dermanza stehenden Husaren besetzt; doch behielt das aus Lutikowo abgezogene türkische Detachement eine wenige Kilometer weiter südlich gelegene Stellung besetzt, welche den Zugang zum Passe von Ogoja sperrte.

Am 29. November liess General Klot, welcher an Stelle des am Typhus erkrankten General Leonow II*) das Commando der 2. Garde-Cavallerie-Division übernommen hatte, die Garde-Dragoner und reitenden Grenadiere mit der 2. reitenden Garde-Batterie nach Nowatschin rücken, während die in Dermanza gewesenen zwei Eskadrons Grodno-Husaren am 30. Lutikowo besetzten. Die Aufgabe dieser zehn Eskadrons bestand in der Beobachtung des wie schon gesagt südlich von Lutikowo in verschanzter Stellung stehenden feindlichen Detachements, und änderte sich hier in den beiderseitigen Aufstellungen bis Ende December nichts.

Eine Anfang December vorgenommene gewaltsame Rekognoszirung veranlasste die Türken, ihre Geschützstellungen zu demaskiren, wodurch die Lage der Verschanzungen auf den schneebedeckten Gebirgshängen festgestellt wurde.

Durch eine vom Garde-Dragoner-Regiment auf sehr schwierigen Gebirgspfaden und durch tiefen Schnee entsandte Offizier-Patrouille, welche die Gegend im Rücken der feindlichen Stellung aufklärte, brachte man in Erfahrung, dass auch Jabloniza (auf der Südseite des Ogoja-Passes) von den Türken besetzt sei.

*) Starb bereits nach wenigen Tagen auf dem Rücktransport in der Nähe von Bogot.

Andere Patrouillen stellten fest, dass die feindliche Stellung mit Sofia durch eine Telegraphenleitung in Verbindung stände; dieselbe wurde jedoch erst später während des Balkan-Ueberganges zerstört.

Kleine Scharmützel kamen zwischen den gegenseitigen Vorposten bei der grossen Nähe der beiderseitigen Stellungen fast täglich vor.

In Wrazza verblieben die 2. und 3. Eskadron Grodno-Husaren und das Regiment Kaiser-Ulanen (welches in seiner Stellung bei Kutlowiza durch die Cavallerie des General Arnoldi abgelöst worden war) mit der 3. reitenden Garde-Batterie.

Die Aufgabe der in Wrazza und Kutlowiza stehenden Detachements bestand hauptsächlich in der Beobachtung von Berkowaz, welcher Ort indessen am 17. December von den Türken ohne Gefecht geräumt wurde, worauf am 19. auf Befehl des General Gurko ein aus einer Eskadron Kaiser-Ulanen und einer Eskadron Charkow-Ulanen bestehendes Detachement von Berkowaz aus auf die Südseite des Balkan entsendet wurde, um die Verbindung mit der in der Gegend von Pirot stehenden serbischen Armee aufzusuchen, was auch ausgeführt wurde.

a. Die Streifzüge in der ersten November-Woche.

α) Oberst Kowalski nach Dschurilow am 2., 3., 4. November.

Am 2. November erhält Oberst Kowalowski den Auftrag, mit der 2. und 4. Escadron Garde-Dragoner einen Streifzug nach Dschurilowo zu unternehmen, woselbst viel Vieh und Transportmittel vorhanden sein sollen. Um 3 Uhr Morgens von Mahaleta aufbrechend, erreicht Kowalowski gegen Abend Bjeloslatina, rückt aber, um verborgen zu bleiben, nicht in den (übrigens bulgarischen Ort) ein, sondern biwakirt ganz verdeckt und ohne Feuer anzuzünden in einiger Entfernung von demselben. — Am 3. wird noch vor Tagesanbruch in südlicher Richtung aufgebrochen, das türkische Dorf Pupiza umgangen und über Sokular nach Dschurilowo weiter marschiert; nach Aussagen bulgarischer Landleute sollen in diesem Ort sich zahlreiche Bewaffnete — Türken und Tscherkessen — befinden. — Die gleichzeitig von mehreren Seiten gegen den Ort vorgehenden Dragoner werden zwar mit Feuer empfangen, doch ist der Widerstand sehr unbedeutend und es gelingt den zum Theil abgesessenen Dragonern, sich des Ortes mit Verlust nur eines verwundeten Dragoners und eines verwundeten Pferdes zu bemächtigen; den bewaffneten Einwohnern gelingt es fast sämmtlich, zu entfliehen, dagegen fallen den Russen etwa 100 bespannte Fuhren und mehrere hundert Stück Rinder und Schafe in die Hände, mit welcher Beute die Dragoner um 6 Uhr Abends bei Bjeloslatina wieder eintreffen. Nachdem hier drei Stunden gerastet, wird der Marsch die Nacht hindurch fortgesetzt und am 4. November um 9 Uhr Morgens die Isker-Brücke bei Mahaleta erreicht. In 54 Stunden hat das Detachement eine Entfernung von mindestens 100 km zurückgelegt.

β) General Etter gegen Rahowa am 4., 5., 6. November.

Am 4. November geht General Etter — mit dem Auftrage, gegen Rahowa zu rekognosziren — mit der 1., 2. und 3. Eskadron des Garde-Ulanen-Regiments (die

4. Eskadron ist zur Eskorte des Kaisers Alexander abcommandirt, welcher heute die Stellungen am linken Wid-Ufer bereitet) über Knjäscha vor und marschiert mit möglichster Benutzung der im Gelände sich bietenden Deckungen querfeldein auf Rahowa. Bei Einbruch der Dämmerung wird Bukowiza am Skit erreicht. Da dieser Ort von Baschibozuks besetzt sein soll, denen man das Entkommen nach Rahowa verlegen will, so umgeht ein Detachement zunächst den Ort und dringt dann von Norden her in denselben ein; die im Ort befindlichen Bewaffneten entfliehen jedoch in westlicher Richtung nach Loschen. — Bereits bei vollständiger Finsterniss bezieht das Regiment nun bei Bukowiza das Biwak in einer nicht gefahrlosen Lage: Nicht nur war Rahowa mit einer aus allen drei Waffen bestehenden Besatzung nur 10 km entfernt und in den benachbarten Dörfern eine grosse Anzahl Bewaffneter, sondern nach Angaben bulgarischer Landleute sollte eine 2000 Mann starke Infanterie-Abtheilung, auf dem Marsche von Wrazza nach Rahowa begriffen, gestern bereits bei Borowan gewesen sein und heute wahrscheinlich Bukowiza erreichen. Unter diesen Umständen blieben die Ulanen die ganze Nacht in voller Bereitschaft, ohne abzukandaren. Noch am Abend wird Lieutenant Budberg mit sechs Ulanen unter Führung eines bulgarischen Wegweisers abgeschickt, um den von Rahowa nach Lom Palanka (Widdin) führenden Telegraph zu unterbrechen. Nachdem es ihm ganz in der Nähe eines besetzten türkischen Wachthauses (was nicht sehr zweckmässig genannt werden kann) gelungen, die Leitung durch Umhauen einiger Stangen zu unterbrechen, kehrt er glücklich zum Regiment zurück.

Am 5., bei Tagesanbruch, geht das Regiment weiter gegen Rahowa vor, benutzt hierbei eine Anzahl zum Skit abfallender Schluchten als Deckungen und macht in der letzten Schlucht vor Rahowa Halt. Der Generalstabs-Kapitän Chrapowizki und Lieutenant Budberg gehen unter den Schutz einer Plänklerkette näher gegen die Stadt vor und nehmen ein Kroki auf. Bei der Annäherung von etwa sechzig Tscherkessen von Rahowa aus gehen die Offiziere und die Plänkler zurück und Etter führt das Regiment über Knjäscha nach Mahaleta zurück, wo es am 6. November eintrifft.

γ) **Oberst Meyendorff nach Altimir am 4., 5., 6., 7. November.**

Oberst Meyendorff, der den Auftrag hat, mit dem Garde-Husaren-Regiment (2., 3., 4. Eskadron, die 1. Eskadron ist zur Eskorte des Kaisers abcommandirt) in der Richtung auf Altimir gegen die Verbindung Rahowa-Wrazza vorzugehen, marschiert am 4. November über Knjäscha nach Trnak. Auf die Nachricht, dass in den südlich gelegenen Ortschaften von Tscherkessen geplündert sowie Fuhrwerk und Vieh gesammelt wird, marschiert das Regiment am 5. auf Wrnjak und Gabore, und von hier rechts (nach Westen) abbiegend nach Wrbiza, Wiroschka und Klantschene (Klastschene); überall werden Tscherkessen und Baschibozuks vertrieben und ihnen eine Anzahl Fuhrwerke und Vieh abgenommen. Am 6. marschiert das Regiment über Borowan nach Altimir und kehrt am 7. nach Mahaleta zurück. Die von den einzelnen Abtheilungen im Laufe dieser vier Tage zurückgelegten Entfernungen betragen zwischen 125 und 150 km.

δ) **Stabs-Kapitän Willamow gegen Wrazza am 4., 5., 6. November.**

Ebenfalls am 4. November geht das Detachement der reitenden Grenadiere von Tschumakowize über Kamenpol und Besewiza bis Gornji Kremen vor (15 km östlich von Wrazza). Eine vom Stabs-Kapitän Willamow geführte Patrouille gelangt hierbei am 6. Abends bis dicht an die Stadt Wrazza und bringt in Erfahrung, dass die Gegend bis dorthin nirgends dauernd von feindlichen Abtheilungen besetzt ist und dass in Wrazza selbst nur 200 Mann Infanterie und einige Tscherkessen ständen ohne Artillerie; auch hatte die Patrouille grosse Wagenparks und viele Viehheerden gesehen.

b. Die Einnahme von Wrazza am 9. November.

α) Die Oertlichkeit.

Wrazza, eine Stadt von 12000 Einwohnern mit 2400 Häusern, liegt am Fusse eines hohen steil aufsteigenden Gebirgszuges, der die Stadt im Süden und Südwesten umfasst. Diese Gebirgswand wird fast in senkrechter Richtung von der engen Schlucht von Isgorigrad durchbrochen, in welcher von der Stadt aus ein Saumpfad auf die Gebirgshöhe führt. Etwa 3 km östlich der Stadt erhebt sich der Kostalewskische Höhenrücken, welcher nach Süden zu von dem Hauptstock des Gebirges durch ein 500 m breites Thal getrennt wird, durch welches der Weg nach Dermanza führt. Von dem Nord-Ende des Kostalewskischen Höhenrückens bei Han Dabnik läuft der Höhenzug von Kosmativa, ein hoher, zum Theil bewaldeter und wenig gangbarer Rücken, welcher Roman gegenüber an den Isker herantritt. Das Gelände im Nord-Westen der Stadt ist ziemlich offen. Von Wrazza aus führt nach Nord-Westen der Weg nach Lom Palanka; nach Norden über Han Dabnik ein Weg nach Rabowa; nach Süd-Osten durch das vorhin erwähnte Thal ein Weg nach (15 km) Dermanza am Isker; nach Süd-Westen endlich führt der schon erwähnte Saumpfad über den Pass von Isgorigrad (oder Sokolez) und weiter über Ossikowo nach dem Süd-Ausgange des Isker-Durchbruches.

β) Vormarsch gegen Wrazza.

Die zu der Unternehmung gegen Wrazza bestimmten Truppen sind in zwei Kolonnen getheilt: rechte Kolonne das Garde-Ulanen-Regiment; linke Kolonne die Garde-Dragoner und reitenden Grenadiere sowie je zwei Geschütze der 2. und 6. reitenden Garde-Batterie. Beide Kolonnen marschieren am 7. aus Mahaleta ab; die rechte Kolonne erreicht an diesem Tage Lapiza, die linke mit dem Gros Gornik, mit der Avantgarde Kamenopol. Am Abend dieses Tages trifft die Meldung Willamows (a. a.) bei dem General Leonow ein, worauf dieser endgültig die Unternehmung gegen Wrazza beschliesst. — Am 8. setzen beide Kolonnen ihren Marsch fort; um diesen möglichst geheim zu halten, wird die Avantgarde nur auf kurze Entfernungen vorgeschoben und Patrouillen fast gar nicht ausgeschickt; die bulgarischen Landleute der durchzogenen Gegend waren überall sehr bereitwillig, als Wegweiser zu dienen. — Die linke Kolonne hatte einen sehr mühevollen Marsch, da sich der steinige Weg bald durch enge Hohlwege, bald über steile Abhänge hinzog und die Geschütze nur mit Aufbietung aller Kräfte mitzuschleppen waren. — Am Abend des 8. kommt die über Gabore und Wrliza marschirende rechte Kolonne bis Mramoreni; die über Kamenopol und Besevizu marschirende linke Kolonne aber mit dem Gros bis Gornji Kremenj, mit der Avantgarde bis Wrbeschniza. Beide Kolonnen sind auf der zweiten Hälfte ihres Marsches durch den vorhin erwähnten Gebirgszug von Kosmatiza von einander getrennt, dessen Kammhöhe die linke Kolonne bei Gornji Besewiza überschritten hatte.

γ) Einnahme von Wrazza.

Oberst Bunakow, Stabs-Chef der Division, war über die Stellung der Avantgarde der linken Kolonne bis auf den Kostalewskischen Höhenzug vorgeritten, von wo aus er die ganze Stadt übersehen konnte. Auf der Nord- und Ost-Front waren einige Verschanzungen angelegt, es war indessen deutlich wahrzunehmen, dass die Aufmerksamkeit der Türken fast ausschliesslich nach Norden gerichtet war. Die Besatzung von Wrazza schien stärker zu sein als Willamows Meldung angegeben; man schätzte dieselbe russischerseits (jedenfalls übertrieben) auf 800 Mann Infanterie und 300 Tscherkessen. — Auf Grund dieser Rekognoszirungsergebnisse entwarf General Leonow folgenden Angriffsplan: „Die linke Kolonne umgeht den Kostalewskischen Höhenzug südlich, d. h. sie setzt sich von dem Wege Wrbeschniza-Wrazza auf den Weg Dermanza-Wrazza; dann nehmen die vier Geschütze eine geeignete Stellung, um die türkischen Verschanzungen womöglich der Länge nach bestreichen zu können. Das Grenadier-Regiment geht gegen die Stadt vor, zwei Eskadrons Dragoner folgen als Staffel hinter seinem linken Flügel und versuchen dem Gegner den Rückzug nach der Schlucht von Isgorigrad abzuschneiden. Die anderen zwei Eskadrons Dragoner rücken bereits vom Biwaksplatz aus direkt nach Dermanza und sichern den Rücken der Kolonne gegen Orchanie. Die Oberleitung des ganzen Gefechtes der linken Kolonne hat General Klot. — Die rechte Kolonne hatte bereits die Weisung erhalten, um 10 Uhr Morgens gegen die Nord-Front der Stadt vorzugehen. — Während der Nacht durften, um die Anwesenheit nicht zu verrathen, keine Feuer angezündet werden.

Um $10^1/_2$ Uhr Morgens zeigten sich die Plänkler der Ulanen von Norden her längs der von Rahowa kommenden Strasse vor der Stadt; in dieser wurde alarmirt und die türkischen Truppen besetzten die nach Norden gerichteten Verschanzungen. Das plötzliche Erscheinen der jetzt ebenfalls vorgehenden linken Kolonne vor der Ostseite der Stadt und das von hier aus eröffnete Geschützfeuer verbreitete in den türkischen Reihen Bestürzung; die in den östlichen Verschanzungen stehenden schwachen Posten räumten dieselben und zogen sich in die Umfassung der Stadt zurück, von wo aus sie das Feuer eröffneten. Die russische Artillerie ging nach kurzem Feuer in eine neue Stellung vor, von wo aus sie die nördlichen Verschanzungen unter Flankenfeuer nehmen konnten, worauf diese Verschanzungen ebenfalls geräumt wurden.

Inzwischen war die 1., 2. und 3. Eskadron Grenadiere abgesessen gegen die Stadt vorgegangen, während die 4. Eskadron als Bedeckung der Artillerie und der Pferdehalter zu Pferde geblieben war. Von den links rückwärts der Grenadiere folgenden Dragonern wurde die 3. Eskadron im Trabe gegen den Süd-Ausgang der Stadt vorgeschickt, um hier der Besatzung den Rückzug nach dem Gebirge zu verlegen; die 4. Eskadron scheint als allgemeine Reserve zurückbehalten worden zu sein. Als der schleunige Abzug der türkischen Infanterie aus den nördlichen Verschanzungen nach der Stadt zu russischerseits bekannt wurde, sass sofort die 2. und halbe 1. Eskadron der Grenadiere wieder auf und sprengte durch die geräumten Ost-Verschanzungen hindurch in die Stadt hinein nach dem Nord-Ausgange zu, um der abziehenden Infanterie den Weg zu verlegen. Die Türken suchten sich hinter einem Wagenpark zu vertheidigen; als aber die Grenadiere zum Angriff dieser Stellung wieder absassen, flohen die Türken nach dem Gebirge zu. Inzwischen war die 3. und halbe 1. Eskadron Grenadiere von Osten her in die Stadt eingedrungen, auch das Ulanen-Regiment erschien jetzt vor der Nordseite und schickte seine 4. Eskadron um die Westseite der Stadt herum, um den südlichen Ausgang zu verlegen.

Bald nach 12 Uhr Mittags war die Stadt thatsächlich in den Händen der Russen; da aber aus einzelnen Häusern noch gefeuert wurde, so erhielt jetzt die 4. Eskadron

Grenadiere den Befehl, abzusitzen und sich an der Säuberung der Strassen und Häuser zu betheiligen. Von 3 Uhr hatte der Widerstand, der überhaupt nur sehr schwach gewesen war, ganz aufgehört. Die türkische Besatzung, deren Verlust nur ganz unbedeutend gewesen sein kann, war dank dem gebirgigen Charakter der Gegend nach verschiedenen Seiten hin auf schwer zugänglichen Pfaden entkommen; der Versuch, den Rückzug nach dem Gebirge abzuschneiden, war gänzlich misslungen. Dagegen fielen in der Stadt, ausser einem Park von etwa 500 Wagen, welche Proviant von Widdin nach Orchanie gebracht hatten, sehr bedeutende Verpflegungsvorräthe den Russen in die Hände. Der russische Verlust scheint 3 Mann todt, 1 Offizier 7 Mann verwundet betragen zu haben, ausserdem 19 Pferde todt und 8 Pferde verwundet.

c. Rekognoszirungen gegen Berkowaz.

α) Die Oertlichkeit.

Berkowaz liegt an der Strasse, welche von Lom Palanka über den Ginzi-Pass nach Sofia führt, ungefähr in der Mitte zwischen beiden genannten Orten und etwa 35 km westlich von Wrazza. Im Norden, Westen und Süden ist die Stadt von Gebirgen eingeschlossen; nach Osten zu ist das umgebende Gelände offen. Bei dem 5 km südlich von Berkowaz gelegenen Dorfe Klissura (Derbend) beginnt die zu dem noch etwa 12 km entfernten Ginzi-Pass führende eigentliche Passstrasse. — Von Berkowaz aus in südwestlicher Richtung überschritt ausserdem ein Saumpfad das Gebirge vermittelst des Kom-Passes. — Nach einer offiziellen türkischen Angabe (2, c.) vom 21. November bestand damals die Besatzung von Berkowaz aus drei Bataillonen, von denen eins aus Widdin, zwei aus Nowibazar unlängst dorthin gekommen sein sollen. — Ob das mehrfach erwähnte Bataillon, welches von Rahowa kommend an Wrazza vorüber nach Berkowaz marschiert sein soll, etwa jenes aus Widdin gekommene Bataillon gewesen, ist nicht festzustellen. Jedenfalls bestand die Besatzung von Berkowaz zur Zeit der geschilderten russischen Rekognoszirungen aus einigen Bataillonen unnd einigen Geschützen und einer schwachen Abtheilung Cavallerie (Tscherkessen und Baschibozuks).

β) Rekognoszirung des Oberst Offenberg am 14. November.

Als das Detachement sich dem Orte von Osten her nähert, findet sich die Nachricht von der Räumung desselben durch die Türken nicht bestätigt, im Gegentheil zeigt es sich, dass derselbe von mindestens 1000 Mann mit zwei Geschützen besetzt ist. Während in der Mitte der beiden reitenden Geschütze unter Bedeckung der zum Theil abgesessenen Ulanen auffahren, gehen rechts die Grenadiere, links die Dragoner — beide Abtheilungen abgesessen — weiter vor. Die Grenadiere, unterstützt durch das Feuer der beiden Geschütze, sollen den Gegner aus einer vorgeschobenen Verschanzung in die Stadt zurückgetrieben haben; die Dragoner besetzten das südlich von Berkowaz gelegene Dorf Klissura, bemächtigten sich hier eines Lebensmittel-Transportes und entdeckten die Anwesenheit einer feindlichen Abtheilung, welche noch weiter südlich in der Passstrasse verschanzt war. Nachdem die ganze Sachlage genügend aufgeklärt, liess Oberst Offenberg den Rückmarsch antreten. Das Detachement hat im Ganzen 1 Mann todt, 8 Mann verwundet und 11 Pferde verloren.

γ) Rekognoszirung des Oberst Kowalewski am 16. November.

Das Detachement — 1. und 4. Eskadron Dragoner und zwei Geschütze der 6. Batterie — erreicht am 16. Abends auf dem nach Lom Palanka führenden Wege das Dorf Kriwodol (wo der oben erwähnte Beobachtungsposten bis jetzt noch nicht aufgestellt war) und erfuhr hier, dass noch vor wenigen Tagen eine feindliche Infanterie-Abtheilung mit drei Geschützen in der Nähe gelagert habe; dieselbe sei jedoch auf die Nachricht, dass Wrazza von den Russen besetzt sei, nach Berkowaz abgerückt. Ein bei Annäherung der Russen an Kriwodol in der Richtung auf Rahowa abziehender Trupp irregulärer Reiter wurde von dem verfolgenden Vortrupp der Dragoner eingeholt, fast ohne Widerstand gefangen genommen und sofort nach Wrazza zurückgeschickt. — Das Detachement übernachtete bei Kriwodol und schickte während der Nacht zwei Offizier-Patrouillen gegen die Chaussee Lom Palanka-Berkowaz vor. *Kowalewski hatte die Absicht, sich am folgenden Tage nach Süd-Westen zu wenden und die von Lom Palanka nach Berkowaz führende Chaussee bei Pesosniza (6 km nördlich von Berkowaz) zu erreichen. Zur Sicherung der rechten Flanke wurden zwei Züge (im Ganzen nur 40 Pferde) nach Velika Kutlowiza entsendet; das Gros (sechs Züge und die beiden Geschütze) marschierte über Stubel zunächst auf Sumer, auf welcher Strecke wegen des sehr schlechten Weges das Fortschaffen der Geschütze grosse Schwierigkeiten machte. Da die Bulgaren in Sumer erklärten, dass die Geschütze auf den weiteren Wege nach Pesosniza keinenfalls würden folgen können, so marschierte Kowalewski in westlicher Richtung weiter und erreichte am Abend des 17. das 15 km nördlich von Berkowaz und einige Kilometer östlich der Chaussee gelegene Dorf Hausanzi. Die Bewohner gaben an, dass unweit desselben an der Chaussee eine feindliche Infanterie-Feldwache stände und dass auch die 3 km nördlich von Berkowaz gelegene Chaussee-Brücke von Infanterie besetzt wäre. Um den erstgenannten Posten aufzuheben, wurde am 18. früh noch bei völliger Dunkelheit ein Zug Dragoner abgeschickt; indessen war die türkische Wache, durch einen Bulgaren benachrichtigt, über Nacht bereits abgezogen, sodass auf eine Ueberraschung der Besatzung von Berkowaz nicht mehr gerechnet werden durfte. Noch vor Tagesanbruch setzt sich das Detachement in Bewegung und erreicht bei Borowzi die Chaussee, an welcher schon vorher durch eine in der Nacht vorgeschickte Patrouille die Telegraphenleitung zerstört worden war. Während die Kolonne weiter trabt, stösst ihre Spitze auf einen ihr entgegenkommenden Wagen, in dem zwei Personen sitzen, während ein berittener Tscherkesse das Gefährt begleitet. Auf die von der Spitze abgegebenen Schüsse kehrt der Wagen um, die Insassen flüchten von dem Wagen nach seitwärts, der Tscherkesse entkommt nach der Stadt, wodurch die Aussicht auf eine mögliche Ueberraschung nunmehr gänzlich geschwunden war.

Oberst Kowalewski führte das Detachement bis auf 3 km an die Stadt heran, liess halten und begab sich in Begleitung einiger Offiziere noch einen Kilometer weiter vor, um zu rekognosziren. Man sah deutlich die Stadt vor sich, an ihrem südlichen Ende grosse Kasernen und in ihrer Nähe Verschanzungen, auch wurde jenseits der Stadt in der Nähe der den Gebirgsrücken ersteigenden Strasse ein Zeltlager wahrgenommen. Die ausgefragten Bulgaren gaben an, dort biwakire ein aus Sofia gekommenes Detachement, auch wäre infolge des vor einigen Tagen unternommenen russischen Angriffs (s. p.) auf den nach Osten hin gelegenen Höhen eine Schanze aufgeworfen und diese mit Infanterie und einem Geschütz besetzt. An den Befestigungen sah man nur einige wenige Leute.

Kowalewski liess — wie es scheint nur in der Absicht durch eine Alarmirung sich nähere Kenntniss von der Stärke des Gegners zu verschaffen — sein Detachement auf der Chaussee noch bis auf 1400 m gegen die Stadt vortraben und dann die Geschütze abprotzen. Die vorgesandten Patrouillen kamen bis ziemlich nahe an die Befestigungen heran und erhielten erst dann Gewehrfeuer. Als für die Patrouillen „Appell" geblasen wurde, hörte man auch von den türkischen Kasernen Alarmsignale.

Die 4. Eskadron wurde zur Sicherung der Geschütze weiter vorgeschoben, die halbe 1. verblieb bei denselben. Die erste nach der Kaserne abgegebene Granate traf in den Kasernenhof, wo sich Infanterie rangirte; der zweite Schuss, ein Shrapnel, ebenfalls. Nach dem dritten Schuss antworteten die Türken ebenfalls aus einigen in den Verschanzungen aufgestellten Geschützen. — Nach einer halbstündigen Kanonade wurde infolge des Erscheinens einer in der linken Flanke der Dragoner von den Bergen herabsteigenden Infanterie-Kolonne das Gefecht abgebrochen. Ein Zug Dragoner wurde vorausgeschickt, um die bereits erwähnte Chaussee-Brücke, über welche der Rückzug gehen musste, zu besetzen; demnach folgten die beiden Geschütze und die anderen fünf Züge, denen nur einige wenige feindliche Reiter eine Strecke folgten. Verluste scheint das Detachement nicht gehabt zu haben. — Kowalewskis Rückmarsch ging zunächst wieder in nördlicher Richtung bis Hausanzi, wo gefüttert wurde. Die nächste Nacht (18./19.) brachte das Detachement in Wlasatiza zu und rückte am 19. Mittags wieder in Wrazza ein. Das Detachement hatte in den vier Tagen etwa 130 km zurückgelegt.

d. Gefecht bei Nowatschin am 22. November.

a) Die Oertlichkeit.

Der von Wrazza bis Dermanza erträgliche Weg überschreitet bei letzterem Orte den Isker vermittelst einer etwa 1 m tiefen Furth, und steigt dann etwa 1½ km lang längs des Isker-Ufers auf einem schmalen, an steilen Abstürzen vorüberführen-Simse aufwärts. Ist diese Stelle überwunden, so führt der Weg 2 km lang durch Weinberge hindurch und tritt dann in die von steilen Felswänden eingeschlossene Schlucht von Kara Derbend ein. Der überall mit grossen Steinen besäete Weg, welcher im Allgemeinen nur für drei Reiter neben einander Platz hat und sich nur stellenweise etwas erweitert, führt auf der einen Seite unmittelbar an der Felswand entlang, während er von der anderen Seite durch einen schmalen, aber tief und steil eingeschnittenen Wasserlauf getrennt wird. Etwa 5 km vom Eingange der Schlucht liegt in einer kleinen Erweiterung ein einzelnes Gebäude, welches auf den Karten bald als Kara Derbend, bald als Karaula Romanja verzeichnet ist. Hinter der Karaula gabelt sich der Weg: links über Nowatschin und Skrivena nach Orchanie, rechts über Raschkowo und Radotin nach Lutikowo. Die Entfernung von der Karaula bis Radotin beträgt etwa 6 km, die Entfernung von dort bis Lutikowo noch 2 km. — Von der Karaula aus nach Nowatschin zu ist der Weg zuerst etwa 1½ km lang erträglich, wenn auch durch Löcher und Steine beschwerlich. Nach dieser Strecke erweitert sich der Weg und tritt in ein ebenfalls von Felswänden eingeschlossenes kleines Thal von etwa 250 m Breite ein; der Abstieg des Weges aus der eigentlichen Schlucht in diese Thalerweiterung ist sehr schlecht (vorgreifend sei erwähnt, dass an dieser Stelle die Schlusskatastrophe des Gefechtes spielte, bei welcher das zweite Geschütz verloren ging). — Jenseits der kleinen Thalerweiterung tritt der Weg wieder in einen Engpass ein, der auf der einen Seite von einer steilen Felswand, auf der anderen Seite von einer steilen und tiefen Schlucht gebildet wird; in diesem Engpass überschreitet der Weg zwei einfache, baufällige Holzbrücken. Etwa 6 km hinter (östlich) der erwähnten Thalerweiterung treten die Felswände abermals auf beiden Seiten zurück und bilden das 1½ km breite Thal von Nowatschin. — Am Fusse der das Thal nach Süden zu begrenzenden Höhen liegt das Dörfchen Nowatschin; östlich des Dorfes, weiter nach Skriwena zu, waren auf den steilen Höhen der südlichen Thaleinfassung türkischerseits Verschanzungen angelegt. Am Fusse dieser verschanzten Höhen entlang führt der Weg von Nowatschin nach Skrivena und demnächst weiter nach Orchanie. Das Thal von Nowatschin war quer von zwei tiefen und steilen Wasserrissen durchschnitten, von denen der westliche nur auf einer kleinen schlechten Brücke zu passiren war, während der östliche zur Noth übersprungen werden konnte. — Die verschanzten Höhen zwischen Nowatschin und Skriwena standen mit der verschanzten Stellung bei Lutikowo durch einen von Osten nach Westen ziehenden Höhenzug in Verbindung, während ein anderer von Nowatschin aus nach Nord-Westen streichender unpassirbarer Höhenrücken die bei der Karaula sich scheidenden Wege Karaula-Nowatschin und Karaula-Radotin-Lutikowo völlig von einander trennt. Jede Verbindung zwischen den genannten beiden Wegen musste auf dem Umwege über die Karaula hergestellt werden, während zwischen den verschanzten Stellungen von Lutikowo und Nowatschin eine direkte Verbindung von nur 5 km Länge bestand.

β) Die Ereignisse bei Radotin-Lutikowo.

Als General Klot, welcher mit der kombinirten Brigade am 21. November um 7 Uhr Morgens aus Wrazza ausmarschiert war, den Isker bei Dermanza überschritten hatte, von wo an sich der Marsch der Abtheilung wegen des schwierigen Fortschaffens der Geschütze sehr langsam gestaltete, wurde der Generalstabs-Hauptmann Chrapowizki mit je einer Eskadron Dragoner und Grenadiere zur vorläufigen Rekognoszirung vorausgeschickt. Die Dragoner-Eskadron blieb bei der Karaula und schob Patrouillen gegen Nowatschin vor; die Grenadier-Eskadron erreichte 4½ Uhr Nachmittags Raschkowo, welches den Aussagen der Bulgaren entgegen unbesetzt gefunden wurde. Hier blieb eine halbe Eskadron zurück, während die andere halbe Eskadron gegen Radotin vorging. Da dieser Ort sich von Infanterie besetzt zeigte und es schon zu dunkeln begann, gab die Halb-Eskadron ein weiteres Vorgehen gegen den Ort für heute auf. Inzwischen war General Klot mit den anderen beiden Grenadier-Eskadrons und vier Geschützen bei Raschkowo angekommen und hatte hier das Biwak bezogen; die Dragoner waren mit zwei Geschützen bei der Karaula verblieben.

Von der früheren Rekognoszirung her war bekannt, dass vor der Front der das offene Vorgelände vollständig überhöhenden Lutikowo-Stellung keine Feuerstellung für die Artillerie des Angreifers zu finden sei, wohl aber sollte auf einer Höhe östlich von Radotin eine Stellung sein, von wo aus die Lutikowo-Stellung der Länge nach unter Feuer genommen werden konnte; diese Stellung war aber von Radotin und der jetzigen Stellung des Detachements durch eine tiefe, schwer gangbare Schlucht getrennt. Um den Grad der Gangbarkeit dieser Schlucht näher zu untersuchen, wurde noch am späten Abend ein Artillerie-Offizier und der Lieutenant Globa des Dragoner-Regiments abgeschickt, welcher letztere bereits am 12. November diese Gegend rekognoszirt und krokirt hatte.

Infolge der Angaben dieser beiden Offiziere wurden sofort in der Nacht etwa hundert Bulgaren zusammen gebracht, um einige besonders schlechte Stellen des Weges durch jene Schlucht etwas gangbarer zu machen.

Am 22. November um 6 Uhr Morgens ritten der Batterie-Commandeur, ferner Hauptmann Chrapowizki und Lieutenant Globa abermals zur Besichtigung der beabsichtigten Artillerie-Stellung aus, der herrschende Nebel war jedoch so stark, dass es unmöglich war, irgend etwas zu unterscheiden. Unter Bedeckung der inzwischen von der Karaula herangeholten 3. Dragoner-Eskadron fuhren die vier Geschütze mit sehr grossen Schwierigkeiten in die Stellung ein, vermochten jedoch wegen des dichten Nebels erst um 11½ Uhr Mittags das Feuer zu eröffnen, wobei sich bald herausstellte, dass die Entfernung bis zur feindlichen Stellung viel zu gross war, nämlich 2400—3200 m. (Diese Schätzung ist auffallend unbestimmt.)

General Klot gab der Batterie gegen 1 Uhr den Befehl, in eine näher gelegene Stellung vorzugehen, und begab sich für seine Person dann zu den Grenadieren, welche inzwischen abgesessen nach leichtem Gefecht die feindliche Infanterie aus Radotin vertrieben hatten und von hier aus, ohne sich in ein weiteres Gefecht einzulassen, die feindliche Stellung durch kleine Patrouillen beobachten sollten. Unterwegs erhielt General Klot die Meldung, dass eine Infanterie-Kolonne von Lutikowo aus sich nach Nowatschin bewege; diese Meldung wurde sofort an den Oberst Lichtanski weiter geschickt.

Als General Klot gegen 2 Uhr bei den Grenadieren eintraf, erhielt er die erste Meldung Lichtanskis, worin dieser das beginnende Vorgehen des Gegners meldet und um Verstärkung bittet. Klot gab sofort der 3. Dragoner-Eskadron und der in Reserve befindlichen Grenadier-Eskadron den Befehl, in scharfem Trabe über die Karaula dorthin abzurücken — und auch der Rest des Detachements (zwei Eskadrons und die vier Geschütze) erhielt Befehl zum Rückmarsch nach der Karaula.

Schon nach Verlauf weniger Minuten kam vom Oberst Lichtanski die zweite Meldung: dass der Feind ihn heftig dränge — und bald darauf die dritte über den Verlust der beiden Geschütze. — Als General Klot die Karaula erreichte, fand er hier den Oberst Lichtanski mit dem schwachen Reste seines Detachements.

γ) Die Ereignisse bei Nowatschin-Skrivena.

Stärke des Detachements: Kapitän Stempel commandirt die 2. Eskadron, von welcher nur zwei Züge mit zusammen 3 Offizieren und 47 Dragonern zur Stelle sind; Kapitän Meinander commandirt die 4. Eskadron, welche eine Stärke von 4 Offizieren und 88 Dragonern hat; die anderthalb Eskadrons haben also mit Einschluss des Oberst Lichtanski und seines Adjutanten eine Gesammtstärke von 11 Offizieren und 135 Dragonern; Kapitain Ussow commandirt den Geschützzug.

Um 10 Uhr*) trat das Detachement aus dem Engpass in das Thal von Nowatschin ein. Der Nebel fing an zu steigen, hielt aber die das Thal umgrenzenden Höhen noch vollständig eingehüllt; von der Lage der hier befindlichen Verschanzungen scheint Niemand im Detachement sichere Kentniss gehabt zu haben.

Im Thal vorgehend, erblickte man am Fusse der Höhen eine kleine Infanterie-Abtheilung, welche bei Annäherung der Dragoner im Nebel verschwand; die russischen Geschütze sandten ihr einige Granaten nach.

Kapitän Stempel mit zwei Zügen hatte die Avantgarde; ein Zug hiervon war als Flankeur-Kette aufgelöst, der andere Zug folgte auf etwa 100 Schritt als geschlossene Unterstützung.

Kapitän Meinander wurde mit einem Halbzug zur Sicherung der rechten Flanke gegen das Dorf Nowatschin entsendet; Lieutenant Swischtschewski ebenfalls mit einem Halbzuge zur Sicherung der linken Flanke nach einer am Bebresch-Bach

---

*) Nach dem Rapport des Oberst Lichtanski; nach der Angabe eines anderen Augenzeugen schon um 8 Uhr, was ein Irrthum zu sein scheint.

gelegenen Mühle; vorgreifend sei gleich erwähnt, dass bald darauf auch noch der Fähnrich Nasimow mit seinem Zuge nach jener Mühle entsendet wurde.

Die im scharfen Trabe vorgehende Avantgarde hatte inzwischen den Fuss der Höhen hinter Nowatschin erreicht, auf denen die türkischen Verschanzungen lagen; man sah dort oben undeutlich Erdaufwürfe und Zelte, aber kein lebendes Wesen, und scheint das Ganze für ziemlich ungefährlich gehalten zu haben. Die Flankeur-Kette durchfurthete jetzt den Bebresch-Bach und trabte auf etwa 800 Schritt an den erwähnten Höhen vorüber auf Skrivena zu weiter, der Unterstützungszug folgte. Jetzt zeigte sich in der rechten Flanke der Dragoner eine Schützenlinie, gleichzeitig begann von den Nowatschiner Höhen ein lebhaftes Gewehrfeuer. Kapitän Stempel warf sich mit den Flankeuren in Schwärm-Attake auf die sichtbar gewordene feindliche Kette, welche theils niedergehauen oder gefangen wurde, theils entfloh. Unter lebhaftem Feuer aus den Verschanzungen und aus der Umfassung des Dorfes Skrivena führt nun Stempel seine Reiter, welche merkwürdigerweise (abgesehen von einem durch einen Bajonettstich verwundeten Pferde) keinen Verlust erlitten haben, auf den geschlossen gebliebenen Unterstützungszug zurück.

Von Skrivena her erscheinen jetzt berittene Tscherkessen, und von den Höhen von Nowatschin beginnt jetzt auch Geschützfeuer.

Inzwischen hatte Ussow mit seinen beiden Geschützen von rückwärts her das Feuer gegen die feindlichen Verschanzungen eröffnet, da aber die Geschosse nicht bis zur feindlichen Stellung reichten, so ging Ussow etwa einen Kilometer weiter vor und begann von Neuem zu feuern; türkischerseits antworteten darauf zwei Geschütze und lebhaftes Gewehrfeuer. Es war 12 Uhr geworden. Oberst Lichtanski, welcher sich mit dem Rest der Dragoner (in Stärke von zwei Zügen) bei der Artillerie befand, erhielt jetzt vom Kapitän Stempel die Meldung, dass von Skrivena her starke Tscherkessenschwärme im Vorgehen begriffen seien; ein zu derselben Zeit eintreffender Zettel des General Klot theilte mit, dass feindliche Infanterie von Lutikowo her im Marsch nach Nowatschin sei; gleichzeitig wurde diese Kolonne auch schon auf den Höhen in der rechten russischen Flanke sichtbar. Unter diesen Umständen hielt Lichtanski ein längeres Ausharren in der sehr gefährdeten Stellung nicht für angemessen, sondern gab der Artillerie den Befehl zum Zurückgehen. Der Dragoner-Lieutenant Tuderus erhielt den Befehl, für seine Person zurückzureiten und den am Ausgange der Schlucht verbliebenen Artillerie-Munitionswagen nach der Karaula zurückzubringen.

Hinter den Russen hatte sich inzwischen ein grosser Schwarm Bulgaren mit Frauen und Kindern, Vieh und Fuhrwerken angesammelt, um bei dem gehofften Vorgehen der Russen in ihre Dörfer, aus denen sie vor den Tscherkessen geflohen waren, zurückzukehren. Als die russische Artillerie jetzt ihre rückgängige Bewegung begann, stürzte sich der ganze Bulgarenschwarm auf den vorhin erwähnten Engpass, welcher die einzige Rückzugslinie der Russen nach der Karaula bildete, und versperrte denselben auf eine weite Strecke hin vollständig — ein Umstand, der zu der später folgenden Katastrophe viel beigetragen hat.

Inzwischen hatte sich der Nebel gänzlich verzogen und den Türken war nunmehr weder die Schwäche noch die gefährliche Lage der russischen Abtheilung länger verborgen. Die Tscherkessen, ungefähr 500 Mann stark, gingen in der Front gegen das Detachement des Kapitän Stempel vor, hinter ihnen folgte von Skrivena her Infanterie, während die von Lutikowo gekommene Infanterie auf den Höhen in der russischen rechten Flanke entlang marschierte, wodurch die russische Rückzugslinie sehr bedroht wurde.

Stempel blieb mit seinen beiden Zügen stehen und hielt sich durch das Feuer abgesessener Mannschaften die vor ihm schwärmenden Tscherkessen, welche ebenfalls ein lebhaftes Feuer unterhielten, auf etwa 400 Schritt vom Leibe.

Die Geschütze hatten inzwischen auf ihrem Rückzuge nochmals Stellung genommen und einige Schüsse abgegeben, dann setzten sie den Rückmarsch fort.

Oberst Lichtanski sprengte zu Kapitän Stempel heran, befahl ihm so lange als möglich auszuhalten, um den Abzug der Geschütze zu decken, und jagte dann zu diesen zurück.

Stempel erhielt jetzt Verstärkung: links von der Mühle her schloss sich ihm der Zug des Fähnrichs Nasimow und der Halbzug des Lieutenants Swischtschewski an, ausserdem traf, von Oberst Lichtanski vorgeschickt, der Zug des Kornet Tolstoi ein. sodass Stempel jetzt im Ganzen $4^{1}/_{2}$ Zug unter seinem Commando vereinigt hatte. Die Artillerie-Bedeckung bestand augenblicklich nur noch aus zwei Halbzügen unter Fähnrich Wjelinski, denen sich bald auch der Halbzug des inzwischen verwundeten Kapitäns Meinander anschloss. Fast eine Stunde lang hielt sich Stempel in seiner Stellung, während welcher Zeit die Artillerie zurückging, wobei sie jedoch mehrmals Halt machte und einige Schüsse abgab.

Durch dieses erneute Stellungnehmen, welches doch keinen rechten Nutzen hatte, scheint viel Zeit verloren gegangen zu sein, sodass die Artillerie immer noch nicht den Eingang zum Engpass erreicht hatte, als Kapitän Stempel — es mochte etwa 1 Uhr sein — vor der immer heftiger drängenden Uebermacht den Rückzug antreten musste. Dieser wurde gruppenweise ausgeführt, wobei die zurückgegangene Mannschaft wieder absass und durch ihr Feuer den Rückzug der anderen Gruppen deckte. Unter dem äusserst lebhaften Feuer, welches in der Front und von den Höhen in der rechten Flanke auf die Dragoner gerichtet wurde, hatten diese bereits empfindliche Verluste erlitten, — obgleich man sich eigentlich wundern muss, dass unter diesen Umständen der Verlust nicht noch grösser war. . Dabei gingen die Patronen der Dragoner allmälig zu Ende.

Als bei dem Passiren einer schlechten Wegstelle das eine Geschütz umfiel, wurde dies sofort von den Tscherkessen bemerkt und diese drangen sofort lebhaft vor, in der Hoffnung, sich des Geschützes zu bemächtigen.

Mit dem Rufe: „Kinder! rettet das Geschütz!" wirft sich Stempel mit einem Theil seiner Reiter, den Säbel in der Faust, den Tscherkessen entgegen und treibt sie eine Strecke zurück. Der schon vorher leicht verwundete Kapitän Stempel wird jetzt abermals und zwar s c h w e r verwundet; Stabs-Kapitän Guljkowski, selbst ebenfalls verwundet, übernimmt das Kommando der Abtheilung, welche bereits bedeutende Verluste erlitten hat; die meisten Offiziere waren verwundet. Die sich noch im Sattel haltenden Verwundeten werden unter Bedeckung und mit Unterstützung einer Anzahl Dragoner und in Begleitung des Arztes über die Karaula zurückgeschickt.

An General Klot war vor Kurzem bereits ein Unteroffizier mit der mündlichen Meldung der Sachlage abgeschickt; jetzt giebt Lichtanski dem verwundeten und auf einem verwundeten Pferde reitenden Kornet Tolstoi den Auftrag, zum General Klot zu eilen und die Gefahr zu schildern, in der die Geschütze schweben.

Kapitän Ussow war inzwischen auch schwer verwundet und wurde durch einen ihn im Sattel stützenden Dragoner zurückgeschafft.

Die Artillerie hatte, nachdem das umgefallene Geschütz schnell wieder aufgerichtet, den Marsch fortgesetzt.

Etwa gegen 2 Uhr war der Eingang zum Engpass erreicht; die Geschütze protzen ab, feuern auf die Tscherkessen einige Shrapnels, protzen dann auf und schicken sich an, den vorhin geschilderten schwierigen und langen Engpass zu passiren. Dieser Engpass war durch die nur langsam vorwärts kommenden flüchtenden Bulgaren mit ihren Wagen, ihren Rindern und Schafen völlig versperrt.

Die Sachlage wird immer gefahrdrohender. Die schwachen Reste der Abtheilung, welche unter Stempel und jetzt unter Guljkowski bisher den Rückzug gedeckt, vereinigen sich jetzt am Passeingange mit der schwachen Geschützbedeckung. Ein Theil der Dragoner unter Lichtanski und Guljkowski halten die immer näher herandringenden Tscherkessen durch von den Pferden abgegebenes Feuer auf, die anderen Dragoner halfen den Artilleristen für die Geschütze den Weg frei machen. Fuhrwerk und Vieh wird rücksichtslos in die den Weg auf der einen Seite begrenzende tiefe Schlucht geworfen; dabei schlagen die Kugeln in den Haufen heulender Bulgaren ein, welche zum Theil versuchen, die seitwärtigen steilen Felswände zu erklettern und so zu entkommen. Mit furchtbarer Anstrengung gelingt es, die Geschütze thatsächlich eine ganze Strecke im Pass vorwärts zu bringen, bis die vorhin (a) erwähnte baufällige Brücke über eine Querschlucht erreicht wird. Das erste Geschütz kommt glücklich hinüber; als das zweite auf der Brücke ist, geben einige Belagbalken nach und das Geschütz fällt auf die Seite. Mit verzweifelter Anstrengung versuchen Artilleristen und Dragoner, das Geschütz wieder aufzurichten — aber die Tscherkessen kommen mit lautem Jubelgeschrei immer näher. Lichtanski befiehlt das Geschütz, da es doch nicht zu retten, ganz in die Schlucht zu werfen, und setzt dann mit dem schwachen Häuflein seiner Dragoner langsam den Rückzug fort in der Hoffnung, wenigstens dem anderen Geschütz Zeit zum Entkommen zu geben.

Solange beide Theile in der engen Schlucht eingepresst waren und die Tscherkessen keine Möglichkeit hatten, ihre grosse Ueberlegenheit direkt zur Geltung zu bringen, gelang es den Dragonern, den Andrang des Gegners einigermassen aufzuhalten. Dieser Vortheil hörte aber auf, als die vorhin erwähnte Thalerweiterung erreicht wurde. Während das Geschütz den jenseitigen Eingang in die Fortsetzung des Engpasses noch nicht erreicht hatte, brachen die Tscherkessen bereits aus dem diesseitigen Ausgang des Passes in die Thalerweiterung vor und drohten die kleine Dragonerschaar von allen Seiten zu umfassen. In diesem Augenblick, als das Geschütz gerade die schwierige Stelle des Aufstieges zum Engpass passiren will, stürzen zwei Pferde der Bespannung unter dem feindlichen Feuer zusammen, und mit gellendem Geschrei werfen sich die Tscherkessen auf die längst ersehnte Beute.

Guljkowski, weniger in der Meinung, das Geschütz dadurch retten zu können, als vielmehr um sein und seiner Dragoner Leben möglichst theuer zu verkaufen, commandirt: „Zum Fussgefecht abgesessen!" Von allen Seiten antwortet ihm der verzweifelte Ruf: „Wir haben keine Patronen mehr!" — „Säbel heraus! Vorwärts!" Mit diesem Commandoruf wirft sich Oberst Lichtanski und mit ihm Alles, was von den Dragonern noch kampffähig, dem Feinde entgegen. Ein kurzes, wüthendes Handgemenge beginnt. In der unmittelbaren Vertheidigung des Geschützes finden drei Offiziere und eine Anzahl Dragoner und Artilleristen einen ruhmvollen Tod.

Hier war Alles verloren — aber Oberst Lichtanski war sich bewusst, dass er und seine Dragoner noch eine andere Aufgabe zu erfüllen hatten: fiel der Strassenknoten an der Karaula in die Hände des Gegners, so war dem Detachement des General Klot der einzige Rückzugsweg abgeschnitten. Dieser Gedanke muss dem Oberst Lichtanski durch den Kopf gefahren sein — er ruft den in wildem Getümmel ihn umgebenden Dragonern zu: „Durchschlagen nach der Karaula!"

Nur Wenige waren es, die diesem Rufe Folge leisten konnten. Im Ganzen gelangten 13 Reiter bis zur Karaula. Oberst Lichtanski, der wie durch ein Wunder unverletzt geblieben; der am Fuss verwundete Stabs-Kapitän Guljkowski, dessen Sattel und Paletot ausserdem mehrfach von Kugeln durchlöchert war, und elf Dragoner.

An der Karaula fanden sie zu ihrer Aufnahme den verwundeten Lieutenant Swischtschewski und den aus vier Dragonern bestehenden Relais-Posten.

Die Ankommenden sitzen ab, lassen sich von jenen vier Kameraden einen Theil ihrer Patronen geben und besetzen die Karaula.

Während Guljkowski dem General Klot entgegenjagt, um möglichst schnelle Hülfe herbeizuholen, übernimmt Lichtanski mit 15 Dragonern die Vertheidigung der Karaula gegen die nach Hunderten zählenden Verfolger; als diese aber von der Karaula aus mit wohlgezielten Schüssen empfangen werden, geben sie die Verfolgung auf und treten den Rückzug an; wahrscheinlich waren sie der Ansicht, die Karaula sei von einer starken Abtheilung besetzt. — Es war 3 Uhr Nachmittags. — Nach etwa einer halben Stunde traf bereits ein Theil des Detachements Klot ein, bald darauf der Rest desselben.

Zu erwähnen ist ferner, dass noch nachträglich drei Dragoner sich einfanden, welche bei dem letzten Zusammenstosse zur Vertheidigung des Geschützes abgesessen waren und sich später über die Felswände der Schlucht kletternd gerettet hatten.

Es ist interessant, die Stärke- und Verlust-Verhältnisse des Detachements Lichtanski etwas näher zu betrachten.

Von den 11 Dragoner-Offizieren waren 3 todt, 2 schwer und 4 leicht verwundet; die einzigen Unverletzten waren Lichtanski selbst, der seinen Leuten überall mit glänzendem Beispiel vorausgegangen war, und Lieutenant Tuderus, der bereits früher mit dem Munitionswagen zurückgeschickt worden war.

Von den am Gefecht betheiligt gewesenen 47 Dragonern der 2. Eskadron waren 15 Mann todt, 6 Mann verwundet; von den 88 Dragonern der 4. Eskadron waren 23 Mann todt, 14 Mann verwundet; ausserdem 2 Mann vermisst (also todt). Von den 135 am Gefecht betheiligten Dragonern waren also im Ganzen 40 Mann todt, 20 Mann verwundet; es müssen also 75 Mann unverwundet gewesen sein.

Ein Mann war mit der ersten Meldung an General Klot geschickt worden.

Mit Oberst Lichtanski kamen nach der Karaula 11 Mann; nachträglich fanden sich zu Fuss ein 3 Mann; vielleicht sind auch die 4 Mann Relaisposten hierher zu rechnen — dies macht aber immer erst 19 Mann; es fehlen also jedenfalls noch 56 unverwundete Dragoner, welche nicht bis zuletzt bei ihren Offizieren ausgehalten haben. Selbst wenn man auf jeden zurückgeschickten Verwundeten einen unverwundeten Begleiter rechnen will (was doch sehr reichlich ist), so bleiben immerhin noch etwa dreissig Mann übrig, die man in dem Verdacht haben muss, sich absichtlich dem Kampfe entzogen zu haben.

Den glänzenden Heldenmuth, mit welchem die Truppe als solche und namentlich die Offiziere in einer verzweifelten Lage sich über alles Lob bewährt, soll diese Betrachtung sicherlich nicht verkleinern — aber es ist dies ein charakteristischer Beweis dafür, wie schnell eine Truppe in gefährdeter Lage durch das eigenmächtige Verschwinden der weniger guten Elemente zusammenschmilzt. — Die Artillerie hatte 5 Mann todt, 1 Offizier 5 Mann verwundet verloren. — Ausserdem waren 6 Offizierpferde und 47 Mannschaftspferde todt, 22 Pferde verwundet.

e. Die Ereignisse bei Rahowa.

Anfang November stand Oberst Slaniceanu mit einem rumänischen Detachement von 6 Bataillonen, 3 Batterien und einigen Eskadrons Kalaraschen (Landwehr-Cavallerie) an der Isker-Mündung, gegenüber von Korabia, von wo aus diese Truppen nach dem rechten Donau-Ufer übergesetzt worden waren.

Am 5. November ging ein rumänisches Rekognoszirungs-Detachement längs der Donau gegen Rahowa vor.

An demselben Tage rekognoszirte von Süden her das russische Garde-Ulanen-Regiment ebenfalls gegen Rahowa (a. $.) und es hätte wohl sehr nahe gelegen, dass die beiden zu demselben Zweck gegen denselben Gegenstand vorgehenden Detachements hierbei im Einverständniss gehandelt hätten — aber die Abneigung, um nicht zu sagen der Widerwille, welcher während der ganzen „Cooperation" zwischen Russen und Rumänen herrschte und der auch bei vielen anderen Gelegenheiten zu Tage trat, liess dieses einfache Gebot militärischer Klugheit vergessen und beide Theile ignorirten sich vollständig.

Die bei dieser Gelegenheit eingegangenen Nachrichten hatten ergeben, dass Rahowa — dessen ganze Befestigung aus drei unbedeutenden Erd-Redouten bestand — von 1500 Mann mit 3 Geschützen besetzt sein solle. Ein Theil dieser Truppen soll demnächst nach Westen zu abgezogen sein — vielleicht ist dies das türkische Bataillon, welches am 13. November von russischen Patrouillen in der Gegend von Wrazza entdeckt wurde und dann nach Berkowaz entkommen war, und welches nach Aussagen von Bulgaren drei Geschütze bei sich gehabt haben soll. Thatsächlich scheint die Besatzung von Rahowa zur Zeit des gleich zu schildernden russisch-rumänischen Angriffs aus etwa 1000 Mann Infanterie ohne Geschütz bestanden zu haben.

Mitte November sollte ein ernster Versuch zur Wegnahme von Rahowa gemacht werden. Während Oberst Slaniceanu mit seinem Detachement längs der Donau gegen den Ort vorging, wurde der russische General Meyendorff mit dem Regiment Charkow-Ulanen Nr. 4, der 8. reitenden Batterie (beides von der Cavallerie-Division Arnoldi) und der Roschioren-Brigade nebst ihrer Batterie von Mahaleta aus ebenfalls gegen den Ort in Bewegung gesetzt.

Beide Detachements vereinigten sich am 17. November vor Rahowa; ausserdem standen Rahowa gegenüber auf dem linken Donau-Ufer bei Bequet (Piquetu) ebenfalls rumänische Truppen, auch war hier eine Ufer-Batterie von 6 schweren Geschützen errichtet worden.

Slaniceanu sollte von der Ostseite angreifen, Meyendorff den Platz von Süden und Westen her einschliessen, um so das Entkommen der Besatzung zu verhindern.

Slaniceanu gab an Meyendorff ein Bataillon ab, welches mit dem Regiment Charkow-Ulanen und der 8. reitenden Batterie gegen die Süd-Front entwickelt wurde, während die Roschioren-Brigade an dem 8 km nach Westen zu entfernten Skit-Uebergang Aufstellung nahm und von hier aus das Gelände zwischen Skit und Ogost bis zur Donau beobachtete.

Am 18. ging nach vorhergehender Beschiessung durch die verhältnissmässig zahlreiche Artillerie Slaniceanu gegen die Ost-Redute, zwei Compagnien des dem General Meyendorff zugewiesenen Bataillons gegen die Süd-Redute zum Angriff vor. Beide Angriffe wurden mit verhältnissmässig bedeutendem Verlust abgewiesen; die beiden Compagnien, welche die Süd-Redute vergeblich angegriffen hatten, verloren allein 71 Mann. Nach dem Abbrechen des Gefechtes liess Meyendorff die Skit-

Brücke durch das Bataillon und eine Eskadron Ulanen besetzen; eine Eskadron Ulanen bezog die Vorposten; zwei Eskadrons Roschioren besetzten Rilaz und den dortigen Uebergang über den Ogost; der Rest der Cavallerie bezog bei Bukowiza das Biwak.

Am 19. und 20. scheinen die russisch-rumänischen Truppen abwartend in ihren Stellungen verblieben zu sein, während der auf dem linken Donau-Ufer commandirende rumänische General Lupu Anstalten traf, um von Norden her ein Bataillon nach Rahowa überzusetzen.

Ein längeres Behaupten des Ortes gegen die ganz unverhältnissmässige Uebermacht musste einerseits ziemlich unmöglich erscheinen, andererseits hätte eine solche Behauptung thatsächlich keinen rechten Zweck gehabt; die kleine Besatzung, welche sich am 18. so muthig vertheidigt, fasste den unter den herrschenden Umständen gewiss sehr ehrenwerthen Entschluss, sich nach Westen hin durchzuschlagen.

Am 21. November, 3½ Uhr Morgens, wurde das an der Skit-Brücke stehende rumänische Bataillon heftig angegriffen; dichter Nebel verhinderte jede Orientirung. Meyendorff entsendete von Bukowiza aus drei Eskadrons Roschioren und vier russische Geschütze auf das linke Ufer des Ogost, um in Vereinigung mit den dort bereits stehenden zwei Eskadrons den Türken, falls sie wirklich durchbrechen wollten, den Weg längs der Donau zu verlegen; zwei Eskadrons Roschioren mit der rumänischen Batterie rückten nach der Skit-Brücke zur Unterstützung des hier stehenden Bataillons; zwei Eskadrons Ulanen mit zwei russischen Geschützen blieben vor der Süd-Front des Platzes; der rumänische Major Rasti wurde mit dem Auftrage vorgeschickt, festzustellen, ob die Türken den Ort wirklich geräumt hätten. Dies war in der That der Fall. Nachdem sie dreimal vergeblich die Skit-Brücke angegriffen, gelang es ihnen bald nach 4 Uhr, unterhalb derselben den Skit mit Hülfe eines aus Zeltgeräth und gefüllten Säcken hergestellten Steges zu überschreiten; nur der den Truppen folgende Tross mit seiner schwachen Bedeckung fiel noch auf dem rechten Skit-Ufer dem Feinde in die Hände. Unter dem Schutz des Nebels gelangten die Türken auch glücklich über den Ogost und auf die Strasse nach Widdin; die Cavallerie, welche der Disposition gemäss ihnen hier hätte den Weg verlegen sollen, war auf das Feuern hin nach der Skit-Brücke geeilt.

Einige russische Eskadrons und Geschütze wurden der Kolonne nachgeschickt, kehrten aber schon um 5 Uhr Nachmittags nach Rahowa zurück, ohne etwas ausgerichtet zu haben.

Der Verlust der Russo-Rumänen, der übrigens wohl ausschliesslich auf letztere fällt, soll nach der einen Angabe 308 Mann betragen haben; nach einer anderen Angabe verloren die Rumänen: 4 Offiziere, 77 Mann todt, 14 Offiziere, 189 Mann verwundet. — Die Türken sollen 400 Todte verloren haben — was jedenfalls wie alle derartigen Angaben von feindlicher Seite sehr übertrieben ist — ausserdem 60 Gefangene und viele Fahrzeuge.

Ruhmvoll dürfte diese ganze Eroberung von Rahowa wohl nur für die tapfere und entschlossene Besatzung gewesen sein.

f. Rekognoszirung des Ogoja-Passes im Rücken der Lutikowo-Stellung.

Am 8. Dezember erhält Lieutenant Globa des Garde-Dragoner-Regiments den Auftrag, mit 40 Dragonern (Freiwilligen) den Ogoja-Pass im Rücken der die wirkliche Passstrasse sperrenden Lutikowo-Stellung zu rekognosziren. Unter Führung eines Bulgaren umging er auf schwierigen, theils tief verschneiten, theils mit Glatteis bedeckten Pfaden die aus drei Verschanzungen bestehende Lutikowo-Stellung und erreichte unbemerkt Ogoja, dessen Einwohner über das Erscheinen von Russen hier im Rücken der Türken in das grösste Erstaunen geriethen. Von hier aus wurde die Rekognoszirung auf Jabloniza (auf dem Südhange des Gebirges) fortgesetzt und in Erfahrung gebracht, dass in diesem Dorfe ein Bataillon türkischer Infanterie einquartiert sei. — Bei dem Zusammenstoss einer von Globa abgeschickten Unteroffizier-Patrouille mit einer feindlichen Abtheilung verloren die Dragoner vier Verwundete, welche indessen mitgenommen wurden. — Am 10. war Globa, die Lutikowo-Stellung abermals umgehend, glücklich wieder bei seinem Regimente eingetroffen.

Fünfter Abschnitt.

Beginn der russischen Offensive. — Einnahme der Stellungen von Prawez und Etropol, 22., 23. und 24. November.

Die türkische Aufstellung, welche den Russen die Zugänge zu den eigentlichen Pässen des Etropol-Balkans versperrte, zerfiel, wie schon weiter oben (II, b) gesagt, in drei Gruppen: den **rechten Flügel** bildete die Stellung von Etropol, das **Zentrum** die Stellung von Prawez, den **linken Flügel** die Stellung von Lutikowo-Nowatschin.

Gurkos Plan zur Ueberwältigung dieser Stellung hatte folgende Grundzüge:

Die bei Jabloniza versammelte Hauptmacht der russischen West-Armee geht mit ihrem **linken Flügel** gegen Etropol, mit ihrem **rechten Flügel** gegen Prawez-Orchanie vor, während die am linken Isker-Ufer, in der Gegend von Wrazza operirende Garde-Cavallerie eine Demonstration gegen die Stellung von Lutikowo-Nowatschin richtet.

Da die türkische Stellung bei Prawez in der Front ausserordentlich stark war, so sollte der russische rechte Flügel gegen diese Front längs der grossen Strasse zunächst nur demonstriren, mit einem Theil seiner Kräfte aber die Stellung westwärts zu umgehen versuchen; in ähnlicher Art sollte der russische linke Flügel mit einem Theil seiner Kräfte gegen die Front der Etropol-Stellung vorsichtig demonstriren, mit dem anderen Theil seiner Kräfte aber diese Stellung ostwärts zu umgehen versuchen.

Den Hauptwerth legte Gurko naturgemäss auf die Einnahme der Prawez-Stellung, wodurch die grosse Strasse geöffnet wurde.

Als Weg zur Umgehung dieser Stellung hatte er das Thal des Kleinen Isker abwärts über Widrar auf Swodja und dann das Thal der Witomiriza (Prawczka) aufwärts über Lakowiza ins Auge gefasst — zunächst war es aber noch ungewiss, ob dieser Weg überhaupt für Truppen und Geschütz gangbar war.

Als Generalstabs-Oberstlieutenant Pusürewski, der am 20. den Befehl zur Rekognoszirung der angegebenen Wegrichtung erhalten, am 21. Morgens in Jabloniza mit der Meldung eintraf: Der Weg sei sehr schlecht, aber es sei wenn auch mit grossen Schwierigkeiten möglich, Geschütze auf ihm fortzuschaffen — da entschloss sich Gurko endgültig für die Umgehung der Prawez-Stellung auf dem genannten Wege, und die zu der gedachten Umgehung bestimmten Truppen unter General Rauch wurden sofort in Bewegung gesetzt.

Die allgemeine Offensive sollte am folgenden Tage — den 22. November — beginnen.

Im Ganzen gliederte Gurko seine Streitkräfte in vier Detachements der ersten Linie, zwei besondere Reserven und eine Haupt-Reserve.

Das erste Detachement unter General Rauch — Regiment Semenow, 1. und 4. Garde-Schützen-Bataillon, drei Sotnien kaukasische Kosaken, zwei Züge der 6. reitenden Garde-Batterie, ein Zug der 8. Kosaken- und ein Zug der reitenden Gebirgs-Batterie, im Ganzen 6 Bataillone, 3 Sotnien, 8 reitende Geschütze*) — soll von Widrar aus, bis wohin es bereits im Laufe des 21. gerückt, durch einen Nachtmarsch über Kalugarewo und Lakowiza gegen die linke Flanke und womöglich gegen den Rücken der türkischen Stellung bei Prawez vorgehen.

Das zweite Detachement unter General Ellis — Regiment Moskau, 2. und 3. Garde-Schützen-Bataillon, drei Sotnien kaukasische Kosaken, halbe 4./2. Garde-Batterie, halbe vierpfündige / 3. Batterie, ein Zug der reitenden Gebirgs- und zwei Züge der 8. Kosaken-Batterie, im Ganzen 6 Bataillone, 3 Sotnien, 8 Fuss- und 6 reitende Geschütze — soll um 9 Uhr Morgens von Ossikowo aufbrechen und längs der Chaussee gegen die feindliche Stellung bei Prawez vorgehen.

Das dritte Detachement unter General Prinz von Oldenburg — Regiment Preobraschensk,**) drei Sotnien kaukasische Kosaken, halbe / 1. Garde-Batterie, ein Zug der reitenden Gebirgs-Batterie, im Ganzen 3½ Bataillone, 3 Sotnien, 4 Fuss- und zwei reitende Geschütze —

---

*) In Gurkos ursprünglicher Disposition ist diesem Detachement auch noch eine Eskadron Garde-Hussaren zugetheilt. Da dieselbe bei den Operationen dieses Detachement von keiner Seite erwähnt wird, so ist anzunehmen, dass diese Eskadron thatsächlich eine andere Verwendung gefunden hat. Vielleicht ist sie auf der Linie Widrar-Swodja in Verbindung mit den weiter unten zu erwähnenden Compagnien der Regimenter Preobraschensk und Ismailow zurückgeblieben.

**) Die 14. und 15. Compagnie waren abcommandirt nach Widrar und Swodja, um die Rückzugslinie des Detachements Rauch zu sichern.

soll um 8 Uhr von Ossikowo aufbrechen und längs des Mali-Isker-Thales gegen Etropol vorgehen.

Das vierte Detachement unter Oberst Rüdsewski — Regiment Welikoluz Nr. 12, drei Sotnien kaukasische Kosaken, eine vierpfündige / 3. Batterie, im Ganzen 3 Bataillone, 3 Sotnien, 8 Fuss-Geschütze — soll (von der Stellung bei Han Brusen aus) längs des direkt nach Etropol führenden Weges vorgehen und so zeitig aufbrechen, dass es gegen 9 Uhr Morgens vor der feindlichen Stellung eintreffen und gegen 11 Uhr das Geschützfeuer gegen dieselbe eröffnen kann.

Die besondere Reserve des rechten Flügels unter General Etter — Regiment Ismailow,*) zwei Bataillone Pskow Nr. 11, zwei Eskadrons Garde-Husaren, je eine halbe Batterie der 1. und 2. Garde-Artillerie-Brigade, im Ganzen 4¼ Bataillone, 2 Eskadrons, 8 Fuss-Geschütze — soll in der verschanzten Stellung von Ossikowo in Bereitschaft stehen.

Die besondere Reserve des linken Flügels — Regiment Leib-Garde-Grenadiere, ein Bataillon Pskow Nr. 11, Dragoner-Regiment Jekaterinoslaw Nr. 4, eine / 2. Garde-Batterie, eine halbe / 3. Batterie, 16. reitende und 19. Kosaken-Batterie, im Ganzen 5 Bataillone, 4 Eskadrons, 12 Fuss- und 12 reitende Geschütze — steht in der verschanzten Stellung von Han Brusen in Bereitschaft.

Die Haupt-Reserve — Regimenter Garde-Jäger, Pawlow, Finland, eine Eskadron Garde-Husaren, eine Eskadron Garde-Ulanen, fünf Batterien der 1. und vier Batterien der 2. Garde-Artillerie-Brigade, im Ganzen 12 Bataillone, 2 Eskadrons, 72 Fuss-Geschütze — bricht um 8 Uhr Morgens (von Jabloniza) auf und nimmt Stellung am Schnittpunkt der Chaussee mit dem von Golemi Bulgarisch-Izwor kommenden Wege.

Ueber die gesammten Truppen des linken Flügels — Detachements Oldenburg und Rüdsewski und besonderen Reserven dieses Flügels — war von Anfang an der gemeinsame Oberbefehl dem General Dandeville übertragen worden mit folgender Weisung: „Die Truppen des linken Flügels haben nicht die Bestimmung, einen ernsthaften Angriff zu unternehmen, wenn aber in den feindlichen Reihen Schwanken oder eine rückgängige Bewegung sich bemerkbar macht, so ist ernsthaft anzugreifen und Etropol zu nehmen. General Dandeville hat in Beziehung hierauf nach eigenem Ermessen zu handeln."

---

*) Nur neun Compagnien stark; vier Compagnien (1., 3., 4., 10.) waren nach Widrar und Swodja abcommandirt, drei (2., 5., 9.) noch mit Wegearbeiten im Rücken der Armee beschäftigt.

Die verschiedenen Abtheilungen des rechten Flügels — Detachements Ranch und Ellis und die besondere Reserve dieses Flügels — waren zunächst keinem gemeinsamen Oberbefehlshaber unterstellt, am Abend des 22. wurde indessen Schuwalow mit dem gemeinsamen Befehl über diese Truppen betraut.

Die Haupt-Reserve bei Jabloniza stand zu Gurkos besonderer Verfügung.

Von dem Garde-Sappeur-Bataillon war die 2. Compagnie dem linken Flügel unter Dandeville, die 1. und 3. Compagnie dem rechten Flügel und zwar dem Detachement Ellis zugetheilt, eine Abtheilung von 20 Mann ausserdem dem Detachement Rauch; die 4. Compagnie befand sich behufs Wegearbeiten im Rücken der Armee in der Gegend zwischen Lukowiza und Jabloniza.

General Leonow II, welcher mit 16 Eskadrons (reitende Grenadiere, Garde-Dragoner, Grodno-Husaren und Kaiser-Ulanen) und 14 Geschützen (2., 3. und zwei Geschütze der 6. reitenden Garde-Batterie) in der Gegend von Wrazza stand (Näheres hierüber im vierten Abschnitt), sollte am 22. zur Unterstützung der geplanten Offensive der Hauptmacht von Wrazza aus mit zwei Regimentern und etwas Artillerie eine Demonstration gegen Lutikowo-Nowatschin ausführen.

Von den thatsächlich zur West-Armee gehörigen, aber in der vorstehenden Disposition nicht aufgeführten Truppentheilen scheinen drei Eskadrons Garde-Ulanen und eine Eskadron Garde-Husaren über Swodja und Roman die Verbindung mit der am linken Isker-Ufer operirenden Cavallerie des General Leonow unterhalten zu haben.

Die donische Kosaken-Brigade Kurnakow — sieben Sotnien der Regimenter Nr. 21 und 26 nebst einer Batterie — stand bei Bulgarisch-Izwor; einige Sotnien scheinen bei den Operationen Dandevilles gegen Etropol betheiligt gewesen zu sein, ebenso wie auch jene zwei Sotnien des 24. donischen Regiments, welche mit dem Detachement Dandeville von Lowtscha her gekommen waren.

Die ursprünglich zur Brigade Dandeville gehörige Neunpfünder-Batterie der 3. Artillerie-Brigade war auf ihrem Marsch von Lowtscha her noch nicht bei der West-Armee eingetroffen.

Ueber den Verbleib des Dragoner-Regiments Astrachan Nr. 8 während dieser Zeit ist diesseits nichts Sicheres bekannt geworden.

Die 5. reitende Garde-Batterie, welche in der Disposition aufzuführen vergessen ist, befand sich thatsächlich bei dem Gros der West-Armee.

Bei der Ausführung der oben angegebenen Disposition sind zunächst vier Gruppen zu unterscheiden:

1) Der aus den Detachements Rüdsewski und Oldenburg und einer besonderen Reserve bestehende linke Flügel unter General Dandeville.

2) Das nach und nach durch einen Theil der besonderen Reserve des rechten Flügels verstärkte Detachement Ellis, bei welchem sich General Schuwalow persönlich aufhielt.

3) Das Umgehungs-Detachement des General Rauch.

4) Die Cavallerie-Demonstration unter General Klot von Wrazza gegen Lutikowo und Nowatschin.

Am 21. November

stand die Hauptmasse der Truppen Dandevilles — Detachement Rüdsewski und besondere Reserve — in der verschanzten Stellung von Han Brusen; das Detachement Oldenburg bei Ossikowo. Am Abend dieses Tages erhielt Dandeville die oben näher angegebene Disposition Gurkos für die auf den 22. angesetzte allgemeine Offensive.

Das Detachement Ellis stand bei Ossikowo, seine äussersten Vorposten standen der türkischen Prawez-Stellung dicht gegenüber.

Das Detachement Rauch begann von Jabloniza aus um 1 Uhr Mittags seine Umgehungs-Bewegung, erreichte am Abend Widrar und setzte von hier aus seinen mühevollen Marsch auf Kalugarewo fort, welchen Ort die Spitze der Avantgarde um Mitternacht erreichte.

Das Detachement Klot marschierte von Wrazza über Dermanza vor und erreichte mit der rechten Kolonne Raschkowo (vor der Lutikowo-Stellung), und mit der linken Kolonne die Karaula Romanja auf dem Wege nach Nowatschin.

Die Haupt-Reserve verblieb bei Jabloniza.

Am 22. November

begann der linke Flügel unter Dandeville den Vormarsch in drei Kolonnen: Das Detachement Rüdsewski — welches wegen des sehr schlechten Weges vorläufig seine Artillerie zurücklassen musste — über das schwierige Gelände am rechten Ufer des Mali Isker gegen die rechte Flanke der türkischen Stellung bei dem Kloster Troica;

das Detachement Oldenburg über die Berge am linken Ufer des Mali Isker gegen die Wegeverbindung Etropol-Prawez;

endlich eine vom Detachement Oldenburg abgezweigte Nebenkolonne unter Oberst Awinow — ein Bataillon Preobraschensk, eine halbe Sotnie und zwei Geschütze — im Isker-Thal selbst direkt gegen Etropol, gewissermassen die Verbindung zwischen beiden Hauptkolonnen vermittelnd.

Rüdsewski machte am Abend einen unvorsichtigen Angriffsversuch auf die türkische Stellung bei dem Kloster Troica, wurde mit empfindlichem Verlust abgewiesen und verschanzte sich darauf der feindlichen Stellung gegenüber.

Oldenburg, (missverständlich verstärkt durch ein Bataillon Pskow aus der Reserve des rechten Flügels) und Awinow (verstärkt durch ein Bataillon Leib-Grenadiere aus der Reserve des linken Flügels), welche bei ihrem Vormarsch ebenfalls mit sehr bedeutenden Wegeschwierigkeiten zu kämpfen hatten, brachten am Nachmittag ihre Geschütze in Stellung und begannen das Feuer gegen einige vorgeschobene türkische Posten; zum wirklichen Gefecht kam es bei diesen beiden Kolonnen nicht. Oldenburg hatte die ihm gestellte Aufgabe: den Weg Etropol-Prawez zu erreichen und so die Verbindung zwischen dem rechten Flügel und dem Zentrum der türkischen Stellung zu unterbrechen, nicht zu erfüllen vermocht.

Das Detachement Ellis — bei dem sich, vorläufig ohne mit einem Kommando betraut zu sein, auch General Schuwalow befand — trat um 8 Uhr Morgens seinen Vormarsch an, setzte sich ungehindert in den Besitz der zu beiden Seiten der Chaussee gelegenen Höhen am rechten Ufer der Witomiriza und stellte hier 8 Geschütze auf, welche gegen die gegenüber am linken Witomiriza-Ufer gelegene — übrigens überhöhende — Prawez-Stellung ein ziemlich wirkungsloses Feuer eröffneten.

Nach rechts wurde eine Sotnie Kosaken entsendet, um die Verbindung mit dem Detachement Rauch aufzusuchen, was auch im Laufe des Nachmittags gelang; nach links wurde Oberst Grippenberg mit zwei Bataillonen Moskau und einem Zuge Kosaken von den Höhen in das Prawez-Thal hinuntergeschickt, um den rechten Flügel der türkischen Stellung zu umgehen und womöglich den General Rauch im Rücken der feindlichen Stellung die Hand zu reichen. Grippenberg erreichte erst nach Einbruch der Dunkelheit das Dorf Prawez und begann sich hier zu verschanzen.

Am späten Abend erhielt General Schuwalow von dem in Jabloniza verbliebenen General Gurko den Befehl, den gemeinschaftlichen Oberbefehl über die beiden Detachements Ellis und Rauch zu übernehmen.

Nachdem bereits im Laufe des Morgens je eins der beiden zur Réserve des rechten Flügels gehörenden Bataillone Pskow Nr. 11 sich mit den Detachements Oldenburg und Ellis vereinigt hatte, wurde von Seiten Gurkos nun auch der Rest der Reserve des rechten Flügels — das Regiment Ismailow — dem General Schuwalow behufs Verstärkung des Detachements Ellis zur Verfügung gestellt.

Inzwischen war das Detachement Rauch, nachdem die äusserste Spitze bereits um Mitternacht Kalugarewo erreicht hatte, unter Ueberwindung sehr grosser Wegeschwierigkeiten im Laufe des Vormittags ganz bei Kalugarewo eingetroffen, worauf um Mittag der weitere Vormarsch begann. Trotz der grössten Anstrengungen seiner Truppen zeigte es sich für Rauch unbedingt unmöglich, noch heute die türkische Stellung zu erreichen; das aufs höchste erschöpfte Detachement musste in der Gegend von Lakowiza bei Einbruch der Dunkelheit das Biwak beziehen.

Nachdem bereits im Laufe des Nachmittags durch Kosaken die Verbindung mit dem Detachement Ellis hergestellt worden, traf in der Nacht bei Rauch ein Ordonnanz-Offizier Schuwalows ein, welcher Aufklärung über die Sachlage bei den anderen Detachements und den Befehl überbrachte, am anderen Tage gegen Flanke und Rücken des Feindes vorzugehen.

Das Detachement Klot, welches die befohlene Demonstration gegen Lutikowo und Nowatschin ins Werk gesetzt hatte, war im Laufe des 22. mit seiner linken Kolonne in die bereits erwähnte (4. d.) Katastrophe von Nowatschin verwickelt worden.

Am 23. November

blieb auf dem linken Flügel das Detachement Rüdsewski in seiner Vertheidigungsstellung dem Kloster Troica gegenüber. Im Laufe des Tages sandte Dandeville als Verstärkung 1½ Bataillon Leib-Grenadiere und vier Geschütze dorthin ab und übertrug das Commando über das ganze Detachement dem Commandeur des Leib-Grenadier-Regiments, Oberst Ljubowizki.

Die Detachements Awinow und Oldenburg gingen bis in die inzwischen von den Türken geräumten vorgeschobenen Stellungen vor und eröffneten von hier aus Geschützfeuer gegen die Hauptstellung von Etropol.

Am Abend räumten die Türken auch diese Hauptstellung und gingen in das gewissermassen als Reduit der ganzen Stellung dienende „verschanzte Lager" dicht bei Etropol zurück, worauf die geräumte Stellung ebenfalls von den Russen besetzt wurde.

Eine vom Detachement Oldenburg nach rechts vorgeschobene Abtheilunge rreichte am Abend den Weg Etropol-Prawez.

Im Zentrum brachte das Detachement Ellis heute im Ganzen 18 Geschütze in Thätigkeit gegen die nur mit 3 Geschützen besetzte türkische Prawez-Stellung; aus der besonderen Reserve traf das Regiment Ismailow (nur 9 Compagnien stark) ein.

Als das Vorgehen Rauchs gegen den linken Flügel der türkischen Stellung sich im Laufe des Nachmittags bemerkbar machte, ertheilte Gurko an General Schuwalow den Befehl, den rechten Flügel der Prawez-Stellung in Front und Flanke angreifen zu lassen. Als die stürmenden Abtheilungen am Abend die Höhen erstiegen, fanden sie dieselben von den unter dem Schutz der Dunkelheit nach Lazan abgezogenen Türken bereits geräumt.

Zu dieser fast widerstandslosen Aufgabe der Prawez-Stellung waren die Türken vor allem durch die gefahrdrohende Bewegung des Detachements Rauch veranlasst worden, welches um Mittag mit seiner Spitze auf den türkischen linken Flügel gestossen war und sich nach einem ziemlich unbedeutenden Gefecht gegen Abend mit seiner Hauptmacht gegen die linke Flanke der türkischen Aufstellung derartig entwickelt hatte, dass für den folgenden Tag ein vollständiges Umfassen des Rückens der Stellung in Aussicht stand.

Am späten Abend des 23. bezog das Detachement Rauch Biwaks auf den in Besitz genommenen Höhen der Prawez-Stellung am linken Witomiriza-Ufer; das Detachement Ellis theils auf den Höhen am rechten Witomiriza-Ufer, theils im Thal von Prawez.

Am 24. November

gingen die drei Kolonnen Dandevilles — Ljubowizki, Awinow und Oldenburg — umfassend gegen die letzte Stellung der Türken bei Etropol vor und nahmen dieselbe nach leichtem Gefecht in Besitz; das hier befindliche schwache türkische Detachement trat, ohne ernsten Widerstand geleistet zu haben, den Rückzug nach dem Strigli-Pass an.

Während diese Ereignisse sich bei Etropol abspielten, traf General Schuwalow bei Prawez am Morgen des 24. vorläufig folgende Anordnungen:

Ein aus der Garde-Schützen-Brigade, dem Regiment Moskau und zwei Batterien bestehendes Detachement unter General Ellis behält die gestern in Besitz genommene Prawez-Stellung besetzt und verschanzt dieselbe; alle übrigen Truppentheile der bisherigen Detachements Rauch und Ellis beziehen Biwaks im Thal von Prawez.

Der Commandeur des Garde-Husaren-Regiments, Oberst Meyendorff, wird beauftragt, in der Richtung nach Etropol zu rekognosziren.

Da General Gurko, welcher von den heutigen Vorgängen bei Etropol vorläufig noch keine nähere Kenntniss hatte, auf einen hartnäckigen Widerstand des Gegners in der Etropol-Stellung gefasst war, so beschloss er, am folgenden Tage (25.) einen umfassenden Angriff gegen die Etropol-Stellung zu unternehmen und gab zu diesem Zweck folgende Disposition aus:

Regiment Leib-Garde-Grenadiere Regiment Welikoluz Nr. 12. . . 1. und 3. Bataillon Pskow Nr. 11 Dragoner-Regiment Jekaterinoslaw Nr. 4 . . . . Drei Sotnien kaukasische Kosaken Eine / 2. Garde-Batterie . . . . Zwei leichte / 3. Batterien . . . 16. reitende Batterie . . . . . 19. Kosaken-Batterie	Linke Kolonne unter General Dandeville — 9 Bat., 4 Eskadrons, 3 Sotnien, 24 Fuss- und 12 reitende Geschütze — greift Etropol von Osten her an.
Regiment Preobraschensk . . . . Regiment Ismailow (9 Compagnien) 2. Bataillon Pskow Nr. 11 . . . Drei kaukasische Sotnien . . . . 1./1. Garde-Batterie . . . . . . Zwei reitende Gebirgs-Geschütze .	Mittlere Kolonne unter General Prinz Oldenburg — 7 Bataillone, 3 Sotnien, 8 Fuss- und 2 reitende Geschütze — greift Etropol von Norden her an.
Regiment Semenow. . . . . . Regiment Finland . . . . . . Eine kaukasische Sotnie . . . Zwei / 2. Garde-Batterien . . Vier reitende Gebirgs-Geschütze 8. donische Batterie	Rechte Kolonne unter General Rauch — 8 Bataillone, 1 Sotnie, 16 Fuss- und 10 reitende Geschütze, geht auf dem Wege Prawez-Etropol vor und greift die Etropol-Stellung von Nordwesten und womöglich von Westen her an.

General Schuwalow hat den gemeinsamen Oberbefehl über die mittlere und rechte Kolonne zu übernehmen.

Garde-Schützen-Brigade . . Regiment Moskau . . . . Drei Eskadrons Garde- Husaren . . . . Fünf kaukasische Sotnien. . 2., 5./2. Garde-Batterie . . Vier Geschütze der 6. reiten- den Garde-Batterie . . .	Detachement unter General Ellis — 8 Bataillone, 3 Eskadrons, 5 Sotnien. 16 Fuss-, 4 reitende Geschütze — hält die Stellung von Prawez besetzt, sichert die rechte Flanke der West-Armee gegen Orchanie und lässt am 25. die ganze Cavallerie und reitende Artillerie gegen diesen Ort vorgehen.
Regiment Garde-Jäger . . Regiment Pawlow . . . . Eine Eskadron Garde-Ulanen Fünf / 1. Garde-Batterien . Eine / 2. Garde-Batterie . . 5. reitende Garde-Batterie .	Detachement unter General Etter — 8 Bataillone, 1 Eskadron, 48 Fuss-, 6 reitende Geschütze — verbleibt als allgemeine Reserve bei Ossikowo.

Die donische Brigade unter General Kurnakow — 7 Sotnien, 6 reitende Geschütze — verbleibt bei Bulgarisch-Iswor.

Die inzwischen, wie bereits erwähnt, erfolgte Einnahme von Etropol durch General Dandeville machte diesen ganzen Entwurf, soweit er sich auf den Angriff der Etropol-Stellung bezog, hinfällig.

Das aus oben genannten Truppentheilen bestehende Detachement Ellis bei Prawez zur Sicherung der rechten Flanke gegen die noch bei Orchanie stehenden türkischen Streitkräfte zurücklassend, beschloss Gurko, seine gesammten übrigen Heertheile jetzt bei Etropol zu verversammeln und von hier aus die Offensive gegen die Hauptstellung der Türken in den Pässen des Etropol-Balkans zu unternehmen.

a. Die Prawez-Stellung.

Die von Jabloniza über Ossikowo nach Orchanie führende grosse Chaussee hat im Allgemeinen die Richtung von Osten nach Westen. Ungefähr 12 km hinter Ossikowo überschreitet sie die Witomiriza oder Prawezka, einen linken Zufluss des Mali Isker. Jenseits dieses Flüsschens macht die Chaussee eine scharfe Biegung nach Südosten, läuft am linken Ufer in südöstlicher Richtung bis Han Prawez und nimmt hier wieder die allgemeine westliche Richtung an.

Auf beiden Seiten ist die Witomiriza von zwei parallelen Höhenzügen begleitet, von denen der des rechten Ufers von der Chaussee in einer engen, steilrandigen Schlucht durchschnitten wird, während derjenige des linken Ufers nach Osten zu durch die vorhin erwähnte Biegung der Chaussee umgangen wird.

Der nach Ossikowo gerichtete Abhang des rechten Höhenzuges ist ziemlich flach geböscht, nach dem Witomiriza-Thal dagegen fällt er steil ab — doch wird auch hier seine Böschung je weiter nach Osten desto flacher, so dass sie im östlichsten Theile selbst für Cavallerie gangbar ist. Aus diesem rechten Höhenzuge erheben sich eine Anzahl Kuppen, von denen die zunächst östlich der Chaussee gelegene die höchste ist.

Der am linken Ufer der Witomiriza aufsteigende Höhenzug überhöht den eben beschriebenen rechten Höhenzug bedeutend. Nach der Witomiriza fällt der linke Höhenzug so steil ab, dass er nur an wenigen Stellen und auch hier nur von einzelnen Leuten erstiegen werden kann.

Auf diesem Höhenzug um linken Ufer lag die türkische Prawez-Stellung, welche folgendermassen befestigt war:

Auf dem rechten Flügel auf einer Höhe gerade über Han Prawez lag eine in der Front von Schützengräben umgebene, in der Kehle offene Schanze. Etwa 1½ km von dieser Schanze nach Westen zu entfernt lag in derselben Höhe eine ähnliche Schanze gerade in der Verlängerung der von Ossikowo kommenden Chaussee, dieselbe der Länge nach bestreichend.

Im Zentrum der Stellung, südlich der beiden Flügel-Schanzen gelegen und dieselben bedeutend überhöhend, lag eine langgestreckte nach hinten offene Verschanzung.

Einige Kilometer nach Westen hin wurde der die Prawez-Stellung bildende Höhenzug durch eine senkrecht zur Witomiriza laufende tiefe und breite Schlucht begrenzt, jenseits welcher sich die Fortsetzung des Höhenzuges nach Lakowiza und Kalugarewo hinzieht.

b. Die Etropol-Stellung.

In dem gebirgigen Gelände, welches das linke (westliche) Ufer des Mali Isker auf der Strecke von Etropol bis Ossikowo begleitet, lassen sich fünf Höhenzüge unterscheiden, welche annähernd parallel von Westen nach Osten hinstreichen.

Der erste dieser Höhenzüge zieht südlich des Weges Prawez-Etropol hin; sein östlichster Ausläufer tritt nördlich von Etropol, dem Kloster Troica gegenüber, als steil abfallende Kuppe dicht an den Isker heran. Auf dieser Kuppe lag eine starke redutenförmige Verschanzung, das sogenannte „verschanzte Lager"; dieser Höhenzug wird fernerhin „türkische Reserve-Stellung" genannt werden.

Der zweite der parallelen Höhenzüge streicht nördlich des Weges Prawez-Etropol hin und tritt Han Lago gegenüber an den Isker heran; dieser Höhenzug war ebenfalls verschanzt und wird „türkische Haupt-Stellung" genannt werden.

Der dritte weiter nördlich gelegene Höhenzug, dessen westliche Verlängerung auf Han Prawez gerichtet ist, wird die „türkische Vor-Stellung" genannt werden.

Der vierte Höhenzug hat in dem Ostroma-Berge den höchsten Punkt des ganzen Gebirgs-Geländes zwischen der Chaussee und dem Weg Prawez-Etropol aufzuweisen.

Endlich liegt noch ein fünfter Höhenzug weiter nördlich nach Ossikowo zu.

Auch auf dem rechten (östlichen) Ufer des Isker sind ebenfalls fünf Höhenkuppen zu unterscheiden: Im Süden die Höhe des Klosters Troica; etwas weiter nördlich die auf der österreichischen Generalstabs-Karte „Pantaleica" bezeichnete Höhe, eine westliche Fortsetzung der Padüsch-(Pado-)Berges; drittens die Höhe über Han Lago; viertens eine westlich Lipen der „türkischen Vorstellung" gegenübergelegene Höhe; endlich fünftens die Höhe bei Han Brusen in dem südlichen Mündungswinkel von Isker und Lipenka.

Das Isker-Thal selbst ist meist von steilen und hohen Ufern eingeschlossen und stellenweise sehr eng.

Im Isker-Thal gemessen beträgt die Entfernung von Ossikowo bis Han Brusen etwa 7 km, von hier bis Han Lago ebenfalls etwa 7 km, von hier bis zum Kloster Troica 4 km und von hier bis Etropol nicht ganz 2 km.

c. Das Detachement des General Dandeville vom 18. bis 21. November.

General Dandeville hatte den Auftrag, bei dem demnächst bevorstehenden allgemeinen Angriff mit einem Theil seines Detachements von der Ossikowo-Stellung aus am linken Isker-Ufer, mit dem Gros aber von Bulgarisch-Iswor aus über das Gebirge über Brusen und Lipen gegen Etropol vorzudringen. Demgemäss liess Dandeville

Regiment Preobraschensk, 1. Bataillon Pskow Nr. 11   } unter dem General
Acht kaukasische Sotnien, halbe 1./1. Garde-Batterie   } Prinzen von
Zwei reitende Gebirgs-Geschütze . . . .   } Oldenburg

in der Ossikowo-Stellung zurück, während das Gros seines Detachements am 19. nach Bulgarisch-Iswor rückte.

Am 20. unternahm Dandeville, begleitet von seinem Stabs-Chef Oberst Timrot (eigentlich Stabs-Chef der 3. Infanterie-Division, aber von General Karzow dem Detachement mitgegeben), und einer Sotnie Donzen unter Oberstlieutenant Schtakelberg, und unter Deckung durch eine in Patrouillen aufgelöste Kuban-Sotnie eine Rekognoszirung des Weges Brusen-Lipen-Etropol.

Dieser längst nicht mehr benutzte Weg, von der Art, wie sie in der ganzen Balkan-Gegend „Alte Römerwege" genannt werden, erschien für den Transport der Artillerie gänzlich unbrauchbar. Der Transport derselben schien sich am besten bewerkstelligen zu lassen erst im Thal des Mali Isker und dann im Thal der Lipenka aufwärts. Die Höhe bei Han Brusen in dem südlichen Mündungswinkel zwischen Mali Isker und Lipenka wählte Dandeville als Vertheidigungs-Stellung aus. Nachdem das bei Bulgarisch-Iswor stehende Detachement im Laufe des 21. in die neue Stellung eingerückt, wurde noch am Abend zur Befestigung derselben geschritten.

Die Artillerie des Detachements, welche zum grössten Theil noch gar nicht bis Bulgarisch-Iswor gekommen, sondern noch bei Ossikowo geblieben war, wurde nun direkt im Isker-Thal aufwärts bis zur Stellung bei Han Brusen geschafft. Einige Geschütze waren schon bis auf die Höhe südlich Bulgarisch-Iswor geschafft worden; da aber ein Weitertransport hier ganz unmöglich erschien, so mussten sie erst wieder in das Isker-Thal hinunter und dann in diesem weiter geschafft werden.

Am folgenden Tage wurde auch der Tross von Ossikowo nach Han Brusen gezogen.

Verschiedene Schaaren bewaffneter Bulgaren hatten sich den Truppen Dandevilles angeschlossen, der Hauptführer derselben war ein Georg Antonow.

Die Nachrichten der Bulgaren über die Stärke der in und um Etropol stehenden Türken waren sehr unbestimmt und schwankten zwischen der fast gänzlichen Räumung Etropols und der Anwesenheit von 30 000 Mann bei diesem Orte.

Am Abend des 21. trafen zwei Ordonnanzen Gurkos ein, welche die (oben bereits mitgetheilte) Disposition für den 22. November überbrachten.

d. Rekognoszirung des Umgehungs-Weges um den linken Flügel der Prawez-Stellung durch Oberstlieutenant Pusürewski am 20./21. November.

Oberstlieutenant Pusürewski erhielt am 20. Morgens von Gurko den Auftrag, in der Richtung Widrar-Kalugarewo zu rekognosziren mit Rücksicht darauf, ob es nicht möglich sei, auf diesem Wege die Prawez-Stellung zu umgehen. Dem Oberstlieutenant Pusürewski wurde ein Bataillon Preobraschensk und eine Eskadron Garde-Husaren zugetheilt; hiervon sollten zwei Compagnien und eine halbe Eskadron in Widrar bleiben, zwei Compagnien und eine halbe Eskadron aber nach Swodja rücken, um so die rechte Flanke der Rekognoszirung zu decken.

Von Widrar aus eilte Pusürewski mit einem Zuge Husaren und zwei bulgarischen Wegweisern voraus. Die Entfernung Widrar-Kalugarewo war thatsächlich weit grösser, als sie auf der Karte angegeben war; sie betrug 12 bis 14 km. — Pusürewski erreichte, bereits nach Einbruch der Dunkelheit, das hinter Kalugarewo gelegene Dorf Lakowiza. Da nach Aussage der Bulgaren hier bereits Tscherkessen schwärmen sollten (was jedoch nicht der Fall war), so machte Pusürewski hier kehrt. Von Widrar aus verirrte sich Pusürewski in der Dunkelheit derartig, dass er nach längerem Umherirren sich plötzlich in der Postenlinie bei Ossikowo befand. Erst gegen Morgen kam er nach Jabloniza zu Gurko, bei dem er die höheren Führer versammelt fand. — Pusŭrewski gab von dem rekognoszirten Wege im Allgemeinen folgende Beschreibung: „Von Jabloniza bis Widrar ist der Weg leidlich und erfordert keine besonderen Herstellungsarbeiten. Die Strecke Widrar-Kalugarewo ist ohne ausgedehnte Wegeverbesserung nicht gangbar. Der Weg läuft hier anfangs auf dem linken Ufer des Mali Isker, setzt dann nach dem rechten Ufer über und steigt als schmaler Pfad an steilen Abgründen entlang in die Höhe, stellenweise in Form grosser Steinstufen von nicht unbedeutender Höhe, stellenweise auch mit starker Seitenböschung zum Abgrunde. Auf der Strecke Kalugarewo-Lakowiza überschreitet der Weg mehrmals die felsigen Thalschluchten des Mali Isker und des Witomiriza-Prawezka-Baches." — Auf die kategorische Frage Gurkos: ob Artillerie auf dem Wege fortkommen könne? antwortete Pusŭrewski bejahend, mit der Einschränkung, dass nur Vierpfünder und auch diese nur mit grossen Schwierigkeiten fortgeschafft werden könnten.

e. Der russische linke Flügel unter General Dandeville vom 22. bis 24. November.

Die Aufgabe des ganzen linken Flügels unter Dandeville und seine Eintheilung in zwei Detachements und eine Reserve, wie sie in der allgemeinen Disposition Gurkos für den 22. angegeben, ist weiter oben bereits mitgetheilt worden.

Thatsächlich gestalteten sich hier die Verhältnisse folgendermassen:

a) 22. November.

Das Detachement Rüdsewski bestand aus dem Regiment Welikoluz Nr. 12, der 4., 5., 6. Kuban-Sotnie und einem Detachement der 2. Garde-Sappeur-Compagnie. Artillerie dieser Kolonne zuzutheilen hielt Dandeville nicht für gerathen, bevor der der Kolonne zugetheilte Sappeur-Offizier ihm über die Möglichkeit Meldung erstattet, den Transport der Artillerie durch die sehr ungangbare Lipenka-Schlucht zu bewirken. Die bulgarischen Freischaaren des Georg Antonow schlossen sich ebenfalls diesem Detachement an. Rüdsewski war von Dandeville angewiesen, sich dem Kloster Troïca gegenüber zu verschanzen und weitere Befehle abzuwarten; sollten die Türken aber etwa ihre Stellung räumen, so sollte Rüdsewski dieselbe sofort besetzen.

Die besonderen Ereignisse bei diesem Detachement werden weiter unten erzählt werden.

Das Detachement des Prinzen Oldenburg, welches am Abend des 21. bei Ossikowo stand, bestand aus dem Regiment Preobraschensk (mit Ausnahme der nach Widrar und Swodja abcommandirten 14. und 15. Kompagnie), den beiden Ossetinen-Sotnien, einer Wladikaukas-Sotnie, vier Geschützen der 1./1. Garde-Batterie und zwei reitenden Gebirgs-Geschützen. Der Aufbruch fand um 8 Uhr Morgens in zwei getrennten Kolonnen statt.

Oberst Awinow mit dem 3. Bataillon Preobraschensk, zwei Geschützen der 1./1. Batterie und einer halben Sotnie marschierte im Isker-Thal aufwärts; das Gros unter dem Prinz Oldenburg selbst marschierte, bei Ossikowo von der Chaussée links abbiegend, über die Berge in südlicher Richtung vor und erreichte ungefähr um Mittag den südlich von Ossikowo gelegenen fünften Höhenzug (siehe b.) und machte hier vorläufig Halt, da der vorliegende vierte Höhenzug mit dem Ostroma-Berge sich vom Gegner besetzt zeigte. Nachdem der bis dahin die Aussicht sehr hindernde Nebel einigermassen gefallen, wurde um 2 Uhr Mittags ein aus der 6., 7., 13., 16.

Kompagnie kombinirtes Detachement unter Oberst Pensk nach der rechten Flanke entsendet; dagegen stiess in Folge eines Missverständnisses (siehe f.) das 1. Bataillon Pskow Nr. 11 zum Detachement Oldenburg.

Die Reserve des Detachements Dandeville — Regiment Leib-Grenadiere, 3. Bataillon Pskow Nr. 11, 2./2. Garde-Batterie, 19. Kosaken-Batterie, 4. Dragoner-Regiment, einige Sotnien donische Kosaken und 2. Garde-Sappeur-Kompagnie — stand inzwischen in der verschanzten Stellung bei Han Brusen; auch Dandeville selbst befand sich zunächst hier.

Als gegen Mittag das von Ossikowo her im Isker-Thal vormarschierende Detachement Awinow sichtbar wurde, ritt Dandeville ihm entgegen und gab an Awinow den Befehl, seinen Vormarsch in der Isker-Schlucht so lange fortzusetzen, bis er feindliches Feuer erhalte, dann seinerseits Halt zu machen und das Feuer zu eröffnen; ausserdem verstärkte Dandeville den Oberst Awinow durch das Bataillon Fetter des Leib-Grenadier-Regiments.

Nachdem Dandeville nach Han Brusen zurückgekehrt, sandte er den Oberstlieutenant Schtakelberg mit zwei Sotnien Donzen vor, um die Verbindung zwischen Rüdsewski und Awinow zu erhalten, während die Verbindung zwischen Awinow und Oldenburg durch die bei letzterem befindlichen Sotnien unterhalten werden sollte.

Schtakelberg meldet bald an Dandeville zurück: er habe angesichts einer aus Cavallerie bestehenden feindlichen Postenkette Halt gemacht und ebenfalls eine Postenkette ausgestellt.

Gegen 4 Uhr beginnt bei Awinow Geschützfeuer, dasselbe ist gegen die türkische Vor-Stellung auf dem dritten Höhenzug gerichtet.

Gegen Abend bringt ein Bulgare eine Meldung Rüdsewskis: Dieser ist um 2 Uhr Nachmittags aus der Lipenka-Schlucht herausgetreten und hat sich auf der Pantaleica-Höhe unter dem Feuer der in der Stellung bei dem Kloster Troica stehenden Türken zu verschanzen begonnen; Verlust bis jetzt 2 Mann.

Der die Meldung überbringende Bulgare macht dem General Dandeville den Vorschlag, die feindliche Stellung bei dem Kloster mit Benutzung eines dem Bulgaren bekannten Fusspfades über den Berg Padüsch zu umgehen und in der Flanke anzugreifen. Dandeville lehnt das Anerbieten ab mit dem Bemerken, Rüdsewski habe selbstständig zu handeln.

Im Laufe der Nacht trifft eine neue Meldung Rüdsewskis ein: derselbe hat wahrscheinlich auf Antrieb der Bulgaren gegen Abend den Versuch gemacht, die feindliche Stellung am Kloster zu umgehen. Zwei Kompagnien in der verschanzten Stellung auf dem Pantaleica-Berge zurücklassend, führt er das Regiment auf einem schmalen beschwerlichen Fusspfad über den Padüsch-Berg gegen die Flanke der feindlichen Stellung vor; in der Dunkelheit stösst die Kolonne indessen unerwartet auf den Feind und wird mit Verlust von 42 Mann an Todten, 1 Offizier 94 Mann an Verwundeten zum Rückzug in die Stellung auf dem Pantaleica-Berge gezwungen. Die Kosaken schaffen bereits in der Nacht einen Theil der Verwundeten nach Lipen zurück.

ß) 23. November.

Auf diese Nachricht hin bestimmt Dandeville das 2. Bataillon der Leib-Grenadiere (Kapitän Sassulitsch) zur Verstärkung des Detachements Rüdsewski; das Bataillon tritt um 4 Uhr Morgens seinen Marsch an; gleichzeitig werden Patronen und Tragethiere zum Zurückschaffen der Verwundeten dorthin gesandt, sowie ein Ordonnanz-Offizier, um direkte Nachrichten einzuholen.

Hierauf reitet Dandeville im Isker-Thal bis zum Detachement Awinow vor und trifft hier mit dem Prinz Oldenburg zusammen, der ihm folgendes meldet:

„Gegen Morgen hat ein Detachement von 100 Freiwilligen Preobraschenzen und 10 Kosaken den Versuch gemacht, die steile Höhe des Ostroma zu ersteigen. Wider Erwarten fanden sie die Höhe von den Gegnern unbesetzt; erst als die Russen von ihr Besitz genommen, erschien eine auf der anderen Seite heraufkletternde türkische Abtheilung, welche mit Feuer empfangen und mit Hinterlassung von einigen Todten zum Rückzuge gezwungen wurde. Die Ostroma-Höhe wurde hierauf von zwei Compagnien Preobraschenzen besetzt und die beiden Gebirgs-Geschütze hinaufgeschafft."

Auch die auf dem dritten Höhenzug gelegene Vor-Stellung, gegen welche gestern das Detachement Awinow im Feuer gestanden, zeigt sich bei näherer Untersuchung von den Türken geräumt und wird demnächst von Oldenburg besetzt. Um gegen die jetzt von den Türken besetzte Haupt-Stellung auf dem zweiten Höhenzuge zu feuern, reicht die Tragweite der Gebirgs-Geschütze vom Ostroma-Berge nicht aus; Feldgeschütze dort hinauf zu schaffen, ist indessen nicht möglich. Demnächst geht das Gros Oldenburgs bis in die geräumte Vor-Stellung vor.

Auch das Detachement Awinow ist mit den Geschützen in der Isker-Schlucht, mit der Infanterie auf beiden Rändern derselben vorgegangen. Auf Dandevilles Anordnung wurden die beiden Geschütze auf eine Terrasse des rechten Ufers hinaufgeschafft; dafür wurde die halbe 2./2. Garde-Batterie aus der Reserve in der Schlucht vorbeordert.

Dandeville reitet zunächst nach Han Brusen zurück, wo inzwischen der zu Rüdsewski gesandte Ordonnanz-Offizier mit der Meldung zurückgekommen ist, dass Rüdsewski in seiner Stellung vom Kloster Troica aus heftig beschossen wird. Der Ordonnanz-Offizier wird direkt an Gurko geschickt, um ihm über die Vorgänge bei Rüdsewski Bericht abzustatten.

Da der mit der Untersuchung des Weges in der Lipenka-Schlucht beauftragte Sappeur-Offizier noch immer keine Meldung zurückgeschickt hat, glaubt Dandeville Artillerie an Rüdsewski nachsenden zu können.

Von Gurkos Stabs-Chef Naglowski trifft die Mittheilung ein: Der Angriff gegen die Prawez-Stellung werde heute stattfinden; Dandeville solle in seinen Stellungen bleiben, die Türken bei Etropol beschäftigen und von Prawez abschneiden.

Als Dandeville demnächst wieder im Isker-Thal zu Awinow vorreitet, findet er hier sechs Neunpfünder — zwei auf einer Terrasse des rechten Ufers, vier in der Schluchtsohle — im Feuer gegen die etwa 2000 Meter entfernte türkische Haupt-Stellung auf dem zweiten Höhenzuge.

Die Türken unterhalten von dort gegen die russischen Geschütze auch ein lebhaftes Gewehrfeuer; die Kugeln fallen fast senkrecht in der russischen Stellung nieder.

Nach einiger Zeit gehen die russischen Geschütze näher an die türkische Stellung heran. Verluste scheinen auf russischer Seite hier gar nicht gewesen zu sein.

Als Dandeville gegen Abend nach Han Brusen zurückkehrt, erhält er hier folgende Meldungen:

1) Von Schtakelberg: Die ihm gegenüberstehenden türkischen Cavallerie-Posten seien zurückgegangen; er stehe mit seinen beiden Sotnien auf der Höhe östlich Han Lago und habe Verbindung mit Rüdsewski und dem Bataillon Fetter des Detachements Awinow.

2) Von Oldenburg: Die Türken haben die im Laufe des Tages besetzt gehaltene (Haupt-)Stellung auf dem zweiten Höhenrücken geräumt und sich in das

„verschanzte Lager" dicht vor Etropol zurückgezogen; Oldenburgs Zentrum hat die geräumte Stellung besetzt. Das rechte Seiten-Detachement Penski hat die Strasse Prawez-Etropol erreicht und den Telegraph zwischen beiden Punkten unterbrochen; auf besonderen Befehl Gurkos hat dies Detachement grossen Lärm machen und zahlreiche Feuer anzünden müssen. — Hier sei gleich erwähnt, dass am Abend des 23. die nach Swodja commandirten beiden Compagnien (14. und 15.) zum Detachement stiessen nebst den anderen vier Geschützen der 1./1. Garde-Batterie, welche vorgestern im Biwak bei Widrar zurückgelassen worden waren.

3) Von Rüdsewski: Er hat einen feindlichen Angriff auf seine Stellung durch Gewehrfeuer abgewiesen; wenn er keine Artillerie bekommt, kann er die Stellung nicht länger behaupten.

4) Von dem Sappeur-Offizier: Mit seinen wenigen Werkzeugen könne er keine wirkliche Wegebesserung ausführen, indessen sei der Transport von Geschützen durch die Lipenka-Schlucht wohl möglich.

5) Der Freischaaren-Führer Georg Antonow bittet dringend, ihm den Transport der Geschütze durch die Lipenka-Schlucht anzuvertrauen; er werde die Geschütze auseinandernehmen und auf mitgebrachten bulgarischen Arben (zweirädrigen Ochsenkarren) verpacken; er bürge mit seinem Kopfe dafür, die Geschütze zu Rüdsewski zu schaffen.

Unter diesen Umständen lässt Dandeville um 10 Uhr Abends vier Geschütze der 4./3. Batterie unter Bedeckung von zwei Compagnien Leib-Grenadieren und unter Leitung des Georg Antonow zu Rüdsewski abrücken; gleichzeitig sendet er den Oberst Ljubowizki, Commandeur des Leib-Garde-Grenadier-Regiments, dorthin, um das Commando über das ganze Detachement zu übernehmen.

γ) 24. November.

Am Morgen trifft bei Dandeville die Meldung des Hauptmanns Sassulitsch (Commandeur des 2. Bataillons der Leib-Grenadiere) ein: Die Geschütze sind im zerlegten Zustande um 8 Uhr früh in der Stellung (Pentaleika) eingetroffen und werden um 10 Uhr das Feuer eröffnen. Um 10 Uhr vernimmt man aus jener Gegend den ersten Kanonenschuss.

Oldenburg meldet um 9½ Uhr Morgens: In der Dunkelheit hat ein Commando von Freiwilligen des Regiments Preobraschensk den vergeblichen Versuch gemacht, sich einer Schanze der türkischen Stellung vor Etropol durch Ueberfall zu bemächtigen; Verlust: 2 Mann todt, 3 Mann verwundet.

Dandeville sendet nunmehr aus der Reserve das 3. Bataillon Pskow und die zweite Hälfte der 2./2. Garde-Batterie in der Schlucht zur Verstärkung Awinows vor.

Zwei Kubanzen bringen von Gurko die Nachricht, dass die Stellung von Prawez (gestern) genommen sei, und gleichzeitig die schriftliche Disposition für den folgenden Tag zum Angriff auf Etropol, wonach Dandeville zum Commandeur der linken Kolonne bestimmt ist.

Infolge dieser Bestimmung begiebt sich Dandeville am Abend nach Lipen und überträgt den vorläufigen Oberbefehl über die bei Han Brusen befindliche Abtheilung an den Stabs-Chef Oberst Timrot.

In Lipen erhält Dandeville bereits die Meldung Ljubowizkis, die Stellung von Etropol werde von den Türken geräumt und Alles sei im Vorgehen.

Sofort sendet Dandeville an Timrot den Befehl: ohne Verzug mit der bei Han Brusen stehenden Reserve im Isker-Thal vorzugehen; die bereits nach Lipen in

Marsch gesetzte Artillerie soll umkehren und nunmehr sich dem Vormarsch im Isker-Thal anschliessen.

Hierauf setzt Dandeville seinen Weg zu dem Detachement Ljubowizki fort und findet dieses bereits im Besitz der von den Türken geräumten Stellung von Etropol.

Es bleibt noch übrig, kurz die Ereignisse nachzuholen, welche zur Besitznahme der Etropol-Stellung durch die Russen geführt hatten.

Ljubowizki hatte seine mit vieler Mühe in die Stellung Pantaleika geschaffte Artillerie gegen die türkische Reserve-Stellung vor Etropol ein wirksames, der Länge nach bestreichendes Feuer eröffnen und gleichzeitig seine Infanterie gegen die rechte Flanke der Stellung vorgehen lassen.

Awinow hatte gegen die Front der türkischen Stellung ein verstärktes Artilleriefeuer unterhalten, und Oldenburg suchte mit seinem Gros die türkische linke Flanke zu umfassen.

So auf beiden Flanken ernstlich bedroht und durch Artillerie der Länge nach und zum Theil im Rücken beschossen, traten die Türken den Rückzug an, nachdem sie ihr in der Reserve-Stellung befindliches Lager in Brand gesteckt.

Um 3 Uhr Nachmittags wurde die Hauptverschanzung der türkischen Reserve-Stellung, um 6 Uhr Etropol selbst von Abtheilungen des Regiments Preobraschensk besetzt.

Das Gros des Detachements Ljubowizki traf im Laufe des Abends ebenfalls in der geräumten türkischen Stellung ein; ein Bataillon Welikoluz war noch auf der Pantaleika-Höhe als Bedeckung der Geschütze zurückgeblieben, welche von dort aus wegen des schwierigen Geländes nicht ohne Weiteres nach Etropol geschafft werden konnten.

General Dandeville übernachtete in dem türkischen Lager, dessen Brand übrigens zum Theil von den eindringenden russischen Truppen gelöscht worden war.

Der russische Verlust am 24. wird an einer Stelle auf einen Offizier 43 Mann angegeben, wobei es ungewiss ist, ob diese Angabe n u r für das Detachement Ljubowizki oder für alle unter Dandeville stehenden Truppen gilt. Für das Detachement Oldenburg wird der Verlust des 24. ganz besonders auf 5 Todte und 12 Verwundete angegeben.

ð) Munitions-Verbrauch.

Das Regiment Preobraschensk hat während der geschilderten Gefechte dieser drei Tage 11 686 Patronen verschossen, und zwar wird gesagt, dies habe $3_{.95}$ Patronen pro Gewehr betragen. Hieraus lässt sich die Gefechtsstärke der betheiligten 14 Compagnien auf annähernd 2900 Gewehre, also pro Kompagnie auf etwas über 200 Gewehre berechnen. — Die 1./1. Garde-Batterie hat während dieser Tage verschossen 219 Scharochen (Granaten) und 81 Shrapnels.

f. Das russische Zentrum unter General Schuwalow vom 22. bis 24. November.

a) Der 22. November.

Das Detachement Ellis bricht um 8 Uhr Morgens aus dem Biwak auf; General Schuwalow mit seinem Stabs-Chef Oberst Parenzow befindet sich unmittelbar hinter der an der Spitze der Kolonne marschierenden Sotnie.

Von einer Höhe westlich der Chaussee von Gewehrfeuer empfangen, sitzen die Kosaken ab und vertreiben von dort eine schwache türkische Abtheilung; hierauf entwickeln sich das 2. Schützen-Bataillon rechts, das 3. Schützen-Bataillon links der Chaussee und besetzen, in Compagnien auseinander gezogen, die zur Witomiriza abfallenden Hänge.

Sechs Geschütze — vier der 4./2. Garde-Batterie und zwei der 5./3. Batterie — protzen an der Chaussee ab und eröffnen das Feuer gegen die türkische Stellung südlich der Witomiriza-Schlucht.

Bald darauf werden drei Bataillone Moskau auf den linken Flügel gezogen; das 2. Bataillon in Kompagnien auseinandergezogen, besetzt den Schluchtrand links vom 3. Schützen-Bataillon, das 1. und 4. Bataillon stellen sich dahinter vorläufig geschlossen auf; das 3. Bataillon Moskau bleibt an der Chaussee in Reserve. Die 1. Wladikaukas-Sotnie unter Jessaul Frolow wird zur Sicherung der rechten Flanke entsendet und um die Verbindung mit Rauch aufzusuchen; ein Zug Kosaken geht in der linken Flanke gegen Prawez vor und stösst hier bald auf Tscherkessen.

Auf Anordnung des Generals Schuwalow wird aus der bei Ossikowo stehenden Reserve des General Etter am Morgen ein Bataillon Pskow vorgezogen mit dem Befehl, die Verbindung zwischen den Detachements Ellis und Oldenburg zu bilden. Durch ein Missverständniss vereinigt sich dieses Bataillon ganz mit dem Detachement Oldenburg, worauf Schuwalow das andere noch in der Reserve befindliche Bataillon Pskow vorzieht, um die Verbindung zwischen den genannten Detachements zu halten; dieses Bataillon aber wird schliesslich bei dem Detachement Ellis zurückbehalten und nimmt an der Chaussee die Reserve-Stellung des 3. Bataillons Moskau ein, als letzteres nach dem rechten Flügel vorgezogen wird.

Oberst Grippenberg erhält inzwischen den Befehl, mit dem 1. und 4. Bataillon Moskau in der Richtung auf Prawez in das Thal hinabzusteigen, um dem General Rauch, dessen Erscheinen man vollständig im Rücken der Türken von Lazan her erwartet zu haben scheint, die Hand zu reichen.

Die im Zentrum an der Chaussee aufgestellten sechs Geschütze — 4 Neunpfünder und 2 Vierpfünder — brauchen ziemlich lange Zeit, bis sie sich eingeschossen haben; die Entfernung bis zur türkischen Stellung wird auf 2500 m bestimmt. Die von dorther antwortenden drei türkischen Geschütze schiessen mit grosser Genauigkeit; ihre Granaten schlagen alle in der nächsten Nähe der russischen Geschütze ein; da sie aber mit sehr hoher Elevation abgeschossen sind, so fallen sie fast senkrecht nieder, bohren sich tief in den Boden ein und verursachen durch ihr Platzen fast gar keinen Schaden.

Im Laufe des Nachmittags werden zwei Geschütze der 8. donischen Batterie mit Anstrengung auf die Höhe östlich der Chaussee geschafft, wo General Schuwalow eine Zeitlang seinen Standpunkt hatte und welche daher „Schuwalow-Berg" genannt wird.

In westlicher Richtung vernimmt man schwachen Kanonendonner — es rührt derselbe von dem Gefecht der Garde-Dragoner bei Nowatschin her.

Um 5 Uhr Nachmittags trifft folgender Zettel des General Rauch bei Schuwalow ein: „An General Ellis. — Kalugarewo, 22. November, 11 Uhr 20 Minuten Morgens. — Infolge ungeheurer Wegeschwierigkeiten kann ich erst später als bestimmt in das Gefecht eingreifen. Ich marschiere gegen den Rücken der Prawez-Stellung. Ich verfüge nur über vier Geschütze, die anderen vier musste ich mit dem 1. Bataillon Semenow zurücklassen, da sie noch zu weit zurück sind. Ich bitte diesen Zettel an General Gurko zu senden. — Rauch."

Um 6 Uhr Nachmittags gelangt durch General Ellis an General Schuwalow die Meldung des Jessaul Frolow: er habe die Verbindung mit dem Detachement Rauch hergestellt. Der Kosak, welcher diese Meldung überbringt, giebt die Entfernung von der Stellung Rauchs bis zum Standpunkt Schuwalows auf 8 Werst (= 8 km) an.

Um 6$^1/_2$ Uhr trifft die Meldung des Oberst Grippenberg ein: „Ich bin in das Thal hinabgestiegen und werde hier übernachten. Ich werde mich verschanzen und alle Vorsichtsmassregeln treffen."

Für heute war bei dieser Lage der Dinge an kein ernstes Gefecht mehr zu denken; die Truppen bezogen Biwaks da wo sie standen. Für die sechs Geschütze, welche an der Chaussee gefeuert hatten, wurde in der Zeit von 7 Uhr Abends bis 2 Uhr Morgens auf einer Höhe westlich der Chaussee von den beiden zum Detachement gehörenden Sappeur-Compagnien eine Batterie gebaut.

General Schuwalow reitet mit seinem Stabe nach Han Ossikowo zurück und erhält hier durch General Ellis um 8 Uhr Abends folgenden Zettel des General Rauch: „An General Ellis. — Zwei Werst (km) von Lakowiza. — 22. November, 6 Uhr Abends. — Infolge grosser Wegeschwierigkeiten kann ich heute nicht bis in den Rücken der Türken kommen. Ich habe zwei Werst südwestlich von Lakowiza Halt gemacht und werde hier die Befehle des General Gurko erwarten; wenn ich keine solchen erhalte, trete ich um 8 Uhr früh den Vormarsch an, um zwischen Prawez und Laschen (Karte Artamonow) in den Rücken der Prawez-Stellung zu gelangen. Während der Nacht werde ich die Verbindung durch Patrouillen zu unterhalten suchen. Ihren Zettel mit der Mittheilung der von Ihnen Prawez gegenüber eingenommenen Stellung habe ich erhalten.*) — Rauch."

Der ganze Verlust des Tages besteht bei dem Detachement Ellis in einigen Verwundeten. — Die vorhandenen Vierpfünder haben ihre Munition bis auf im Ganzen 40 Schuss verfeuert.

β) **General Schuwalow in der Nacht vom 22. zum 23. November.**

Spät am Abend erhält Schuwalow in Han Ossikowo den Befehl Gurkos, er solle den gemeinschaftlichen Oberbefehl über die Detachements Ellis und Rauch übernehmen. Hierauf schickt Schuwalow noch vor Mitternacht:

1) an Gurko eine Meldung über die Ereignisse des Tages und über seinen Entschluss, am anderen Morgen Rauch um den linken und Grippenberg um den rechten Flügel der feindlichen Stellung herum gegen den Rücken derselben vorgehen zu lassen; die Verstärkung des Detachements Ellis durch das Regiment Ismailow wird erbeten.

2) An Rauch durch einen Ordonnanz-Offizier einen Zettel folgenden Inhalts:

„Unsere Aufstellung ist folgende: Auf dem linken Flügel in das Thal von Orchanie niedergestiegen, auf der Kreuzung der Wege nach Etropol und Orchanie — drei Bataillone Moskau (Grippenberg). Diese Wegekreuzung wird durch sechs auf unserm linken Flügel stehende Geschütze beherrscht. Der rechte Flügel auf den Höhen rechts der Chaussee, Front gegen die türkische Stellung: zwei Schützen-Bataillone und ein Bataillon Moskau. Morgen am 23. wird Grippenberg versuchen, Ihnen die Hand zu reichen.

Türken: Drei Geschütze und ungefähr vier Bataillone.

---

*) Der nähere Inhalt dieses Zettels ist nicht bekannt, er scheint durch eine Patrouille des Jessaul Frolow an Rauch gelangt zu sein.

Haben Sie im Auge, dass die Höhen über Prawez verschanzt sind?
Ich bitte mir mitzutheilen:
   a. Ihre Absichten für den 23.?
   b. In welcher Entfernung befinden Sie sich von der Kreuzung der Wege nach Etropol und nach Orchanie?
   c. Wann können Sie Ihre Bewegung antreten?
   d. In welcher Richtung wollen Sie vorgehen?
General Gurko wünscht die Operationen am 23. möglichst früh zu beginnen.

An General Ellis, welcher an der Chaussee steht mit der Front gegen die türkische Stellung, gebe ich den Befehl, dann anzutreten, wenn Sie und Grippenberg das Gefecht begonnen haben.

Ich habe das Commando über Ihre Kolonnen und die des General Ellis übernommen; ich werde mich anfangs auf dem Berge x. (t. x.) des beiliegenden Krokis aufhalten, später bei der Abtheilung des Oberst Grippenberg.

Ich werde das Gefecht, aber nicht den Angriff ungefähr um 8 Uhr beginnen. — Schuwalow."

Der diesen Befehl überbringende Ordonnanz-Offizier Schuwalows, ein Lieutenant vom Regiment Semenow, welcher von einigen kaukasischen Kosaken als Eskorte begleitet war, hatte ebenfalls die der tscherkessischen ähnliche Tracht der kaukasischen Kosaken — Burka (Filzmantel) und Papach (Fell-Mütze) — angelegt und war im Vertrauen hierauf und auf die Dunkelheit glücklich auf dem kürzesten Wege zwischen türkischen Abtheilungen hindurch zu Rauch gelangt; nach kurzem Besprechen mit Rauch und von diesem über die Sachlage und seine Absichten unterrichtet, kehrt er noch in der Nacht auf demselben Wege zu Schuwalow zurück, wo er um 3 Uhr Morgens ankommt.

3) An Grippenberg wird der Befehl geschickt: um 8 Uhr vorzugehen und Rauch die Hand zu reichen.

Um 1 Uhr Nachts kehrt der mit der Meldung an Gurko geschickte Generalstabs-Offizier zu Schuwalow zurück und überbringt folgende Nachrichten, bez. Weisungen: Das Regiment Ismailow wird morgen zur Verstärkung eintreffen — das Detachement Oldenburg hat heute nicht bis zu dem Wege Prawez-Etropol vordringen können — Schuwalow soll um 3 Uhr Morgens einige Artillerie-Salven gegen die feindliche Stellung geben lassen, um hierdurch womöglich festzustellen, ob die Türken noch in der Stellung anwesend. — Der Angriff Rauchs soll vorzugsweise gegen den linken Flügel der feindlichen Stellung gerichtet sein, „mit einer leichten Umfassung des Rückens".

Auf diese Nachrichten hin schickt Schuwalow sofort zwei Zettel ab:

1) Um 1 Uhr Nachts an den Stabs-Chef des Detachements Oldenburg, Oberst Kaulbars, die Mittheilung der Sachlage bei Prawez und Bitte, die linke Flanke des augenblicklich sehr in der Luft stehenden Oberst Grippenberg nach Möglichkeit gegen Unternehmungen von Etropol aus zu sichern.

2) Um $1^{1}/_{4}$ Uhr an Oberst Grippenberg: Dass durch das Zurückbleiben des Detachements Oldenburg seine (Grippenbergs) linke Flanke gefährdet sei; ferner: da Rauch morgen mehr gegen die linke Flanke als gegen den Rücken des Feindes vorgehen werde, so könne Grippenberg dem Detachement Rauch nicht direkt die Hand reichen, er solle vielmehr die rechte Flanke des Gegners bedrohen und den Weg Etropol-Prawez beobachten. Grippenberg soll nicht eher wirklich angreifen, als bis sich ein Resultat des Vorgehens des General Rauch zeigt.

Um 3 Uhr Nachts kehrt, wie schon bemerkt, der Ordonnanz-Offizier zurück, welcher mit dem Befehl an General Rauch entsendet gewesen war, und berichtet mündlich über die Sachlage bei Rauch und über dessen Absichten: „Rauch sei mit Rücksicht auf die örtlichen Verhältnisse nicht in der Lage, gegen die linke Flanke der Prawez-Stellung vorgehen zu können, sondern er müsse sich direkt nach der Chaussee und so gegen den Rücken der Stellung wenden. Vor 12 Uhr Mittags glaube Rauch die Chaussee nicht erreichen zu können. Zur Sicherung seines sehr gefährdeten Rückens bitte er ferner, für den 23. den General Leonow zu einer verstärkten Demonstration gegen Orchanie veranlassen zu wollen."

Ueber diese Mittheilungen geht sofort eine Meldung an Gurko ab; demnächst eine Mittheilung an Grippenberg über die abermals veränderte Sachlage in Bezug auf das Eingreifen Rauchs.

Inzwischen ist es 4 Uhr geworden.

γ) Der 23. November.

Um 3 Uhr Morgens wird befohlenermassen das Geschützfeuer eröffnet, aber bald wieder eingestellt, nachdem die Türken durch Erwiderung desselben ihre Anwesenheit in der Stellung angezeigt hatten. Um 8 Uhr wird russischerseits das Feuer ernsthaft eröffnet.

Die gestern bereits westlich der Chaussee thätigen sechs Geschütze werden heute durch noch sechs andere Geschütze verstärkt; es feuern hier nun die ganze 4./2. Garde-Batterie (Neunpfünder) und eine halbe Vierpfünder-Batterie der 3. Brigade.

Oestlich der Chaussee sind thätig zwei Geschütze der 8. donischen Batterie und zwei Gebirgs-Geschütze; später werden zwei Neunpfünder der 2./2. Garde-Batterie auf Gurkos besonderen Befehl mit vieler Mühe in diesen Theil der Stellung geschleppt, sodass im Ganzen 18 Geschütze in Thätigkeit sind, denen gegenüber die Türken in der Prawez-Stellung überhaupt nur 3 Geschütze haben.

Westlich der Chaussee stehen in erster Linie das 2. Garde-Schützen-Bataillon und noch weiter rechts das 3. Bataillon Moskau; dahinter in Reserve ein Bataillon Pskow.

Oestlich der Chaussee stehen in erster Linie das 3. Garde-Schützen-Bataillon und das 2. Bataillon Moskau; die beiden Bataillone Moskau (1. und 4.), welche gestern in das Thal von Prawez vorgeschoben waren, werden heute wieder auf die Höhe zurückgenommen und stellen sich hinter ihrem 2. Bataillon in Reserve auf.

Im Laufe des Vormittags trifft auch das Regiment Ismailow (d. h. nur in Stärke von 9 Compagnien, der Verbleib der anderen 7 Compagnien ist weiter oben bereits nachgewiesen) aus der Reserve in der Stellung ein. Das geschlossene 4. Bataillon wird hinter den linken, die anderen fünf Compagnien hinter den rechten Flügel gezogen. Auch ein Theil des Regiments Finland scheint aus der Haupt-Reserve nach der Stellung vorgezogen zu sein.

Als im Laufe des Nachmittags das Vorgehen Rauchs gegen die linke Flanke der türkischen Stellung wahrgenommen wird, werden ihm auf Umwegen das 2. Garde-Schützen-Bataillon, das Bataillon Pskow und der hinter dem rechten Flügel stehende Theil des Regiments Ismailow zu Hülfe gesandt; diese Truppen treffen aber erst bei Rauch ein, als das Gefecht bereits zu Ende, und kehren dann noch an demselben Abend in die Haupt-Stellung zurück.

Im Zentrum beschränkt man sich russischerseits den ganzen Tag auf ein fast ganz wirkungsloses Geschützfeuer.

Als das Eintreffen Rauchs feststeht, befiehlt Gurko, den rechten Flügel der türkischen Stellung über Han Prawez anzugreifen. Der Angriff soll in der Front von dem 4. Bataillon Ismailow, von Süden (also von der Flanke her) durch das Regiment Moskau erfolgen.

Grippenberg steigt mit dem 1., 4. und halben 2. Bataillon abermals in das Prawez-Thal nieder und formirt sich hier zum Angriff: in erster Linie 200 Freiwillige, dann das erste Bataillon, dann zwei Compagnien des 2. Bataillons. Das 4. Bataillon soll zunächst bei Han Prawez stehen bleiben und die Stürmenden in der Richtung gegen Orchanie decken, aus welcher Richtung her der Anmarsch türkischer Kolonnen auf Lazan hatte beobachtet werden können.

Die mühsame Bewegung in dem schwierigen Gelände hatte ziemlich viel Zeit gekostet; als der Angriff beginnt, ist es schon ziemlich dunkel, dabei nebelt es stark.

Unter dem Schutz der Dunkelheit haben die Türken inzwischen die Stellung auf der Prawez-Höhe geräumt; nur einzelne Mannschaften sind in derselben zurückgeblieben, ob auf Befehl, um den Abzug zu decken, oder aus fanatischer Begeisterung, ist nicht recht klar; jedenfalls vertheidigen sich diese vereinzelten Tollköpfe hartnäckig und werden niedergemacht.

Bei dem Angriff, den das Regiment Moskau von Süd-Osten und das Bataillon Ismailow von Norden her gegen die türkische rechte Flügel-Schanze führen, hätten sich beide Sturm-Abtheilungen bei dem Erscheinen in der Stellung von verschiedenen Seiten her fast für Feinde gehalten.

Auch die von Prawez auf Lazan abziehenden Türken werden in der Dunkelheit von den bei Lazan stehenden türkischen Truppen für angreifende Russen gehalten und mit Feuer empfangen, welches ihnen Verluste verursacht.

Der Verlust des ganzen Detachements Ellis am 23. November wird nur auf 1 Offizier 10 Mann angegeben; die türkischen Verluste in der Stellung scheinen auch nur sehr unbedeutend gewesen zu sein.

Noch am späten Abend des 23. werden diejenigen Bataillone des Regiments Moskau, welche von Süd-Osten her für die Höhe erstiegen, wieder in das Thal hinunter gezogen und biwakiren in der Nähe des Dorfes Prawez. Die Hauptmasse des Detachements Ellis biwakirt auf den Höhen am östlichen Ufer der Witomiriza.

g. Der russische rechte Flügel unter General Rauch vom 21. bis 24. November.

a) Die zum Detachement Rauch gehörigen Truppen sind bereits pag. 75 angegeben. Oberstlieutenant Pusürewski war dem General Rauch als Chef des Stabes beigegeben. — Bei dem ganzen Detachement befindet sich kein Trosswagen, selbst die Lazarethwagen bleiben zurück; das Offiziergepäck, die Verbandmittel und ein Dynamitvorrath werden auf Tragethieren fortgeschafft. Jeder Mann trägt 90 Patronen, 2 Pfund Fleisch und 10 Pfund Zwieback. Die Tornister waren bereits bei der ganzen Garde seit Mitte Oktober (Beginn der Bewegung gegen Gornji Dubnjak) zurückgelassen. — Der Vollständigkeit wegen sei hier erwähnt, dass zur Sicherung der Rückzugslinie des Detachements Widrar und Swodja im Ganzen von vier Compagnien Ismailow (1., 3., 4., 10.) und zwei Compagnien Preobraschensk (14., 15.) besetzt waren, wahrscheinlich war auch eine Eskadron Garde-Husaren zu diesem Zweck bestimmt.

β) 21. November.

Die Bewegung (von Jabloniza aus) beginnt um 1 Uhr Mittags; am späten Nachmittage wird Widrar erreicht und hier auf einige Stunden Halt gemacht, ohne Feuer anzuzünden. Die weitere Bewegung soll der Heimlichkeit wegen erst nach Einbruch der Dunkelheit beginnen; Dynamitsprengungen dürfen zunächst noch nicht vorgenommen werden.

Um 6 Uhr Abends bricht eine Kuban-Sotnie auf, um 8 Uhr das 1. Schützen-Bataillon.

Dicht hinter diesem Bataillon marschieren die zur Wegebesserung bestimmten Arbeiter: je 120 Mann von jedem der beiden Schützen-Bataillone und ein ganzes Bataillon Semenow. Diese Arbeiter werden unterwegs an den betreffenden Stellen von dem anwesenden Sappeur-Offizier angestellt und arbeiten hier unter Aufsicht der vertheilten Sappeure.

Um 11 Uhr Nachts bricht das Gros auf: an der Spitze das 4. Schützen-Bataillon, dann drei Bataillone Semenow, dann die Tragethiere und zum Schluss zwei Sotnien Kubanzen. Die Artillerie — 8 Geschütze — ist derartig in der Kolonne vertheilt, dass je zwei Geschütze einem Bataillon zum Fortschaffen zugewiesen sind.

Die Bewegung beginnt bei schwachem Mondschein; die Kolonne kommt auf dem äusserst beschwerlichen Wege — derselbe gestattet stellenweise nur zwei Mann nebeneinander zu gehen — bald sehr auseinander; das Fortschaffen der Artillerie macht ungeheure Schwierigkeiten; die vierrädrigen Munitionswagen, welche für eine Bewegung in derartigem Gelände gar nicht geignet sind, müssen stellenweise vollständig getragen werden. Zwei Wagen stürzen mit einem Theil der Bespannung in einen Abgrund.

γ) 22. November.

Die an der Spitze marschierende Sotnie erreicht Kalugarewo bald nach Mitternacht, das 1. Schützen-Bataillon um 1 Uhr Nachts. Das in einen langen Faden auseinandergezogene Gros trifft erst truppenweise im Laufe des Vormittags ein; um 11 Uhr Mittags sind die beiden ersten Geschütze zur Stelle.

Aus der Gegend, wo man das Detachement Ellis längs der Chaussee im Vorgehen weiss, ertönt im Laufe des Vormittags schwacher Kanonendonner.

Rauch, welcher programmmässig bereits um Mittag in das Gefecht an der Chaussee hätte eingreifen sollen, schickt um 11 Uhr 20 Minuten durch eine Kosaken-Patrouille an General Ellis einen Zettel ab mit der Meldung über die Sachlage (Wortlaut siehe f. a.). Vorgreifend sei erwähnt, dass die diesen Zettel überbringende Patrouille ihren schwierigen Auftrag mit grosser Gewandtheit vollführt; der Zettel gelangt bereits nach einigen Stunden an General Ellis und ist bereits um 5 Uhr Abends in den Händen des General Schuwalow.

Noch bevor das Gros vollständig bei Kalugarewo eingetroffen — die letzten vier Geschütze mit der sie begleitenden Infanterie erreichten den Ort erst am späten Abend — trat General Rauch mit der Spitze um 12 Uhr den weiteren Vormarsch an.

Um nicht auf die Front der türkischen Stellung zu stossen, durfte man den Marsch nun nicht mehr in der Thalschlucht der Witomiriza fortsetzen, sondern man musste nach rechts auf die Höhen ausbiegen.

Zur Sicherung der rückwärtigen Verbindung mit dem noch weit zurück befindlichen Abtheilungen wird bei Lakowiza ein Generalstabs-Offizier mit dem 2. Bataillon Semenow und einer halben Sotnie zurückgelassen.

Um 6 Uhr Abends ist die Spitze erst bis zwei Kilometer jenseits Lakowitza gelangt; nach Aussage der bulgarischen Wegweiser soll die Entfernung nach der türkischen Stellung noch etwa 6 km betragen.

In den letzten 30 Stunden sind auf zum Theil schrecklichem Wege nach Angabe Pusürewskis (die indessen übertrieben erscheint) 28 km zurückgelegt.

Unter diesen Umständen beschliesst Rauch, den total erschöpften Truppen einige Ruhe zu gewähren und hier an einem von bewaldeten Höhen umgebenen und gegen die Einsicht gesicherten Orte das Nachtlager zu beziehen. Das ganze Biwak wird mit einer Kette von Infanterie-Posten umgeben; auf den weiter vorliegenden Höhen stehen Kosaken-Pikets, welche durch Posten und Patrouillen sowohl unter sich Verbindung halten als auch mit den noch weiter zurück befindlichen Abtheilungen.

Für die Pferde, welche schon seit 30 Stunden nichts gefressen, ist auch jetzt kein Futter vorhanden.*)

Von dem Biwakplatze aus schickt Rauch um 6 Uhr Abends einen zweiten Zettel an Ellis ab (Wortlaut f. α), der bereits um 8 Uhr Abends in die Hände des General Schuwalow gelangt. **)

Nachdem bereits im Laufe des Nachmittags eine Kosaken-Patrouille des Detachements Ellis die Verbindung mit dem Detachement Rauch hergestellt, trifft im Laufe der Nacht ein Ordonnanz-Offizier Schuwalows bei Rauch ein mit einer schriftlichen Mittheilung, deren Inhalt bereits (f. β.) mitgetheilt worden. Der betreffende Ordonnanz-Offizier kehrt noch in der Nacht zu Schuwalow zurück.

Auch von dem Corps-Commando selbst trifft einige Zeit nachher — wie es scheint, in den frühesten Morgenstunden — ein vom Stabs-Chef Gurko ausgefertigtes Schriftstück ein folgenden Inhalts:

„An General Rauch. — Der Corps-Commandeur wünscht, dass Ihre Kolonne die linke Flanke der türkischen Stellung angreifen möge, mit einer leichten Umgehung gegen den Rücken derselben. Auf der linken Flanke der türkischen Stellung ist eine Höhe, welche die ganze türkische Stellung überhöht und der Länge nach bestreicht. Wenn Sie diese von den Türken nicht besetzte Höhe Ihrerseits besetzen und die Umgehung gegen den Rücken wirken lassen, so ist volle Aussicht, die Türken zu vertreiben. Die Stellung ganz zu umgehen und im Rücken derselben auf die Chaussee hinauszutreten, ist gefährlich; Sie könnten zwischen zwei Feuer kommen. In der Kolonne des General Ellis geht Alles gut, er hat 12 Geschütze in Stellung gebracht und sich verschanzt. In den anderen Kolonnen steht ebenfalls Alles gut. Heutiger Verlust (wohl bei Ellis gemeint) drei Verwundete. — General-Major Naglowski." —

Der Verlust des Detachements Rauch im Laufe des 22. beschränkte sich auf zwei Mann des Regiments Semenow, die vor Erschöpfung gestorben, und auf drei Mann, die durch Ueberfahren schwer verletzt worden.

---

*) Diese Angabe klingt — namentlich im Hinblick auf die sonstige so sehr sorgfältige Vorbereitung der ganzen Unternehmung — ziemlich unglaublich, beruht aber auf der Aussage eines entschieden glaubwürdigen Zeugen: des Oberstlieutenant Pusürewski.

**) Diese Zeitdifferenz erscheint im Hinblick auf die schwierige Oertlichkeit und die herrschende Dunkelheit auffallend gering; die Zeit der Absendung beruht auf der Angabe des Oberstlieutenant Pusürewski, diejenige der Ankunft auf der Angabe des Oberst Parenzow, des Stabs-Chefs Schuwalows.

γ) **Der 23. November.**

Um 8 Uhr Morgens beginnt der Vormarsch von Neuem: an der Spitze eine Sotnie Kubanzen, dann die Schützen-Bataillone und die Arbeiter, demnächst das Gros; bei diesen befinden sich beide Gebirgs- und vier Feld-Geschütze, zwei Geschütze waren immer noch weit zurück.

Auf einem nach Orchanie sich abzweigenden Wege wird die 5. Compagnie Semenow nebst einer halben Sotnie vorgeschoben. Als Bedeckung der bei Lakowiza zurückgelassenen Munitionswagen, Vorrathslaffeten und Tragethiere bleibt eine Compagnie Semenow zurück; die anderen Theile dieses Regiments schliessen um 11 Uhr auf die vorderen Abtheilungen auf.

Um 11 Uhr wird die an der Spitze befindliche Sotnie mit Feuer empfangen; die beiden Schützen-Bataillone entwickeln sich auf den mit grosser Mühe erstiegenen Höhen rechts des Weges und treiben eine ihnen gegenüberstehende schwache feindliche Abtheilung langsam von Kuppe zu Kuppe zurück. Gleichzeitig entwickelt sich das 4. Bataillon Semenow auf den Höhen links des Weges, geht in gleicher Höhe mit den Schützen vor und sucht den rechten Flügel der Türken zu umfassen. Letztere gehen bis hinter eine tiefe und breite Schlucht zurück. Jenseits dieser Schlucht erheben sich steile Höhen, auf welchen man türkische Verschanzungen bemerkt (es ist dies der linke Flügel der unter α näher beschriebenen Prawez-Stellung).

Als um 6 Uhr Abends das Gros eintrifft, werden zunächst die beiden Gebirgs-Geschütze vorgezogen zur Beschiessung einer türkischen Verschanzung, aus welcher ebenfalls Geschützfeuer unterhalten wird. Die Tragweite der Gebirgs-Geschütze erweist sich indessen für diese Entfernung zu gering und es werden einige Geschütze der 6. reitenden Garde-Batterie vorgezogen. Zur Deckung der Artillerie nimmt das 1. Bataillon Semenow Aufstellung auf dem äussersten rechten Flügel: zwei Compagnien des Bataillons folgen demnächst den beiden Schützen-Bataillonen, welche bereits in die erwähnte tiefe Schlucht hinabgestiegen sind.

Die einbrechende volle Dunkelheit, verbunden mit starkem Nebel, macht jede weitere Bewegung unmöglich; die russischen Truppen beziehen Biwaks — diesmal mit Feuer — an den Stellen, wo sie sich gerade befinden. Die Vorposten werden auf dem halben Hange der diesseitigen Schluchtseite ausgestellt.

Eine hinter dem linken Flügel der russischen Stellung plötzlich auftauchende türkische Abtheilung von 1 Offizier und 40 Mann giebt sich einer entgegengehenden russischen Compagnie ohne Widerstand gefangen.

Der russische Verlust in dem ganzen heutigen Gefecht beträgt etwa 30 Mann an Todten und Verwundeten (1. Schützen: 1 Mann todt, 7 Mann verwundet; 2. Schützen: 1 Mann todt, 10 Mann verwundet; Semenow: 3 Mann verwundet).

Die Russen wollen 137 türkische Leichen in der besetzten Stellung begraben haben, was im Hinblick auf die ganze Sachlage wenig glaublich klingt; unter den Todten befand sich nach russischen Angaben ein englischer Offizier.

Die im Laufe des Tages detachirt gewesenen oder noch zurückgebliebenen Abtheilungen werden im Laufe der Nacht herangezogen.

Die Türken räumen während der Nacht ihre Stellung auf den jenseitigen Höhen, zünden aber absichtlich vorher auf der ganzen Linie Biwaksfeuer an, welche eine Zeitlang fortbrennen und den Abzug maskiren.

Sechster Abschnitt.

Fortsetzung der russischen Offensive. — Festsetzen der Russen auf den Passhöhen von Schandornik, Wrateschka und Arabkonak. — 25. November bis 5. December.

Am Abend des 24. November waren die Truppen der West-Armee — abgesehen von der westlich des Isker befindlichen Cavallerie — im Allgemeinen in drei Gruppen vereinigt: Die Hauptmasse — die Regimenter Ismailow, Semenow, Finland, Moskau und die Garde-Schützen-Brigade — befand sich unter den Generalen Schuwalow, Rauch und Ellis I bei Prawez; das Detachement des General Dandeville — die Regimenter Preobraschensk, Leib-Garde-Grenadiere, Pskow Nr. 11 und Welikoluz Nr. 12 — bei Etropol; die Regimenter Garde-Jäger und Pawlow weiter rückwärts bei Ossikowo.

Die Disposition Gurkos, welche — noch ohne Kenntniss von der inzwischen erfolgten Einnahme Etropols durch Dandeville — einen Theil der bei Prawez versammelten Truppen für den 25. November zum Angriff gegen Etropol bestimmte, traf in der Nacht des 24./25. im Biwak bei Prawez ein; noch ehe die Truppen aber am Morgen des 25. die befohlene Bewegung angetreten, erreichte sie die Nachricht von der nach unerwartet geringem Widerstande erfolgten Einnahme der Etropol-Stellung durch Dandeville.

Der beabsichtigte Angriff gegen Etropol verwandelte sich unter diesen Umständen in eine Versammlung der Hauptmasse der West-Armee bei diesem Orte, während unter General Ellis I ein Detachement — bestehend aus der Garde-Schützen-Brigade, dem Regiment Moskau, drei Eskadrons Garde-Husaren, fünf Sotnien kaukasischer Kosaken, der 2., 5./2. Garde-Batterie und vier Geschützen der 6. reitenden Garde-Batterie — bei Prawez zur Deckung der rechten Flanke stehen bleiben sollte.

Die Versammlung der übrigen Truppen bei Etropol nahm wegen der sehr schlechten Wege und wegen der grossen Ermüdung eines Theiles der Truppen einige Tage in Anspruch, während welcher Zeit ein Theil des Detachements Dandeville als Avantgarde gegen die Passhöhe vorgeschoben wurde.

Am 25. November ging General Krasnow mit dem Dragoner-Regiment Jekaterinoslaw Nr. 4 nebst der 16. reitenden Batterie zur Verfolgung der von Etropol nach dem Strigli-Pass abziehenden Türken vor, erbeutete drei Geschütze und einen grossen Wagen-Tross und erreichte die später unter dem Namen „Dragoner-Biwak" bekannte Wege-Gabelung bei dem Dörfchen Rawna, von wo aus der eine Weg direkt nach der Schandornik-Höhe — dem eigentlichen Strigli-Pass — führt, während der andere Weg, westlich ausholend, am Ostfuss des Berges Greata entlang zur Wrateschka-Höhe führt und über diese fort zum Strigli-Pass.

Auf Befehl Gurkos, der für seine Person in Etropol eingetroffen war, durch drei Bataillone Preobraschensk verstärkt, ging Krasnow am 26. auf dem direkten Wege weiter gegen den Strigli-Pass vor, fand denselben durch eine starke türkische Verschanzung auf der Schandornik-Höhe gesperrt, und ging demnächst bis Rawna zurück.

Am 27. rekognoszirte Gurko persönlich den Aufstieg zum Strigli-Pass und ertheilte dem General Dandeville den Auftrag, mit einer aus den Regimentern Pskow Nr. 11 und Welikoluz Nr. 12, dem Dragoner-Regiment Nr. 4 und sechs Geschützen bestehenden Avantgarde, welche im Laufe des 27. sich bei Rawna sammelte, am folgenden Tage sich auf der Passhöhe festzusetzen.

Am 28. trat Dandeville auf den beiden erwähnten Wegen seinen Vormarsch in zwei Kolonnen an: links Regiment Pskow, eine Eskadron, vier Geschütze — rechts unter Dandevilles persönlicher Führung das Regiment Welikoluz, eine Eskadron und zwei Geschütze; zwei Eskadrons hatten bei Rawna zurückzubleiben.

Beiläufig sei hier bemerkt, dass das Regiment Preobraschensk wieder nach Etropol zurückgenommen worden war.

Die linke Kolonne erreichte nach anstrengendem Marsch den Austritt des durch dichten Wald führenden Passweges auf die freie Passhöhe gegenüber der auf der Schandornik-Höhe gelegenen türkischen Redute Güldis Tabia; die Geschütze wurden in Stellung gebracht und eröffneten gegen die genannte Redute das Feuer.

Inzwischen war die rechte Kolonne, auf dem entsetzlich schlechten Waldwege nur mit Mühe vorwärts kommend, am Berge Greata überraschend auf feindliche Abtheilungen gestossen und mit diesen in ein scharfes Gefecht gerathen, welches den Russen einen Verlust von zwei Offizieren und 145 Mann verursachte, schliesslich aber mit dem Rückzuge der Türken endete.

Auch hier setzten sich die Russen am Waldrande den türkischen Passverschanzungen gegenüber fest und brachten mit vieler Mühe ihre beiden Geschütze auf die Höhe hinauf. Eine Verbindung zwischen beiden Kolonnen war zunächst noch nicht hergestellt.

Im Laufe der Nacht trafen bei Dandeville acht Compagnien Ismailow ein, welche General Rauch auf die Nachricht von dem am Berge Greata entbrannten hartnäckigen Gefecht sofort von Etropol aus zur Verstärkung vorgeschickt hatte.

Am Morgen des 29. November eröffneten die Geschütze der beiden russischen Kolonnen — welche nunmehr am Waldsaum entlang die Verbindung unter sich hergestellt hatten — das Feuer gegen die türkischen Verschanzungen, während General Krasnow mit einer Eskadron Dragoner nach rechts in der Richtung auf den Arabkonak-Pass und die Chaussee rekognoszirte.

Ein von drei Compagnien des Regiments Pskow aus Uebereilung unternommener vereinzelter Angriff auf die Redute Güldis-Tabia schien anfangs einen überraschenden Erfolg zu haben, endete aber schliesslich mit dem verlustreichen Rückzuge dieser drei Compagnien, zu dessen Erleichterung Dandeville von seiner Stellung aus die acht Compagnien Ismailow vorgehen liess. Der Gesammtverlust der Russen bei Gelegenheit dieses unbesonnenen Streiches betrug 4 Offiziere 179 Mann.

Am folgenden Tage — 30. November — erschien Gurko mit seinem Stabe auf der Passhöhe, beritt unter lebhaftem feindlichen Feuer die Stellung Dandevilles und kehrte darauf nach Etropol zurück.

Hier waren inzwischen die Regimenter Semenow, Pawlow, Finland, Garde-Jäger und der Rest von Ismailow eingetroffen, während das Regiment Leib-Garde-Grenadiere am 29. von Etropol aus nach dem Kasanarska-Pass in Bewegung gesetzt worden war.

Die von der Avantgarde unter Dandeville eingenommene Stellung auf den Passhöhen östlich der Chaussee wurde nunmehr in zwei Abschnitte eingetheilt, von denen der linke Flügel auf der Schandornik-Höhe dem General Rauch, der rechte auf der Wrateschka-Höhe dem General Dandeville unterstellt wurde.

Dem Schandornik-Detachement — welches ursprünglich aus dem Regiment Pskow, einer Eskadron 4. Dragoner und vier Geschützen der 16. reitenden Batterie bestanden hatte — wurden ausserdem zugewiesen die Regimenter Preobraschensk und Semenow, die 2./1. Garde-Batterie und ein Detachement Garde-Sappeure. Das Wrateschka-

Detachement — zu welchem am 29. November das Regiment Welikoluz, acht Compagnien Ismailow, eine Eskadron 4. Dragoner und zwei 5./1. Garde-Geschütze gehörten — wurde verstärkt durch den Rest des Regiments Ismailow, das ganze Regiment Finland, eine Dragoner-Eskadron, zwei Sotnien Kosaken, die übrigen sechs Geschütze der 5./1. Garde- und die ganze 4./1. Garde-Batterie.

Die Regimenter Pawlow und Garde-Jäger blieben vorläufig in Etropol als allgemeine Reserve. Der Rest des 4. Dragoner-Regiments nebst zwei / 16. reitenden Geschützen verblieb bei Rawna. Die augenblicklich überall verzettelte kaukasische Brigade hatte Befehl erhalten, sich bei Etropol zu sammeln; ihre (8. donische) Batterie blieb bei Prawez.

Nachdem die genannten Verstärkungen auf den Passhöhen eingetroffen, schritt man zur Verschanzung der Stellung und zur Errichtung von Batterien.

In den ersten Tagen des December wurden in der Stellung des Schandornik-Detachements folgende Befestigungs-Anlagen hergestellt:

Auf dem äussersten linken Flügel, an dem von Etropol nach der Passhöhe führenden Wege die Batterie Oreus;

auf der Passhöhe selbst, der Schandornik-Redute gegenüber, links die Wald-Batterie, rechts die Batterie Hering; einige Tage später wurde noch weiter nach rechts die sogenannte „Neue Batterie" gebaut.

Alle genannten Batterien waren durch Schützengräben verbunden, die Zugänge zur Stellung theilweise durch starke Verhaue gesperrt.

In der Stellung des Wrateschka-Detachements war auf dem linken Flügel, am West-Abhang des Greata-Berges, die Batterie Martüschow, auf dem rechten Flügel, dicht über der Passstrasse, die Batterie Onoprienko erbaut.

Längs der ganzen Stellung waren ausserdem Schützengräben angelegt und auf einer nach Süden zu vorspringenden etwas niedrigeren Bergnase die sogenannte „Vorgeschobene Verschanzung" errichtet.

In der Schandornik-Stellung wurden im Ganzen 12 Geschütze, in der Wrateschka-Stellung 16 Geschütze aufgestellt.

Die Truppen beider Detachements gliederten sich in der Art, dass in erster Linie eine zusammenhängende Vorpostenkette über die Verschanzungen hinaus vorgeschoben war; in zweiter Linie hatte jede Verschanzung ihre bestimmte permanente Besatzung, während in dritter Linie der Rest der Truppen hinter den Verschanzungen an geeigneten Orten biwakirte.

Abgesehen von dem Bau der Verschanzungen wurde die Arbeitskraft der Truppen in hohem Grade in Anspruch genommen durch die

Herstellung einigermassen brauchbarer Verbindungswege zwischen den einzelnen Abschnitten der Stellung, sowie durch das Hinaufschaffen der Munition, indem von Rawna aus — bis wohin die Munitionswagen gelangen konnten — jedes einzelne Geschoss von je einem Manne in den Händen getragen werden musste.

Nachdem wir so dem linken Flügel der West-Armee bis zu seiner endgültigen Festsetzung auf den Passhöhen gefolgt sind, wenden wir unsere Aufmerksamkeit nunmehr dem rechten Flügel derselben zu, wobei wir zunächst um einige Tage zurückgreifen müssen.

Alle zunächst in der Gegend von Prawez verbliebenen Truppen der West-Armee — Garde-Schützen-Brigade, Regiment Moskau, die Regimenter Garde-Husaren und Garde-Ulanen und die Hauptmasse der Artillerie — waren dem General Schuwalow unterstellt; General Ellis I. commandirte die in der Prawez-Stellung stehende Avantgarde dieses Flügels. Vorgreifend sei hier gleich bemerkt, dass durch Prikas Gurkos vom 1. December auch die in Etropol stehenden beiden Regimenter Pawlow und Garde-Jäger dem „Orchanie-Detachement" unter Schuwalow zugewiesen wurden; Regiment Pawlow trat am 2., Regiment Garde-Jäger theils an demselben Tage, theils am 5. December von Etropol aus den Marsch nach dem neuen Bestimmungsorte an.

Inzwischen war von dem bei Prawez stehenden Avantgarden-Detachement des General Ellis I am 27. und 28. November über Lazan gegen Orchanie rekognoszirt worden; am 29. wurde dieser von den Türken ohne Gefecht geräumte Ort von Truppen des Detachements Ellis besetzt; weiter vorgehende Abtheilungen fanden auch Wratschesch und den Eingang in den dort beginnenden Gebirgspass vom Feinde geräumt.

In Orchanie und Wratschesch fielen ausserordentlich grosse von den Türken dort aufgehäufte Lebensmittel-Vorräthe in die Hände der Russen.

Das 3. Schützen-Bataillon, das 4. Bataillon Moskau und die Hauptmasse seiner Cavallerie bei Wratschesch — zur Sicherung der rechten Flanke gegen die von den Türken noch immer besetzt gehaltene Lutikowo-Stellung — zurücklassend, trat Ellis am 30. November mit seinem Detachement den Vormarsch nach dem Arabkonak-Passe an und besetzte noch an demselben Tage die ungefähr in gleicher Höhe mit der Stellung Dandevilles gelegenen Höhen zu beiden Seiten der Passstrasse.

Im Laufe des 1. und 2. December wurden unter Ueberwindung sehr grosser Schwierigkeiten auf die Höhen links der Passhöhe vier auf die Höhen rechts derselben sechs Geschütze hinaufgeschafft; die flüchtig verschanzten Höhen links wurden vom 1., diejenigen rechts

— später unter den Namen „Finländischer Berg" bekannt — vom 2. und 3. Bataillon Moskau besetzt; die drei (1., 2., 4.) Schützen-Bataillone standen mit der übrigen Artillerie weiter rückwärts längs der Passstrasse.

Die West-Armee hatte somit jetzt zu beiden Seiten der grossen Sofia-Strasse auf den Passhöhen des Gebirges festen Fuss gefasst — doch sollte den Russen der Besitz der westlichen Passhöhe zunächst noch ernsthaft streitig gemacht werden.

Für den 3. December hatte Gurko eine allgemeine Beschiessung der türkischen Stellung aus allen bis jetzt auf den Passhöhen aufgestellten Geschützen — es waren dies 12 in der Stellung des Schandornik-Detachements, 16 in der Stellung des Wrateschka-Detachements und 10 in der des Arabkonak-Detachements — angeordnet.

Nachdem infolge dessen am Morgen des 3. December eine heftige Kanonade zwischen den beiden Stellungen begonnen hatte, machten die Türken mit beträchtlichen Streitkräften den Versuch, den rechten Flügel der Russen von den Höhen westlich der Chaussee zu vertreiben. Die hier stehenden russischen Truppen — 2. und 3. Bataillon Moskau unter Oberst Grippenberg, unterstützt durch das ganze 2. Bataillon und je zwei Compagnien des 1. und 4. Bataillons der Garde-Schützen — gelang es, drei sehr energisch geführte Angriffe der bedeutend überlegenen Türken nach hartnäckigem Gefecht abzuschlagen; der russische Verlust belief sich im Ganzen auf 6 Offiziere 175 Mann.

Erst nachdem das Gefecht durch den Rückzug der Türken sein Ende erreicht hatte, trafen russischerseits Verstärkungen ein: vom Wrateschka-Detachement zwei Bataillone Finland, welche General Dandeville auf das lebhafte Feuer nach rechts abgeschickt hatte, sowie von Orchanie her das Regiment Pawlow und ein Theil des Garde-Jäger-Regiments; am folgenden Tage scheinen auch noch zwei Bataillone Preobraschensk (vom Detachement des General Rauch) eingetroffen zu sein.

Die durch das langdauernde hartnäckige Gefecht erschöpften Theile des Regiments Moskau und der Garde-Schützen wurden noch am Abend des 3. December in der von ihnen so ruhmvoll vertheidigten Stellung durch die eingetroffenen Bataillone des Regiments Finland abgelöst; die Höhe dicht westlich der Chaussee wurde aus diesem Grunde von nun an „Finländischer Berg" genannt.

Im Laufe der nächsten Tage wurde nun die russische Stellung auf der Kammhöhe weiter nach Westen hin ausgedehnt; zwei Höhen, welche von Theilen der Regimenter Pawlow und Preobraschensk besetzt wurden, erhielten hiernach die Bezeichnung: „Pawlowskischer" und „Preobraschenskischer Berg".

Hatte dem ersten Vorgehen der Russen gegen die Passhöhen auch der Gedanke zu Grunde gelegen, sofort eine ernste Offensive gegen die türkischen Pass-Stellungen zu unternehmen, so gab doch Gurko, im Hinblick auf die einem solchen Unternehmen wenig günstigen sowohl allgemeinen wie örtlichen Verhältnisse, einen solchen Gedanken bald auf; er beschloss, sich auf die Festhaltung der gewonnenen Stellungen zu beschränken, die Befestigung derselben zu verstärken, die zu den Stellungen führenden Passwege und die Verbindungen zwischen den einzelnen Theilen der Stellungen in einen möglichst brauchbaren Zustand setzen zu lassen und im Uebrigen dem Gros seiner durch die andauernden Strapazen bei rauhem Winterwetter aufs Aeusserste mitgenommenen Truppen in dem Thalkessel von Orchanie auf einige Zeit Erholungs-Quartiere beziehen zu lassen.

In diesem Sinne traf Gurko durch seinen Armee-Befehl vom 5. December folgende Anordnungen:

Die gesammte Höhen-Stellung zu beiden Seiten der Chaussee wurde dem General Schuwalow unterstellt.

Den rechten Flügel, westlich der Chaussee, commandirte General Etter; ihm waren unterstellt die Regimenter Finland und Pawlow und zwei Batterien der 2. Garde-Artillerie-Brigade.

Den linken Flügel, östlich der Chaussee, kommandirte General Dandeville; ihm waren unterstellt die Regimenter Ismailow, Pskow Nr. 11, Welikoluz Nr. 12, drei Batterien der 1. und eine der 2. Garde-Artillerie-Brigade und vier Geschütze der 16. reitenden Batterie.

Ausserdem standen dem General Schuwalow zur Verfügung das Dragoner-Regiment Nr. 4 mit zwei Geschützen der 16. reitenden Batterie, und das Garde-Sappeur-Bataillon.

Behufs Vollendung der angefangenen Schanzarbeiten sollten die augenblicklich in den Pass-Stellungen befindlichen Truppen dort noch einige Tage verbleiben und dann erst nach ihrer neuen Bestimmung abrücken.

Das Commando über die im Thalkessel von Orchanie untergebrachten Truppen erhielt General Rauch. Ihm waren unterstellt die Regimenter Preobraschensk, Semenow, Garde-Jäger, Moskau, die Garde-Schützen-Brigade, drei Batterien der 1. und drei Batterien der 2. Garde-Artillerie-Brigade, zwei Batterien der 3. Artillerie-Brigade; vier Garde-Cavallerie-Regimenter mit drei reitenden Garde-Batterien, das Regiment Astrachan-Dragoner Nr. 8, die donischen Batterien Nr. 8 und 15 und die reitende Gebirgs-Batterie.

General Rauch hatte von den ihm unterstellten Truppen ein besonderes Detachement bei Wratschesch aufzustellen zur Sicherung der rechten Flanke gegen die immer noch von den Türken besetzte Lutikowo-Stellung.

Der Uebersicht wegen sei hier ferner angeführt, dass sich westlich des Isker noch zwei Garde-Cavallerie-Regimenter befanden nebst einer reitenden Garde-Batterie.

Die kaukasische Kosaken-Brigade stand bei Etropol, in welchem Orte ausserdem das Detachement Dandeville zu Zwecken des Wachtdienstes eine Compagnie Infanterie zu stellen hatte.

Endlich befand sich auf dem Kasamarska-Pass das sogenannte Slatiza-Detachement unter General Kurnakow (später unter General Brok), bestehend aus dem Leib-Garde-Grenadier-Regiment, dem Gros der donischen Kosaken-Brigade und zwei Geschützen; ausserdem befand sich eine bereits früher hierher detachirte Compagnie des Regiments Welikoluz bei dem Slatiza-Detachement.

Gurkos Haupt-Quartier befand sich in Orchanie.

a. Die Verfolgung hinter Etropol am 25. und 26. November.

Bereits am 24. Abends von Etropol aus hatte Dandeville an General Krasnow den Befehl geschickt, mit dem Dragoner-Regiment Jekaterinoslaw Nr. 4 und der 16. reitenden Batterie (diese Truppentheile befanden sich in der Reserve des linken Flügels, siehe 5. c. γ.) nach Etropol zu eilen und von hier aus zur Verfolgung der fliehenden Türken gegen den Strigli-Pass vorzugehen.

Am Morgen des 25. wurde die eingetroffene Cavallerie auf zwei von Etropol nach Westen führenden Wegen in Bewegung gesetzt: rechts Oberst Rehbinder mit der 1. und 2. Eskadron und zwei Geschützen, links General Krasnow mit der 3. und 4. Eskadron nebst vier Geschützen. Wie sich nun erst herausstellte, führte der Weg rechts allerdings nach dem Dörfchen Rawna, dem Gabelpunkt der Wege nach dem Wrateschka- und nach dem Strigli-Pass; der links abführende, von General Krasnow eingeschlagene Weg aber mündete mit einem Umwege wieder in den vorhin genannten Weg und zwar noch vor dem Dörfchen Rawna; General Krasnow kam auf diese Weise eine ganze Weile später nach Rawna als Oberst Rehbinder. Dieser hatte noch diesseits Rawna einen Theil der fliehenden Schaaren eingeholt und hierbei 40 Wagen erbeutet; bei weiterer Fortsetzung der Verfolgung fand Rehbinder den engen Weg durch eine Anzahl zertrümmerter Wagen derartig versperrt, dass die Artillerie nicht weiter konnte, sondern zurückgeschickt wurde.

Die beiden Eskadrons setzten die Verfolgung fort, holten den Tross abermals ein und bemächtigten sich, stellenweise zum Fussgefecht abgesessen, allmälig des grössten Theiles der Wagen. Die Bedeckung des Trosses floh nach unbedeutendem Widerstande seitwärts in die bewaldeten Berge, wo man Nachts zahlreiche Biwaksfeuer sah.

Im Ganzen fielen den Russen in die Hände drei Stahlgeschütze, zwei Artillerie-Munitionskarren, ein Infanterie-Munitionskarren, 200 Gewehre und ungefähr 300 Wagen mit Zelten, Schanzzeug, Telegraphen-Zubehör, Proviant und Patronenkasten beladen.

Die Grösse des russischen Verlustes — 8 Pferde, aber kein Dragoner — lässt die Angabe: „es habe stellenweise ein hartnäckiger Kampf stattgefunden" in ihrer ganzen Phrasenhaftigkeit erkennen.

Ein Theil der Dragoner biwakirte bei Rawna zum Schutze der Batterie; dieser Punkt wurde hiernach in späteren Dispositionen und Berichten stets als „Dragoner-Biwak" bezeichnet; der andere Theil des Regiments wurde zur Bewachung des erbeuteten Trosses verwendet.

Ein Offizier, welchen Krasnow an Dandeville mit der Bitte absandte, ihm Infanterie zur Sicherung des Trosses und zum Zurückschaffen desselben nach Etropol zuzuschicken, kam in Etropol in der Dunkelheit zu Gurko anstatt zu Dandeville. Gurko gab dem Offizier einen schriftlichen Befehl an Dandeville mit, dem General Krasnow ein Infanterie-Regiment zur Verfügung zu stellen, „um den Tross zu sichern und um womöglich die Panik der Türken zur Besitznahme des Passes zu benutzen." Als der Offizier mit diesem Befehl zu Dandeville kam, schrieb dieser auf denselben Zettel die offene Order: „Das erste Infanterie-Regiment, welches der Ueberbringer des Zettels unterwegs antrifft, soll sofort zum General Krasnow abrücken." — Das erste Regiment, zu dessen Biwak der Offizier gelangte, war das Regiment Preobraschensk, von dem sofort drei Bataillone aufbrachen.

Als dieselben am Morgen des 26. bei Krasnow eintrafen, liess dieser ein Bataillon bei dem Tross zurück und marschierte mit zwei Bataillonen auf dem von dem Gabelpunkt links ab führenden Wege auf den Strigli-Pass los. Als er bis an den jenseitigen Rand des den Weg zu beiden Seiten begleitenden Waldes gelangt war, sah er sich einer hochgelegenen Redute (Güldis Tabia auf der Schandornik-Höhe) gegenüber, welche vom Waldrande noch ungefähr 1300 Meter entfernt war.

Da ihm mit den zur Stelle befindlichen schwachen Kräften ohne Artillerie ein Angriff nicht thunlich erschien (die Schandornik-Höhe war, was übrigens Krasnow damals natürlich nicht wissen konnte, thatsächlich von fünf Bataillonen besetzt), so führte er die beiden Bataillone wieder zurück; Dragonerposten blieben am Waldsaum stehen.

b. Die Avantgarde unter General Dandeville auf den Passhöhen von Schandornik und Wrateschka am 27., 28. und 29. November.

α) Der 27. November.

Die zur Besetzung der Passhöhen unter Dandeville bestimmte Avantgarde bestand aus den Regimentern Pskow Nr. 11 und Welikoluz Nr. 12 (von diesem Regiment war die 3. Schützen-Compagnie bereits früher nach dem Kasamarska-Pass entsendet), dem 4. Dragoner-Regiment, einem Commando Sappeure (1 Offizier 10 Mann), zwei 5./1. Garde- und vier/16. reitenden Geschützen.

Die genannten Truppen — soweit sie nicht bereits bei Rawna standen, wie die Dragoner und reitenden Geschütze, rückten von Etropol nach Rawna, wobei der Transport der Geschütze und Fahrzeuge auf dem sehr schlechten und mit tiefem Schmutz bedeckten Wege grosse Schwierigkeiten machte. Erst gegen Abend war das Detachement vollständig bei Rawna versammelt.

Gurko ritt in Begleitung von Dandeville und Krasnow von Rawna aus auf dem linken zum Schandornik führenden Wege zum Rekognosziren vor. Ein mitgenommener bulgarischer Wegweiser machte ihn auf eine links vom Wege im Walde gelegene kleine Höhe (hier wurde später die Batterie Orcus erbaut, siehe d.) aufmerksam, von wo aus man auf etwa 3 km Entfernung einen freien Blick auf die Güldis Tabia hatte. Gurko beobachtete von hier die feindliche Stellung durch ein Fernrohr; nur einzelne Köpfe waren in den Schiessscharten zu sehen, sonst Alles wie ausgestorben. Nachdem Gurko noch angeordnet, dass bei dem morgen erfolgenden Vormarsch auf dieser Höhe einige Geschütze aufgestellt werden sollten, kehrte er über Rawna nach Etropol zurück, während Dandeville und Krasnow bei Rawna blieben.

Dandeville ordnete an, dass alle Munitions- und Patronenkarren, alle sonstigen Vorraths-Fahrzeuge und die durch Tragethiere von Etropol herangeschafften Vorräthe an Zwieback und Fourage hier bei Rawna gewissermassen als Depôt zurückbleiben sollten, um den Truppen erst nach Eröffnung eines fahrbaren Weges über das Gebirge zu folgen.

Auch die Pferde der mitzunehmenden Geschütze hatten bei Rawna zurückzubleiben, die Geschütze selbst wurden mit je 4 bis 8 Paar Ochsen bespannt. Die Mannschaften hatten Zwieback auf zwei Tage, die Infanterie 96 Patronen pro Kopf mitzunehmen.

Der Vormarsch am folgenden Tage soll in zwei Kolonnen stattfinden: rechts unter Dandeville selbst das 1. und 2. Bataillon Welikoluz, eine Eskadron Dragoner und zwei Neunpfünder der 5./1. Garde-Batterie unter Kapitän Adassowski; links unter Oberst Subatow das 1. und 2. Bataillon Pskow, eine Eskadron Dragoner, vier Vierpfünder der 16. reitenden Batterie unter Oberst Oreus. — Das 3. Bataillon Pskow, das 3. Bataillon Welikoluz, zwei Eskadrons Dragoner und zwei /16. reitende Geschütze sollten vorläufig bei Rawna verbleiben; von hier aus soll eine Relais-Linie zur Verbindung mit den vormarschierenden Kolonnen aufgestellt werden.

γ) Der 28. November. — Rechte Kolonne.

Infolge des gestrigen Regens und der heute bis auf 4° R. gestiegenen Kälte war der Weg mit Glatteis bedeckt.

Der Aufbruch erfolgte um 4½ Uhr Morgens. Major Beater mit der 2. Schützen-Compagnie hat die Avantgarde, die Eskadron scheint hinter dieser Compagnie marschiert zu sein; dann folgte das Gros der Infanterie mit den beiden Geschützen. Um 10 Uhr Morgens erreichen die Geschütze den Waldrand, von wo der eigentliche Pass-Anstieg beginnt. Der Weg, d. h. ein einfacher vor längerer Zeit gemachter Durchhau durch den Wald, hat rechts die steil aufsteigenden Hänge des Greata, links meistens tiefe Abstürze zu dem Thal der Suchaja Rjeka; stellenweise ist der Weg durch gestürzte Bäume versperrt — da die Geschütze sich zwischen den Bäumen mühsam hindurchwinden müssen, so zeigt sich die Büffel-Bespannung bald als nicht mehr verwendbar; die Geschütze, getrennt von den Protzen, werden von den Mannschaften selbst gezogen. Zur Erleichterung der Protzen wird die Munition herausgenommen und getragen.

General Dandeville, der um 7½ Uhr von Rawna abgeritten ist und die Kolonne inzwischen eingeholt hat, schickt ungefähr um 10 Uhr den Befehl nach Rawna zurück: Die dort zurückgebliebenen beiden dritten Bataillone sollen ihren Regimentern folgen. Gegen 2 Uhr — die Geschütze sind ungefähr in der Mitte des Waldweges angekommen — beginnt plötzlich vorn (südlich) und bald auch in der rechten Flanke (westlich) der Marschrichtung Gewehrfeuer. Major Beater lässt melden, dass die 2. Schützen-Compagnie, welche schon aus dem Walde auf die offene Passhöhe hinausgetreten war, in den Waldrand zurückgegangen ist und sich dort hält. Dandeville giebt den Befehl, die Geschütze stehen zu lassen wo sie sind, die Munition niederzulegen und die Infanterie zum Gefecht zu formiren; die übrigen Compagnien des 2. Bataillons sollen zur Verstärkung der Avantgarden-Compagnie nach vorwärts, die Compagnien des 1. Bataillons nach der rechten Flanke gegen den

Kamm des Greata schwärmen, welcher letztere sich von den Türken besetzt erweist, obwohl man diese noch nicht sehen kann. Eine halbe Compagnie bleibt als Bedeckung bei den Geschützen zurück; die Dragoner — denen Dandeville den Vorwurf macht, schlecht aufgeklärt zu haben — sitzen ab und verstärken die Schützenlinie des 1. Bataillons; die Pferdehalter werden zur Deckung des Verbandplatzes bestimmt.

Die russische Infanterie geht in dem stark aufsteigenden Wald-Gelände vor, ohne zu feuern, dagegen unterhalten die vorläufig noch ganz unsichtbaren Türken ein lebhaftes Feuer; ihre Kugeln schlagen bei den Geschützen, wo sich auch Dandeville mit seinem Gefolge aufhält, nicht nur von vorn (von Süden), sondern auch von rechts (Westen) und sogar vom Rücken (von Norden) her ein; bei den Pferdehaltern kommen bereits Verwundungen vor. Die beiden Geschütze werden mit der Mündung nach Westen gerichtet und mit Kartätschen geladen, ihr Gesichtsfeld in dem dichten Wald reicht nicht über 60 Schritt; die zur Bedeckung bei den Geschützen befindliche halbe Compagnie errichtet aus Schnee, Erde und Baumästen eine Art Brustwehr.

Dandeville giebt kein Zeichen von Unruhe, sondern nimmt sehr kaltblütig unter Scherzen mit seinem Stabe und den Artillerie-Offizieren an den Geschützen ein Frühstück ein, während die Kugeln ringsum in die Bäume schlagen. Thatsächlich muss die Lage ihm indessen doch ziemlich bedenklich erschienen sein; während er einen Offizier dem 3. Bataillon entgegenschickt mit dem Befehl, so schnell wie möglich herauzukommen, schickt er durch eine Ordonnanz an Gurko einen verschlossenen Zettel mit der Meldung seiner bedenklichen Lage und der Bitte um schleunige Verstärkung.

Inzwischen haben die Russen im weiteren Vorgehen die Türken zu Gesicht bekommen und auch ihrerseits das Feuer eröffnet.

Dieses gegenseitige Feuergefecht scheint fast zwei Stunden gedauert zu haben und kam namentlich auf dem rechten russischen Flügel — dem gefährlichsten Punkt, weil hier die einzige Rückzugslinie entlang führte — bedenklich näher.

Der dem 3. Bataillon entgegengeschickte Offizier kam jetzt mit der Meldung zurück: dass jenes Bataillon den Wald erreicht habe, d. h. es befand sich immer noch mindestens 2 km vom äussersten rechten Flügel der Gefechtslinie entfernt.

Einige Zeit war in banger Erwartung vergangen, als plötzlich auf der ganzen Linie im Walde lautes Allah-Geschrei ertönte, dem sofort lautes Hurrah antwortete. Beide Theile waren fast gleichzeitig zum Bajonettangriff vorgebrochen. Das Gefecht — in welches nun auch das fast im Laufe eintreffende 3. Bataillon eingriff — endete zu Gunsten der Russen; die Türken wurden von der Höhe des Greata hinuntergeworfen und der Waldsaum westlich des Weges von den Russen besetzt.

Kapitän Adassowski liess jetzt mit grosser Anstrengung das eine seiner beiden Geschütze etwa 1 km weiter vorwärts schleppen, wo sich noch innerhalb des Waldes auf einer erhöhten Stelle eine günstige Aufstellung fand, um den vorliegenden offenen Kamm und eine in südöstlicher Richtung etwa 2 km entfernte Batterie unter Feuer zu nehmen. Hinter dieser Batterie erhob sich der hohe Schandornik-Berg mit einer grossen Verschanzung auf seiner Kuppe, welche in der Richtung auf den Ausgang des von Rawna links abführenden Passweges feuerte, wo inzwischen (wie aus dem Kanonendonner hervorging, zu sehen war jene Stelle nicht) die Geschütze der linken Kolonne ebenfalls in Thätigkeit getreten waren.

Das in Stellung gebrachte Geschütz Adassowskis wechselte mit der unterhalb der Schandornik-Höhe befindlichen Batterie einige Schüsse, dann wurde, da inzwischen die Dunkelheit hereingebrochen, das Feuer eingestellt.

Das 2. Bataillon und die Dragoner — welche ihre Pferde noch nicht wieder erlangt hatten — blieben in erster Linie auf der Passhöhe; die übrigen Abtheilungen bezogen weiter rückwärts innerhalb des Waldes das Biwak. Das zweite Geschütz war mit beiden Protzen noch an der Stelle, wo es sich bei Beginn des Gefechtes befunden.

Das Regiment Welikoluz hatte: 1 Offizier 33 Mann todt, 1 Offizier 107 Mann verwundet, 3 Mann vermisst. Der Verlust der Dragoner bestand in 2 Verwundeten. Diejenigen russischen Todten und Verwundeten, welche bei dem anfänglichen Zurückweichen der Vorhut in den Bereich der Türken gekommen, waren zum grossen Theil verstümmelt.

γ) Der 28. November. — Linke Kolonne.

Während des oben geschilderten Gefechtes um die Greata-Höhe erreichte die linke Kolonne den südlichen Waldrand gegenüber der Schandornik-Höhe. Das 2. Bataillon Pskow besetzt den Waldrand; zwei Vierpfünder fahren auf der gestern von Gurko bezeichneten Höhe links des Weges auf (um 3½ Uhr) und beginnen sich mit den Geschützen der Güldis Tabia herumzuschiessen.

δ) Der 29. November.

Von Etropol her trafen gegen Morgen acht Compagnien des Regiments Ismailow auf dem Wrateschka-Passe bei Dandeville ein; dieselben waren auf des Letzteren gestrige Bitte um Unterstützung vom General Rauch gegen Abend in Marsch gesetzt (Näheres c. γ.).

Am frühen Morgen schaffte Adassowski sein zweites Geschütz bis in die Stellung des ersten und beide eröffneten das Feuer gegen die Batterie unterhalb der Schandornik-Höhe, welche heute ein weit besser gezieltes Feuer unterhielt als gestern.

Inzwischen fand auch eine Kanonade statt zwischen den Vierpfündern des Oberst Oreus und der Güldis Tabia.

Nachdem Adassowski eine Zeitlang mit Shrapnels gefeuert, wurde die unterhalb des Schandornik gelegene Batterie von den Türken geräumt; die Besatzung zog nach der Güldis Tabia ab. Adassowski schleppte jetzt seine beiden Geschütze aus dem Walde heraus bis auf die offene Passhöhe und stellte sie hier hart östlich des Weges derartig auf, dass sie gegen die Güldis Tabia feuern konnten, selbst aber gegen das Feuer aller übrigen türkischen Werke der Arabkonak-Stellung durch eine kleine Höhe gänzlich gedeckt waren. In dieser Stellung wurden beide Geschütze nach Möglichkeit verschanzt, was des felsigen Bodens wegen sehr schwierig war; die Deckung konnte nur bis zur Achshöhe hergestellt werden. Die Entfernung nach der Güldis Tabia wurde auf 2700 Meter ermittelt.

Inzwischen rekognoszirte General Krasnow mit den Dragonern nach der rechten Flanke zu, um zu erfahren, was auf und an der grossen Strasse Orchanie-Sofia vor sich gehe.

Um 10 Uhr sah man von dem Standpunkt des General Dandeville (bei den Geschützen Adassowskis) aus, dass von der linken Kolonne her (Regiment Pskow) eine Infanterie-Abtheilung die von den Türken geräumte Batterie unterhalb der Schandornik-Höhe besetzte. Bald darauf kam am Waldsaum entlang von dem stellvertretenden Commandeur des Regiments Pskow, Oberstlieutenant Stempel (Oberst Subatow war mit dem Pferde gestürzt) eine Meldung über die dortige Sachlage: „Zwei Geschütze stehen mit Infanterie-Bedeckung noch auf der Waldhöhe links des Weges, von wo gestern das Feuer eröffnet wurde; die beiden anderen Geschütze stehen mit dem Gros des Regiments am Waldrande; drei Compagnien haben die von den Türken verlassene Batterie unterhalb der Schandornik-Höhe besetzt."

Bald darauf brachte ein Dragoner-Offizier die Meldung Krasnows: „Auf der Chaussee sei von Türken nichts zu sehen."

Dandeville war eben damit beschäftigt, eine Meldung über die vollzogene Besetzung der Passhöhe zu schreiben, als plötzlich bei der Schandornik-Redute (Güldis Tabia) ein lebhaftes Gewehrfeuer begann; gleichzeitig sah man die bei der von den Türken geräumten Batterie stehenden Compagnien gegen die grosse Schandornik-Redute anstürmen. Dandeville war über diesen eigenmächtigen Angriff sehr ungehalten, da er voraussah, dass derselbe scheitern und nur zwecklose Verluste verursachen würde — um indessen den unvorsichtigen Angreifern den Rückzug zu erleichtern, erhielt das kombinirte 1. Bataillon Ismailow den Befehl, längs der Kammhöhe gegen die Schandornik-Redute vorzugehen, während das kombinirte 2. Bataillon Ismailow in südlicher Richtung gegen die anderen türkischen Verschanzungen demonstriren sollte. Adassowski liess ein Geschütz in der verschanzten Stellung das Feuer gegen die Schandornik-Redute fortsetzen; das andere Geschütz schleppte er mit grosser Anstrengung weiter rechts auf die Höhe, stellte es hier gänzlich ungedeckt auf und eröffnete das Feuer gegen die Arabkonak-Stellung, wodurch er das Feuer von sechs türkischen Geschützen auf sich zog; sein Verlust beschränkte sich auf einen Verwundeten.

Dandeville beobachtete mit dem soeben eingetroffenen General Rauch von der verschanzten Geschütz-Stellung aus den Fortgang des Gefechtes: Das 1. Bataillon Ismailow ging in der Richtung auf die Schandornik-Redute vor, brachte hierdurch die aus der Redute zur Verfolgung der weichenden Angreifer vorgebrochenen Türken zum Stutzen und verschaffte hierdurch den Pskowzen die Möglichkeit, ihre Verwundeten zum grössten Theil mitzunehmen. Gleichzeitig ging das 2. Bataillon Ismailow in Kolonne nach der Mitte formirt auf dem Höhenkamm unter Trommelschlag in südlicher Richtung vor, zog sich dann in Compagnie-Kolonnen in zwei Treffen aus einander, nahm Schützen vor und zog hierdurch die Aufmerksamkeit und das Feuer der übrigen Reduten von den Angreifern der Schandornik-Redute ab. Nachdem der Zweck erreicht, wurden beide Bataillone Ismailow wieder zurückgenommen, ihr Verlust betrug im Ganzen 12 Mann todt, 1 Offizier 28 Mann verwundet.

Bald darauf traf vom Regiment Pskow über den soeben stattgehabten Angriff folgende Meldung ein: Nachdem die Türken die vorgeschobene Batterie geräumt, war dieselbe von der 10. und 12. Compagnie des Regiments besetzt worden; die 2. Schützen-Compagnie war vor der Batterie ausgeschwärmt. In der Schützenkette hatte man zu bemerken geglaubt, dass die Türken aus der Schandornik-Redute im Abziehen begriffen wären. Sofort brach die ganze Kette zum Angriff vor, und auch die beiden in und hinter der Batterie stehenden Compagnien schlossen sich dem Vorgehen an. Selbst von dem am Waldrande stehenden Gros des Regiments wollten einige Compagnien gegen die Redute vorbrechen und konnten nur mit Mühe von den höheren Führern zurückgehalten werden.

Die Angreifer wurden mit lebhaftem Feuer empfangen, trotzdem erstieg ein Theil von ihnen die 4 Meter hohe Brustwehr und eröffnete von dort ein lebhaftes Feuer auf das Innere der Redute; ein Geschütz wurde in den Graben geworfen. Schon war die Besatzung im Begriff, zu fliehen; nur die Bemühungen eines höheren Offiziers, der sich den Flüchtlingen mit der Pistole in der Hand entgegenwarf, sowie das Eintreffen von Verstärkungen im entscheidenden Augenblick verhinderten den

Verlust der Redute. Die Zahl der eingedrungenen Russen war nur gering, und da keine Verstärkungen nachkamen, so wurde die kleine Schaar bald überwältigt und zum Theil niedergemacht. Dem Versuche der Türken, die Flüchtlinge zu verfolgen, wurde bekanntlich durch das Vorgehen der zwei Bataillone Ismailow Halt geboten.

Der Verlust der drei Compagnien — deren Gefechtsstärke allerhöchstens 400 Mann war — belief sich auf 1 Offizier 19 Mann todt, 30 Mann vermisst, 2 Offiziere 90 Mann verwundet.

Als Merkwürdigkeit sei angeführt, dass einige in die Redute eingedrungene Soldaten während des wüthenden Kampfes Gelegenheit gehabt hatten, sich einer Quantität türkischen Tabaks zu bemächtigen, den sie nachher stolz als Beweis zeigten, dass sie im Innern der Redute gewesen seien.

Nach Beendigung des Gefechtes kehrte Rauch nach Rawna zurück, wo er übernachtete.

Von General Naglowski traf die Benachrichtigung ein, dass Wratschesch von den Türken geräumt sei.

c. Das Gros der West-Armee bei Etropol vom 25. November bis Anfang December.

α) Das Regiment Preobraschensk steht — abgesehen von der kurzen Expedition am 26. — vom 25. November bis zum 1. December bei Etropol.

β) Das Regiment Semenow marschiert am 25. November um 3 Uhr Morgens aus der Prawez-Stellung ab, trifft gegen 7 Uhr Abends bei Etropol ein und bleibt hier zunächst stehen. In der Nacht am 28./29. November um 1 Uhr erfolgt der Abmarsch nach der Pass-Stellung; das Gros des Regiments tritt zum Schandornik-Detachement, das 2. Bataillon zum Wrateschka-Detachement.

γ) Das Regiment Ismailow. — Der am Gefecht von Prawez betheiligt gewesene Theil des Regiments, neun Compagnien, bricht von dort am 24. November um 9 Uhr Abends nach Han Brussen auf, erreicht diesen Punkt am 25. Morgens und rückt von hier demnächst nach Etropol; Ankunft hierselbst wie es scheint am 27. — Hier stossen auch die am 21. November nach Widrar und Swodja abcommandirten Compagnien (1., 3., 4., 10.) am 28. wieder zum Regiment; von diesem fehlen noch die zu Wegearbeiten in der Gegend von Jabloniza kommandirten drei Compagnien (2., 5., 9.). — Auf Befehl des General Rauch sollen am Abend des 28. zwei Bataillone des Regiments sofort zur Unterstützung des General Dandeville nach dem Wrateschka-Pass rücken. Da zwei geschlossene Bataillone augenblicklich nicht verfügbar sind (die 13. und 14. Compagnie hatten die Wachen in Etropol besetzt), so brechen auf die 1., 3., 4., 6., 7., 8., 15., 16. Compagnie; der Generalstabs-Kapitän Protopapow wird ihnen als Wegweiser mitgegeben. Der Abmarsch aus Etropol erfolgt um 6 Uhr Abends. Bis zum Biwak des Regiments Preobraschensk geht der Marsch in der Suchaja Rjeka entlang bis an die Knie im Wasser. Nach kurzem Halt bei dem genannten Biwak wird der Marsch fortgesetzt unter Führung von drei ortskundigen Bulgaren. Regen wechselt mit Schnee, der Gebirgsweg bedeckt sich mit Glatteis. Nach Mitternacht wird Rawna erreicht, wo bereits ein Verbandplatz des Detachements Dandeville eingerichtet ist; Oberst Suchotin schliesst sich hier der Kolonne an. Obgleich ein Dragoner-Offizier, der bereits auf dem Passe gewesen, der Kolonne als Wegweiser mitgegeben wird, verirrt sich diese dennoch während starken Schneefalles derartig, dass man schliesslich im Zweifel ist, ob die endlich auftauchenden Biwaksfeuer türkische oder russische sind. Ein entgegengesandter Kosaken-Offizier bringt die Kolonne endlich auf den richtigen Weg, gegen Morgen trifft sie auf dem Wrateschka-Passe ein.

δ) **Regiment Garde-Jäger** rückt von Ossikowo nach Etropol und scheint hier mehrere Tage gestanden zu haben; das Gros des Regiments scheint am 2. December nach Orchanie marschiert und einige Anfangs zurückgebliebene Compagnien scheinen am 5. December gefolgt zu sein.

ε) **Regiment Leib-Garde-Grenadiere** verbleibt vom 25. bis 29. November bei Etropol und rückt an letzterem Tage nach dem Kasamarska-Passe ab.

ζ) **Regiment Pawlow** rückt in der Nacht vom 25./26. November bei Etropol ins Biwak und marschiert von hier aus am 2. December über Prawez nach Orchanie ab.

η) **Regiment Finland** trifft am 24. November spät Abends bei Etropol ein und rückt von hier am 29. nach dem Wrateschka-Passe ab.

θ) **Die kaukasische Kosaken-Brigade** sammelt sich, dem am 25. November von Gurko ertheilten Befehl entsprechend, bei Etropol. Am 29. November treten zwei Sotnien zu dem nach dem Kasamarska-Pass abrückenden Detachement. — Infolge eines am 10. December eintreffenden Befehls (in Befürchtung eines Durchbruches der Armee Osman Paschas durch die Einschliessungs-Truppen) rückt die Brigade am 11. December bis Ossikowo; auf die hier eintreffende Nachricht von der Gefangennahme der Armee Osmans rückt die Brigade nach Prawez und steht hier bis zum 25. December in Erholungs-Quartieren.

d. Das Schandornik-Detachement unter General Rauch vom 30. November bis 8. December.

α) Versammlung des Detachements in der Stellung.

Das Detachement, welches unter General Rauch — Stabs-Chef Oberst Pusürewski — den linken Flügel der Pass-Stellung bilden sollte, war aus folgenden Truppen zusammengesetzt:

Regiment Preobraschensk,
Regiment Semenow (das 2. Bataillon trat zu dem Wrateschka-Detachement,
Regiment Pskow Nr. 11,
eine Eskadron 4. Dragoner,
2./1. Garde-Batterie,
vier /16. reitende Geschütze.

Von den genannten Truppen befand sich am 29. November das Regiment Pskow, die Dragoner-Eskadron nebst den vier reitenden Geschützen bereits in der Stellung; die betreffenden Garde-Truppen befanden sich zur Zeit noch bei Etropol. Regiment Semenow (d. h. 1., 3., 4. Bataillon bricht in der Nacht vom 28./29. November von Etropol auf und kommt am 29. Abends in der Stellung an. — Die 2./1. Garde-Batterie marschiert unter Bedeckung von zwei Compagnien Preobraschensk am 30. November, Nachmittags 4 Uhr, von Etropol ab und erreicht nach einem äusserst anstrengenden Marsch erst um 11 Uhr Abends das Dragoner-Biwak bei Rawna. Von hier aus wird die Batterie am anderen Tage durch das von Etropol nachrückende ganze Regiment Preobraschensk weitergeschafft, da des sehr schlechten Weges wegen nur die Stangenpferde und auch diese nur stellenweise benutzt werden können. Die Dunkelheit überrascht die Kolonne noch auf den steilen Waldwegen, sodass die einzelnen Abtheilungen biwakiren müssen, wo sie sich gerade befinden. Die Steigungen sind so steil, dass Geschütze und Fahrzeuge während der Nacht zum Theil an Bäume festgebunden werden, um ein Zurückrollen zu verhüten. Am Morgen des 2. December wird die Bewegung fortgesetzt, um Mittag die Stellung erreicht.

β) **Befestigung der Stellung.**

Im Laufe des 1., 2. und 3. December werden zunächst folgende Verschanzungen hergestellt:

1) Links seitwärts des Weges auf einer kleinen Höhe mitten im Walde, welche Gurko bei seiner Rekognoszirung am 27., ausgewählt und wo bereits am 28. die ersten beiden Vierpfünder aufgestellt waren, lag die **Untere Batterie** oder **Batterie Oreus**, benannt nach dem Commandeur der 16. reitenden Batterie. Diese Batterie war eine vollständige Redute, auf drei Seiten von steilen, fast 100 Meter tiefen Schluchten umgeben.

2) An der Stelle, wo der Passweg aus dem Walde auf die freie Passhöhe hinaustritt, war links des Weges, aber noch innerhalb des Waldes, auf einer kleinen Hochfläche die **Wald-Batterie** oder **Mittlere Batterie** erbaut. Dieselbe war durch die sie umgebenden Bäume vollständig maskirt; von ihr aus sah man indessen durch die Zweige hindurch ganz deutlich die grosse Schandornik-Redute, von welcher die Wald-Batterie durch eine tiefe waldbewachsene Schlucht getrennt war.

3) Westlich der Wald-Batterie lag am Waldrande ebenfalls auf einer kleinen Hochfläche die **Obere Batterie** oder **Batterie Hering**, so benannt nach dem Commandeur der 2./1. Garde-Batterie.

Beide Batterien waren mit Schützengräben umgeben, ausserdem war die linke Flanke der Stellung durch einen die Wald-Batterie hakenförmig umschliessenden Verhau gesichert. — Auch die Batterie Oreus war mit Schützengräben und Verhauen umgeben. — Das Herstellen der Verhaue machte grosse Schwierigkeiten, da den Truppen nur sehr wenig Beile zur Verfügung standen und zum Baumfällen vielfach Seitengewehre verwendet werden mussten; übrigens kam auch Dynamit zur Anwendung.

4) Vorgreifend sei erwähnt, dass am 5. December westlich der Batterie Hering auf einem höher gelegenen Punkte eine kleine Batterie, mehrfach „Neue Batterie" genannt, erbaut wurde. In der Zeit vom 6. bis zum 8. December wurde dann diese Batterie zu einer grossen Redute umgebaut, welche ausserdem durch vorgelegte Schützengräben verstärkt war. Wegen des felsigen Bodens musste diese Redute fast ganz aus weither zusammengetragenem Rasen erbaut werden.

Für die Beurtheilung der ganzen Stellung sind folgende Höhenverhältnisse von Wichtigkeit:

Batterie Oreus	1300 m.
Wald-Batterie	1430 „
Batterie Hering	1500 „
Neue Batterie	1560 „
Die am 29. November von den Türken geräumte Batterie unterhalb der Schandornik-Höhe . .	1600 „
Schandornik-Redute	1660 „

Die Schandornik-Redute hiess bei den Türken Güldis Tabia, die Russen nannten sie auch wohl „Stern-Redute", weil Nachts ein grosser hell leuchtender Stern gerade über der Redute zu sehen war.

Die Entfernung von der Wald-Batterie wie auch von der Batterie Hering bis zur Schandornik-Redute betrug 1300 m, von der Neuen Batterie bis Schandornik = 1200 m, von Batterie Oreus bis Schandornik = 3000 m.

γ) **Vertheilung der Truppen in der Stellung.**

Als die 2./1. Garde-Batterie am 2. December in der Stellung eingetroffen, fand zunächst folgende Vertheilung der Geschütze statt:

Batterie Oreus: Zwei Vierpfünder der 16. reitenden Batterie.

Wald-Batterie: { Zwei Vierpfünder der 16. reitenden Batterie.
{ Vier Neunpfünder der 2./1. Garde-Batterie.

Batterie Hering: Vier Neunpfünder der 2./1. Garde-Batterie.

Am 6. December wurden zwei Neunpfünder in der Neuen Batterie aufgestellt, die übrigen sechs Neunpfünder in der Batterie Hering; in der Wald-Batterie und in der Batterie Oreus verblieben je zwei Vierpfünder.

Die Aufstellung der Truppen wurde durch einen Befehl Rauchs vom 2. December folgendermassen geordnet:

Die Vorposten, welche auf dem südlichen Hange der Kammhöhe eingegraben waren, wurden vom äussersten linken Flügel links vorwärts der Wald-Batterie bis zur Batterie Hering von einem Bataillon Semenow gegeben; von hier weiter nach rechts bis zum Anschluss an das Detachement Dandeville von einem Bataillon Pskow. Auf dem äussersten linken Flügel der Vorposten-Stellung befand sich ausserdem ein Zug Dragoner, welcher die Umgegend nach Süden und Osten hin aufzuklären hatte. — Ein Bataillon Pskow, welches die rückwärts gelegene Batterie Oreus besetzt hatte, hielt durch eine von hier nach der linken Flanke aufgestellte Postenkette Verbindung mit dem linken Flügel der oben beschriebenen eigentlichen Vorposten-Stellung. — Hinter der Batterie Hering biwakirte als besondere Besatzung ein Bataillon Semenow, hinter der Wald-Batterie zwei Compagnien desselben Regiments. — Zwei Compagnien Semenow (das 2. Bataillon war bei dem Wrateschka-Detachement geblieben, wohin es Geschütze transportirt hatte), ein Bataillon Pskow und zwei Bataillone Preobraschensk biwakirten als allgemeine Reserve weiter rückwärts zu beiden Seiten des Passweges.

Zwei Bataillone Preobraschensk mussten auf Befehl Gurkos wieder nach Etropol zurückgeschickt werden als Ersatz für das nach Orchanie abmarschirte Garde-Jäger-Regiment.

Der Rest des 4. Dragoner-Regiments mit den übrigen zwei/16. reitenden Geschützen stand bei Rawna in dem alten „Dragoner-Biwak."

δ) **Vorgänge in der Stellung.**

Der, wenn auch schliesslich wegen fehlender Unterstützung abgewiesene, so doch anfangs überraschend gelungene Angriff der schwachen Abtheilung des Regimentes Pskow am 29. November hatte in dem General Rauch den Gedanken angeregt, sich durch einen mit ausreichenden Kräften unternommenen überraschenden Angriff in den Besitz der Schandornik-Redute, dieses Schlüssels der feindlichen Stellung, zu setzen. Die örtlichen Verhältnisse schienen diesem Vorhaben in gewissem Sinne günstig: einerseits gestatteten die sehr steilen Hänge des Schandornik-Berges der Vertheidigung keine ausreichende Bestreichung des Vorgeländes; andererseits entzogen die Wolken, welche sehr häufig die Spitze des Berges mit der Redute einhüllten, auch der Besatzung die Aussicht auf die Vorgänge am Fusse des Berges.

Der 2. December war von Rauch zur Ausführung des Unternehmens bestimmt. Nachdem von früh Morgens bis Mittag eine lebhafte Beschiessung der feindlichen Stellung stattgefunden, sollte um 12 Uhr Regiment Semenow von rechts, Regiment Preobraschensk von links her gegen die Redute vorbrechen, während das Regiment Pskow in Reserve zu verbleiben hätte. Die bei dem Angriff am 29. betheiligt gewesenen Offiziere des Regiments Pskow sollten den Sturm-Kolonnen als Führer zugetheilt werden. Unmittelbar nach Einnahme der Redute sollten die vier Vierpfünder in die gewonnene Stellung geschafft werden.

General Dandeville, den Rauch von seinem Vorhaben benachrichtigt, hatte seine Unterstützung sowohl durch Geschützfeuer wie auch durch Infanterie zugesagt.

Alles war zur Ausführung fertig, als ein spezieller Befehl Gurkos jeden Angriffsversuch untersagte; General Rauch wurde angewiesen, sich auf Befestigung seiner Stellung und verstärkte Beschiessung der feindlichen Stellung zu beschränken.

Am 3. December um 7½ Uhr Morgens begann das Feuer der russischen Batterien gegen die Schandornik-Redute, welche aus 3 Geschützen lebhaft antwortete. Infolge der sehr ungünstigen Höhenverhältnisse konnte das Einschlagen der Geschosse von der Wald-Batterie aus gar nicht, von der Batterie Hering aus nur mangelhaft beobachtet werden; trotzdem schweigt um 3 Uhr die Schandornik-Redute ganz. Russischerseits wird das Feuer salvenweise mit bestimmten Pausen die ganze Nacht über fortgesetzt. — Im Laufe des Nachmittags werden heute zwei Bataillone zur Verfügung des General Dandeville nach rechts entsendet im Hinblick auf den heute erfolgenden heftigen Angriff der Türken gegen die Stellung des russischen rechten Flügels westlich der Chaussee.

Am 4. December wurde geschützweise gefeuert, ohne dass die Türken überhaupt antworteten. Am 5. fand infolge starken Nebels nur um Mittag ein kurzer Geschützkampf statt, wobei türkische Granaten mehrfach in russische Biwaks einschlugen.

Am 6., 7. und 8. musste wegen starken Nebels das Feuer ganz unterbleiben.

Das Heraufschaffen der Munition machte grosse Schwierigkeiten; die ca. zwölf Kilogramm wiegenden Granaten der Neunpfünder mussten die ganze Strecke vom Dragoner-Biwak an bis in die Stellung von je einem Mann in den Händen getragen werden; bei diesem Transport halfen die Bewohner von Etropol eifrig mit.

Infolge der am 5. December angeordneten Neu-Eintheilung der Stellung und Aenderung der Kommando-Verhältnisse verliess Rauch mit seinem Stabe am 8. Nachmittags die Stellung, um sich zur Uebernahme seines neuen Kommandos nach Wratschesch zu begeben.

e. Das Wrateschka-Detachement unter General Dandeville vom 30. November bis 7. December.

a) Versammlung des Detachements in der Stellung.

Das Detachement bestand bei der Besitznahme des Passes am 28. November aus dem Regiment Welikoluz Nr. 12 (3. Schützen-Compagnie nach dem Kasamarska-Pass detachirt), einer Eskadron 4. Dragoner und zwei 5./1. Garde-Geschützen. — Bereits am Morgen des 29. traf die erste Verstärkung ein, bestehend in acht Compagnien Ismailow. Theils im Laufe des 29., theils am 30. trafen ferner ein: Das ganze Regiment Finland, eine fernere Eskadron Dragoner und je eine /21. und /20. Sotnie.

Am 1. December trafen ein die übrigen sechs 5./1. Garde-Geschütze, transportirt von fünf Compagnien Ismailow (von diesem Regiment fehlen jetzt noch die bei Jabloniza zur Wegearbeit abcommandirten drei Compagnien 2., 5., 9.). — Diese Kolonne war am 29. um 4 Uhr Nachmittags von Etropol abmarschiert; die Batterie mit verstärkter Bespannung, 8 Pferde pro Geschütz. In Protzen und Munitions-Vorderwagen wurden mitgenommen 258 Shrapnels und 242 Granaten. Um Mitternacht wurde das Dragoner-Biwak erreicht; hier blieben Pferde und Fahrzeuge zurück, die Geschütze wurden theils von Ochsen, theils von Mannschaften gezogen, die Munition in den Händen getragen. Zur Hülfe wird der Kolonne ein Bataillon Finland entgegengeschickt. Am 1. December 10 Uhr Morgens ist die Passhöhe erreicht; 1400 Mann haben 30 Stunden lang arbeiten müssen, um die sechs Geschütze mit ihrer Munition den 8 km langen Passweg hinaufzuschaffen. — Am 1. December Nachmittags treffen zwei Geschütze der 4./1. Garde-Batterie auf der Höhe ein, transportirt von einer Compagnie Semenow; am 2. December Abends 9 Uhr haben die übrigen sechs Geschütze dieser Batterie, transportirt von drei Compagnien Semenow, die Höhe erreicht.

β) Befestigung der Stellung.

Auf dem linken Flügel der Stellung, da wo der Passweg aus dem Walde auf die Höhe hinaustritt, war eine Batterie-Stellung errichtet für die 5./1. Garde-Batterie; sie führte die Bezeichnung „Batterie Nr. 5" oder „Batterie Martüschow" nach dem Commandeur der 5./1. Garde-Batterie. Die Höhe der Batterie betrug 1550 m, Entfernung von der Schandornik-Redute 2700 m.

Auf dem rechten Flügel lag die Batterie Nr. 4 oder „Batterie Onoprienko", nach dem Commandeur der 4./1. Garde-Batterie benannt. Diese Batterie bestand aus einer Batterie für vier Geschütze und vier einzelnen Emplacements für je ein Geschütz, letztere auf dem Abhang des Berges staffelförmig angelegt. Eine kleine Erhöhung, welche vor der Batterie Onoprienko in der Richtung nach der türkischen Stellung zu gelegen war, maskirte die Batterie in vortheilhafter Weise; bei der sehr gestreckten Flugbahn der türkischen Geschosse wurden sehr viele Granaten, die sonst die Batterie getroffen hätten, von dieser Höhe aufgefangen. — Die Batterie Onoprienko hat eine Höhe von 1500 m. — Abgesehen von den genannten beiden Batterien ist die Front der ganzen Stellung durch Schützengräben befestigt; auch eine vom Hauptkamm südlich gelegene niedrige Höhe, die sogenannte „Vorgeschobene Stellung" vor der Mitte der Front, ist durch Schützengräben befestigt.

Längs der Front der Stellung am Waldsaum entlang war die Herstellung eines brauchbaren Weges in Angriff genommen; desgleichen wurde an einem Wege gearbeitet, welcher den Rücken der Stellung mit der Chaussee Orchanie-Sofia verbinden sollte.

Auf einer zur grossen Arabkonak-Schlucht abfallenden Terrasse (1200 m hoch) rechts vorwärts der Batterie Onoprienko wurden am 1. December durch Truppen des Detachements des General Ellis I (g.) vier Geschütze der 4./2. Garde-Batterie aufgestellt und verschanzt; die Batterie erhielt den Namen Batterie Maibaum und wurde — ihrer Lage entsprechend — demnächst dem Wrateschka-Detachement zugerechnet. — Vorgreifend sei ferner erwähnt, dass am 6. December mit dem Bau weiterer Verschanzungen begonnen wurde: Redute Nr. 1 zwischen den Batterien Maibaum und Onoprienko; Redute (Lünette) Nr. 2 rechts und Nr. 3 links in dem Zwischenraum zwischen den Batterien Onoprienko und Martüschow; Flesche Nr. 4 östlich der Batterie Martüschow, und endlich Redute Nr. 5 noch weiter nach Osten zu als äusserster linker Flügelpunkt der Stellung, wo diese an die Schandornik-Stellung stiess.

Alle aufgeführten Arbeiten mussten des felsigen Bodens wegen zum grossen Theil aus Rasen gebaut und dieser von weither zusammengetragen werden.

γ) Vertheilung der Truppen in der Stellung.

Am 1. December hat das Detachement folgende Aufstellung: Regiment Welikoluz auf dem linken Flügel hat Anschluss an das Detachement des General Rauch und reicht rechts bis zu dem Austritt des Passweges aus dem Walde auf die freie Passhöhe hinaus. Hier schliesst sich nach rechts an das Regiment Ismailow und demnächst das Regiment Finland, welches seinen rechten Flügel an die grosse Schlucht lehnt, durch welche die grosse Strasse von Orchanie nach Sofia führt. — Regiment Welikoluz erbaute die Batterie Martüschow, Regiment Finland die Batterie Onoprienka; ausserdem sicherten alle Regimenter ihre eigene Stellung durch Schützengräben. Regiment Ismailow besetzte die „Vorgeschobene Stellung" vor seiner Front mit einem Bataillon.

Die beiden Kosaken-Sotnien gaben Pikets in der Vorpostenlinie und unterhielten die Verbindung mit den Neben-Detachements unter Rauch und Ellis. — Die Dragoner unterhielten die Verbindung mit Rawna, wo der Tross und die Artilleriefahrzeuge zurückgelassen waren.

δ) Vorgänge in der Stellung.

30. November. — Bei Arabkonak sieht man starke türkische Massen, von Westen kommend, eintreffen; man vermuthet, dieselben kämen auf Umwegen von Wratschesch her. Ein Theil dieser Truppen marschiert deutlich erkennbar längs der feindlichen Stellung entlang nach Schandornik zu; der Mangel an Munition hindert die russische Artillerie — zur Zeit nur die beiden Geschütze Adassowskis (b. ž.) — an wirksamer Beschiessung dieser Kolonne.

Um 10 Uhr Morgens erscheint Gurko mit seinem Stabe, bereitet unter heftigem feindlichen Feuer die ganze Stellung und kehrt dann nach Etropol zurück.

1. December. — Die angekommenen Geschütze der 5./1. Garde-Batterie werden im Laufe des Morgens unter fortgesetztem feindlichen Feuer — dort sind 11 Geschütze in Thätigkeit — in die Batterie Nr. 5 eingeführt. Um 10 Uhr beginnt diese das Feuer und richtet dasselbe gegen den linken feindlichen Flügel, die sogenannte Arabkonak-Stellung, um hierdurch das beabsichtigte und diesseits vorausgesetzte Vorgehen des Detachements Ellis (g.) zu unterstützen. Zur Ermittelung der Entfernung (4200 m) wird der vom Oberst Martüschow erfundene Fernmesser mit Erfolg benutzt; das Einschlagen der Granaten wird demnächst durch grosse Fernrohre beobachtet. Um 12 Uhr muss das Feuer wegen plötzlich eintretenden Nebels eingestellt werden; während der zweistündigen Kanonade sind 75 Granaten verschossen.

2. December. — Batterie Martüschow hat den Befehl, heute ihr Feuer auf die Schandornik-Redute zu richten; dies ist unausführbar, da die Schandornik-Höhe vollständig in Nebel gehüllt ist. — Der Verlust der Schanzarbeiter durch feindliches Geschützfeuer besteht in 5 Verwundeten.

3. December. — Auf Befehl Gurkos soll heute die Beschiessung der feindlichen Stellung in folgender Art ausgeführt werden: Von 8—11 Uhr Vormittags alle halbe Stunde eine Batterie-Salve, dann zwei Stunden Pause; demnächst von 1—4 Uhr abermals alle halbe Stunde eine Salve, von 4—6 Uhr Pause; dann von 6 Uhr Abends bis 8 Uhr Morgens alle zwei Stunden eine Salve. — Die Türken

merken natürlich bald die Regelmässigkeit der Salven, ziehen kurz vorher ihre Geschütze zurück und lassen die Mannschaften hinter Deckungen treten; nach der Salve treten die Geschütze sofort wieder in Thätigkeit. — Als man russischerseits dies Verfahren merkt, befiehlt Dandeville, nicht mehr in regelmässigen Pausen und zum Theil auch geschützweise zu feuern.

Gegen 10 Uhr beginnt in der rechten Flanke der Stellung jenseits der Chaussee der Angriff der Türken gegen die Stellung des Regiments Moskau; drei Bataillone Finland werden zur Verstärkung dorthin abgesandt, treten aber — um 5 Uhr Nachmittags ankommend — nicht mehr in Thätigkeit. —

Verlust in der Stellung: Artillerie 2 Mann todt, 3 Mann verwundet; Infanterie 6 Mann verwundet.

4. December. — Auch heute ist Batterie Nr. 5 durch Nebel vollständig am Feuern gehindert. — Batterie Nr. 4 feuert 236 Schuss, ohne selbst Verlust zu erleiden. Wegen äusserst heftigen Windes muss heute die Derivation verdoppelt und das Visir um 400 m weiter genommen werden. — Die Türken versuchen, die russischen Artilleristen zur Anwendung einer falschen Aufsatz-Höhe zu verleiten, indem sie kurz nach einem russischerseits abgegebenen Schuss vermittelst eines kleinen angezündeten Strohballons eine kleine Explosion veranstalten, sodass es aussieht, als hätte der Gegner zu kurz geschossen. Anfangs lassen sich die Russen täuschen, bald aber merkt Oberst Onoprienko die List.

Die Infanterie arbeitet an der Verstärkung der Verschanzungen; Regiment Finland hat ausserdem den Transport von Artillerie-Munition vom „Dragoner-Biwak" bis in die Stellung zu besorgen; Regiment Welikoluz vollendet den längs des Waldrandes parallel der Stellungsfront angelegten Weg bis zum Anschluss an die vom Detachement Rauch hergestellte östliche Strecke. — Das 2. Bataillon Semenow arbeitet an dem Wege im Rücken der Stellung zur Verbindung mit der Orchanie-Chaussee.

Im Laufe des Nachmittags passiren zwei Bataillone Preobraschensk durch die Stellung, welche von dem Detachement Rauch zur Verstärkung für das Detachement Ellis abgegeben sind.

Verlust: 1 Mann verwundet.

5. December. — Batterie Onoprienko verfeuert gegen Arabkonak 490 Schuss, Batterie Martüschow feuert, durch Nebel oft gehindert, gegen den mittleren Theil der feindlichen Stellung. Die Türken antworteten aus 12 Geschützen. Die Schandornik-Höhe ist gänzlich in Nebel gehüllt.

Das 2. Bataillon Ismailow befestigt die „Vorgeschobene Stellung", Verlust durch Granatfeuer: 4 Mann verwundet. — 2. Bataillon Finland und 2. Bataillon Semenow arbeiten an dem Wege nach der Chaussee; Verlust: 4 Mann verwundet. — Regiment Welikoluz verstärkt seine Schützengräben und transportirt Munition.

Infolge der neuen Eintheilung der Stellung laut Armee-Befehl vom heutigen Tage erhält Dandeville das Commando über sein bisheriges Detachement und über das Schandornik-Detachement (bisher unter Rauch), und wird seinerseits dem General Schuwalow unterstellt, zu dem er sich behufs Einholung von Befehlen begiebt.

6. December. — Die Artillerie kann nur kurze Zeit feuern, dann tritt dichter Nebel ein, sodass man auf 20 Schritt Nichts erkennen kann. —

Regiment Ismailow vollendet die Redute Nr. 3, Regiment Welikoluz baut Flesche Nr. 4. — 2. Bataillon Finland baut Redute Nr. 1. — 2. Bataillon Semenow arbeitet an dem Wege zur Chaussee.

General Dandeville kehrt heute von General Schuwaloff zurück.

7. December. — Regiment Ismailow baut an den Reduten Nr. 2 und 3. — 2. Bataillon Semenow baut an Redute Nr. 1. — Regiment Welikoluz bereitet das Material zum Bau der Redute Nr. 5. — Das 2. Bataillon Finland rückt zu dem Detachement des rechten Flügels (westlich der Chaussee) ab, womit die laut Armee-Befehl vom 5. December befohlene Verschiebung der Truppen in den Stellungen durchgeführt ist.

f. Das Prawez-Detachement unter General Ellis I vom 25. bis 29. November.

Nach der ursprünglichen Disposition Gurkos für den 25. sollte das Detachement bestehen aus der Garde-Schützen-Brigade, dem Regiment Moskau, der 2. 5./2. Garde-Batterie, vier/6. reitenden Garde-Geschützen, drei Eskadrons Garde-Husaren und fünf Sotnien kaukasischer Kosaken; letztere rückten indessen einem abändernden Sonder-Befehl Gurkos zufolge nach Etropol, wo sich die kaukasische Brigade sammeln sollte.

Das Detachement Ellis hatte die Aufgabe: die Prawez-Stellung besetzt zu halten, die rechte Flanke der West-Armee gegen Orchanie zu sichern und in dieser Richtung zu rekognosziren und zu demonstriren.

Während das Schützen-Bataillone zur Besetzung der Stellung zurückblieben, wurde das Regiment Moskau, die drei Eskadrons Husaren und einige Eskadrons Ulanen, welche inzwischen ebenfalls zu dem Detachement gestossen waren (dieselben scheinen bis dahin in Roman und Swodja gestanden zu haben) zu mehrfachen Rekognoszirungen in der Richtung auf Orchanie verwendet.

Am 27. gingen einige Eskadrons in der Richtung auf Orchanie vor und fanden die dortigen Höhen von feindlicher Infanterie und Artillerie besetzt; über Skrivena, wohin ein Seiten-Detachement vorging, wurde die Verbindung mit zwei Eskadrons Grodno-Husaren hergestellt, welche von Wrazza her nach Dermanza vorgegangen waren. Nowatschin zeigte sich noch vom Feinde besetzt.

Als Rückhalt für die rekognoszirende Cavallerie war das 1. Bataillon Moskau bis Lazan, das 4. Bataillon mit zwei Neunpfündern noch eine Strecke weiter vorgegangen und beide Geschütze hatten sich mit der türkischen Artillerie herumgeschossen, welche auf den Höhen hinter Orchanie stand. Um bis dorthin zu reichen — die Entfernung stellte sich auf 4400 m heraus — mussten die Neunpfünder mit den Lafettenschwänzen in die Erde eingegraben werden.

Am Abend kehrten alle an der Rekognoszirung betheiligt gewesenen Truppen wieder in das Biwak bei Prawez zurück.

Am 28. gingen hinter der vorgesandten Cavallerie drei Bataillone Moskau mit einer Batterie vor; in Lazan das 3. Bataillon zurücklassend ging das Detachement noch weiter vor, wobei es abermals zu einer ziemlich resultatlosen Kanonade kam. Die Stellungen bei Orchanie, Wratschesch und Lutikowo zeigten sich noch vom Feinde besetzt, dagegen war Nowatschin von demselben geräumt und durch ein Detachement Grodno-Husaren von Dermanza aus besetzt worden. Am Abend kehrten die Truppen wieder in das Biwak bei Prawez zurück.

Am 29. wurde das 1. und 4. Bataillon Moskau bis Lazan, das 2. Bataillon mit der 5./2. Garde-Batterie weiter gegen Orchanie vorgeschoben. Auf die Meldung der vorgesandten Cavallerie, dass Orchanie geräumt sei, gingen das 2. und 4. Bataillon Moskau zunächst bis zu diesem Orte vor; von hier aus wurde dann das 4. Bataillon noch weiter gegen Wratschesch vorgeschickt, welches Dorf ebenso wie die Verschanzungen am Eingange des dortigen Engpasses verlassen ist. Das 4. Bataillon kehrte am Abend nach Orchanie zurück.

Infolge der Ergebnisse der heutigen Rekognoszirung gab General Ellis nunmehr den Befehl, dass auch das 1. und 3. Bataillon Moskau an ihre beiden anderen Bataillone heran nach Orchanie rücken sollten. Das 1., 2. und 4. Schützen-Bataillon sollten aus der Prawez-Stellung bis zur Karaula von Lazan vorgehen. Das 3. Schützen-Bataillon sollte zunächst in der Prawez-Stellung zurückbleiben, um das Herabschaffen der auf den dortigen Höhen befindlichen 14 Geschütze zu besorgen und zu decken; demnächst sollte das Bataillon die Stellung bei Wratschesch besetzen. Das Ulanen-Regiment sollte den auf Arabkonak abziehenden Feind möglichst scharf verfolgen.

g. Das Wratschesch-Orchanie-Detachement unter General Brok vom 30. November bis 8. December.

α) Die Oertlichkeit.

Das Dorf Wratschesch liegt an dem Knie der von Orchanie zum Arabkonak-Pass führenden Chaussee in einer Schlucht, welche sich noch innerhalb des Dorfes gabelt: Der eine Zweig führt nach Westen zu nach der sogenannten Lutikowo-Stellung, der andere nach Süden zum alten Tschuriak-Wege (l. c.). — An der ersteren Schlucht, auf einer Höhe nördlich des Dorfes, dem rechten Flügel der Lutikowo-Stellung gegenüber, lag eine von den Türken erbaute, nunmehr von den Russen besetzte Redute. — Nordwestlich von Wratschesch in der Richtung auf Skrivena zu erheben sich aus der Ebene des Thalkessels von Orchanie zwei einzelne Hügelkuppen dem linken Flügel der Lutikowo-Stellung gegenüber; auf diesen beiden Kuppen wurden später die Reduten „Kaulbars" und „Pusürewski" errichtet.

β) Zusammensetzung und Thätigkeit des Detachements.

Am 30. November nimmt das 3. Schützen-Bataillon mit vier Geschützen in und bei der Redute nördlich des Dorfes Aufstellung; die beiderseitigen Postenketten stehen sich auf Gewehrschussweite gegenüber. Das Dorf selbst wird von dem 4. Bataillon Moskau besetzt, welches die Bewachung der dort vorgefundenen grossartigen Magazine übernimmt. — In Orchanie stehen einige Eskadrons Garde-Cavallerie, wie es scheint unter General Etter II.

Am 2. December besichtigt General Schuwalow die Stellung, über welche General Brok das Commando übernimmt. — Von Jabloniza kommend, treten die 5. und 9. Compagnie Ismailow zum Wratschesch-Detachement.

Am 3. December rücken die 15. und 16. Compagnie Moskau mit einem Zuge Ulanen zu einer Rekognoszirung des Tschuriak-Passes ab, welche dem Lieutenant Skarjätin des Regiments Semenow aufgetragen. — Die Rekognoszirungs-Abtheilung erreicht unter grossen Mühseligkeiten den Pass, übernachtet angesichts des Dorfes Tschuriak und kehrt am folgenden Tage nach Wratschesch zurück.

Am Nachmittage des 3. rücken, von Orchanie kommend, das Regiment Pawlow und ein Theil des Garde-Jäger-Regiments (c. 5. Z.) im Eilmarsch zur Unterstützung des Detachements Ellis nach dem Arabkonak-Pass; das 2. Bataillon Pawlow bleibt bei dem Wratschesch-Detachement zurück.

Am Abend bringt Oberst Suchotin, mit mündlicher Meldung von Schuwalow an Gurko geschickt, die Nachricht von dem siegreichen Gefecht des Detachements Ellis auf dem Arabkonak-Pass.

Am 4. December trifft die ihrem Regiment nachrückende 2. Compagnie Pawlow bei Wratschesch ein und tritt zum Detachement.

Am 5. December treffen von Etropol über Orchanie kommend fünf Compagnien Garde-Jäger (10., 13., 14., 15., 16.) bei dem Detachement ein, der bereits nach dem Arabkonak-Pass gerückte Theil dieses Regiments kehrt von dort am 9. nach Wratschesch zurück.

Am 8. December übernimmt, der neuen Eintheilung der West-Armee entsprechend, General Etter II das Kommando über das Wratschesch-Detachement; General Brok geht zur Uebernahme des dortigen Kommandos zum Kasamarska-Pass.

h. Das Arabkonak-Detachement unter General Ellis vom 30. November bis 5. December.

α) Die Oertlichkeit.

Die nachfolgende Beschreibung derjenigen Oertlichkeit, welche den rechten Flügel der von der West-Armee eingenommenen Gebirgs-Stellung bildete und welche demnächst unter dem Namen „Schuwalow-Stellung" bekannt geworden — wird der Kürze und Deutlichkeit wegen bereits diejenigen Höhenbenennungen anwenden, welche erst im Laufe der Ereignisse von den Russen den einzelnen Punkten beigelegt worden.

Wir gehen bei dieser Beschreibung von dem sogenannten „Schuwalow-Berge" oder auch „Schuwalow-Lager" aus, d. h. von derjenigen Strecke der Passstrasse, welche am West-Abhang des Wrateschka-Höhenzuges entlang führt und wo später das Gros des rechten Flügels seine Biwaks hatte.

Die Chaussee hat an dieser Stelle eine Höhe von etwa 850 m. — Die Höhe östlich der Strasse, wo später die Batterie Maibaum lag, unterhalb und südlich der Batterie Onoprienko (s. §.), war ungefähr 1200 m hoch; dieselbe Höhe etwa scheint die Höhenkuppe westlich der Strasse zu haben, der später sogenannte „Finländische Berg".

Von derjenigen Stelle der Chaussee, welche später den Namen „Schuwalow-Lager" führte, schneiden zwei Schluchten seitwärts in den Höhenkamm ein: nach Osten zu zieht sich eine Schlucht im Rücken der Stellung des General Dandeville entlang zur Höhe von Wrateschka und Greata empor; auf der anderen Seite der Chaussee geht eine Schlucht anfangs nach Südwesten, dann nach Süden; diese Schlucht trennt den südlich gelegenen Finländischen Berg von dem nördlich gelegenen Pawlowskischen Berge; das südliche Ende dieser Schlucht führt zu dem Höhenkamm empor, welcher die westliche Fortsetzung der türkischen Arabkonak-Stellung bildet.

Vom Pawlowskischen Berge, diesen überhöhend, nach Westen zu, von dem Schuwalow-Berge in der Luftlinie 4 km entfernt, erhebt sich der Preobraschenskische Berg, wie es scheint der höchste Punkt dieser ganzen Gebirgsstrecke, welche im Ganzen unter dem Namen „Sinitsch" zusammengefasst wird.

Der Preobraschenskische Berg hängt nach Westen zu durch einen Sattel mit dem langgestreckten Höhenkamm Tschorni Werch zusammen, der das Tschuriak-Thal vom Thal von Dauschkioi (Ossojze) trennt.

β) Vormarsch des Detachements Ellis gegen die Arabkonak-Stellung. — Besitznahme des Finländischen Berges. — 30. November. 1. 2. December.

Am 30. November Morgens bricht das Detachement Ellis von Orchanie gegen Arabkonak auf: an der Spitze einer Eskadron Ulanen mit zwei / 6. reitenden Garde-Geschützen; dann 1. Bataillon Moskau mit der halben 4./2. Garde-Batterie, 2. Bataillon Moskau mit der halben 5./2. Garde-Batterie, 3. Bataillon Moskau mit der halben

2./2. Garde-Batterie. Demnächst folgen das 1., 2., 4. Schützen-Bataillon und der Rest der zum Detachement gehörigen Artillerie. Um 4 Uhr Nachmittags macht die Spitze des Regiments Moskau ungefähr in der Höhe der Aufstellung Dandevilles Halt (Schuwalow-Berg). — Das 1. Bataillon erhält Befehl, die Höhen links, das 2. diejenigen rechts der Strasse zu besetzen; das 3. Bataillon blieb auf der Chaussee in Reserve.

Am 1. und 2. December wurden Geschütze auf die Höhen seitwärts der Chaussee geschafft: vier 4./2. Garde-Geschütze links auf die Höhe unterhalb der Batterie Onoprienko (Batterie Maibaum); vier 5./2. und zwei 2./2. Garde-Geschütze rechts auf den Finländischen Berg, auf welchen auch das 3. Bataillon Moskau heraufgezogen wurde; die Schützen-Bataillone blieben unten in Reserve.

Das Hinaufschaffen der Geschütze war in hohem Grade mühevoll. Die Mannschaften der Schützen-Bataillone schafften die Geschütze bis auf die halbe Höhe; die oben auf den Höhen stehenden Bataillone Moskau holten sie ganz herauf. Der Transport eines Geschützes dauerte fast einen ganzen Tag; jede Granate musste einzeln hinaufgetragen werden, was $2^1/_2$ Stunde Zeit erforderte.

Am 2. December ging eine Ulanen-Patrouille gegen die dritte Karaula vor, welche von einer türkischen Abtheilung besetzt war, ohne dass es den Ulanen gelang, die Türken zu vertreiben. Als darauf eine Compagnie Schützen vorging, räumten die Türken die Karaula; einige in der Nähe gelegene Wassermühlen, auf denen noch bis zuletzt für die türkischen Truppen gemahlen worden war, wurden zerstört.

γ) Der 3. December. — Angriff der Türken auf die russische Stellung.

Die auf den Finländischen Berg geschafften sechs Geschütze waren in drei Emplacements zu je zwei Geschützen aufgestellt, Front nach Süden gegen die Arabkonak-Redouten.

Der Bau der Batterie war auf dem an jener Stelle ganz kahlen Berge durch einen künstlich hergestellten Schirm von Baumzweigen maskirt worden, sodass die Türken am Morgen des 3. bei Eröffnung des Feuers die erste Kenntniss von dem Vorhandensein von Geschützen auf dieser Höhe erhielten.

Die steil abfallenden südlichen Hänge des Finländischen Berges gaben der Aufstellung der Geschütze in der Front eine ziemlich gute Sicherung, dagegen gewährte der sanfte südwestliche Abfall des Berges einen bequemen Angriffsweg. Zur unmittelbaren Deckung der Geschütze wurde die 9. Compagnie bestimmt; das 2. Bataillon stand zur Linie der Batterien fast im rechten Winkel zurückgebogen, gewissermassen einen Defensivhaken bildend. Die Compagnien dieses Bataillons standen in dem Saum eines diesen Theil des Berges bedeckenden Waldes, durch welchen nach Möglichkeit einige Verbindungswege nach rückwärts hergestellt waren. Die Stellung war durch Anlage einer Reihe ziemlich schwacher Schützengräben verstärkt worden. Hinter dem 2. Bataillon stand als Reserve die 11., 12. und halbe 10. Compagnie; die am Gefecht betheiligten $7^1/_2$ Compagnien (halbe 10. Compagnie in Orchanie als Tross-Bedeckung) hatten eine Stärke von etwa 1000 Mann.

Das 2. Schützen-Bataillon, welches, von General Ellis um 5 Uhr Morgens als Verstärkung abgesandt, um 10 Uhr in der Stellung eintraf, wurde ca. 1000 Schritt hinter dem rechten Flügel aufgestellt, wie es scheint, denselben überflügelnd.

Von der einzigen noch verfügbaren Reserve, dem 1. und 4. Schützen-Bataillon, entsendete General Ellis demnächst noch zwei Compagnien von jedem Bataillon zur Verstärkung des Oberst Grippenberg ab, der auf dem Finländischen Berge das Kommando führte. Unten an der Chaussee verblieben nur noch vier Compagnien, welche an der Ausmündung der den Finländischen und Pawlowskischen Berg trennenden Schlucht aufgestellt waren.

Jenseits der Chaussee, in gleicher Höhe mit dem Detachement des Oberst Grippenberg, stand das 1. Bataillon Moskau mit vier 4./2. Garde-Geschützen auf der später „Batterie Maibaum" benannten Höhe. Die übrigen Geschütze des Detachements — wahrscheinlich sechs 2./2. Garde, vier 4/2. Garde und vier/6. reitende Garde — standen auf der Chaussee unter Bedeckung der erwähnten vier Schützen-Compagnien.

Dem allgemein ertheilten Befehle Gurkos entsprechend eröffneten die russischen Geschütze auf beiden Seiten der Chaussee um 8 Uhr Morgens das Feuer gegen die Arabkonak-Reduten und ein hinter ihnen sichtbares Lager; die Türken nahmen das Feuer sofort auf.

Als gegen 10 Uhr die türkischen Granaten in die Stellung des 3. Bataillons einschlugen, wurde dieses, um es aus der gefährdeten Stellung zu entfernen, dicht hinter den rechten Flügel des 2. Bataillons herangezogen. Als nach einiger Zeit Meldungen der Seiten-Patrouillen eintrafen: dass starke feindliche Massen den rechten Flügel des 2. Bataillons in einer Schlucht zu umgehen versuchten — wurden die 2^1/$_2$ Compagnien des 3. Bataillons auf den rechten Flügel des 2. Bataillons vorgezogen.

Gegen 11 Uhr setzten sich die Türken unter Eröffnung eines äusserst lebhaften Gewehrfeuers zum Angriff gegen Front und Flanke des 2. Bataillons in Bewegung. Der Frontal-Angriff gelangte mit grosser Tapferkeit bis dicht an die Schützengräben der Moskauer und wurde schliesslich durch einen energischen Gegenstoss abgewiesen. Der gegen den rechten Flügel gerichteten Umgehung traten nicht nur die 2^1/$_2$ Compagnien des 3. Bataillons entgegen, sondern auch zwei Compagnien des in Reserve stehenden 2. Schützen-Bataillons gingen ihrerseits der türkischen Umgehungs-Kolonne in die linke Flanke und warfen sie in Gemeinschaft mit dem 3. Bataillon Moskau derartig zurück, dass sie in den Schussbereich des 2. Bataillons Moskau getrieben wurde und grosse Verluste erlitt.

Nach kurzer Zeit gingen die Türken zu einem zweiten Angriff vor. Als der rechte Flügel der russischen Linie zu schwanken begann, wurden die letzten beiden Compagnien des 2. Schützen-Bataillons ebenfalls gegen die linke Flanke der Türken vorgeschickt und mit ihrer Hülfe wurde der mit grosser Tapferkeit abermals bis an die Schützengräben vorgedrungene Angriff abgewiesen; die verfolgenden Russen drangen zum Theil bis an die türkischen Schützengräben vor, gingen dann aber wieder in ihre Stellung zurück.

Als Einleitung eines dritten Angriffs eröffneten die Türken das Feuer aus zwei herangeschafften, hinter schnell aufgeworfenen Emplacements aufgestellten Geschützen. Während ausserdem die Geschütze der Arabkonak-Reduten ein fortgesetztes Feuer auf die russische Stellung richteten, musste die russische Infanterie jetzt auf die Unterstützung ihrer Artillerie gänzlich verzichten: nachdem schon vorher ein Geschütz demontirt, waren allmälig sämmtliche anderen fünf Geschütze durch Versagen des Verschluss-Mechanismus (weil kein Wasser zum Reinigen vorhanden) unbrauchbar geworden — dagegen trafen jetzt die von General Ellis zur Verstärkung geschickten vier Compagnien des 1. und 4. Schützen-Bataillons in der Stellung ein.

Der nunmehr beginnende dritte Angriff der Türken war ausser gegen die Front diesmal auch gegen den linken Flügel gerichtet; schon waren die Stürmenden hier bis dicht an die kampfunfähigen Geschütze herangekommen, als es den Moskauern mit Hülfe der eben eingetroffenen 2. 4./1. 3./4. Schützen-Compagnie gelang, den energisch geführten Angriff abzuweisen. Eine Zeitlang tobte jetzt ein wüthendes Gefecht einzelner Gruppen zwischen den beiderseitigen Stellungen hin und her, indem einzelne Abtheilungen bald bis an die feindlichen Schützengräben heranstürmten, bald wieder geworfen und von den siegreichen Gegnern bis in die eigene Stellung verfolgt wurden.

Um $3\frac{1}{2}$ Uhr war das Gefecht zu Ende; es war den Türken nicht gelungen, die Russen aus ihrer wichtigen Stellung auf dem Finländischen Berge zu vertreiben.

Der für die Heftigkeit und lange Dauer des Gefechtes auffallend geringe Verlust der Russen belief sich im Ganzen auf 2 Offiziere 45 Mann todt, 4 Offiziere 130 Mann verwundet — hiervon kamen 2 Offiziere 65 Mann auf das 2. Schützen-Bataillon, die beiden anderen Schützen-Bataillone hatten nur einige Verwundete. Der grösste Theil der Wunden rührte von der blanken Waffe oder von Schüssen aus allernächster Entfernung her; es wird dies russischerseits damit erklärt, dass die Russen, so lange sie im Walde gedeckt standen, von dem türkischen Gewehrfeuer nur wenig Verluste erlitten; diese entstanden fast alle im Handgemenge der russischen Gegenstösse und in den Kämpfen um einzelne russische oder türkische Schützengräben.

Während des Gefechtes hatte General Ellis die rathlos und hülflos auf der von dem feindlichen Feuer der Länge nach bestrichenen Chaussee stehende Artillerie nach Wratschesch zurückgeschickt. Diese Artillerie traf unterwegs auf die von Schuwalow heranbeorderten Regimenter Pawow und Garde-Jäger und schloss sich dem Vormarsch derselben wieder an.

Inzwischen näherten sich nämlich bedeutende Verstärkungen der bedrohten Stellung.

Bereits um 2 Uhr war von General Dandeville die Nachricht eingetroffen, er habe mit Rücksicht auf das hörbare heftige Feuer und auf die wahrnehmbare Bewegung türkischer Kolonnen gegen die Stellung Grippenbergs (das Gefecht selbst konnte Dandeville nicht sehen) zwei Bataillone Finland als Verstärkung abgesandt; infolge des schwierigen Weges, welchen diese Bataillone zurückzulegen hatten, trafen sie indessen erst um 5 Uhr nach gänzlicher Beendigung des Gefechtes ein und besetzten sofort die bisher von den Moskauern und Schützen gehaltene Stellung. Von diesen beiden Finländischen Bataillonen erhielt der Berg, auf dem das Gefecht stattgefunden, die Bezeichnung „Finländischer Berg."

Bald nach den Finländer Bataillonen trafen unten auf der Chaussee drei Bataillone Pawlow ein. Während das 4. Bataillon Pawlow sofort ebenfalls auf den Finländischen Berg geschickt wurde, bezogen die beiden anderen Bataillone das Biwak unten auf der Chaussee. Bald nach dem Regiment Pawlow traf ein Theil des Garde-Jäger-Regiments ein; dasselbe machte weiter rückwärts auf der Chaussee da Halt, wo die alte Tschuriak-Strasse sich rechts von der Chaussee abzweigt.

δ) Besetzung des Pawlowskischen und des Preobraschenskischen Berges durch die Russen. 4. und 5. December.

Am 4. December gegen Morgen erhalten sechs Compagnien des 1. und 3. Bataillons Pawlow (eine Compagnie bleibt zur Deckung des Verbandplatzes zurück, ausserdem die 2. Compagnie vorläufig noch bei Wratschesch) den Befehl, auf den später nach ihnen benannten Pawlowskischen Berg zu rücken. Nach mühsamem Klettern im dichten Nebel erreichen sie am späten Nachmittag die Höhe, ohne zunächst zu wissen, wo sie sich befinden. Eine aus 1 Offizier und 20 Mann bestehende Patrouille, welche zur Aufklärung vorgeschickt wird, stösst im Nebel auf türkische Posten; da der Nebel aber so dicht ist, dass man auf 20 Schritt keinen Menschen erkennen kann, bleibt man in völliger Ungewissheit darüber, wo man ist und was man sich gegenüber hat. — Gegen Abend werden durch Abtheilungen des Regiments Moskau zwei Geschütze auf den Pawlowskischen Berg geschleppt. — Eine Compagnie des 1. Schützen-Bataillons stellt eine Fuss-Relais-Linie von dem Pawlowskischen Berge bis zu dem Reserve-Lager an der Chaussee; diese Relais-Linie wird auch die nächsten Tage beibehalten.

Am 5. December rücken sechs Compagnien Pawlow und Abtheilungen des Regiments Preobraschensk nach dem von nun an so genannten Preobraschenskischen Berge, nach welchem am folgenden Tage auch zwei Geschütze geschafft werden.

Infolge der durch den Armee-Befehl Gurkos vom 5. December angeordneten Neu-Eintheilung der Armee soll der rechte Flügel unter General Etter bestehen aus den Regimentern Finland und Pawlow, welche die Stellung westlich der Chaussee — Finländischen, Pawlowskischen und Preobraschenskischen Berg — zu besetzen haben. Die übrigen, zur Reserve bestimmten Truppen verlassen in den nächsten Tagen die Stellung.

Siebenter Abschnitt.

Die türkische West-Armee unter dem Obercommando von Schakir und Suleiman.

Der Zeitpunkt, zu welchem wir am Schlusse des zweiten Abschnittes die Armee von Sofia verliessen, war für die ganze Kriegslage ein Augenblick äusserster Spannung.

Das Schicksal der in ihrem verschanzten Lager eingeschlossenen Armee von Plewna näherte sich der längst vorauszusehenden unabwendbaren Entscheidung; alle Versuche der türkischen Heerführung, durch die Offensive der drei anderen im Felde stehenden Armeen den Entsatz Plewnas zu bewirken, hatten sich als ohnmächtig erwiesen.

Die Offensive der Armee von Sofia-Orchanie war, wie wir in den vorhergehenden Abschnitten gesehen, zusammengebrochen, bevor sie überhaupt zur Entwickelung gekommen war. In die Defensive zurückgeworfen, hatte diese Armee nicht einmal die Festsetzung des Gegners auf den Passhöhen des Gebirges unmittelbar vor der türkischen Hauptstellung verhindern können; der vereinzelt und mit ungenügenden Kräften am 3. December gegen den rechten Flügel der russischen Gebirgsstellung unternommene Offensivstoss war blutig abgewiesen worden.

Die Schipka-Armee hatte überhaupt gar keinen Versuch gemacht, die ihr zugewiesene Offensiv-Rolle durchzuführen.

Die unter dem speciellen Befehl des Generalissimus Suleiman Pascha unternommene langsame und schwerfällige Offensive der Ost-Armee hatte zwar am 4. December zu dem für die türkischen Waffen siegreichen Treffen von Maren und Elena geführt und war so dem Zentralpunkt der russischen Aufstellung — Tirnowa — bedrohlich nahe gekommen — aber die eigentliche Offensivkraft des Stosses war gebrochen und eine weitere Fortsetzung der Offensive bis zum Eintritt einer wirklichen Entscheidung wurde gar nicht versucht. Das Schicksal Plewnas war besiegelt.

Der am 10. December mit verzweifelter Energie, aber von vornherein ohne Aussicht auf Erfolg unternommene Durchbruchsversuch endete mit der Gefangennahme der Armee von Plewna.

Die ganze Kriegslage war hiermit verändert; im Besonderen war der Sofia-Armee eine weit bedeutsamere Rolle zugewiesen als bisher.

Bis zum Falle von Plewna war auf türkischer Seite der Ost-Armee die Haupt-Rolle zugetheilt gewesen, sowohl im Hinblick auf die numerische Stärke als auch mit Rücksicht auf die strategischen Verhältnisse des Kriegsschauplatzes; die Schipka-Armee und Sofia-Armee hatten nur Neben-Rollen gehabt. Als mit dem Falle von Plewna die russischen Hauptstreitkräfte zur Offensive über den Balkan verfügbar wurden und als sich aus der ganzen Lage der Dinge ersehen liess, dass diese Offensive der Hauptsache nach wahrscheinlich über den Etropol-Balkan geführt werden würde, trat sofort die Sofia-Armee in den Vordergrund, und zwar um so mehr, als jetzt auch von serbischer Seite die Feindseligkeiten eröffnet wurden.

Diese veränderte Sachlage wurde auch von der türkischen Heeresleitung in Konstantinopel sofort erkannt, und unmittelbar nach dem Bekanntwerden der Katastrophe von Plewna erhielt Suleiman von Konstantinopel aus den Befehl, nicht nur einen namhaften Theil der Ost-Armee zur Verstärkung der Sofia-Armee nach der Südseite des Balkan zu entsenden, sondern auch selbst den Befehl über diese so verstärkte Armee zu übernehmen.

Obschon die nachfolgende Darstellung, dem durch den Titel der Studie angedeuteten Rahmen entsprechend, sich eingehend nur mit den Ereignissen im Etropol-Balkan und mit den Schicksalen der eigentlichen Sofia-Armee beschäftigen wird, so sind diese Vorgänge — welche bis zu dem Falle von Plewna ein in sich ziemlich abgeschlossenes Ganzes bildeten, von nun an mit den allgemeinen Verhältnissen des Kriegsschauplatzes derartig eng verflochten, dass ein kurzer Ueberblick über die allgemeine Kriegslage in der ersten Hälfte des December geboten erscheint.

Gestützt auf das ostbulgarische Festungs-Viereck stand die Ost-Armee oder Lom-Armee unter Suleiman Pascha in der Linie Rustschuk-Rasgrad-Osmanbazar, mit ihrem rechten Flügel der Armee des russischen Thronfolgers — der sogenannten Rustschuk-Armee — mit dem linken der Armee Radezkis — der sogenannten Schipka- oder Süd-Armee — gegenüber. Ein abgesondertes Corps der Ost-Armee stand bei Hadschi-Oglu-Basardschik mit der Front gegen die russische

Dobrudscha-Armee unter Zimmermann. Die westlichste Pass-Verbindung, welche sich unangefochten in den Händen der türkischen Ost-Armee befand, war diejenige über den Pass von Sliwno; durch den Sieg bei Elena war vorübergehend auch die Strasse über den Twarditza-Pass in die Hände der Türken gefallen.

Die türkische Schipka-Armee unter Reuf Pascha — demnächst unter Wessel Pascha — stand mit der Hauptmacht in dem verschanzten Lager am Süd-Ausgange des Schipka-Passes und hatte einen Theil der Kammhöhen zu beiden Seiten der Passstrasse besetzt, welche selbst mit Ausnahme des südlichen Abstieges sich im Besitz der Russen (Armee Radezkis) befand.

Schwache Abtheilungen der Schipka-Armee hielten die Süd-Ausgänge der Balkan-Pässe rechts bis Twarditza, links bis Karlowo besetzt und hatten hier Verbindung mit dem äussersten rechten Flügel der Sofia-Armee.

Diese — bis zum 4. December unter Mehmed Ali, dann unter Schakir Pascha — hatte ihre Hauptmacht in der Stellung Arabkonak-Schandornik vereinigt; ein rechtes Flügel-Detachement stand auf der Südseite des Gebirges bei Slatiza; ein linkes Flügel-Detachement befand sich noch auf der Nordseite des Gebirges in der sogenannten Stellung von Lutikowo.

Schwache Abtheilungen, nicht zur Sofia-Armee im engeren Sinne gehörig, standen in Berkowaz und in den Balkan-Pässen westlich von Lutikowo.

An diese von Varna und Hadschi-Oglu-Basardschik bis Lutikowo und Berkowaz reichende Front der türkischen Haupt-Armee schlossen sich weiter nach Westen zu einige schwache Truppen-Corps an, welche gegen Serbien und Montenegro aufgestellt waren.

Abgesehen von der Besatzung der starken Donau-Festung Widdin stand an der serbischen Süd-Grenze das Corps von Nisch mit seiner Hauptstärke bei dieser Festung und hatte Detachements rechts in Ak Palanka und Scharkioi (Pirot) — von hier aus Verbindung mit der Sofia-Armee haltend — und links in Prokopolje und Kurschumlja.

Gegen die serbische Süd-West-Grenze stand das Corps von Nowibazar mit dem Zentrum bei diesem Ort, rechts bis Mitrowitza, links bis Nowiwarkosch und Priboi sich ausdehnend. Hieran schloss sich, die serbische West-Grenze beobachtend, das sogenannte bosnische Corps, längs der Drina bis zur Mündung dieses Flusses aufgestellt.

Gegen Montenegro standen ausserdem das Corps der Herzegowina im Norden und das Corps von Skutari im Süden.

Sämmtliche gegen Serbien und Montenegro aufgestellten Corps hatten alle irgend entbehrliche Truppen bereits an die Haupt-Armee — namentlich an die Armee von Sofia — abgegeben; ihre Stärke war kaum für die nothdürftigste Defensive hinreichend.

Als am 12. December in Konstantinopel die Katastrophe von Plewna bekannt geworden, hatte, wie bereits erwähnt, die obere Heeresleitung sofort angeordnet, einen Theil der Ost-Armee — 60 Bataillone — nach der Südseite des Balkan zur Verstärkung der Armee von Sofia abzusenden; Suleiman Pascha hatte die Weisung erhalten, persönlich den Oberbefehl über die so verstärkte Armee von Sofia zu übernehmen.

Ein Theil dieser Verstärkungen, so namentlich diejenigen Bataillone, welche den Corps von Rustschuk und Rasgrad entnommen wurden, gingen nach Varna, wurden von hier zu Schiffe nach Konstantinopel und von hier auf der Eisenbahn über Adrianopel und Philippopel nach Tatar Basardschik, dem damaligen Endpunkte der rumelischen Bahnlinie, befördert — während diejenigen Bataillone, welche den Corps von Elena und Osmanbasar entnommen wurden, den Pass von Sliwno überschreiten und dann entweder am Südfuss des Balkan entlang marschieren oder von Jamboli an die Eisenbahn über Philippopel bis Tatar Basardschik benutzen sollten. Dank der gewohnheitsmässigen Schwerfälligkeit türkischer Truppenbewegungen, in Verbindung mit verschiedenen unzweckmässigen Dispositionen, waren diese Truppen noch auf den verschiedenen Anmarschwegen auf unglaubliche Weise verzettelt, als in den letzten December-Tagen die Offensive der russischen West-Armee über den Etropol-Balkan ihren Anfang nahm, während gleichzeitig der Vormarsch starker serbischer Kolonnen in der Richtung auf Nisch, Ak Palanka und Scharkioi den linken Flügel der Sofia-Armee bedenklich bedrohte.

Suleimans Ansicht war gleich nach dem Bekanntwerden des Falles von Plewna und der einige Tage später erfolgenden Kriegserklärung von Seiten Serbiens dahin gegangen, der westliche Balkan sei unter diesen Umständen nicht zu behaupten und die neu einzunehmende Defensiv-Stellung müsse sich auf Adrianopel stützen.

Diese Anschauung fand indessen nicht den Beifall der in Konstantinopel massgebenden Persönlichkeiten, welche dringend verlangten, Suleiman solle, unter gleichzeitigem Frontmachen gegen den serbischen Angriff, die Stellungen im westlichen Balkan energisch vertheidigen.

Vergeblich suchte Suleiman in Konstantinopel — wohin er sich Mitte December über Varna begab — seiner Auffassung der Lage Geltung zu verschaffen; ohne mit der Kanzlei des Sultans und dem

Seraskeriate sich endgültig verständigt zu haben, ging er über Adrianopel nach Sofia ab. Als er hier Ende December eintraf, war die strategische Sachlage bereits sehr bedenklich.

Ein starkes Corps der russischen West-Armee hatte den Balkan westlich der Arabkonak-Stellung überschritten und entwickelte sich einerseits gegen die Flanke dieser Stellung, andererseits gegen Sofia, während gleichzeitig die Serben im Vormarsch gegen Scharkioi waren.

Suleiman gab den im westlichen Balkan-Gebiet zerstreut stehenden Truppen-Abtheilungen den Befehl, sich nach Sofia zurückzuziehen und diesen Ort hartnäckig zu halten, desgleichen erging an Schakir Pascha der Befehl, sich in seiner Stellung zu behaupten. Suleiman selbst begab sich hierauf nach Adrianopel, um von diesem Zentralpunkte aus die allgemeinen Operationen leiten zu können — erfuhr hier aber am 5. Januar die Ernennung von Reuf Pascha zum Generalissimus und seine eigene Bestimmung für das Kommando der Sofia-Armee. Infolge dieser Bestimmungen begab er sich sofort nach Tatar Basardschik, wo sich unterdessen ein Theil der von der Ost-Armee abgegebenen Verstärkungen gesammelt hatte.

Schakir Pascha hatte inzwischen unter dem Schutz des hartnäckigen Widerstandes, welchen Baker Pascha mit einem Theil des Corps am 31. December dem Angriff der Russen auf die Stellung von Taschkesen entgegensetzte, die Arabkonak-Stellung geräumt und war am 1. Januar nach Petritschewo abgezogen, wo sich ihm die zu den anrückenden Verstärkungen gehörende Brigade unter Mustafa Ramsi Pascha anschloss. Von hier aus setzte Schakir Pascha den Rückzug nach Otlukioi (Panjurischte) fort, während Iskender Pascha von Slatiza auf Presadim Derbent zurückging.

Die bei Sofia versammelten Truppen hatten am 1. Januar einen Offensivstoss gegen ein bis Ober-Bugarow vorgegangenes russisches Detachement unternommen, waren aber mit Verlust abgewiesen worden.

Als nunmehr starke russische Kolonnen sich gegen Sofia in Bewegung setzten, zog Osman Pascha mit den dort versammelten Truppen unter Zurücklassung grosser Vorräthe und zahlreicher Kranker und Verwundeter am 4. Januar in der Richtung auf Samakow ab; die Stadt wurde von den Russen besetzt.

Die weiteren Operationen der türkischen West-Armee liegen nicht mehr im Rahmen dieser Studie.

a. Suleiman und die türkische Heeresleitung.

Suleiman war am 10. November zum Serdar Ekrem (Generalissimus) der Donau-Armee ernannt worden; im Besonderen hatte er ausserdem die Leitung der Ost-

Armee, welche im Hinblick auf die Stärkeverhältnisse als die Haupt-Armee betrachtet werden musste. Während er im Begriff war, mit einem Theil dieser Armee einen Offensivstoss gegen die russische Stellung bei Maren und Elena zu führen, ging ihm am 2. December ein Telegramm des Kriegsministers zu, worin dieser Suleimans Aufmerksamkeit auf die Bewegung starker russischer Truppenmassen gegen den Etropol-Balkan lenkte. Suleiman wurde aufgefordert, ein starkes Corps der Ost-Armee bei Kasan zu konzentriren, um im Bedarfsfalle von hier aus auf die Südseite des Balkan zur Verfügung der Sofia-Armee gezogen werden zu können.

In seiner sofort abgesandten Antwort betonte Suleiman, dass die Abgabe eines starken Corps von der Ost-Armee nach der Südseite des Balkan die Stellung in Ost-Bulgarien bedenklich schwächen würde; jedenfalls dürfe der Ost-Armee kein Mann entzogen werden, bevor die Entscheidung der augenblicklich im Gange befindlichen Offensive (gegen Elena) erfolgt sei.

Zum besseren Verständniss der ganzen Sachlage mag hier Stärke und Vertheilung der Ost-Armee zu gedachtem Zeitpunkt angegeben werden:

49 Bataillone als Besatzungen in den ostbulgarischen Festungen;
12 Bataillone in dem abgesonderten Corps von Hadschi Oglu Basardschik;
47 Bataillone rechter Flügel der Armee am unteren und mittleren Lom;
41 Bataillone linker Flügel der Armee, zur Offensive gegen Elena bestimmt, bei Osmabazar (10 Bataillone) und Achmedli (31 Bataillone) konzentrirt.

Ausserdem eine Anzahl Bataillone in den verschiedenen Balkan-Pässen.

Noch an demselben Tage — 2. December — übermittelte das Seraskeriat an Suleiman telegraphisch das Resultat der über die allgemeine Kriegslage abgehaltenen Berathungen des obersten Kriegsrathes.

Der Kriegsrath geht hierbei von der Annahme aus, dass nach dem über kurz oder lang bevorstehenden Fall von Plewna die russische Hauptmacht auf Sofia vordringen und ihre Vereinigung mit den Serben bewerkstelligen werde. Diesem Beginnen soll die Armee von Sofia in der Linie Slatiza-Sofia-Scharkioi entgegentreten. Die jetzige Sofia-Armee erscheint weder ihrer numerischen Stärke nach — sie wird auf 70 Bataillone berechnet — noch im Hinblick auf die Beschaffenheit ihrer Truppen — sie besteht zum grossen Theil aus Mustachfis — im Stande, dieser Aufgabe zu genügen; andererseits verliert nach dem vorauszusehenden Falle Plewnas der ostbulgarische Schauplatz viel von seiner bisherigen Wichtigkeit; es scheint daher zweckmässig, in diesem Falle nur die nöthigen Besatzungen in den ostbulgarischen Festungen zu belassen, die Hauptmasse der Ost-Armee aber auf die Südseite des Balkan zu ziehen und mit der bisherigen Sofia-Armee zu vereinigen. Gewissermassen als Einleitung und Vorbereitung dieser Bewegung schien es angezeigt, sofort zwei Divisionen der Ost-Armee nach Kasan zu schicken.

In seinem am 3. December abgesandten Antworts-Telegramm betonte Suleiman mit vollem Recht abermals, dass zunächst vor allen Dingen der Ausfall der Entscheidung bei Elena abzuwarten sei. Suleiman theilte dem Seraskeriat mit, dass er morgen den geplanten Offensivstoss führen werde, während gleichzeitig ein Corps von 30 Bataillonen von Rustschuk aus gegen die feindliche Stellung am unteren Lom demonstriren solle.

Der am 4. December unternommene Angriff Suleimans auf die russische Stellung bei Maren und Elena führte zu einer blutigen Niederlage des allerdings nur schwachen russischen Detachements und brachte jene Stellungen sowie den Twarditza-Pass in den Besitz der Türken; von einer weiteren Fortsetzung der Offensive auf Tirnowa zu war aber nicht die Rede, und nachdem es der russischen Heerführung gelungen war, bereits in den nächsten Tagen zahlreiche Verstärkungen in der Stellung am Nikolaus-Kloster halbwegs zwischen Tirnowa und Elena zu versammeln, war auch jede Aussicht auf einen hier zu erreichenden Erfolg für die Türken verloren.

Wie es scheint noch ohne Kenntniss von dem Falle Plewnas, liess Suleiman am 12. December seinen rechten Flügel von Rustschuk aus einen Vorstoss gegen die russische Stellung bei Metschka und Trestjenik unternehmen; derselbe wurde mit bedeutendem Verlust abgeschlagen.

An demselben Tage — 12. December — erhielt Suleiman von Konstantinopel aus die Nachricht von dem Falle Plewnas.

Die von dem ersten Sekretär der Kanzlei des Sultans, Said, und von dem Kaimakam (Stellvertreter oder Gehülfen) des Seraskeriats, Reuf Pascha, gezeichnete Depesche ist charakteristisch genug, um wenigstens ihre Einleitung dem Wortlaute nach mitzutheilen:

„Nach den heute aus Europa eingegangenen Nachrichten ist Osmans Versuch, nach Widdin durchzubrechen, gescheitert und hat mit der Gefangennahme der Armee geendet. **Bedauern ist nutzlos, verzweifeln noch schlimmer; das einzige Mittel zu unserer Rettung ist ein noch hartnäckigerer Widerstand als bisher.** Der Feind wird jetzt versuchen, mit seiner Hauptmacht den Balkan zu überschreiten, um durch sofortigen Vormarsch auf Adrianopel und vielleicht noch weiter der Vermittelung der Mächte zuvorzukommen und uns keine Zeit zur Sammlung zu lassen. Wenn dies glückt, so ist das Gebäude des Osmanen-Reiches in seinen Grundlagen erschüttert."

Es folgen demnächst umständlich motivirte Weisungen, unverzüglich einen Theil der Ost-Armee nach der Südseite des Balkan in Bewegung zu setzen.

Auf seine sofortige Anfrage nach näheren Bestimmungen über die Entsendung der verlangten 60 Bataillone erhielt Suleiman noch an demselben Tage vom Seraskeriat die Antwort: jene Bataillone seien direkt nach den Pässen von Sofia und Slatiza zu entsenden und zwar solle Suleiman persönlich den Oberbefehl über dieselben übernehmen.

Suleimans telegraphisch an das Seraskeriat gerichtete Bitte, sich persönlich nach Konstantinopel begeben zu dürfen, um dort das Nähere über die bevorstehende Truppen-Verschiebung zu besprechen, blieb ohne direkte Antwort; dagegen erhielt er (am 15. December?) von Mahmud Pascha die Nachricht: der Sultan habe Suleimans Reise nach Konstantinopel gestattet.

Eben im Begriff, in Varna das Schiff zu besteigen, um sich nach Konstantinopel zu begeben, erhielt Suleiman vom Gross-Vezier Edhem Pascha die telegraphische Weisung: die Truppen seien über Konstantinopel zu transportiren, Suleiman selbst aber solle sich auf dem Landwege nach Sofia begeben und unterwegs die ganze Vertheidigungslinie des Balkan inspiriren.

Ueber die Ausführung der angeordneten Truppenbewegung wird weiter unten (b.) das Nähere im Zusammenhange mitgetheilt werden.

Ueber die genauen Daten der ferneren persönlichen Thätigkeit Suleimans herrscht auch in den offiziellen türkischen Quellen mehrfache Unklarheit.

Jedenfalls begab er sich — trotz der entgegenstehenden Weisung des Gross-Veziers — nach Konstantinopel und hatte hier eine Besprechung mit den leitenden Persönlichkeiten, wie es scheint aber, ohne eine wirkliche Uebereinstimmung mit denselben erzielt zu haben. Suleiman beharrte aus militärisch vollkommen begreiflichen Gründen bei seiner Ansicht: alle auf der Südseite des Balkan verfügbar zu machenden Truppen seien bei Adrianopel zu vereinigen, um hier in starker vorbereiteter

Stellung Widerstand zu leisten. Die leitenden Persönlichkeiten in Konstantinopel dagegen wurden durch politische Erwägungen zu dem Wunsche veranlasst, die Balkanlinie wenigstens noch kurze Zeit zu behaupten, da man sehr bald eine Einmischung der europäischen Mächte, namentlich Englands, und die Herbeiführung eines Waffenstillstandes erwartete.

Von Konstantinopel aus begab sich Suleiman, wahrscheinlich am 24. nach Adrianopel, besichtigte hier die im Entstehen begriffenen Vertheidigungs-Anstalten und begab sich dann über Philippopel nach Tatar Basardschik (25.). Am 26. setzte er seine Reise über Derbent Kapudschik und Ichtiman fort und traf wahrscheinlich am 27. in Sofia ein.

Hier hatte die ganze Lage bereits ein sehr bedrohliches Aussehen.

Russische Kolonnen hatten bereits, die Arabkonak-Stellung westlich umgehend, das Gebirge überschritten, die Verbindung zwischen Sofia und dem Corps Schakir Paschas war durch feindliche Cavallerie unterbrochen und in der auf Suleimans Eintreffen folgenden Nacht ging von Scharkioi die telegraphische Meldung ein: Dieser nur von einigen schwachen Bataillonen besetzte Ort sei durch starke serbische Streitkräfte und mehrere tausend Bulgaren bedroht. In Sofia befanden sich zur Zeit nur drei Bataillone, während kurz nach Suleimans Eintreffen die vorderste Staffel der von der Ost-Armee abgegebenen Verstärkungen in der Stärke von fünf Bataillonen in Sofia einrückte.

Unter diesen Umständen gab Suleiman sofort an die Besatzung von Scharkioi und andere längs der serbischen Grenze verzettelte Abtheilungen, ferner an ein am Gintzi-Passe stehendes Detachement von zwei Bataillonen sowie an das aus fünf Bataillonen bestehende Detachement in der Lutikowo-Stellung den Befehl, unverzüglich den Rückzug nach Sofia anzutreten. Der Gouverneur von Sofia, Mehmed Pascha, wurde angewiesen, die Stadt hartnäckig zu vertheidigen; an Schakir ging auf Umwegen der Befehl ab, sich in seiner Stellung zu halten — beide Anordnungen entsprachen den von Konstantinopel aus an Suleiman gegebenen Weisungen, waren aber seiner eigenen Ueberzeugung durchaus entgegen.

Ueberzeugt, seinen Pflichten als Generalissimus in Bezug auf Ueberwachung und Leitung der Truppenbewegungen auf der ganzen Balkan-Linie nur von einem rückwärtigen Zentralpunkt wie Adrianopel aus — wo gleichzeitig die Telegraphenlinien von den verschiedensten Punkten des Kriegsschauplatzes zusammenliefen — Genüge leisten zu können, beschloss Suleiman, sich dorthin zu begeben.

Als er diese seine Absicht nach Konstantinopel meldete, erhielt er umgehend eine von Said (erstem Sekretär des Sultans), Mahmud (Grossmeister der Artillerie und provisorischem Seraskier) und Reuf (Kaimakam des Seraskiers) unterzeichnetes Telegramm folgenden Inhalts:

„Auf Adrianopel darf nur im äussersten Nothfalle zurückgegangen werden, diesen Gedanken müssen Sie aufgeben. Behaupten Sie die Balkan-Linie. Unter keinen Umständen dürfen Sie sich in Sofia einschliessen lassen, lieber ist der Rückzug anzutreten."

Entgegen dem in diesem Telegramm wenigstens indirekt ausgesprochenen Befehl begab sich Suleiman nach Adrianopel.

Die allgemeine strategische Sachlage hatte sich inzwischen folgendermassen gestaltet:

Schakir war, nachdem er sich der drohenden Umfassung des Gegners bei Taschkesen glücklich entzogen, über Petritschewo im Marsch nach Otlukioi; das Slatiza-Detachement unter Iskender Pascha war auf Derbent Pressadim zurückgegangen;

die infolge der verschiedenen Anordnungen Suleimans in Sofia versammelten Truppen waren auf Samakow abgezogen; ein Theil der von der Ost-Armee kommenden Verstärkungen hatte die Gegend von Tatar Basardschik erreicht; der Feind war auf allen genannten Wegerichtungen im Nachdrängen begriffen.

Als Suleiman am 4. Januar in Adrianopel ein Telegramm aus Konstantinopel erhielt, welches sich tadelnd über sein Verfahren aussprach, antwortete er an demselben Tage: „Er werde sich sofort zu den Truppen Schakir Paschas begeben, sei dann aber nicht im Stande, die Pflichten des Generalissimus zu erfüllen und bitte um sofortige Ernennung eines Nachfolgers für ihn in dieser seiner bisherigen Eigenschaft."

Die sofort einlaufende Antwort war für Suleiman wahrscheinlich unerwartet: Reuf Pascha — Kaimakam des Seraskeriats und persönlicher Feind Suleimans — wurde beauftragt, von Konstantinopel aus die Operationen zu leiten; Suleiman wurde auf das Kommando der West-Armee beschränkt und erhielt den dringenden Befehl, sich sofort nach Basardschik zu begeben; Achmed Ejub Pascha wurde mit der Leitung der Vertheidigungs-Anstalten von Adrianopel betraut.

Auf diesen Befehl antwortete Suleiman am 5. Januar telegraphisch: „Er werde sofort nach Basardschik abgehen, er übergäbe seine Pflichten als Generalissimus an Reuf Pascha, erkläre aber dabei ausdrücklich, dass dieser diese Pflichten von Konstantinopel aus zu erfüllen nicht im Stande sein werde."

b. Anmarsch der von der Ost-Armee abgegebenen Verstärkungen.

Am 12. December ordnete Suleiman an, dass 21 Bataillone von dem Corps bei Rustschuk in Rasgrad, 28 Bataillone von dem Corps bei Elena und 10 Bataillone von dem Corps bei Osmanbasar nach der Südseite des Balkan abrücken sollten. Wie es scheint — und wie es auch am zweckmässigsten war — wurden die von Rustschuk und Rasgrad kommenden Bataillone über Varna, von hier zu Schiff nach Konstantinopel und dann von dort mit der Eisenbahn über Adrianopel und Philippopel nach Tatar Basardschik geschafft, während die Bataillone von Elena und Osmanbazar über den Pass von Sliwno nach der Südseite des Balkan marschierten und dann zu Fuss weiter nach Sofia, oder zum Theil von Jamboli aus die Bahn benutzend.

In welcher Art diese Truppen die befohlene Bewegung thatsächlich ausführten, darüber sind nur eine Anzahl an und für sich zusammenhangloser Einzelangaben vorhanden, durch deren vergleichende Zusammenstellung man folgendes annähernd jedenfalls richtige Gesammtbild erhält.

In den letzten Decembertagen — ein ganz bestimmtes Datum kann für diese Gruppirung nicht angegeben werden — befanden sich die in Bewegung gesetzten Verstärkungen in folgender Art auf den beiden Anmarschwegen aufgestaffelt:

5 Bataillone zwischen Scharkiöi und Sofia. — Es scheint dies die Brigade Reschid gewesen zu sein, welche von Elena kommend bereits am 17. December bei Tatar Basardschik eintraf.

5 Bataillone in Sofia } kamen wahrscheinlich über Sliwno.
3 Bataillone zwischen Sofia und Ichtiman }

6 Bataillone Derbent Kapudschik
3 Bataillone Tatar Basardschik } wahrscheinlich } über Varna gekommen.
3 Bataillone Philippopel
9 Bataillone Konstantinopel { jedenfalls

6 Bataillone Mirkowo. — Brigade Mustafa Ramsi, war über Sliwno gekommen.

8 Bataillone bei Jamboli, waren über Sliwno gekommen und warteten infolge ungeschickter Dispositionen vergeblich auf Weiterbeförderung mit der Bahn.

11 Bataillone bei Kasan — hatten den Pass von Sliwno also noch nicht überschritten.

c. Die türkische Stellung am Arabkonak-Pass.

a) Die Arabkonak-Schandornik-Stellung.

Die türkische Hauptstellung im Etropol-Balkan lag auf dem Höhenrücken, der sich von der Schandornik-Höhe bis zur Passhöhe Arabkonak und — westlich der Chaussee unter dem Namen Karagel — weiter nach Westen zu hinzieht. Die Befestigung der Stellung bestand der Hauptsache nach aus sieben Reduten.

Die stärkste derselben, Redute Nr. I, auch Güldis Tabia genannt, lag auf dem rechten Flügel auf der Schandornik-Höhe.

Redute Nr. VI, auch wohl Arabkonak-Redute oder auch Redute des Hauptquartiers genannt, lag auf der eigentlichen Passhöhe, dicht östlich der Strasse; Redute Nr. VII lag auf der anderen Seite der Strasse, etwa 500 m von der Redute Nr. VI entfernt.

In dem 4 km betragenden Zwischenraum zwischen Redute Nr. I und Redute Nr. VI lagen die Reduten II, III, IV und V.

Die ganze Frontlinie der Reduten war mit mehrfachen Reihen von Schützengräben versehen; auch auf der Höhe westlich der Redute Nr. VII, dem Finländischen und Pawlowskischen Berge (6. h. *a*.) gegenüber waren Schützengräben und Geschütz-Emplacements errichtet.

Die Frontlinie der ganzen Stellung hatte eine Länge von über 6 km.

Die Brustwehren waren, da der felsige Boden einen Grabenausstich nicht gestattete, aus Rasen aufgeführt; Traversen und Hohlräume fehlten im Allgemeinen ganz.

Die Güldis Tabia lag in einer Höhe von 1660 m und beherrschte weithin das umliegende Gelände; infolge ihrer hohen Lage war diese Redute aber sehr häufig in einen dichten Wolkenschleier eingehüllt.

Die Redute Nr. VI, in deren unmittelbarer Nähe sich das Haupt-Quartier und das Telegraphen-Stationszelt befand, war ein starkes Werk mit einem hohen Cavalier in der Mitte — aber sowohl diese wie auch Redute Nr. VII wurden von den russischen Batteriestellungen auf dem Wratschka-Rücken überhöht.

Hinter Redute Nr. V wurde Anfang December eine Artillerie-Stellung ausfindig gemacht, welche, selbst gegen das Feuer der russischen Haupt-Artillerie-Stellung vollkommen gedeckt, ihrerseits sehr gut gegen die russische Stellung westlich der Chaussee wirken konnte; von hier aus feuerten am 3. December zwei Feld-Batterien gemeinschaftlich mit den Reduten IV und V gegen die Stellung der Russen auf dem Finländischen Berge.

Die Armirung der Güldis Tabia bestand aus zwei Feld- und zwei Gebirgs-Geschützen; in Redute Nr. VI waren sechs, in Redute Nr. VII waren fünf Geschütze aufgestellt; in den anderen Reduten scheinen nicht mehr als je zwei Geschütze gestanden zu haben.

Hinter der Reduten-Linie, namentlich in der Nähe der Chaussee, befanden sich die Lager der türkischen Truppen.

Die bei der Redute Nr. VI befindliche Telegraphen-Station hatte direkt telegraphische Verbindung einerseits mit Slatiza, andererseits mit Sofia; die Lutikowo-Stellung hatte direkte telegraphische Verbindung mit Sofia; von diesem Zentralpunkte aus gingen Telegraphenlinien einerseits nach Scharkioi an der serbischen Grenze, andererseits über Tatar Basardschik nach Konstantinopel.

β) Der Thalkessel von Kamarzü.

Der südlich des Passes sich öffnende Thalkessel von Kamarzü hat die Gestalt eines ungleichseitigen Vierecks. Die Nord-West-Ecke desselben wird gebildet durch das Dorf Ober-Kamarzü, die Nord-Ost-Ecke durch das Dorf Strigli, die Süd-Ost-Ecke durch das Dorf Nieder-Kamarzü, die Süd-West-Ecke endlich durch die „Neue Karaula" an der gleich näher zu erwähnenden Strassen-Gabelung.

Auf der Linie Ober-Kamarzü-Strigli (5 km) wird der Thalkessel begrenzt durch den Hauptkamm des Gebirges; auf der Linie Strigli-Nieder-Kamarzü (4 km) durch einen Golubez Planina genannten Höhenrücken, der sich von der Schandornik-Höhe nach Süd-Westen zu vom Hauptkamme abzweigt; in Westen endlich auf der Linie Ober-Kamarzü-Neue Karaula-Nieder-Kamarzü (6 km) wird der Thalkessel begrenzt durch den Höhenzug, der unter dem Namen Balabanitscha vom Hauptkamm nach Süd-Osten zieht und den von der Malinska gebildeten, nach Norden zu offenen Bogen ausfüllt. Bei Nieder-Kamarzü treten der Balabanitscha-Rücken und die Golubez Planina dicht aneinander heran und bilden einen längeren von der Malinska durchflossenen Engpass.

Halbwegs zwischen Ober-Kamarzü und Strigli bei dem Dörfchen Arabkonak tritt die Chaussee aus der Gebirgsstrasse in das offene Thal hinaus. Bei dem Dorfe Strigli erreicht der vom Strigli-Pass (Schandornik-Höhe) kommende Weg den Thalkessel.

Nordöstlich von Strigli entspringt auf dem Gebirge die Malinska. Bis Nieder-Kamarzü am westlichen Fuss der Golubez Planina entlang fliessend, durchbricht sie auf der bogenförmig nach Norden geöffneten Strecke des Laufes von Nieder-Kamarzü bis Kokantio (Tschekantschewo) den westlich vorgelagerten Gebirgszug (dessen nördlicher Theil der Balabanitscha-Rücken) und tritt bei Teshekantschewo wieder in die Ebene.

Bei der Neuen Karaula tritt die von Arabkonak kommende Chaussee in den den Balabanitscha-Rücken durchschneidenden Engpass von Taschkesen ein und tritt aus diesem bei dem Dorfe Taschkesen wieder in die Thalebene hinaus.

Von der Neuen Karaula führt eine Strasse am Rande des Thalkessels entlang nach Nieder-Kamarzü.

Aus der Schlucht, welche sich von Ober-Kamarzü zu dem Karagel genannten Theile des Hauptkammes hinaufzieht, fliesst der Kamarska-Bach durch den Thalkessel; sie mündet bei Nieder-Kamarzü in die Malinska.

γ) Die Taschkesen-Stellung.

Um die Darstellung der hier sich abspielenden Ereignisse kurz und deutlich gestalten zu können, müssen wir die Gliederung des Balabanitscha-Höhenzuges und des ihm benachbarten Theiles des Hauptkammes näher betrachten und einige Bezeichnungen feststellen (zu vergleichen 1. a., b., c. und 6. h. α.).

Von demjenigen Theil des Hauptkammes, der von den Russen „Preobraschenskischer Berg" genannt wurde, zieht sich der Höhenzug Tschornü Werch in südwestlicher Richtung nach Jeleschnitza zu. Der Weg über den Tschuriak-Pass führt an der Nordwestseite des Tschornü Werch entlang und mündet bei Jeleschnitza in die Ebene.

Von dem Tschuriak-Wege, halbwegs zwischen Tschuriak und Potop, führt ein Gebirgspfad über den Pass von Njegoschewo hinüber in das Thal von Taschkesen; das Dorf Njegoschewo liegt am Austritt dieses Passweges in das genannte Thal.

Im nördlichen Theil des Tschornü Werch, südöstlich von Tschuriak, erhebt sich eine die Umgegend beherrschende Kuppe, welche, den Ereignissen vorgreifend, als „Wasmund-Höhe" bezeichnet werden soll. Von ihr aus zieht sich eine tief eingeschnittene Schlucht nach Süden, welche bei dem Dorfe Ossojze oder Dauschkioi das Thal erreicht.

Etwa anderthalb Kilometer westlich der Neuen Karaula bezeichnet der an der Chaussee liegende Han Beklem die Stelle, wo die Chaussee in den eigentlichen Durchbruch des Balabanitscha-Zuges eintritt. Nördlich und südlich der Chaussee erheben sich hier starke Höhenpositionen, welche die „nördliche" und „südliche" Beklem-Stellung genannt werden sollen.

Die nördliche Beklem-Stellung steht nach Norden zu über den „Moskauer Berg" mit dem Hauptkamm des Gebirges im Zusammenhang. Von der nördlichen Beklem-Stellung nach Westen zu in der Richtung auf Dauschkioi springt ein Höhenrücken in die Ebene vor, welcher die Höhe von Taschkesen genannt werden soll. Am Südfuss dieser Höhe liegt an der Chaussee das grosse Dorf Taschkesen oder Saranzü.

Die südliche Beklem-Stellung wird durch die Schlucht von Tschekantschewo von einem, Ostra Magila genannten, Höhenzuge getrennt, der sich in der Richtung auf Nieder-Kamarzü zu Malinska hinzieht.

δ) Die rückwärtigen Verbindungen.

Nach Westen zu führt die grosse Chaussee vom Arabkonak-Passe aus über die Neue Karaula durch den Pass von Taschkesen nach Sofia.

Von der Neuen Karaula führt eine Fahrstrasse über Nieder-Kamarzü und Mirkowo nach Slatiza. Noch diesseits Mirkowo zweigt sich von dieser Strasse in südlicher Richtung ein Weg ab, der nach Petritschewo im Topolnitza-Thal führt.

Von Nieder-Kamarzü führt ferner ein sehr mangelhafter Weg über Rakowitza nach Süd-Westen; er erreicht bei Jenihan die Strasse Ichtiman-Sofia.

Von Slatiza führen rückwärtige Verbindungen einerseits nach Petritschewo, andererseits über Awratalan nach Derbent Pressadim. — Von der Lutikowo-Stellung ging die rückwärtige Verbindung über Ogoja und Jablonitza nach Kremikowze, von hier nach Sofia.

d. Das Kamarzü-Corps unter Schakir Pascha von Anfang December bis Anfang Januar.

α) Kommando-Verhältnisse und Zusammensetzung des Corps.

Als am 4. December Mehmed Ali Pascha von dem Kommando der Sofia-Armee abberufen wurde, hatte dieselbe folgende Stärke und Aufstellung:

Das Haupt-Corps in der Stellung Arabkonak-Schandornik bestand aus 41 Bataillonen, 6 Eskadrons regulärer Cavallerie, etwa 1000 Tscherkessen, mit 39 Geschützen. Eingetheilt waren diese Truppen in die Divisionen Schakir und Nedschib zu je 17 Bataillonen, und die Brigade Baker zu 7 Bataillonen; bei jenen beiden Divisionen befanden sich die Brigade-Generale Ibrahim Pascha, Schukri Pascha, Mehmed Pascha (nicht zu verwechseln mit dem gleichnamigen Kommandanten von Sofia) und Nasef Bei.

Die Division Schakir bildete den rechten Flügel der Aufstellung und hielt die Reduten I bis V besetzt; die Brigade Baker bildete das Zentrum und besetzte die Reduten VI und VII; die Division Nedschib bildete den linken Flügel und stand in den Verschanzungen gegenüber dem Finländischen und Pawlowskischen Berge. — Theile dieser Truppenkörper bildeten, wie es scheint abwechselnd, eine allgemeine Reserve. — Die reguläre Cavallerie stand bei Nieder-Kamarzü; die Hauptmasse der Tscherkessen westlich der Chaussee, besonders in der Gegend von Tschuriak und Potop.

Ausser diesen das Haupt-Corps bildenden Truppen gehörten zur Sofia-Armee noch folgende Abtheilungen:

Das Slatiza-Detachement unter Iskender Pascha — 9 Bataillone, 6 Eskadrons reguläre Cavallerie und einige Geschütze.

Das Lutikowo-Detachement — 5 Bataillone und eine Batterie.

Das Berkowaz-Detachement — 6 Bataillone (hierbei scheint die Besatzung des Gintzi-Passes mitgerechnet) und einige Geschütze.

Die Besatzung von Sofia unter Mehmed Pascha — 5 Bataillone (von diesen scheinen zwei Bataillone sehr bald anderweitig verwendet worden zu sein).

Als Mehmed Ali abberufen, wurde von Konstantinopel aus zunächst Nedschib Pascha telegraphisch zu seinem Nachfolger ernannt; auf dessen sofort nach Konstantinopel gerichtete Bitte, ihm das Kommando abzunehmen, wurde dasselbe auf Schakir Pascha übertragen. Dieser war jedoch nur in beschränktem Sinne Mehmed Alis Nachfolger; seine Kommando-Gewalt erstreckte sich thatsächlich nur auf das bei Arabkonak-Kamarzü konzentrirte Haupt-Corps; die oben genannten anderen Detachements scheinen zunächst sich selbst überlassen gewesen zu sein; demnächst erhielten sie direkte Befehle von Suleiman Pascha.

β) Ereignisse bis zum Beginn der russischen Offensive.

Seit dem missglückten Angriff der Türken auf die Stellung der Russen westlich der Chaussee am 3. December standen sich die beiden Gegner in ihren verschanzten Stellungen gegenüber, ohne sich auf grössere Unternehmungen einzulassen. Der fast täglich stattfindende Geschützkampf war bald mehr bald weniger lebhaft, hatte aber im Allgemeinen so gut wie gar keine Resultate.

Die türkischen Truppen hatten durch die immer empfindlicher werdende Kälte stark zu leiden. Obwohl die Posten der vordersten Linie in ganz kurzen Zeitabschnitten, schliesslich jede Viertelstunde, abgelöst wurden, fielen dennoch viele von ihnen der Kälte zum Opfer; beispielsweise sei angeführt, dass in einer Nacht 27, in einer anderen 40 Mann erfroren.

Ausserdem erlitt die Armee Verluste durch Desertion, welche namentlich bei den Mustachtis-Bataillonen so häufig und in solchem Umfange vorkam, dass mit grosser Strenge dagegen eingeschritten werden musste; an einem Tage wurden 14 eingebrachte Deserteure erschossen.

Unter diesen Umständen schmolz die Stärke des Corps immer mehr zusammen; Anfang December noch 20000 Mann stark, zählte das Corps z. B. am 26. December nur noch 13000 Waffenfähige; einzelne Bataillone waren nicht viel über hundert Mann stark. In den Lazarethen in Sofia lagen Ende December über 6000 Mann, darunter verhältnissmässig sehr wenig Verwundete, fast alles Kranke.

Als die Nachricht von dem Falle von Plewna und gleich darauf diejenige von der Kriegserklärung Serbiens bekannt wurde, hielt Schakir Pascha — in Uebereinstimmung mit seinen Generalen — es für geboten, die doch auf die Dauer unhaltbar gewordene Stellung im Etropol-Balkan zu räumen und alle im westlichen Balkan-Gebiet befindlichen Truppen nach Adrianopel zurückzuführen. Die hierzu bei dem Generalissimus Suleiman erbetene Erlaubniss wurde indessen von diesem verweigert, vielmehr wurde verlangt, mit einem Theil der verfügbaren Truppen westlich von Sofia gegen den Vormarsch der Serben eine geeignete Stellung zu besetzen.

γ) Ereignisse vom 24. bis 30. December.

Da nach mehrfachen Meldungen der Posten und Patrouillen die Russen den rechten Flügel ihrer Höhenstellung immer weiter gegen Tschuriak hin ausdehnten und dort „Befestigungen" errichten sollten (es müssen hiermit die Geschütz-Emplacements auf dem Preobraschenzen-Berge oder auch vielleicht die Wegearbeiten zur Gangbarmachung des Tschuriak-Passes gemeint gewesen sein) — so wurden zur Sicherung des linken Flügels der türkischen Stellung einige allerdings ziemlich unzureichende Massregeln getroffen: Nördlich des Dorfes Ober-Kamarzü wurden auf den Höhen, welche die westliche Verlängerung des linken Flügels der türkischen Stellung bildeten, drei Bataillone mit der Front gegen den Preobraschenskischen Berg aufgestellt; ein schwaches Mustachfis-Bataillon besetzte das auf dem Wege von Tschuriak nach Jeleschniza gelegene Dorf Potop, während bei Jeleschniza am Fuss des Gebirges vier Eskadrons (irregulärer) Reiterei aufgestellt wurden.

Auf die Meldung: Tschuriak sei von feindlicher Infanterie und Cavallerie besetzt, erhielt Baker auf sein Ansuchen von Schakir die Erlaubniss, in jener Richtung eine Rekognoszirung unternehmen zu dürfen.

Am 24. December geht Baker von Taschkesen aus mit einer Eskadron nach Jeleschniza. Das in Potop stehende Bataillon (es ist nur 120 Mann stark) besetzt mit zwei Compagnien eine östlich von Potop gelegene Höhe; über diese Höhe werden die bei Jeleschniza stehenden Eskadrons gegen Tschuriak vorgeschickt, während Baker mit der mitgebrachten Eskadron direkt von Potop gegen Tschuriak vorgeht. Baker gewinnt während des nun sich entspinnenden Geplänkels die Ueberzeugung, Tschuriak sei von einem Infanterie-Bataillon und einem Cavallerie-Regiment besetzt (thatsächlich befand sich dort eine Eskadron Astrachan-Dragoner und eine halbe Eskadron Garde-Ulanen). Nach halbstündigem Geplänkel geht Baker zurück. Das in Potop stehende Bataillon erhält Befehl, sich auf der erwähnten Höhe östlich von Potop zu verschanzen; die Cavallerie soll lebhaft gegen Tschuriak patrouilliren.

Baker kehrt darnach noch am Abend zu Schakir Pascha zurück.

Am 25. begeben sich Schakir, Nedschib und Baker nach dem äussersten linken Flügel der türkischen Höhenstellung; von hier aus können sie wahrnehmen, dass auf dem rechten Flügel der russischen Stellung (Preobraschenzen-Berg) sich grössere Biwaks befinden; auch sind dort Geschütze zu bemerken.

Am 26. wird das bei Kamarzü stehende reguläre Cavallerie-Regiment — 6 Eskadrons — nach Njegoschewo geschickt, um in Verbindung mit der bei Jeleschniza stehenden Cavallerie die dortigen Gebirgs-Ausgänge genau zu beobachten.

Am 27. läuft bei Schakir die alarmirende Meldung ein: starke russische Massen seien bei Tschuriak im Uebergange über das Gebirge begriffen, die telegraphische Verbindung mit Sofia sei bereits unterbrochen.

Von einer Höhe in der Nähe des türkischen Hauptquartiers kann man deutlich wahrnehmen, dass starke Kolonnen von dem Gebirge in die Ebene hinabsteigen; die dort aufgestellte Cavallerie ist im Gefecht mit feindlichen Abtheilungen und weicht vor denselben langsam zurück (es ist dies das Vorgehen des Regiments Preobraschensk gegen das Dorf Njegoschewo). Schakir giebt an Baker den Befehl, sofort mit sechs bei Arabkonak in Reserve stehenden Bataillonen nach Taschkesen abzurücken. Da die zunächst zu Bakers Verfügung gestellten Bataillone unzuverlässige Mustachfis sind, so setzt Baker es durch, dass ihm statt derselben vier gute Bataillone überwiesen werden; ausserdem werden ihm zwei Feld- und zwei Gebirgs-Geschütze zur Verfügung gestellt.

Schakir, von Baker auf die gefährliche Lage des Kamarzü-Corps aufmerksam gemacht, erklärt, ohne Suleimans besondere Genehmigung die Stellung nicht räumen und nicht den Rückzug antreten zu können. Als Baker dagegen geltend macht: da die Verbindung mit Suleiman unterbrochen, sei Schakir vollkommen Herr seiner Entschliessungen — verspricht Schakir schliesslich, wenn bis morgen keine Nachrichten von Suleiman eingetroffen seien, wolle er den Rückzug (auf Adrianopel) antreten.

Es dunkelte bereits, als Baker mit drei Bataillonen (das vierte folgte erst später nach) und der Artillerie von Arabkonak aufbricht. Der mit Glatteis bedeckte Weg verlangsamt die Bewegung; entgegenkommende Trossmannschaften erzählen, Taschkesen sei bereits in den Händen der Russen — diese Angabe erweist sich aber als falsch, der Ort ist von zwei Compagnien Mustachfis (zusammen etwa 60 Mann) besetzt.

Nach den sichtbaren Biwaksfeuern schätzt Baker die Stärke des bereits diesseits des Gebirges befindlichen Feindes auf 20000 Mann (General Rauch hatte, um den Gegner zu täuschen, weit mehr Feuer anzünden lassen als nothwendig waren).

Am Morgen des 28. December besichtigt Baker die Stellung (topographische Einzelheiten c. 7.); auf der Höhe von Taschkesen stellt er sein Detachement auf: rechts das Bataillon Tusla mit den beiden Gebirgs-Geschützen, links Bataillon Prisrend mit den beiden Feld-Geschützen, im Zentrum Bataillon Usküb; das erst gegen Morgen eintreffende Bataillon Edirne hinter der Mitte in Reserve. Die zu seiner Verfügung stehende Cavallerie, drei Eskadrons (es scheint dies diejenige Cavallerie-Abtheilung zu sein, welche mehrere Tage bei Jeleschniza und Potop gestanden hatte) schiebt Baker bis zu der 2 km weiter westlich gelegenen niedrigen Hügelreihe vor.

Die vor einigen Tagen nach Taschkesen gesandte reguläre Cavallerie, sechs Eskadrons unter Omar Bei, sind nicht zu sehen; ein Tscherkesse, der an dem Gefecht theilgenommen, welches Omar Bei gestern gehabt, sagt aus: Omar Bei sei südlich der Chaussee in der Richtung auf Ichtiman zurückgegangen. Baker entsendet eine Cavallerie-Patrouille nach jener Richtung, um Omar Bei aufzusuchen und ihm den Befehl zu überbringen: er solle sofort nach Taschkesen rücken.

Von seiner Stellung aus übersieht Baker die südlichen Abhänge des Gebirges und einen Theil des Thales von Sofia: Starke russische Massen stehen der türkischen Stellung gegenüber bei Njegoschewo, weitere Truppen steigen vom Gebirge herunter; auch in der Richtung nach Westen auf Sofia zu sind Truppen in Bewegung. Cavallerie-Abtheilungen haben die Chaussee südwärts überschritten; man ist ungewiss, ob sie die Verbindung mit Sofia-Ichtiman abschneiden oder etwa das Gebirgs-Gelände südlich von Nieder-Kamarzü rekognosziren sollen.

Bakers Absicht ist, durch Demonstrationen die Russen zu dem Glauben zu bringen, Taschkesen sei stark besetzt, um sie so von einem unmittelbaren Angriff abzuhalten und Zeit für das Herankommen der erbetenen Verstärkungen zu gewinnen.

Die Russen verschanzten sich auf den gegenübergelegenen Höhen; türkischerseits werden die Schanzarbeiten durch den felsigen Boden sehr erschwert, nur das

Bataillon Prisrend ist im Stande, in seiner Stellung wirkliche Schützengräben herzustellen.

Um den Gegner zu beschäftigen, liess Baker seine Geschütze das Feuer eröffnen; eins der auf den linken Flügel aufgestellten Feldgeschütze wird auf eine vortheilhaft gelegene Höhe auf den rechten Flügel geschafft.

Da Bakers augenblickliche Stellung von Tschekantschewo (Kokantia) aus auf dem zur Zeit ganz unbesetzten Gebirgspfade über Malkotschewo (Makas) umgangen werden kann, so macht Baker auf telegraphischem Wege Schakir Pascha auf diese Gefahr aufmerksam, und fordert ihn auf, durch einen raschen Entschluss (zum Marsch auf Adrianopel) die Armee aus ihrer gefährlichen Lage zu befreien.

Als am Abend von Sofia her lebhaftes Gewehrfeuer hörbar wird (es wird der Angriff der kaukasischen Kosaken auf den türkischen Transport gewesen sein), hält man dies für ein Zeichen, dass Suleiman von Sofia her dem Kamarzü-Corps zu Hülfe komme.

Spät am Abend treffen einige Verstärkungen bei Baker Pascha ein: das albanesische Redif-Bataillon Eljbassa (schwach an Zahl, aber gute Truppe) und das Mustachfis-Bataillon Eski Scheir (220 Mann stark, sehr unzuverlässig), sowie drei Geschütze. Bataillon Eljbassa besetzt das Dorf Taschkesen, Bataillon Eski Scheir nimmt südlich der Chaussee Aufstellung; die drei Geschütze vereinigen sich mit dem einen auf dem linken Flügel des Bataillons Prisrend stehenden Geschütz.

In der Nacht beginnt ein starker Schneesturm, der bis zum Abend des 29. December andauert. Das im Laufe des 29. von Arabkonak her eintreffende Bataillon Tschengeri wird auf dem äussersten rechten Flügel auf dem Wege nach Danschkioi aufgestellt.

Da die zur Aufsuchung des regulären Cavallerie-Regiments unter Omar Bei ausgeschickte Patrouille zurückkehrt, ohne denselben gefunden zu haben, so will Baker eine 300 Mann starke Tscherkessen-Abtheilung, welche sich seit einigen Tagen in der Gegend von Malkotschewo herumtreibt, zur Aufklärung des Geländes in seiner gefährdeten linken Flanke verwenden, die indisziplinirte Bande verweigert indessen den Gehorsam.

Am 30. December sind von der türkischen Stellung aus verschiedene Hin- und Herbewegungen innerhalb der russischen Stellung zu bemerken. — Durch das Fernrohr sieht Baker, wie eine russische Cavallerie-Abtheilung Tschekantschewo erreicht; der Führer derselben spricht mit einigen Dorfbewohnern, welche mit den Händen in der Richtung nach Malkotschewo zeigen. Baker entnimmt hieraus, dass es sich um die Rekognoszirung des seine linke Flanke umgehenden Weges über Malkotschewo nach Nieder-Kamarzü handelt; er macht Schakir nochmals telegraphisch auf die hier der ganzen Armee drohende Umgehungsgefahr aufmerksam. Am späten Abend trifft aus dem Hauptquartier ein Ordonnanz-Offizier ein, durch welchen Schakir seinen Entschluss mittheilt, mit seinem ganzen Corps über Petritschewo auf Otlukioi zurückzugehen. Nach mehrfachem telegraphischen Meinungsaustausch zwischen Baker und Schakir erklärt sich letzterer, dem Rathe Bakers folgend, bereit, den Tross und einen Theil der Geschütze noch im Laufe der Nacht abmarschieren zu lassen, um ihnen auf dem schwierigen Gebirgswege einigen Vorsprung zu verschaffen; das Gros des Corps soll dann unter dem Schutze der von Baker zu behauptenden Stellung den Abmarsch im Laufe des folgenden Tages antreten.

Die zuerst abmarschierende Brigade Mehmed Pascha soll demnächst auf den Höhen von Nieder-Kamarzü sich in einer Aufnahme-Stellung entwickeln und in dieser den vollständigen Abzug des Gros und der Arrieregarde unter Baker Pascha abwarten.

In Bezug auf Suleiman ist Baker der Ansicht, derselbe sei wahrscheinlich von Sofia entweder über Samakow auf Tatar Basardschik oder auch südwärts auf Saloniki abgezogen.

Eine um 11 Uhr Nachts von Taschkesen gegen Tschekantschewo vorgehende Cavallerie-Patrouille von 30 Pferden findet den Ort bereits von russischen Truppen besetzt, was Baker veranlasst, sofort bei Schakir telegraphisch die Entsendung einiger Bataillone zum Schutz des über Malkotschewo nach Nieder-Kamarzū führenden Passweges zu erbitten. Als Antwort hierauf verspricht Schakir, zwei Bataillone der Brigade Mehmed sofort dorthin abgehen lassen zu wollen. — Bei Baker ist am späten Abend das sehr schwache 1. Jäger-Bataillon als Verstärkung eingetroffen.

δ) Der 31. December. — Das Treffen von Taschkesen.

Die am Morgen dieses Tages zu Bakers Verfügung stehenden acht Bataillone hatten zusammen eine Gefechtsstärke von 2790 Mann; die drei Eskadrons eine solche zusammen von 180 Pferden. Die Bataillone Prisrend, Tusla und Uskub sind mit Snider-Gewehren, alle anderen Bataillone Bakers mit Peabody-Martini-Gewehren bewaffnet. Die Aufstellung dieser Truppen am Morgen des 31. December war folgende:

Rechter Flügel:
Bataillon Tusla
Bataillon Usküb } Höhe von Taschkesen.
1 Feld-, 2 Gebirgs-Geschütze

Zentrum:
Drei Eskadrons } Dorf Taschkesen.
Bataillon Eljbassa

Ein halbes Bataillon Prisrend: Verschanzungen nördlich der Chaussee.
Vier Feld-Geschütze: an der Chaussee.
Bataillon Eski Scheir: Verschanzungen südlich der Chaussee.

Linker Flügel:
Ein halbes Bataillon Prisrend } Höhen südlich der Chaussee
1. Jäger-Bataillon } (südliche Beklem-Stellung).

Reserve:
Bataillon Edirne: bei Han Beklem.
Bataillon Tschengeri: südlich von Han Beklem.

Nördlich der Chaussee kommandirte Islan Bei, südlich derselben Chadschi Mehmed Bei.

Baker ist am frühen Morgen des 31. im Begriff, mit dem 1. Jäger-Bataillon und einer Eskadron persönlich eine Rekognoszirung gegen Malkotschewo zu unternehmen, als er die Meldung erhält, dass starke feindliche Massen sich zum Angriff gegen seine Front entwickeln. Er begiebt sich sofort nach der Höhe nördlich von Taschkesen und hat von hier aus folgenden Ueberblick:

Eine starke feindliche Infanterie-Masse ist von Njegoschewo her im Vormarsch in der Richtung auf die Höhe nördlich Taschkesen, sie hat bereits die niedrige Hügelkette erreicht, wo bisher die türkischen Cavallerie-Posten standen (General Rauch). Drei Bataillone steigen nördlich von Danschkioi vom Gebirge nieder und bedrohen so die rechte Flanke der türkischen Aufstellung (Oberst Wasmund). Eine andere Infanterie-Masse ist südlich der Chaussee im Vormarsch, ihren linken Flügel an diese anlehnend (General Kurlow).

Hinter dieser Infanterie eine grosse Cavallerie-Masse in der Richtung auf Tschekantschewo und Malkotschewo (1. und 2. Garde-Cavallerie-Brigade).

Gegen den vordringenden rechten Flügel der Russen (Kurlow) entwickelt Chadschi Mehmed seine Abtheilung — 1. Jäger- und ein halbes Bataillon Prisrend — in einer langen Compagnie-Kolonnen-Linie; nach lebhaftem Widerstande wird er gezwungen, von einer Höhe zur anderen langsam zurückzuweichen.

Zu seiner Aufnahme werden das in der Reserve befindliche Bataillon Tschengeri und das vom rechten Flügel herangezogene Bataillon Tusla auf den Höhen südlich des Han Beklem aufgestellt; an den linken Flügel dieser Bataillone schliessen sich die weichenden Abtheilungen Chadschi Mehmeds an; das Gefecht kommt hier — südlich der Chaussee — zunächst zum Stehen. Das Bataillon Eljbassan wird aus dem Dorf Taschkesen herangezogen, um die bisherige Stelle des Bataillons Tusla auf der Höhe nördlich des Dorfes einzunehmen.

Inzwischen macht sich im Zentrum der türkischen Aufstellung die Wirkung des lebhaften feindlichen Feuers sehr fühlbar. Das — bereits von früher her schlecht beleumundete — Bataillon Eski Scheir verlässt in Auflösung seine Stellung, und auch die an der Chaussee stehenden vier Geschütze schicken sich, nachdem ihr Kommandeur gefallen, zum Rückzuge an; nur ein scharfer Befehl Bakers veranlasst sie, in der Stellung auszuharren.

Eine nördlich Danschkioi vom Gebirge niedersteigende Kolonne (Wasmund) bedroht den rechten Flügel der türkischen Aufstellung; von einer Höhe westlich von Ober-Kamarzü, wo russische Geschütze erscheinen (Schuwalow) wird der türkische rechte Flügel fast im Rücken beschossen.

Unter diesen Umständen und in fortwährender Sorge wegen der seinem linken Flügel drohenden Umfassung beschliesst Baker, den rechten Flügel unter Aufgabe der Höhe von Taschkesen bis in die nördliche Beklem-Stellung, das Zentrum bis zum Han Beklem selbst zurückzunehmen, wodurch der rechte Flügel mit dem bereits früher zurückgenommenen linken Flügel in gleiche Höhe kommt.

Unter dem Schutze der durch das Dorf Taschkesen vorgeschickten Cavallerie — zu den ursprünglich unter Bakers Befehl stehenden 3 Eskadrons waren vor Kurzem von Slatiza her die zu demselben Regiment gehörenden anderen 3 Eskadrons gestossen — wird die Rückzugsbewegung ausgeführt.

Das Bataillon Edirne, welches bisher bei Han Beklem in Reserve gestanden, besetzt diese Gebäude-Gruppe, von wo aus sowohl die Chaussee wie auch der von Danschkioi her kommende Weg gut unter Feuer genommen werden kann; alle sieben Geschütze nehmen in der Nähe des Han Aufstellung.

Das einigermassen wieder in Ordnung gebrachte Bataillon Eski Scheir und das Bataillon Eljbassan werden nördlich des Han aufgestellt, das Bataillon Usküb und ein halbes Bataillon Prisrend stehen hinter dem Höhenkamm in Reserve. Die Cavallerie wird schliesslich ganz bis zum östlichen Ausgange des Passes von Taschkesen zurückgenommen und erhält den Auftrag, in der Richtung auf Nieder-Kamarzü durch Patrouillen scharf zu beobachten.

Die Aufstellung der Türken ist jetzt der Art, dass 2 Bataillone den rechten Flügel nördlich der Chaussee, $3\frac{1}{2}$ Bataillone den linken Flügel südlich der Chaussee bilden, während das Zentrum an der Chaussee aus 1 Bataillon und der ganzen Artillerie besteht; $1\frac{1}{2}$ Bataillone bilden die allgemeine Reserve.

Inzwischen ist der russische rechte Flügel in stetem Vordringen; russische Schützen besetzen die Höhen südlich der Chaussee und eröffnen von dort — auf 600 m — ein heftiges Feuer auf die bei dem Han Beklem stehenden Truppen des türkischen Zentrums. Das Bataillon Edirne verlässt in voller Flucht seine Stellung und bringt auch das auf der Chaussee in Reserve stehende Bataillon Usküb — doch nur vorübergehend — in Unordnung; die Geschütze protzen auf und wollen abfahren, werden aber von Baker persönlich wieder in ihre Stellung geführt; vier Compagnien Usküb besetzen den Han.

Auf dem linken Flügel gehen dem 1. Jäger-Bataillon die Patronen aus, es kann diejenigen des neben ihm fechtenden Bataillons Prisrend (welches Snider-Gewehre hat) für seine Peabody-Gewehre nicht gebrauchen; erst nach einiger Zeit werden passende Patronen auf Packthieren in die Gefechtslinie gebracht.

Eine dringende Bitte Bakers um Verstärkung musste, da der bei Baker befindliche Telegraphen-Beamte verschwunden war, durch eine berittene Ordonnanz an Schakir befördert werden. Die Antwort lautet, Baker solle so gut als möglich Stand halten — von Verstärkungen wird Nichts erwähnt.

Inzwischen beginnt auch der linke russische Flügel (Rauch) gegen die türkische Stellung nördlich der Chaussee vorzugehen. Das hier stehende Bataillon Eski Schëir verliert sehr bald wieder die Fassung; das Bataillon Eljhassan wird durch das Halb-Bataillon Prisrend aus der Reserve verstärkt, welche letztere jetzt nur noch aus einem halben Bataillon (vier Compagnien) Usküb besteht.

Von der Arabkonak-Stellung her ist nur Geschützfeuer, aber kein Gewehrfeuer zu hören; Baker glaubt hieraus schliessen zu dürfen, dass dort die Russen nur demonstriren. Im Hinblick hierauf wird der englische Oberst Alix mit der nochmaligen dringenden Bitte um Verstärkung an Schakir abgeschickt. Als im weiteren Verlauf des Gefechtes ein Brief des Oberst Alix eintrifft mit der Mittheilung: „Das Kamarzü-Corps sei im vollen Rückzuge begriffen", beschliesst Baker, den Widerstand in der von ihm besetzten Stellung vorläufig fortzusetzen; die Nachricht von dem Rückzuge Schakirs hielt er geheim.

Die Lage der türkischen Gefechtslinie wird inzwischen immer schwieriger. Die Feldgeschütze, welche bedeutend gelitten und die auch nur noch wenige Schuss zur Verfügung haben, werden nach dem Ausgange des Passes von Taschkesen zurückgeschickt und dort so aufgestellt, dass sie nöthigenfalls die Höhen in der linken Flanke der türkischen Stellung beschiessen können; die beiden Gebirgs-Geschütze — welche sich an diesem Tage durch sehr gute Leistungen auszeichnen — scheinen in ihrer Stellung an der Chaussee nördlich des Han Beklem verblieben zu sein.

Zur Unterstützung des stark bedrängten, durch einzelne russische Abtheilungen bereits umgangenen linken Flügels werden zwei Compagnien Usküb der Reserve auf einer Hügelkuppe aufgestellt, welche links seitwärts hinter dem linken Flügel liegt und von wo aus die russische Umgehung ihrerseits unter Flankenfeuer genommen werden kann; schliesslich werden auch noch die letzten beiden Compagnien Usküb nach dem linken Flügel gesandt.

An dieser Stelle mag erwähnt werden, dass während der zweiten Hälfte des Tages — genauer ist die Zeit nicht festzustellen — Nieder-Kamarzü und die Höhen westlich des Dorfes durch zwei Bataillone der Brigade Mehmed besetzt worden zu sein scheinen; in das Gefecht Bakers haben sie nicht eingegriffen, auch scheint dieser von ihrer Anwesenheit keine Kenntniss gehabt zu haben.

Unter dem Schutz der Dunkelheit gelingt es Baker, seine Truppen ohne die geringste Belästigung durch den Gegner auf Nieder-Kamarzü abziehen zu lassen.

Die fünf guten Bataillone Bakers, auf denen die ganze Last des Tages geruht hatte, haben von einer Gesammt-Gefechtsstärke von 2000 Mann etwa 800 Mann an Todten und Verwundeten verloren; der Verlust der drei Mustachfis-Bataillone Eski Scheir, Edirne und Tschengeri ist nur unbedeutend. Der Munitions-Verbrauch betrug bei den Bataillonen Prisrend, Tuzla und 1. Jäger durchschnittlich pro Gewehr 292, 275 und 263 Patronen.

ε) Rückzug Schakir Paschas nach Petritschewo.

Schakir, der am 30. December den Entschluss zur Räumung der Arabkonak-Stellung gefasst hatte, war im Laufe der Nacht vom 30. zum 31. nicht mit dem Herunterschaffen der Geschütze und des Trosses von den Gebirgsstellungen nach der Chaussee fertig geworden, die Arbeit musste am Tage fortgesetzt werden. Neun (nach russischen Angaben zehn) Geschütze werden schliesslich zurückgelassen.

Der Rückzug geht, unter dem Schutze der auf den Höhen von Nieder-Kamarzü aufgestellten Brigade Mehmed Pascha über Bunowo auf Mirkowo und hier südwärts abbiegend nach Petritschewo. Bei Mirkowo stösst die Brigade Mustafa Pascha zu Schakir, welche zu den von der Ost-Armee abgegebenen Verstärkungen gehörte.

Baker bricht am Morgen des 1. Januar aus seiner Stellung auf und folgt dem Haupt-Corps; Brigade Mehmed Pascha übernimmt die Nachhut.

Am Abend des 1. Januar ist Schakirs ganzes Corps in der Stellung von Petritschewo versammelt und somit der drohenden Gefahr der Einschliessung glücklich entgangen.

e. Ereignisse bei Slatiza.

Das Slatiza-Detachement unter Iskender Pascha besteht aus neun Bataillonen, einer Batterie, einem regulären Cavallerie-Regiment und einigen hundert Tscherkessen.

In den letzten Novembertagen sind die Türken, mit Hülfe gepresster bulgarischer Arbeiter, beschäftigt, auf der Passhöhe des Kasanarska-Passes Verschanzungen anzulegen; als die Russen am 29. November von Etropol her auf dem Pass erscheinen, wird derselbe nach leichtem Gefecht geräumt.

Das Detachement hat bei Slatiza eine Art verschanzten Lagers angelegt, ausserdem halten Abtheilungen die Dörfer Klissekioi und Tschelopetscheni am Fuss des Gebirges besetzt.

Der Besitz dieser Dörfer wechselt mehrfach unter fortgesetzten kleinen Scharmützeln; verschiedene schwächliche Offensiv-Versuche der Türken gegen die russische Stellung auf der Passhöhe bleiben ohne Erfolg.

Das reguläre Cavallerie-Regiment rückt Ende December nach Kamarzü zu Schakir ab.

Nachdem in der Nacht vom 26. zum 27. December durch Kosaken die Telegraphenleitung zwischen Slatiza und Mirkowo zerstört worden, lassen verschiedene Anzeichen erkennen, dass demnächst eine Offensive der auf der Passhöhe stehenden Russen gegen Slatiza zu erwarten ist.

Nachdem Schakirs Befehl zum allgemeinen Rückzuge eingetroffen, gelingt es dem Detachement, unter dem Schutze eines starken Nebels Slatiza und das verschanzte Lager am frühen Morgen des 2. Januar fast unbemerkt zu räumen und ungestört auf Awratalan abzuziehen.

f. Ereignisse bei Sofia.

Als Suleiman in Sofia eintrifft (wahrscheinlich am 27. December, genau ist der Tag nicht festzustellen) besteht die Besatzung dieses Ortes unter Mehmed Pascha aus zwei Bataillons Mustachfis, einem Bataillon Gendarmen und einer Abtheilung Tscherkessen, auch scheinen einige Eskadrons regulärer Cavallerie in Sofia gewesen zu sein — vielleicht waren diese mit Suleiman dort eingetroffen.

Die Befestigungen der Stadt bestanden auf der Nord- und Ost-Front aus einigen Reduten und Schützengräben.

Die direkte Verbindung zwischen Sofia und dem Kamarzü-Corps ist in diesem Augenblick bereits durch feindliche Cavallerie unsicher gemacht. Der Marsch starker russischer Truppenmassen über den Tschuriak-Pass ist bekannt; ebenso der Anmarsch der Serben gegen Pirot.

Suleiman schickt an die bei Pirot, sowie an die bei Toruk (am Gintzi-Pass), stehenden Truppen-Abtheilungen den telegraphischen Befehl, sofort den Rückmarsch nach Sofia anzutreten; derselbe Befehl wird durch Ordonnanz-Reiter an das Lutikowo-Detachement abgeschickt — ein Beweis, dass die am 26. noch im Betriebe befindliche telegraphische Verbindung zwischen Sofia und Lutikowo bereits unterbrochen gewesen sein muss.

In der Nacht nach Suleimans Ankunft in Sofia treffen dort fünf Bataillone ein, die erste Staffel der von der Ost-Armee im Anmarsch befindlichen Verstärkungen.

Bevor Suleiman die Stadt verlässt, um sich über Tatar Basardschik nach Adrianopel zu begeben, ertheilt er den Befehl: Die bei Sofia sich sammelnden Truppen — Suleiman rechnet darauf, dass in einigen Tagen hier 30 Bataillone versammelt sein werden — sollen diesen Platz hartnäckig behaupten und die Verbindung mit dem Kamarzü-Corps offen halten.

Am 27. wird ein von Kamarzü nach Sofia (nach anderweitiger Angabe in umgekehrter Richtung) marschierender Transport in der Gegend von Schiliawa von Kosaken angegriffen und genommen; einer von Sofia vorgehenden Cavallerie-Abtheilung gelingt es, nur einen Theil des von den Russen nach dem Gebirge in Marsch gesetzten Transportes wiederzunehmen.

Die telegraphische Verbindung mit Kamarzü ist seit dem 27. unterbrochen; über das Endergebniss eines bei Taschkesen begonnen haben sollenden Gefechtes kommt keine Nachricht nach Sofia.

Auf besonderen telegraphischen Befehl des Sultans werden hohe Belohnungen für solche Personen ausgesetzt, welche von Sofia aus Nachrichten an Schakir und wieder zurück bringen würden.

Am 28. wird abermals ein mit Infanterie- und Cavallerie-Bedeckung von Taschkesen nach Sofia marschierender Transport von mehreren hundert Wagen von Kosaken längere Zeit verfolgt und schliesslich genommen; auch heute gelingt es einer von Sofia aus vorgehenden Cavallerie-Abtheilung, einen Theil des Transportes dem Feinde wieder abzunehmen.

Am 29. treffen die aus Lutikowo heranbeorderten Truppen bei Sofia ein, nachdem sie unterwegs bei Tschelopetsch und Wraschdebna mit Kosaken im Gefecht gewesen, welche vergeblich versuchten, ihnen den Weg zu verlegen.

Inzwischen sind die meisten der nach Sofia beorderten Truppenabtheilungen hier eingetroffen; am 30. December sind 27 Bataillone und 2 Batterien versammelt,

3 Bataillone sind ausserdem im Anmarsch. Das Kommando über diese bei Sofia versammelten Truppen scheint Osman Nuri Pascha gehabt zu haben.

Am 30. trifft eine Meldung Schakirs ein, welche am 29. durch einen Gendarm nach der Telegraphen-Station Ichtiman gebracht und von dort nach Sofia telegraphirt worden ist: nach dieser Meldung ist Taschkesen noch im Besitze Schakirs. Auf demselben Wege über Ichtiman wird eine Nachricht (Inhalt unbekannt) an Schakir gesandt.

Am 31. geht ein Theil der bei Sofia versammelten Truppen — mindestens 15 Bataillone, 2 Batterien und einige hundert Reiter — auf der Chaussee in der Richtung nach Taschkesen vor und bemächtigt sich nach leichtem Gefecht gegen feindliche Cavallerie des Ueberganges über den Hadschi-Karaman-Dere bei Nieder-Bugarow; die zu dem Detachement des General Weljaminow gehörige russische Cavallerie geht auf das Gros des genannten Detachements nach Ober-Bugarow zurück.

Am 1. Januar geht das türkische Corps zum Angriff gegen das bei Ober-Bugarow nördlich der Chaussee aufgestellte russische Detachement vor, wobei türkischerseits der Versuch gemacht wird, beide Flanken des Gegners zu umfassen. Der Angriff wird mit bedeutendem Verlust abgewiesen; die feindliche Verfolgung wird bei Nieder-Bugarow durch die türkische Nachhut zum Stehen gebracht.

Am 2. Januar setzt das geschlagene Corps den Rückmarsch nach Sofia fort; die Nachhut sucht den Isker-Uebergang bei Wraschdebna gegen den nachdrängenden Gegner zu behaupten, wird aber schliesslich zum Rückzuge gezwungen.

Was die Verluste der Türken in den beiden Gefechten bei Ober-Bugarow und bei Wraschdebna betrifft, so sollen in ersterem die Türken nach russischen Angaben 600 Todte verloren haben, was im Hinblick auf den Verlauf jenes Gefechtes nicht unbedingt übertrieben erscheint.

Nach der Angabe einer Engländerin, der Lady Strangford, welche die Lazarethe des „Rothen Halbmondes" in Sofia leitete, wurden aus den genannten beiden Gefechten 1800 türkische Verwundete nach Sofia geschafft.

Als die Russen weiter gegen Sofia vorgehen, wird die Stadt in der Nacht vom 3. zum 4. Januar von den türkischen Truppen geräumt, wobei zur Täuschung des Gegners die äusseren Posten zum Theil stehen bleiben.

Grosse Vorräthe aller Art und etwa 6000 Kranke und Verwundete fallen den Russen in die Hände. Der fast ganz unbehelligte Rückzug der türkischen Truppen erfolgt auf Dubriza und Samakow.

Achter Abschnitt.

Stillstand der Operationen bis zum Beginn der allgemeinen russischen Offensive — 5. bis 24. December.

Gurkos Armee-Befehl vom 5. December, welcher die Eintheilung und Aufstellung der West-Armee für die zunächst bevorstehende Zeit des Stillstandes der Operationen ordnete, ist in seinen allgemeinen Zügen bereits im sechsten Abschnitt mitgetheilt worden.

Die Stellung auf den Passhöhen war in zwei Abschnitte getheilt: Den linken Flügel östlich der Chaussee kommandirte General Dandeville, den rechten westlich der Chaussee General Etter — beide Abschnitte standen unter General Graf Schuwalow. So lautete der Armee-Befehl des 5. December — aber ohne dass derselbe formell abgeändert wurde, gestaltete sich die Sache thatsächlich so, dass Schuwalow speziell den rechten Flügel kommandirte, und sowohl er wie Dandeville als Kommandeure des linken Flügels standen direkt unter dem Armee-Kommando.

Dandeville hatte sein Quartier in der Mitte der östlichen Höhenstellung. Schuwalow das seinige an der Chaussee im Arabkonak-Pass.

Alle nicht in der Höhenstellung befindlichen, sondern am Nordfuss des Gebirges in Quartieren untergebrachten Truppen waren dem General Rauch unterstellt, welcher sein Quartier in Wratschesch hatte.

Von den in Wratschesch, Skrivena und Nowatschin in Quartieren liegenden Truppen wurden mit Ablösung Abtheilungen gestellt, denen die Besetzung der Wratschesch-Lutikowo-Stellung gegenüber der türkischen Lutikowo-Stellung und die Handhabung des Vorpostendienstes nach dieser Richtung hin oblag.

Gurkos Hauptquartier befand sich in Orchanie.

Für die Befestigung der Höhenstellungen erliess Gurko sehr eingehende Bestimmungen: Die Hauptstellung sollte aus Reduten starken Profils bestehen; diese sollten durch Schützengräben verbunden werden, deren Abmessungen genügend gross seien, um eine vollkommen gedeckte Bewegung der Truppen innerhalb dieser Gräben in aufrechter Haltung möglich zu machen. Vor der Hauptstellung sollten einzelne Schützengräben, jeder für mindestens einen Zug bestimmt, angelegt werden; wenn diese vorgeschobenen Schützengräben von der Hauptstellung weiter entfernt als 300 Schritt, so sollten dazwischen noch Deckungen für die Unterstützungstrupps der vordersten Linie hergestellt werden.

Wo die Stellung im Walde oder am Rande des Waldes lag, sollten starke Verhaue angelegt werden.

Zwischen den einzelnen Theilen der Stellung untereinander, sowie zwischen der Stellung und dem Fuss des Gebirges, bezüglich der Chaussee, waren brauchbare Verbindungen herzustellen.

Zur Ausführung aller dieser Arbeiten sollten auch die demnächst durch andere Abtheilungen abzulösenden Truppen, soweit sie augenblicklich in der Gebirgsstellung sich befanden, dort noch bis zum 8. December verbleiben.

Nach Durchführung der neuen Truppenvertheilung standen in der östlichen Höhenstellung die Regimenter Pskow Nr. 11, Welikoluz Nr. 12 und Ismailow (alle drei seit dem 29. November); in der westlichen Höhenstellung die Regimenter Finland und Pawlow (seit dem 3. bezüglich 4. December).

Die Garde-Schützen-Brigade lag in Quartieren in und bei Wratschesch und besetzte von hier aus mit einem Bataillon den linken Flügel der Wratschesch-Lutikowo-Stellung.

Das Regiment Moskau lag ebenfalls in und bei Wratschesch und gab von hier aus wechselnde Verstärkungen für die westliche Höhenstellung.

Die Regimenter Preobraschensk, Semenow und Garde-Jäger lagen in Orchanie, Skrivena und den umliegenden Dörfern; von diesen Truppen wurde abwechselnd die Besatzung für das Zentrum der Wratschesch-Lutikowo-Stellung gegeben.

Vorgreifend mögen hier gleich einige Veränderungen erwähnt werden, welche in der Besetzung der östlichen Höhenstellung noch vor dem Beginne der allgemeinen Offensive stattfanden.

Nachdem am 13. December das 4. Bataillon Moskau zu dem östlichen Höhen-Detachement hinzugetreten und dessen äussersten rechten Flügel übernommen hatte, wurde das Regiment Ismailow am 19. durch das Regiment Garde-Jäger, und die Regimenter Pskow und Welikoluz am 21. und 22. durch das Regiment Semenow abgelöst. Regiment Ismailow rückte nach Orchanie, demnächst nach Skrivena und gab von hier aus während einiger Tage die Besatzung der Lutikowo-Reduten. Die Regimenter Pskow und Welikoluz rückten nach Etropol.

General Dandeville begab sich am 22. über Orchanie — wo er Gurkos mündliche Befehle für die bevorstehenden Operationen einholte — nach Etropol; für ihn übernahm General Prinz von Oldenburg das Kommando der östlichen Höhenstellung.

Das 4. Dragoner-Regiment war nebst einigen Sotnien donischer Kosaken in der Gebirgs-Stellung zum Vorposten-, Patrouillen- und Relaisdienst vertheilt.

Vier Garde-Cavallerie-Regimenter waren ebenfalls im Thalkessel von Orchanie in Ortschaften einquartiert, der Hauptmasse nach in und bei Nowatschin; einige Eskadrons in Lutikowo bildeten den rechten Flügel des in der Wratschesch-Lutikowo-Stellung stehenden Detachements.

Das Gros der kaukasischen Kosaken-Brigade stand in und bei Etropol.

Ausser den hier genannten Truppen gehörten noch zur West-Armee als äusserster rechter Flügel zwei Garde-Cavallerie-Regimenter westlich des Isker, und als äusserster linker Flügel das sogenannte Slatiza-Detachement — das Garde-Grenadier-Regiment mit einigen donischen und kaukasischen Sotnien — im Kasamarska-Pass.

In Orchanie, Etropol und Wratschesch wurden Kommandahturen eingerichtet unter Zutheilung von je einigen zu lokalem Wachtdienst zu verwendenden Infanterie-Compagnien; jeder Kommandantur wurde ausserdem ein Gendarmerie-Kommando zugewiesen. Oberst Domanewski vom Regiment Pawlow wurde zum Etappen-Inspekteur der West-Armee ernannt unter Zutheilung einer Anzahl Offiziere zu seiner Unterstützung; die kaukasische Brigade hatte Detachements zu stellen für den Dienst auf den Verbindungslinien im Rücken der Armee.

In Orchanie und Etropol wurden Lazarethe errichtet, welche die eingelieferten Kranken möglichst schnell weiter nach rückwärts abzuschieben hatten. Auf halbem Wege zwischen der Gebirgsstellung — aus welcher namentlich von Mitte December an die Kranken in grossen Massen zurückgeschafft wurden — und Orchanie wurde an der Chaussee ein sogenanntes Etappen-Lazareth errichtet, in welchem die auf dem Wege nach Orchanie begriffenen Kranken nächtigen und mit Speise und Trank gestärkt werden sollten.

In Wratschesch waren den Russen — merkwürdigerweise fast unversehrt — die grossartigen Magazine in die Hände gefallen, welche hier türkischerseits errichtet worden waren, um als Reservoir für die Verproviantirung von Plewna zu dienen.

Ausser 20 000 Pud (annähernd 7000 Centner) Weizenkörner fanden sich hier grosse Vorräthe an Zwieback, Reis, Fett und Fleischkonserven;

ferner Uniformen, Stiefel, Strümpfe, wollene Decken, Lazarethgegenstände, Medikamente, Hufeisen, Nägel, kupferne Kessel; Infanterie- und Artillerie-Munition, Pulver, endlich ein ganzer eiserner Ponton-Train mit allem Zubehör; ausserdem ganz enorme Massen von Gerste (Pferdefutter). Oberst Melan wurde mit der speziellen Verwaltung dieser gewaltigen Magazine beauftragt, deren lokale Bewachung allein 60 Posten in Anspruch nahm.

Die Verpflegung wurde in der Art geregelt, dass in Orchanie und Etropol grosse Bäckereien eingerichtet wurden, in welchen der vorgefundene oder anderweitig beschaffte Weizen verbacken und den Truppen als Brod geliefert wurde; der vorhandene und der durch die Intendantur-Transporte (allerdings nur spärlich) gelieferte Zwieback wurde möglichst für die bevorstehenden Offensiv-Bewegungen aufgespart.

Die Versorgung mit Schlachtvieh geschah theils durch Requisition an Ort und Stelle, theils hatte die westlich des Isker streifende Cavallerie von Wrazza her Vieh nach Orchanie zu liefern.

Alle bei der Bevölkerung gemachten Requisitionen wurden nach ganz bestimmten, ziemlich hohen Sätzen baar bezahlt.

Der Dienst der in den Gebirgsstellungen befindlichen Truppen war ein sehr harter.

Der Sicherheitsdienst längs der weitgestreckten, dem Feinde in verhältnissmässig grosser Nähe gegenüber gelegenen Stellung — der Bau zahlreicher Verschanzungen, zu denen wegen des meist felsigen Untergrundes der nöthige Erdboden und Rasen von weither zusammengetragen werden musste — die ausgedehnten Wegearbeiten innerhalb und im Rücken der Stellung — der Transport der Artillerie-Munition und das Hinaufschaffen der für die Truppen bestimmten Lebensmittel von den Abladeplätzen am Fusse des Gebirges bis in die Stellung hinauf — alles dies nahm die Kräfte der Mannschaften im höchsten Grade in Anspruch; ein Dienst löste den andern ab; von eigentlicher Ruhe war so gut wie gar nicht die Rede.

Dabei waren die klimatischen Verhältnisse der Gebirgsstellung — 1500 m über dem Meeresspiegel — in hohem Grade ungünstig.

In der ersten Zeit, von Ende November bis Mitte December, wechselten Schnee und Regen ab, dabei waren die Höhen meist in einen feuchten Nebelschleier eingehüllt, der nur selten von der Sonne durchbrochen wurde. Luft und Erde, Kleidung und Ausrüstung waren durch und durch mit Feuchtigkeit getränkt. Der Boden wurde zum Morast; mangels jeder Unterlage musste sich die Mannschaft direkt in den Schmutz legen, der aus aufgeweichtem Lehm und einer Schicht verfaulter Eichenblätter bestand.

Das durch und durch feuchte Holz, welches allein als Brennmaterial zur Verfügung stand, wurde nur mit unendlicher Mühe zum Brennen gebracht und erfüllte dann die ganze Stellung mit einem derartig scharfen Rauch, dass die Leute sich vor demselben nicht zu retten wussten; zahlreiche schmerzhafte Augenentzündungen waren die Folge davon.

Von Mitte December an stellte sich strengere Kälte ein; dieselbe betrug von dieser Zeit an meist 10^0 bis 12^0 R. und stieg vorübergehend bis auf 20^0. Dabei fegten gewaltige Stürme über die mit tiefem Schnee bedeckten Kammhöhen des Gebirges. Das Schneetreiben wurde bisweilen so stark, dass jede Bewegung in der Stellung zur Unmöglichkeit wurde und der Blick die wirbelnden Schneemassen nur einige wenige Schritt weit durchdringen konnte.

An dieser Stelle mag auch des Umstandes Erwähnung geschehen, dass während des starken Frostes vielfach Gewehrversager vorkamen. Als man diese auffällige Erscheinung näher untersuchte, zeigte sich, dass das viele wässerige Theile enthaltende Oel, welches zum Einölen der Schlosstheile benutzt wurde, gefroren und hierdurch die Elastizität der Schlagfeder entweder ganz aufgehoben oder doch so geschwächt war, dass der Schlagstift nicht mehr die Kraft hatte, die Entzündung der Zündkapsel zu bewirken. Um dem Uebel abzuhelfen, mussten die herausgenommenen Federn am Feuer vorsichtig erwärmt und dann sorgfältig abgewischt werden.

Der einzige Schutz gegen diese mannigfachen Unbilden der Witterung bestand für Offiziere und Mannschaften anfangs in den Zelten, welche sehr bald aufhörten, wirklichen Schutz zu gewähren, da sie von Feuchtigkeit troffen und oft vom Sturm umgerissen wurden.

Der Bau von Erdhütten gewährte nur eine schwache Abhülfe dieser Mängel. Im Hinblick auf den sonstigen alle Kräfte in Anspruch nehmenden Arbeitsdienst und bei dem Mangel genügender Werkzeuge konnten diese Hütten nur in geringer Anzahl und in sehr mangelhafter Beschaffenheit gebaut werden. Vor Feuchtigkeit konnten auch sie keinen wirksamen Schutz gewähren, und wenn sie vom Sturm auch nicht umgerissen wurden, so thürmte dieser oft derartige Schneemassen über ihnen auf, dass die Bewohner nur mit Mühe sich an das Tageslicht durchzuarbeiten vermochten.

Bekleidung und Ausrüstung war allmälig in einen geradezu jammervollen Zustand gerathen.

Die Truppen trugen die Kleidung, mit welcher sie im Sommer ausgerückt waren; die wenigstens für einen Theil der Truppen berechneten

Wintersachen, namentlich eine Anzahl Halbpelze, waren infolge äusserst mangelhafter Anordnungen noch nicht bis zu den Truppen gelangt — sie erreichten dieselben vielfach erst im Frühjahr oder gar im Sommer. Die Kleidungsstücke waren meist zerlumpt und theilweise durch das Herandrängen an die wärmespendenden Lagerfeuer verbrannt. Die Infanterie der Garde hatte bei ihrem Abmarsch aus den Stellungen vor Plewna dort ihre Tornister mit dem zweiten Paar Stiefel zurückgelassen; das einzige in Händen der Leute befindliche Paar Stiefel war längst entweder vollkommen unbrauchbar geworden oder doch in einen solchen Zustand gerathen, dass es den Füssen weder gegen die Kälte noch gegen Verletzungen den geringsten Schutz gewähren konnte. Die Leute suchten sich auf mannigfache Weise zu helfen; Stücke von den Häuten geschlachteter Thiere, Fetzen von Zeltleinewand und aufgedrehte Tauenden wurden als Schutzmittel um die Füsse gewickelt.

Die in Wratschesch vorgefundenen Vorräthe an Kleidungsstücken und Stiefeln gewährten allerdings hier und da einem Truppentheil eine kleine Aushülfe, aber in grösserem Maasse scheinen diese Vorräthe für die dringenden Bedürfnisse der Truppen merkwürdiger Weise nicht nutzbar gemacht worden zu sein.

Kurz vor Beginn der Offensiv-Bewegungen und zum Theil während derselben wurden einzelne Truppentheile von Stiefel-Transporten erreicht, wobei sich indessen viele Unzuträglichkeiten herausstellten. Ein Truppentheil konnte z. B. von 150 Paar Stiefeln, die ihm mit vieler Mühe über das Gebirge nachgeschafft worden, nur 17 Paar an die Leute ausgeben; alle anderen Stiefel konnten, weil viel zu klein, nicht zur Verwendung kommen.

Die Verpflegung der auf den Gebirgshöhen stehenden Truppen war natürlich auch nur gerade nothdürftig ausreichend; sie bestand fast ausschliesslich in Zwieback und Fleisch, wozu dann und wann Graupen oder Reis hinzutrat; sehr schmerzlich machte sich vielfach der Mangel an Salz geltend.

Dass unter diesen Gesammt-Verhältnissen der Gesundheitszustand der Truppen sehr bald leiden musste, war nicht zu verwundern. Lungenentzündung und Ruhr, wozu bei der zunehmenden Kälte sehr bald erfrorene Gliedmassen hinzukamen, füllten bald die Lazarethe und drückten die Gefechtsstärke der Truppen ganz bedenklich herunter.

Unter diesen Umständen war von grösseren Unternehmungen nicht die Rede; gelegentliche Geschützkämpfe zwischen den beiderseitigen Batterien und unbedeutende Vorposten-Plänkeleien unterbrachen dann und wann als erwünschte Abwechselung den schwer auf den Truppen lastenden Sicherheits- und Arbeitsdienst.

Ausserdem wurden während dieser Zeit von russischer Seite eine Anzahl von Rekognoszirungen ausgeführt, welche im Hinblick auf die beabsichtigte Offensive eine genaue Bekanntschaft mit den verschiedenen im Bereich der Operationen gelegenen Balkan-Pässen bezweckten.

Nachdem bereits am 18. November Oberst Parenzow den Slatiza-Pass rekognoszirt und denselben für Truppenbewegungen unbrauchbar gefunden hatte, wurde Ende November der Kasamarska-Pass durch das sogenannte Slatiza-Detachement besetzt (Näheres hierüber im neunten Abschnitt).

Am 25. November rekognoszirte Kapitän Protopapow den wilden pfadlosen Höhenrücken der Baba Gora und fand hier die Möglichkeit, den rechten Flügel der türkischen Schandornik-Stellung in der Richtung auf Bunowo zu umgehen.

Am 19. December rekognoszirte Major Seidlitz das Gebirgsgelände westlich der Baba Gora und entdeckte hier einen Pfad, der östlich des von Etropol zum Strigli-Pass führenden, aber westlich des von Protopapow entdeckten Weges, direkt gegen die rechte Flanke der Schandornik-Stellung führte.

Von besonderer Wichtigkeit war die Rekognoszirung des Oberst Stawrowski am 16. December, welche die Möglichkeit ergab, den von Wratschesch aus über den Tschuriak-Pass führenden Weg, die sogenannte „alte Sofia-Strasse", durch einige Herstellungs-Arbeiten für Artillerie gangbar machen zu können.

Noch weiter nach Westen zu hatte Oberst Pustirewski am 15. December den über den Umurgatsch-Pass führenden Weg rekognoszirt, denselben aber für Artillerie unbenutzbar gefunden.

Auf dem äussersten rechten Flügel der West-Armee endlich war am 8. und 9. December der Ogoja-Pass im Rücken der türkischen Lutikowo-Stellung durch Lieutenant Globa rekognoszirt worden.

Inzwischen war bei Plewna die längst vorausgesehene Katastrophe eingetreten.

Am 10. December Abends erhielt General Gurko vom Grossfürst-Generalissimus eine kurze telegraphische Benachrichtigung: Osman sei aus Plewna ausgefallen und habe sich auf das am linken Wid-Ufer stehende Grenadier-Corps geworfen; der Ausgang des Kampfes sei noch unbekannt.

So wenig wahrscheinlich auch ein siegreicher Durchbruch Osmans durch den eisernen Ring der russischen Einschliessung erscheinen mochte, so trug Gurko dieser Möglichkeit doch dadurch Rechnung, dass noch an demselben Abend an die in Etropol stehende kaukasische

Brigade der Befehl abging: am anderen Morgen um 6 Uhr nach Ossikowo abzumarschieren und dort weitere Befehle zu erwarten.

Ein noch am Abend des 10. December (um 8 Uhr 20 Minuten) abgegangenes zweites Telegramm des Grossfürst-Generalissimus hatte unterdessen den General Gurko von dem Ergebniss des Ausfalles und von der Gefangennahme der ganzen Armee Osmans unterrichtet — infolgedessen die kaukasische Brigade den Befehl erhielt, von Ossikowo bis auf Weiteres nach Prawez zu rücken.

Der Fall von Plewna gab der russischen Heeresleitung die Möglichkeit, die durch die früheren bei Plewna erlittenen Unfälle ins Stocken gerathene Offensive wieder aufzunehmen und südlich des Balkan auf dem Wege nach Konstantinopel die Entscheidung des Feldzuges herbeizuführen.

Während die Lom-Armee unter dem Grossfürst-Thronfolger zur Beobachtung der in Ost-Bulgarien stehenden feindlichen Armee vorläufig auf der Nordseite des Balkan zu verbleiben hatte, sollte die Süd-Armee unter Radezki den Schipka-Balkan, die West-Armee unter Gurko den Etropol-Balkan überschreiten und demnächst vereinigt auf Adrianopel marschieren.

Die Truppen, welche bisher zur Einschliessungs-Armee von Plewna gehört hatten, wurden nun den verschiedenen Armeen zugewiesen; die Rumänen rückten zur Einschliessung von Widdin nach dem westlichen Bulgarien ab.

Zur Verstärkung der West-Armee wurden bestimmt: die 3. Garde-Infanterie-Division mit ihrer Artillerie; ferner das 9. Corps, zu welchem die 5. und 31. Infanterie-Division mit ihrer Artillerie gehörten, sowie das 34. Kosaken-Regiment.

Die 3. Garde-Infanterie-Division marschierte am 14. December von Plewna ab und traf am 19. bei Orchanie ein; das 9. Corps brach am 16. aus seinen vor Plewna innegehabten Stellungen auf und erreichte Orchanie mit der 31. Division am 23., mit der 5. Division am 24. und 25. December.

Nach dem Eintreffen dieser Verstärkungen verfügte Gurko nunmehr über 82 Bataillone*) Infanterie, 1 Sappeur-Bataillon, 32 Eskadrons**), 27 Sotnien, 33 Fuss-Batterien und 9 reitende Batterien.

---

*) Hierbei sind nicht gerechnet die sechs Compagnien Neu-Ingermanland Nr. 10, welche zeitweilig vom Lowtscha-Selwi-Detachement zum Slatiza-Detachement übergetreten waren.

**) Hierbei ist nicht gerechnet die Cavallerie-Brigade, welche unter General Arnoldi im westlichen Bulgarien operirte.

a. Das Schandornik-Wrateschka-Detachement vom 5. bis 24. December.

α) Die Höhenstellung östlich der Chaussee.

Die Einzelheiten der Stellung und ihrer Befestigung sind bereits früher besprochen worden; hier soll ein kurzer Ueberblick über die Stellung als Ganzes gegeben werden.

Die etwa 7 km. betragende Frontlinie der Stellung bildete einen einspringenden Winkel, indem die linke Hälfte der Stellung sich der Schandornik-Höhe bis auf 1300 m näherte und dieselbe gewissermassen umfasste, während die rechte Hälfte der Stellung, der feindlichen Stellung auf 3400—4200 m Entfernung ungefähr parallel lief und von derselben durch eine tiefe bewaldete Schlucht getrennt war.

Das Gelände vor dem linken Flügel der Stellung war zum Theil ganz offen und stieg zu der Schandornik-Höhe steil auf. Der mittlere Theil der Stellung hatte mit der gegenüber gelegenen türkischen Stellung ungefähr die gleiche Höhe; das leicht gewellte Vorgelände war ziemlich offen. Der rechte Flügel der russischen Stellung, der bis zur Chaussee reichte, überragte den gegenüberliegenden Theil der türkischen Stellung um mehrere hundert Meter.

Die Befestigungen der Stellung waren vom linken Flügel an gerechnet folgende — wobei die für die ganze Dauer des geschilderten Zeitabschnittes gleich bleibende Besetzung der Werke mit Geschützen gleich angeführt werden wird:

1) Batterie Oreus hinter der äussersten linken Flanke; Entfernung von der Schandornik-Redute 3000 m. — Zwei / 16. reitende Vierpfünder.
2) Wald-Batterie. — Zwei / 16. reitende Vierpfünder.
3) Batterie Hering. — Starkes Profil, auf beiden Seiten Schützengräben zur Infanterie-Vertheidigung. — Entfernung von der Schandornik-Redute 1300 m, von derselben überhöht um 160 m. — Sechs Neunpfünder der 2./1. Garde-Batterie.
4) Die aus der anfangs sogenannten „Neuen Batterie" entstandene grosse Redute, später bekannt als „Erste Semenow-Redute", ein Werk von starkem Profil, im Rücken durch Verhaue geschützt. — Entfernung von der Schandornik-Redute 1200 m., von derselben überhöht um 100 m. — Zwei Neunpfünder der 2./1. Garde-Batterie.
5) Redute Nr. 5, äusserste linke Flügel-Redute des früheren Wrateschka-Detachements; später „Zweite Semenow-Redute" genannt.
6) Flesche Nr. 4 oder Semenow-Flesche.
7) Batterie Martüschow, von der Schandornik-Redute 2700 m entfernt, von derselben um 110 m überhöht. Entfernung von den übrigen Werken der feindlichen Stellung 3000 bis 3400 m. — Acht Neunpfünder der 5./1. Garde-Batterie.
8) Redute (Lünette) Nr. 3, dicht bei Batterie Martüschow.
9) Redute (Lünette) Nr. 2.
   Zwischen den letzteren beiden Werken lag eine Reihe von Schützengräben; vor denselben auf einer niedrigeren Terrasse die um etwa 400 m „vorgeschobene Stellung."
10) Batterie Onoprienko; zu beiden Seiten Schützengräben; Entfernung von den feindlichen Werken 3400 bis 4200 m. — Acht Neunpfünder der 4./1. Garde-Batterie.
11) Redute Nr. 1 oder Moskau-Redute, um 300 m niedriger gelegen als Batterie Onoprienko.

12) Batterie Maibaum, dicht bei Redute Nr. 1, Entfernung von der Arabkonak-Redute 3400 m; ausserdem kann von dieser Batterie aus die Chaussee bestrichen werden. — Vier Neunpfünder der 4./2. Garde-Batterie.

Das Stand-Quartier des Detachements-Kommandos befand sich am Waldsaum hinter der Redute Nr. 2. Unmittelbar hinter den Werken war längs der ganzen Stellung ein Kolonnenweg angelegt. Die rückwärtigen Verbindungen der Stellung wurden durch drei Wege gebildet:

1) Der Weg von der Batterie Oreus über das Dragoner-Biwak nach Etropol (Anmarschweg der linken Kolonne am 28. November).

2) Der Weg von der Batterie Martüschow am steilen Osthang des Wrateschka-Rückens (Greata) entlang nach dem Dragoner-Biwak (Anmarschweg der rechten Kolonne am 28. November).

3) Der Weg von der Batterie Martüschow in der Schlucht hinter der Front der Stellung entlang nach dem sogenannten Schuwalow-Lager (Schuwalow-Berge) an der Chaussee. — Dieser Weg war erst von den russischen Truppen während der Besetzung der Stellung in einer Breite von zwei Schritt hergestellt worden. Alle Lebensmittel- und Munitions-Transporte gingen zu Wagen nur entweder bis zum „Dragoner-Biwak" bei Rawna oder bis zum Schuwalow-Lager; von diesen beiden Endpunkten aus wurden sie auf Packthieren oder durch Mannschaften nach der Höhenstellung hinaufgeschafft.

Zur Vervollständigung der Beschreibung der Stellung mag schliesslich erwähnt werden, welchen Anblick man — bei klarem Wetter — von der russischen Stellung aus hatte.

Vor der Front lag zunächst der Höhenrücken mit den türkischen Verschanzungen; der höchste Punkt dieses Rückens war der Schandornik, dann fiel er stufenförmig nach Westen ab; die Redute Nr. VI war der niedrigste Punkt der feindlichen Stellung, welche jenseits der Chaussee wieder zu grösserer Höhe anstieg.

Hinter diesem Höhenzuge sah man in vollster Deutlichkeit den Thalkessel von Kamarzil und das weite Theil von Sofia, begrenzt durch die weiss schimmernden Massen des Witosch-Gebirges, während der ferne Hintergrund des ganzen Bildes — etwa 100 km von der russischen Stellung entfernt — gebildet wurde durch die gewaltigen Massen des Rilo Dag und der Rhodope-Planina.

β) Kommando-Verhältnisse, Zusammensetzung und Aufstellung des Detachements.

Bei der ersten Festsetzung der Russen auf den Passhöhen zerfielen die Truppen östlich der Chaussee in das Schandornik-Detachement unter Rauch und das Wrateschka-Detachement unter Dandeville. Zu ersterem gehörten an Infanterie-Truppentheilen die Regimenter Pskow Nr. 11, Preobraschensk und Semenow, zu letzterem die Regimenter Welikoluz Nr. 12, Ismailow und Finland. Der Bestand beider Detachements an Artillerie (wie er unter α. angegeben) hat sich während der ganzen Zeit der Besetzthaltung der Höhenstellung nicht geändert; der Bestand an Infanterie-Truppentheilen war mehrfachem Wechsel unterworfen. Durch Armee-Befehl vom 5. December war Dandeville mit dem Kommando über den ganzen linken Flügel der Höhenstellung beauftragt, zu welchem die Schandornik-Stellung und die Wrateschka-Stellung gehörten; an Infanterie waren ihm unterstellt die Regimenter Pskow, Welikoluz und Ismailow, an Cavallerie das 4. Dragoner-Regiment und zwei Sotnien der donischen Brigade Kurnakow. Die Regimenter Preobraschensk und Finland hatten schon vor Erlass dieses Befehls die Stellung verlassen, um anderweitig Verwendung zu finden; Regiment Semenow betheiligte sich zunächst noch an den Befestigungs-Arbeiten und rückte erst am 11. December nach Orchanie in Erholungs-Quartiere.

Rauch verlässt am 8. December die Stellung und begiebt sich über Etropol und Orchanie nach seinem neuen Quartier Wratschesch; Dandeville besichtigt am 9. die ihm neu unterstellte Schandornik-Stellung. Am 13. December tritt das 4. Bataillon Moskau zum östlichen Höhen-Detachement und löst das 2. Bataillon Ismailow auf dem rechten Flügel der Stellung ab bei Redute Nr. 1 und Batterie Maibaum; das 2. Bataillon Ismailow tritt in die Reserve des Detachements.

Die im Hinblick auf die in Aussicht stehende Offensive von Gurko angeordnete Ablösung des bisherigen Detachements Dandeville durch die Regimenter Semenow und Garde-Jäger unter dem General Prinz von Oldenburg vollzieht sich in folgender Weise:

Das Regiment Garde-Jäger marschiert am 18. December von Wratschesch (wo es einquartiert gewesen) ab, trifft am 19. in der östlichen Höhenstellung ein und löst das Regiment Ismailow auf dem rechten Flügel der Stellung ab; Regiment Ismailow rückt nach Orchanie in Erholungs-Quartiere.

Regiment Semenow, von Skrivena kommend, trifft am 20. und 21. in der Höhenstellung ein und löst die Regimenter Pskow und Welikoluz auf dem linken Flügel der Stellung ab, welche beide Regimenter nach Etropol in Erholungs-Quartiere rücken.

Dandeville übergiebt am 21. das Kommando zeitweilig an Rauch und begiebt sich dann über Orchanie nach Etropol; der Prinz von Oldenburg übernimmt am 22. das Kommando der Höhenstellung, worauf Rauch sich wieder nach Wratschesch begeben zu haben scheint.

Die Aufstellung des Detachements Oldenburg in der Stellung war folgende:

eine Compagnie Semenow: Batterie Oreus,
drei Compagnien Semenow: Wald-Batterie,
ein Bataillon Semenow: Batterie Hering,
ein Bataillon Semenow: Semenow-Redute Nr. 1,
zwei Compagnien Semenow: Semenow-Redute Nr. 2,
zwei Compagnien Semenow: Semenow-Flesche,
4. Bataillon Garde-Jäger: Batterie Martüschow,
3.) Bataillon Garde-Jäger: Reduten Nr. 3 und 2, Logements, dazwischen
2.) vorgeschobene Stellung,
1. Bataillon Garde-Jäger: Batterie Onoprienko,
4. Bataillon Moskau: Redute Nr. 1 und Batterie Maibaum.

γ) Vorgänge in der Stellung.

5. December. — Batterie Onoprienko verfeuert 490 Granaten gegen die Arabkonak-Redute. — Batterie Martilschow feuert auf die Reduten westlich des Schandornik, die Schandornik-Redute ist in Nebel gehüllt.

6. December. — Dandeville kehrt von Schuwalow, zu dem er sich gestern begeben, in die Stellung zurück.

8. December. — Gurko bereitet die Stellung und wohnt der Georgsfeier in der Batterie Hering bei. —

Mit Ausnahme der Redute Nr. 5 sind die übrigen in Angriff genommenen Verschanzungen fertig. —

9. December. — Dandeville besichtigt die Schandornik-Stellung.

10. December. — Wegen starken Nebels feuern die Batterien nicht. — Bau an Redute Nr. 5.

11. December. — Als der Nebel sich verzieht, eröffnen die Geschütze der Schandornik-Redute ein lebhaftes Feuer gegen die bei dem Bau der Redute Nr. 5 beschäftigten Arbeiter vom Regiment Semenow; Verlust 1 Mann todt, 6 Mann verwundet. Die Arbeit wird eingestellt und erst in der Dunkelheit wieder aufgenommen. — Die Batterien Hering und Martüschow nehmen den Geschützkampf auf, Batterie Onoprienko schweigt, da man dort mit dem Bau eines Verbrauchs-Magazins beschäftigt. Batterie Martüschow wird von mehreren Granaten getroffen; 2 Lafetten beschädigt; eine Granate schlägt in ein Verbrauchs-Magazin mit 46 Granaten und beschädigt die Vorstecker von 6 Granaten, ohne dass eine Explosion erfolgt. — Verlust der Batterie Martüschow: 2 Mann todt, 2 Mann verwundet. Während des Geschützkampfes verliert die Infanterie 4 Verwundete.

12. December. — Redute Nr. 5 fertig. — Die bisher bei dem Detachement gewesene Compagnie des Garde-Sappeur-Bataillons rückt nach Etropol ab. — Für die Einnahme von Plewna wird in der Stellung ein Dankgottesdienst abgehalten. — Patrouillen melden das Vorhandensein von fünf Wassermühlen in der tiefen Schlucht zwischen beiden Stellungen, die Mühlen werden türkischerseits benutzt.

13. December. — Zwei Geschütze der 2./1. Garde-Batterie sollen in die neu erbaute Redute Nr. 5 geschafft werden; das eine Geschütz stürzt in eine Schlucht, das andere kann trotz der grössten Anstrengung heute nicht bis zu der Redute geschafft werden. — 4. Bataillon Moskau besetzt Redute Nr. 1, 2. Bataillon Ismailow wird in die Reserve zurückgenommen. — Ein Zug Dragoner wird zur Beobachtung des vom linken Flügel nach dem Schandornik führenden Weges aufgestellt. — Wegen starken Nebels wird heute von den Batterien nicht gefeuert.

14. December. — Die Türken erbauen rechts der Schandornik-Redute eine Batterie, das Feuer der russischen Batterie zwingt sie zur Einstellung der Arbeit. Es stellt sich heraus, dass die während andauernden Nebels erbaute Redute Nr. 5 schlecht angelegt ist und von der Schandornik-Redute aus erfolgreich unter Feuer genommen werden kann. Geschütze und Infanterie-Besatzung werden daher aus der Redute wieder herausgezogen. — Die am 12. in der Schlucht entdeckten Mühlen werden durch Kosaken und Bulgaren zerstört. — In der Nacht geht eine aus Freiwilligen bestehende Patrouille bis dicht an die Schandornik-Redute vor und stellt fest, dass dieselbe noch besetzt ist; man hatte geglaubt, dieselbe sei am Abend geräumt worden.

15., 16., 17., 18. December. Starker Nebel; nur die Wald-Batterie feuert dann und wann gegen türkische Schanzarbeiten. — Eintreffen der Garde-Jäger zum Ablösen des Regiments Ismailow.

19. December. — Starker Nordwind mit Schneefall; jede Arbeit in der Stellung unmöglich. — Major Seidlitz vom Regiment Pskow mit einem Zuge Dragoner rekognoszirt das Gelände östlich des Schandornik.

20. December. — Die Kälte wird immer grösser. — Starker Nebel; in der feindlichen Stellung hört man viele Signale blasen. — In der Nacht trifft der Befehl Gurkos ein, dass die Regimenter Pskow und Welikoluz nach Etropol rücken sollen. Die Spitze des anmarschierenden Regiments Semenow erreicht die Stellung.

21. December. Regiment Semenow beginnt die Ablösung der Regimenter Pskow und Welikoluz.

22. December. — Rauch übernimmt zeitweilig das Kommando und übergiebt es dann dem noch im Laufe dieses Tages eintreffenden Prinzen von Oldenburg.

23. December. — Gurkos Disposition für den Balkan-Uebergang trifft in der Stellung ein.

b. Das Arabkonak-Detachement vom 5. bis 24. December.

α) Die Höhenstellung westlich der Chaussee.

Ueber die örtlichen Einzelheiten dieser Stellung liegen nur spärliche Angaben vor. Im Wesentlichen bestand dieselbe (siehe auch I, a. und VI, h. α.) aus drei Gipfeln, welche auf der nördlichen Seite des Gebirges emporragen, mit dem eigentlichen Hauptkamm durch Sättel verbunden und unter sich durch tiefe Schluchten getrennt sind, die von dem Hauptkamm zu dem nördlichen Fuss des Gebirges führen.

Der östlichste dieser Gipfel hatte den Namen „Finländischer Berg" erhalten, der mittlere wurde „Pawlowskischer", der westlichste „Preobraschenskischer" Berg genannt.

Der Finländische Berg hatte eine Höhe von etwa 1200 m, der Pawlowskische Berg war bedeutend höher, der Preobraschenskische Berg scheint der höchste Punkt jener ganzen Gebirgsstrecke zu sein. Von hier aus sah man (Luftlinien-Entfernung 9 km) die Rückseite der grossen Schandornik-Redute, sowie die dunkeln Umrisse der Dörfer Arabkonak (Tscherkeskoje Selo) und Strigli am Südfuss des Gebirges. Der imposanten türkischen Schandornik-Stellung gegenüber machte die bedeutend tiefer gelegene russische Stellung östlich der Chaussee einen sehr unbedeutenden Eindruck.

Die sämmtlichen Punkte der westlichen Höhenstellung waren nur von der Chaussee her zugänglich; Geschütze, die auf den Preobraschenskischen Berg geschafft werden sollten, mussten ihren Weg über den Pawlowskischen Berg nehmen.

Die plateauförmigen Gipfel der drei genannten Berge waren im Allgemeinen frei, die Abhänge aber meist mit dichtem Wald bedeckt.

Der Gipfel des Preobraschenskischen Berges lag etwa halbwegs zwischen der Chaussee und dem Tschuriak-Passe.

Auf allen drei Bergen wurden Geschützstellungen und Schützengräben gebaut, nähere Angaben über diese Befestigungen liegen nicht vor.

Die Geschützstellung auf dem Finländischen Berge überhöhte die Arabkonak-Redute bedeutend und war von derselben etwa 1300 m entfernt.

β) Kommando-Verhältnisse, Zusammensetzung und Aufstellung des Detachements.

Die erste Besetzung der westlichen Höhenstellung oder vielmehr zunächst nur des Finländischen Berges erfolgte in den ersten Dezembertagen durch das Detachement des General Ellis, 1., 2., 3. Bataillon Moskau und 1., 2., 4. Bataillon der Garde-Schützen-Brigade. Theils noch am Abend des 3. December, unmittelbar nach Beendigung des Gefechts, theils im Laufe des 4. December treffen in der Stellung ein drei Bataillone (1., 3., 4.) Finland, zwei Bataillone (1., 3.) Pawlow und zwei Bataillone Preobraschensk. Am . trifft noch das 2. Bataillon Finland, am 9. das 4. Bataillon Pawlow ein.

Durch den Armee-Befehl vom 5. December war inzwischen bekanntlich die Neu-Eintheilung der ganzen Gebirgsstellung angeordnet; das zur Besetzung der westlichen Höhenstellung bestimmte Detachement — rechter Flügel — soll unter General Etter bestehen aus den Regimentern Finland und Pawlow nebst zwei /2. Garde-Batterien; die anderen augenblicklich in der Stellung befindlichen Truppentheile nehmen zunächst an der Herstellung der Verschanzungen und der Ausführung der Wegearbeiten theil und rücken dann nach ihren neuen Bestimmungsorten ab.

Für das Regiment Moskau, welches ebenfalls eigentlich nach Orchanie bestimmt war, gilt dies nur mit Einschränkung: das 3. Bataillon Moskau scheint ganz in der Stellung geblieben zu sein und befand sich jedenfalls am 12. December auf dem Pawlowskischen Berge; das 1. und 2. Bataillon, welche nach Orchanie in Erholungs-Quartiere rückten, stellten abwechselnd zwei Compagnien zur Deckung der Artillerie an der Chaussee und eine Compagnie als Verbindung auf dem Sattel zwischen dem Finländischen und dem Pawlowskischen Berge.

An Artillerie waren dem Detachement anfangs zwei / 2. Garde-Batterien zugetheilt, wahrscheinlich die 2. und 5., bald scheint noch eine dritte Batterie ebenfalls der 2. Garde-Brigade dazugekommen zu sein. Das Regiment Finland hielt den Finländischen Berg besetzt, ein Bataillon des Regiments stand unten an der Chaussee.

Das Regiment Pawlow besetzte im Allgemeinen den Pawlowskischen und Preobraschenskischen Berg, ersteren längere Zeit in Gemeinschaft mit Theilen des Regiments Moskau, letzteren ebenso in Gemeinschaft mit Theilen des Regiments Preobraschensk.

γ) Vorgänge in der Stellung.

3. December. — Das 1., 2., 4. Bataillon Pawlow treffen am Fuss der Höhenstellung ein (2. Bataillon und 2. Compagnie vorläufig noch zurück); das 4. Bataillon rückt auf den Finländischen Berg.

4. December. — Sechs Compagnien des 1. und 3. Bataillons Pawlow (eine Compagnie bleibt zur Deckung des Verbandplatzes zurück) rücken nach dem Pawlowskischen Berge, wo demnächst auch ein Bataillon Moskau eintrifft, welches zwei Geschütze auf die Höhe schleppt.

5. December. — Oberst Grippenberg, Kommandeur des Regiments Moskau, erscheint mit einer halben Sappeur-Compagnie auf dem Pawlowskischen Berge und ordnet den Bau einer Batterie-Stellung an. Neue Geschütze werden auf diesen Berg geschleppt.

Die sechs Compagnien Pawlow besetzen den Preobraschenskischen Berg und haben dort ein leichtes Geplänkel mit einer türkischen Abtheilung; ein Bataillon Preobraschensk rückt zur Verstärkung ebenfalls dorthin. — Der Pawlowskische Berg bleibt durch Abtheilungen des Regiments Moskau besetzt; die auf diesem Berge aufgestellten Geschütze eröffnen das Feuer.

6. December. — Zwei Geschütze werden von dem Pawlowskischen nach dem Preobraschenskischen Berg geschleppt; die bisher unten an der Chaussee verbliebene Compagnie Pawlow stösst zu dem auf dem Preobraschenskischen Berge stehenden Gros des Regiments.

7. December. — Befehl zur Befestigung der Stellung kann wegen fast gänzlichen Fehlens von Schanzzeug nur nothdürftig ausgeführt werden.

8. December. — Gurko bereitet einen Theil der Stellung.

9. December. — Das 4. Bataillon Pawlow rückt von dem Finländischen nach dem Pawlowskischen Berge. Die in der Stellung befindlichen Theile des Regiments Preobraschensk rücken nach Orchanie ab. — Die Besatzung des Preobraschenskischen Berges besteht nunmehr nur aus sieben Compagnien Pawlow, für welche der Dienst in folgender Art geregelt ist: vier Compagnien Vorposten, eine Compagnie Piket, zwei Compagnien Ruhe.

10. December. — Von Tschuriak her prallt eine türkische Streifabtheilung gegen den rechten Flügel der Postenkette an; russsischerseits 1 Mann verwundet.

11. December. — Das bisher in der Stellung verbliebene 1. Garde-Schützen-Bataillon rückt nach Wratschesch ab. Von dort her trifft das 2. Bataillon Pawlow mit dem Tross des Regiments ein und bezieht wie es scheint die Stellung an der Chaussee.

12. December. — Gurko, Schuwalow, Grippenberg und Skalon besichtigen die Stellung. — Die beiden auf dem Preobraschenskischen Berge aufgestellten Geschütze eröffnen das Feuer gegen türkische Schanzarbeiten in der Gegend von Ober-Kamarzil, die Entfernung erweist sich als zu gross.

18. December. — Behufs Erleichterung des Postendienstes wird die Vorpostenlinie verkürzt.

19. December. — Das 4. Bataillon Pawlow rückt aus der Stellung nach dem Fuss des Gebirges ab.

20. December. — Die Kälte wird immer empfindlicher. Der Vorpostendienst wird nach Möglichkeit eingeschränkt.

c. Das Wratschesch - Lutikowo - Detachement.

α) Die Oertlichkeit.

Ursprünglich hatten die Türken den ganzen Höhenrücken besetzt gehalten, der sich zwischen Lutikowo und Wratschesch hinzieht und die Begrenzung des Thalkessels von Orchanie nach Südwesten zu bildet. Der östliche Theil dieses Rückens war die sogenannte Wratschesch-Stellung, welche thatsächlich den Eingang in den von der Chaussee durchzogenen Hauptpass von Arabkonak sperrte; der westliche Theil des Rückens war die sogenannte Lutikowo-Stellung, welche den Eingang in den Pass von Lutikowo-Ogoja sperrte. Die Wratschesch-Stellung war von den Türken bereits geräumt worden; die aus einer Anzahl Reduten (die eine hatte den Namen Merowo) bestehende Lutikowo-Stellung wurde noch von einem Detachement in Stärke von 5 oder 6 Bataillonen mit einigen Geschützen besetzt gehalten.

Die ursprünglich von den Türken angelegte Redute auf der Höhe westlich des Dorfes Wratschesch bildete nunmehr den linken Flügel der russischen Stellung, deren rechter Flügel durch das Dorf Lutikowo und deren Zentrum durch die beiden VI, g. α. erwähnten isolirten Höhenkuppen gebildet wurde. Die Entfernung von Wratschesch bis Lutikowo beträgt etwa 10 km.

β) Kommando-Verhältnisse, Zusammensetzung und Aufstellung des Detachements.

Am 10. December übernahm General Rauch nach seinem Eintreffen in Wratschesch das Kommando über die Stellung und besichtigte diese noch an demselben Tage. Auf seine Anordnung wurden am folgenden Tage durch Mannschaften des Regiments Preobraschensk unter Leitung der beiden Generalstabs-Obersten Kaulbars und Pusürewski auf den beiden isolirten Höhenkuppen zwei Reduten für je ein Bataillon angelegt; die östliche wurde „Redute Kaulbars", die westliche „Redute Pusürewski" genannt. Die in Wratschesch, Skrivena und den umliegenden Dörfern einquartierten Infanterie-Truppentheile gaben abwechselnd die zur Besetzung dieser Reduten und zum Vorpostendienst erforderlichen Abtheilungen.

In Nowatschin stand General Klot mit zehn Eskadrons Garde-Cavallerie (Garde-Dragoner, reitende Grenadiere und zwei Eskadrons Grodno-Husaren); von hier aus wurden einige Eskadrons nach Lutikowo vorgeschoben. — In der Wratschesch-Redute standen vier 3./1. Garde-Geschütze; die vier anderen Geschütze dieser Batterie standen im Dorfe Wratschesch. Die Redute war zunächst vom 3. (finnischen) Garde-Schützen-Bataillon besetzt worden; sie hiess danach die „finnische Redute" oder der „finnische Berg". Nachdem die anderen Bataillone der Garde-Schützen-Brigade nach Wratschesch gelegt, scheinen sie sich in der Besetzung der Redute tageweise abgelöst zu haben; am 15. bezog das 1. Bataillon die Stellung.

γ) **Vorgänge in der Stellung.**

Abgesehen von fast täglich vorfallenden gänzlich unbedeutenden Plänkeleien der sich ziemlich nahe gegenüberstehenden Vorposten sind irgend welche Vorgänge in der Stellung nicht zu erwähnen.

Ueber die von Wratschesch aus am 3. und 4. December unternommene Rekognoszirung des Tschuriak-Passes siehe f. z.

Ueber die von Lutikowo aus am 8. und 9. December unternommene Rekognoszirung des Ogoja-Passes siehe IV, f.

d. Gesundheitszustand und Stärke-Verhältnisse.

Ueber den Gesundheitszustand und die Stärke-Verhältnisse der die östliche Höhenstellung besetzt haltenden Truppen lassen sich die nachfolgenden allerdings auch nur lückenhaften Angaben zusammenstellen, welche indessen immerhin einen Anhalt für die Beurtheilung der in dieser Beziehung bei der West-Armee im Allgemeinen herrschenden Zustände bieten.

Das Detachement Daudeville, bestehend aus den Regimentern Pskow, Welikoluz und Ismailow, hat am 13. December 5477 Mann in Reih und Glied.

Hiervon erkranken: am 13. fünfunddreissig Mann, am 14. achtundsiebenzig, am 15. fünfundneunzig, am 16. neunundneunzig, am 17. einhundertvierunddreissig Mann.

Nachdem am 15. ein Ersatz-Transport von etwa 400 Mann für das Regiment Ismailow eingetroffen, haben die drei Regimenter am 17. December eine Gesammtstärke von 5500 Mann.

Vom 18. an tritt für das Regiment Ismailow das Regiment Garde-Jäger in das Detachement ein; der Abgang an Kranken beträgt nun am 18. einhundertvierzehn, am 19. dreihundertvierzig, am 20. siebenhundertfünfunddreissig Mann — hiervon entfallen 120 auf das 2. Bataillon Pskow, 70 Mann haben erfrorene Gliedmassen.

Die Stärke des Detachements beträgt am 20. December: Garde-Jäger 1796 Mann, Pskow 1043 Mann, Welikoluz 1245 Mann. Die Regimenter Pskow und Welikoluz hatten Ende November jedes etwa 1800 Mann in Reih und Glied gehabt.

Die Stärke des am 13. December zu dem östlichen Detachement hinzugetretenen 4. Bataillons Moskau betrug am 20. December 423 Mann.

Der Abgang an Kranken betrug weiterhin für die Garde-Jäger: am 21. einhundertsechsundsiebenzig, am 22. dreiundneunzig; für das Regiment Semenow (welches am 21. in die Stellung gerückt war) betrug der Abgang an Kranken am 20. neunzig Mann, an einem der folgenden Tage schickte dieses Regiment einen Transport von 200 Kranken nach dem Lazareth in Orchanie.

e. Verpflegung.

In Bezug auf die Verpflegungs-Angelegenheiten giebt der Armee-Befehl Gurkos vom 10. December sehr eingehende Bestimmungen.

In Orchanie waren von den Truppentheilen der Detachements Schuwalow und Rauch sofort Feld-Bäckereien zu errichten, um den in Wratschesch vorgefundenen oder sonst beschafften Weizen zu Brod zu verbacken. Zum Betriebe dieser Bäckereien stellte jeder Truppentheil das erforderliche Personal; zur Oberaufsicht kommandirt die 1. und 2. Garde-Infanterie-Division je einen Stabsoffizier, der ausser den Bäckereien der betreffenden Division auch diejenigen der zu der Division gehörenden Artillerie sowie die der Garde-Schützen-Brigade (1. Division) und des Garde-Sappeur-Bataillons (2. Division) zu beaufsichtigen hat.

Die Truppentheile des Detachements Dandeville, des Slatiza-Detachements, die kaukasische Brigade und das Dragoner-Regiment Nr. 4 empfangen Zwieback von der Armee-Intendantur in Ossikowo.

General Tscherewin, Kommandeur der kaukasischen Brigade, hat sich mit den Lokal-Behörden von Etropol in Verbindung zu setzen, um dort wenn irgend möglich durch die Einwohner für Bezahlung das zur Verpflegung der kaukasischen Brigade und des 4. Dragoner-Regiments erforderliche Brod liefern zu lassen.

Die Garde-Cavallerie erhält ihre Brodverpflegung aus Wrazza.

Die bei Ossikowo versammelten Artillerie-Truppentheile und Parks empfangen Zwieback von der dortigen Armee-Intendantur.

Zur Verpflegung der Truppen der Detachements Schuwalow und Rauch mit Fleisch liefert die 2. Garde-Cavallerie-Division von Wrazza her das nöthige gegen Bezahlung requirirte Schlachtvieh nach Orchanie.

Für das Detachement Dandeville, das Slatiza-Detachement und die kaukasische Brigade ist das nöthige Schlachtvieh in Etropol und Umgegend gegen Bezahlung, unter Umständen gewaltsam, zu requiriren.

Die Verpflegung der Truppen mit Brod und Fleisch ist Sache der Detachements-Kommandeure. Die Truppentheile haben ihre Bedürfnisse nicht bei dem Armee-Kommando, sondern bei den Detachements-Kommandeuren Schuwalow, Rauch, Dandeville und Brok anzumelden; diese wiederum haben die nöthigen Requisitionen an die Kommandanturen von Orchanie und Etropol zu richten.

f. Rekognoszirungen der Balkan-Pässe.

a) Rekognoszirung des Slatiza-Passes.

Generalstabs-Oberst Parenzow erhält am 17. November vom Armee-Kommando den Auftrag, den von Tetewen nach Slatiza führenden Pass (I, Nr. 13.) zu rekognosziren; der dem Hauptquartier beigegebene Fürst Zeretelew, früher erster Sekretär der Gesandtschaft in Konstantinopel, der bulgarischen und türkischen Sprache vollkommen mächtig, schliesst sich dem Oberst Parenzow an. Dieser bricht am 18. November früh mit 50 Ossetinen der kaukasischen Brigade von Golemi Bulgarisch-Izwor auf und richtet seinen Marsch zunächst direkt nach Osten zu dem Zusammenfluss des Schwarzen und Weissen Wid, 4 km nordwestlich von Tetewen. Hier, wo auch ein Posten des 30. donischen Regiments von Tetewen aus (Lowtscha-Selwi-Detachement) aufgestellt ist, lässt er 5 Mann als Aufnahme- und Relaisposten zurück und geht dann in der Thalschlucht des Schwarzen Wid aufwärts.

Der immer steiler und unwegsamer werdende Pfad wechselt durchführend mehrfach die Ufer; an zwei Stellen lässt Parenzow weitere Relaisposten zurück. — Nach Einbruch der Dunkelheit macht Parenzow bei einem einsamen Gehöft „Zehn Strafen" Halt; er befindet sich ungefähr in der Höhe von Etropol und berechnet nach der Karte den heute zurückgelegten Weg auf 20 km.

Bei der zerstörten steinernen Brücke, welche bei den „Zehn Strafen" (Desjät Kar) über den Wid führt, 10 Ossetinen zurücklassend, setzt Parenzow am 19.

Morgens den Marsch fort und erreicht den eigentlichen Pass-Aufstieg, an dessen diesseitigem Fuss einige Sägemühlen liegen. Nach Aussage der Bulgaren sollen von dieser Stelle aus zwei Wege zum eigentlichen Passe führen; der östliche biegt links ab, der westliche führt gerade aus nach Süden.

Parenzow lässt den Fürst Zeretelew mit 15 Ossetinen bei den Sägemühlen zurück und beginnt mit 10 Mann den östlichen Aufstieg zu erklettern. Dieser erweist sich als für Artillerie unbedingt unbrauchbar, selbst einzelne Reiter sind gezwungen, abzusitzen und die Pferde zu führen. Da der Pfad ausserdem so läuft, dass er von feindlicher Seite aus vollkommen übersehen werden kann, so giebt Parenzow ein weiteres Vordringen in dieser Richtung auf und kehrt zu den Sägemühlen zurück. Nachdem von hier aus eine Meldung über die bisherigen Ergebnisse der Rekognoszirung an das Armee-Kommando abgesandt, geht Parenzow nunmehr auf dem westlichen direkt nach Süden laufenden Wege vor, der zunächst durch Wald führt. Auch auf diesen Wege ist nur zu Fuss vorwärts zu kommen. Noch vor der wirklichen Passhöhe hat der Wald ein Ende. Als Parenzow mit 4 Mann den Kamm der Passhöhe ersteigt, erblickt er hier Erdwerke und in denselben Mannschaften. Als letztere auf ihn zu feuern beginnen, tritt er den Rückweg nach den Sägemühlen an, wo inzwischen eine bulgarische Freischaar eingetroffen ist, die sich zu seiner Verfügung stellt.

Die Meldung, die Parenzow von hier aus sofort an das Armee-Kommando absendet, lautet: „Weg für Infanterie schwierig, selbst für einzelne Reiter kaum gangbar; für Artillerie vollkommen unbrauchbar".

ζ) Rekognoszirung des Kasamarska-Passes.

Dieselbe scheint durch die sofort nach der Einnahme von Etropol gegen den Pass vorgeschobene 3. Schützen-Compagnie des Regiments Welikoluz ausgeführt zu sein; diese Compagnie stand wenigstens bereits im Passe, als das sogenannte Slatiza-Detachement zur Besetzung des Passes vorgeschoben wurde (Näheres siehe IX.).

η) Rekognoszirung der Baba Gora.

Am 25. November rekognoszirt der Generalstabs-Hauptmann Protopapow von Etropol aus in Begleitung einiger Kosaken die Baba Gora. Den weglosen Gebirgskamm zwischen den Pässen von Strigli und Kasamarska in der Richtung auf Bunowo überkletternd, gelangt Protopapow zu einer südlich der Schandornik-Redute, also im Rücken derselben gelegenen Höhe, von wo aus die genannte Redute, die von ihr zu den anderen Verschanzungen führende Telegraphenleitung und die ganze Umgegend gut zu übersehen ist.

ϑ) Rekognoszirung des Strigli-Passes.

Am 27. November hatte Gurko persönlich den östlichen Aufstieg zum Strigli-Passe rekognoszirt (VI, b. α) und war bei dieser Gelegenheit bis zum Austritt des Pfades aus dem Walde gegenüber der Schandornik-Höhe gelangt.

An demselben Tage sollte Oberst Pusürewski mit einer Abtheilung des 4. Dragoner-Regiments und in Begleitung des bereits (α) genannten Fürsten Zeretelew die Wege-Verhältnisse in der Richtung auf Bunowo, also am Ostfuss des Schandornik, rekognosziren.

Pusürewski konnte seinen Auftrag nicht erfüllen; wie er sagt: „weil der Pass noch in den Händen der Türken und das Gelände seitwärts des Passes durchaus ungangbar gewesen sei," eine Behauptung, die im Hinblick auf die Ergebnisse späterer Rekognoszirungen einigermassen oberflächlich erscheint. — Nachdem am 15. December eine Dragoner-Patrouille das Gebirgsgelände östlich der Schandornik-Höhe rekognoszirt, wurde am 19. December Major Seidlitz vom Regiment Pskow beauftragt, mit einem Zuge Dragoner die rechte Flanke der türkischen Stellung zu rekognosziren. Bei Rawna von dem eigentlichen Wege nach dem Strigli-Pass (dem Anmarschwege der linken Kolonne am 28. November) ostwärts abbiegend, gelangte Seidlitz in einer Schlucht aufwärts kletternd bis zum Ostfuss des Schandornik. Der von ihm zurückgelegte Weg war seiner Meldung nach derartig, dass nur geringe Herstellungsarbeiten nöthig sein sollten, um ihn für Artillerie benutzbar zu machen.

Am 24. December wurde auf Anordnung des Prinzen von Oldenburg von Seiten des Regiments Semenow eine aus 3 Offizieren und 8 Mann bestehende Patrouille abgeschickt, um von der Batterie Oreus aus einen Zugang zur rechten Flanke der Schandornik-Stellung zu ermitteln. Die Patrouille musste unter Anwendung der vorsorglich mitgenommenen Spaten sich durch den tiefen bis zum Gürtel reichenden Schnee durcharbeiten und gelangte unter vielen Schwierigkeiten, an einer Stelle der türkischen Postenkette bis auf 500 Schritt nahe kommend, unentdeckt bis dicht an die Ost-Front der Schandornik-Redute, und kehrte ebenfalls unentdeckt zurück. Der von der Patrouille eingeschlagene Weg scheint in seinem letzten Theile mit dem von Major Seidlitz zurückgelegten Weg zusammen zu fallen.

z) Rekognoszirung des Tschuriak-Passes und Gangbarmachung desselben.

Am 3. December erhält Lieutenant Skarjätin (vom Regiment Semenow) den Auftrag, den alten Weg zum Tschuriak-Passe zu rekognosziren; von Wratschesch aus wurden ihm die 15. und 16. Compagnie Moskau und ein Zug Garde-Ulanen als Bedeckung beigegeben. Unter grossen Schwierigkeiten — die Reiter müssen während des grössten Theiles des Weges die Pferde führen — gelangt das Detachement am Abend bis zur Passhöhe und bezieht hier das Biwak, eine Patrouille überschreitet den Pass und gelangt bis zu dem am jenseitigen Abstieg gelegenen Dorfe Tschuriak, welches vom Feinde nicht besetzt ist. Am 4. December kehrt das Detachement nach Wratschesch zurück.

Am 16. December rekognoszirt Generalstabs-Oberst Stawrowski den Pass in Begleitung des Kommandeurs des Garde-Sappeur-Bataillons, Oberst Skalon; beide Offiziere sind der Ansicht, der Pass sei durch einige Herstellungsarbeiten für Artillerie gangbar zu machen und daher zu dem Uebergang der Haupt-Kolonne zu benutzen.

An demselben Tage war die 1. Kompagnie des Garde-Sappeur-Bataillons bereits nach denjenigen Punkte beordert worden, wo der zum Tschuriak-Pass führende Weg sich von der Chaussee abzweigt — etwa 6 km südlich von Wratschesch.

Beiläufig sei hier bemerkt, dass die dritte Compagnie des Garde-Sappeur-Bataillons dem Slatiza-Detachement zugetheilt worden war, während die 2. und 4. Compagnie zunächst noch bei Wratschesch mit Arbeiten beschäftigt waren.

Am 18. begann die 1. Compagnie mit Hülfe einer Anzahl Arbeiter vom Regiment Pawlow die Herstellung von Faschinen; im Ganzen wurden deren 1000 Stück angefertigt und demnächst verbaut.

Am 19. stiess die 4. Compagnie zur 1. Compagnie; das ganze Regiment Preobraschensk wurde zur Unterstützung bei den Arbeiten bestimmt, welche sofort in Angriff genommen wurden.

Von der Chaussee aus war der Weg zunächst 1 km lang eben, doch mussten auf dieser Strecke zwei Brücken hergestellt werden. Mit scharfer Wendung nach links beginnt dann der durch mächtige Waldungen führende Aufstieg; der Weg wurde in Zickzacks geführt und in einer Breite von 4 Schritten hergestellt. Die

4. Compagnie bezog ein Biwak auf der Mitte des Aufstieges; die 1. Compagnie arbeitete vom Fusse des Aufstieges bis zur Mitte, von hier aus bis zur Passhöhe die 4. Compagnie; beide Compagnien hatten starke Arbeiter-Abtheilungen des Regiments Preobraschensk zu ihrer Unterstützung; jeder einzelne Sappeur hatte die Arbeit von 10 bis 15 Infanteristen zu leiten.

Die Kälte stieg bis zu 18 Grad R.

Am 22. wurde der Weg bis zur Passhöhe fertig gestellt; am 23. wurde Lieutenant Miklaschewski zur Rekognoszirung des jenseitigen Abstieges abgeschickt.

Um 3 Uhr Nachmittags erschien Gurko in Begleitung des Oberst Skalon auf der Passhöhe und besichtigt den jenseitigen Abstieg. Um den Feind nicht auf die bevorstehende Bewegung aufmerksam zu machen, wird beschlossen, die Arbeiten zur Gangbarmachung des Abstieges erst in der Nacht unmittelbar vor dem Beginn der Bewegung auszuführen.

Nachdem am 23. und in der Nacht zum 24. Thauwetter gewesen, tritt am 24. wieder Frost ein; der ganze Weg bedeckt sich mit Glatteis.

Am 24. um 10 Uhr Abends beginnt die Arbeit zur Gangbarmachung des Abstieges; ein Theil des Regiments Preobraschensk ist zur Deckung der Arbeit nach dem Dorfe Tschuriak vorgeschoben mit dem Befehl, sich dort vollkommen verdeckt zu halten; der übrige Theil des Regiments arbeitet mit den Sappeuren. Nach schwerer Arbeit während der erst dunkeln, dann mondhellen, eisig kalten Nacht ist die Arbeit am Morgen des 25. December beendigt.

Vorgreifend sei hier die weitere Thätigkeit des Garde-Sappeur-Bataillons während des Ueberganges der Truppen über den Tschuriak-Pass erwähnt. Die 1. Compagnie war längs des Aufstieges vertheilt, unterstützte hier das Hinaufschaffen der Geschütze und besserte schadhaft gewordene Wegestellen aus; dieselbe Thätigkeit lag der 4. Compagnie für den Abstieg ob. Die angegebene Thätigkeit der Sappeure währte die folgenden Tage über ohne Unterbrechung.

Als am 29. December die 2. Compagnie aus Wratschesch auf der Passhöhe eintraf, stellte diese von hier aus einen zweiten Abstieg her, sodass das Hinunterschaffen der Artillerie auf zwei Linien gleichzeitig erfolgen konnte.

In der Nacht vom 30. zum 31. December rückte die 2. Compagnie dann nach Njegoschewo, und im Laufe des 31. folgten auch die 1. und 4. Compagnie dorthin nach.

ζ) Rekognoszirung des Umurgatsch-Passes.

Am 14. December unternimmt Oberst Pusürewski auf Befehl Gurkos von Wratschesch aus die Rekognoszirung des Umurgatsch-Passes. Da es sich darum handelt, unentdeckt zwischen den türkischen Stellungen von Arabkonak und Lutikowo hindurch zu gelangen, so hat Gurko angeordnet, die Rekognoszirung ohne Bedeckung durch eine Truppen-Abtheilung auszuführen.

Oberst Pusürewski wird nur begleitet von dem schon mehrfach erwähnten Fürst Zeretelew, zwei Ordonnanz-Offizieren und einigen bulgarischen Wegweisern. Um die Aufmerksamkeit der Türken möglichst wenig auf sich zu lenken, haben die Offiziere die landesübliche Tracht angelegt. — Etwa 2 km südlich von Wratschesch wird von der Chaussee rechts abgebogen. Auf schwierigem Pfade, theilweise in dem steinigen Bett eines Gebirgsbaches steil aufwärts kletternd, erblickt Pusürewski plötzlich rechts vor sich ein türkisches Lager in solcher Nähe, dass die einzelnen Gestalten und ihre Bewegungen mit unbewaffnetem Auge deutlich zu erkennen waren. Die Stärke des Lagers wird auf 5 Bataillone geschätzt — es war das sogenannte Lutikowo-Detachement.

Etwa 2 km von der eigentlichen Passhöhe tritt der Pfad in dichten Wald ein; die Passhöhe selbst ist baumlos. Von hier aus eröffnet sich eine prächtige Aussicht auf das Thal von Sofia und die gewaltigen Massen des Rilo Dag und des Witosch-Gebirges; die türkischen Stellungen von Arabkonak-Schandornik und die hinter ihnen befindlichen Truppenlager sind sichtbar; auf der Chaussee ist die Bewegung von Truppen und Fuhrwerken wahrnehmbar.

Da ein weiteres Vorgehen in hohem Grade gefährlich und ziemlich zwecklos gewesen sein würde, tritt Pusûrewski den Rückweg an und begiebt sich noch an demselben Abend in Begleitung des Fürsten Zeretelew nach Orchanie zu Gurko.

Pusûrewskis Meldung, dass der Pass für Artillerie unbenutzbar sei, war dem General Gurko — welcher ursprünglich die Hauptmasse der West-Armee über den Umurgatsch-Pass gehen zu lassen beabsichtigte — äusserst ungelegen. Er wandte sich an Zeretelew (welcher im Juli Gurkos Uebergang über den Hainkioi-Pass mitgemacht hatte) mit der Frage, wie sich in Bezug auf Gangbarkeit der Umurgatsch-Pass zu den Pässen von Hainkioi und Dalboka verhalte? Als Zeretelew ihn für bedeutend gangbarer als jene beiden Pässe erklärte, machte Gurko zu Pusûrewski die spöttische Bemerkung: dass er allerdings keine Chaussee über das Gebirge verlange. Da Gurko der ihm unbequemen Meldung Pusûrewskis keinen rechten Glauben beimass, so beauftragte er den General Rauch, der ebenfalls an dem Uebergange über den Hainkioi-Pass theilgenommen hatte, am 16. in Begleitung des Oberst Pusûrewski und des Sappeur-Oberst Skalon den Umurgatsch-Pass zu rekognosziren. Da aber auch Rauch diesen Weg für eine grössere Abtheilung unbenutzbar hielt, so gab Gurko den Gedanken auf den Umurgatsch zum Uebergang der Hauptmasse der Armee zu benutzen.

g. Anmarsch der Verstärkungen.

a) Die Truppen.

   3. Garde-Infanterie-Division. — General Katalei.

   Garde-Regiment Littauen
   Garde-Grenadier-Regiment Kexholm } General Filosofof.
   (Kaiser von Oesterreich)

   Garde-Regiment Wolhynien
   Garde-Grenadier-Regiment Petersburg } General Kurlow.*)
   (König von Preussen)

   3. Garde- und Grenadier-Artillerie-Brigade.

   9. Armee-Corps. — General Krüdener. — Generalstabs-Chef Oberst Lipinski.

   5. Infanterie-Division. — General Schilder-Schuldner.

   Regiment Archangel Nr. 17.
   Regiment Wologda Nr. 18.
   Regiment Kostroma Nr. 19.
   Regiment Galiz Nr. 20.

   5. Artillerie-Brigade. — General Pachitonow.

   31. Infanterie-Division. — General Weljaminow.

   Regiment Pensa Nr. 121
   Regiment Tambow Nr. 122 } General Radsischewski.

   Regiment Koslow Nr. 123.
   Regiment Woronesch Nr. 124.

   31. Artillerie-Brigade.

---

*) Eigentlich Commandeur des Regiments Petersburg, führt er thatsächlich die Brigade.

Donisches Kosaken-Regiment Nr. 34.

Die Truppentheile der 3. Garde-Infanterie-Division marschierten in folgender Stärke von Plewna aus:

    Littauen: 60 Offiziere 2999 Mann.
    Kexholm: 60 Offiziere 2649 Mann.
    Wolhynien: 55 Offiziere 2602 Mann.
    Petersburg: 58 Offiziere 2866 Mann.
    Artillerie: 38 Offiziere 1489 Mann.

Bei der Division befanden sich im Ganzen 2300 Pferde.

Die Regimenter Littauen, Kexholm und Petersburg führten Zwieback auf 7 Tage mit sich, Regiment Wolhynien auf 4 Tage, die Artillerie auf 8 Tage.

An Patronen waren durchschnittlich 105 Stück pro Gewehr vorhanden.

Ueber die Truppen des neunten Corps liegen ähnliche genaue Angaben leider nicht vor.

β) Anmarsch der Truppen.

Die 3. Garde-Infanterie-Division nimmt am 14. December Mittags an einer auf dem Schlachtfelde des 10. December abgehaltenen Parade Theil und marschiert an demselben Tage bis Nieder-Dubnjak (6 km), am 15. December bis Telisch (17 km). Nach der von dem Armee-Ober-Kommando entworfenen Marschroute soll die Division die 55 km betragende Entfernung von Telisch bis Ossikowo in vier Tagemärschen zurücklegen; in Telisch trifft ein Adjutant Gurkos mit einer von diesem aufgestellten Marschroute ein, welche dieselbe Strecke nur in zwei Tagemärsche eintheilt. Die Division marschiert hiernach am 16. bis Blosniza (30 km), am 17. bis Ossikowo (25 km).

Die Artillerie, zu deren Unterstützung zwei Bataillone Kexholm kommandirt sind, gelangt trotzdem am 17. nur bis Jabloniza (13 km) und muss hier am 18. einen Ruhetag machen, während die beiden Bataillone Kexholm wieder zu ihrem Regiment stossen.

Am 18. marschiert die Division nach Prawez (13 km). Von Ossikowo an — wo während des Stillstandes der Operationen ein Theil der Artillerie der West-Armee parkirt hat — ist die Chaussee von Batterien, welche auf dem Marsch nach Orchanie sind und von Fahrzeugen eines leeren Intendantur-Transportes, der in der entgegengesetzten Richtung in Bewegung ist, derartig verstopft, dass die Marschkolonne der Division sich nur mühsam durch das Chaos durchwinden kann. — Eine in Prawez stationirte Gendarmerie-Abtheilung hat Nichts zur Aufrechterhaltung der Ordnung auf der Chaussee gethan, da sie „keine Instruktion hatte!"

Am 19. December marschiert die Division nach Orchanie, wo sie von Gurko empfangen wird.

Am Morgen dieses Tages werden das ganze Regiment Petersburg und zwei Bataillone Kexholm der Artillerie entgegen zurückgeschickt, um derselben bei dem Transport der Geschütze und Fahrzeuge behülflich zu sein.

Die Division wird nach Orchanie und Wratschesch in Quartier gelegt; an letzterem Ort werden Erd-Backöfen (da die Feld-Backöfen nicht zur Stelle) gebaut, um die Truppen zur Schonung der Zwieback-Vorräthe mit Brod zu verpflegen.

Zwei Bataillone Wolhynien besetzen am 23. December den linken Flügel der Wratschesch-Stellung (Redute auf dem finnischen Berge) und bleiben in dieser bis zum 25. December.

Das 9. Corps, welches am 16. December von Plewna aufgebrochen, soll planmässig (nach der von Gurko gesandten Marschroute) am 20. bei Orchanie ankommen, indessen trifft über Wrazza marschierend, die Hauptmasse des Corps erst am 23. im Thal von Orchanie ein, an welchem Tage die 31. Division in Nowatschin und Skrivena, die 1./5. Brigade in Orchanie und Wratschesch Quartiere bezieht.

Die 2./5. Brigade war am 23. noch im Marsche von Wrazza nach Orchanie begriffen und traf erst am 27. ein.

Von der 31. Division war das Regiment Woronesch Nr. 124 mit der 4./31. Batterie bereits früher eingetroffen, am 22. nach Etropol in Marsch gesetzt und dort am 23. angekommen. Die genannte Batterie erreicht Etropol erst mehrere Tage später.

Neunter Abschnitt.

Die Ereignisse auf dem Kasamarska-Pass.

Unmittelbar nach der Einnahme von Etropol hatte Gurko die Absicht gehabt, seine Avantgarde in zwei Kolonnen den Balkan überschreiten zu lassen; an der Spitze der linken Kolonne sollte die donische Brigade Kurnakow über den Kasamarska-Pass nach Slatiza, an der Spitze der rechten Kolonne die kaukasische Brigade Tscherewin über den Strigli-Pass nach Bunowo rücken. Die allgemeinen Verhältnisse, wie sie sich nach der Einnahme von Etropol gestalteten, sowie die Wahrnehmungen, welche theils Gurko selbst, theils die von ihm mit der Rekognoszirung der feindlichen Gebirgsstellungen beauftragten Offiziere machten, liessen ihn von diesem Gedanken vorläufig zurückkommen und er beschloss, sich zunächst auf den Passhöhen des Gebirges festzusetzen.

Während in Verwirklichung dieser Absicht in den letzten Novembertagen General Dandeville mit einem Theil der bei Etropol eingetroffenen Truppen gegen den Strigli-Pass vorging und sich auf den Passhöhen von Schandornik und Wrateschka festsetzte, erhielt General Kurnakow den Befehl: mit dem Gros seiner donischen Brigade (fünf Sotnien) und dem Leib-Garde-Grenadier-Regiment sich in den Besitz des Kasamarska-Passes zu setzen.

Gleich nach der Einnahme Etropols hatte Kapitän Protopapow mit einer Eskorte kaukasischer Kosaken den Kasamarska-Pass rekognoszirt, demnächst war von Etropol aus eine Compagnie des Regiments Welikoluz bis zu der Karaula auf der Nordseite des Passes vorgeschoben worden.

Am 29. December trat Kurnakow mit seinem Detachement — welches offiziell den Namen „Slatiza-Detachement" erhielt und zu welchem noch zwei kaukasische Sotnien hinzugetreten waren — von Etropol aus den Vormarsch an und setzte sich, ohne ernsten Widerstand zu finden, in den Besitz der Passhöhe. Am 3. December wurden auch die beiden am Südfuss des Gebirges gelegenen Dörfer Klissekioi und Tschelopetscheni besetzt, nachdem die schwachen türkischen Besatzungen derselben sich auf ihr in einem verschanzten Lager bei Slatiza stehendes Gros zurückgezogen.

Der Besitz dieser beiden Dörfer war namentlich deshalb für die Russen von grossem Werth, weil sie nicht nur einem Theil der Truppen Unterkunft gewährten — die anderen mussten auf der Passhöhe biwakiren — sondern auch durch die in ihnen vorgefundenen Vorräthe die Verpflegung erleichterten.

Am 5. December trafen zwei Geschütze der 19. donischen Batterie auf der Passhöhe ein, deren Hinaufschaffen viel Arbeit gemacht hatte.

Am 12. December traf General Brok zur Uebernahme des Kommandos auf dem Passe ein.

Nachdem in den vorhergehenden Tagen eine Reihe kleiner Plänkeleien stattgefunden, erfolgte am 12. December ein allgemeiner Angriff der Türken gegen die beiden Dörfer mit gleichzeitigem Umfassungs-Versuch gegen beide Flügel der russischen Gebirgsstellung.

Obgleich der Angriff selbst — russischerseits mit einem Verlust von nur 20 Mann an Todten und Verwundeten — abgewiesen wurde, so sah sich General Brok, im Hinblick auf die Ueberlegenheit des Gegners, durch die Bedrohung seiner Flanken veranlasst, Tschelopetscheni zu räumen und seine Truppen in die verschanzte Stellung auf der Passhöhe zurückzunehmen.

Die beiden kaukasischen Sotnien rückten am 13. December zu ihrer Brigade ab, dagegen trafen an diesem Tage sechs Compagnien Neu-Ingermanland Nr. 10 nebst einer donischen Sotnie auf dem Pass ein und traten — eigentlich zum Lowtscha-Selwi-Detachement des Generals Karzow gehörig — vorläufig zum Slatiza-Detachement über.

Während der nächsten beiden Wochen beschränkte sich die Thätigkeit beider Gegner auf eine Anzahl kleiner Scharmützel, denen im Allgemeinen die Absicht der Türken zu Grunde lag, um den rechten Flügel der russischen Stellung herum durch den oberen Theil der Schlucht von Tschelopetscheni zu der eigentlichen Passhöhe und zur Karaula zu gelangen.

Auf dem Westrande der genannten Schlucht wurden von den Türken, an dem Ostrande wurden von den Russen Verschanzungen angelegt; alle bei diesen Gelegenheiten vorfallenden Zusammenstösse waren sehr unbedeutender Natur.

Russischerseits wurde ausserdem an der Ausbesserung des von Etropol auf die Passhöhe führenden Weges gearbeitet.

Während der ganzen Zeit hatten beide Theile, ganz besonders aber die auf der Passhöhe stehenden Russen durch die immer ungünstiger werdende Witterung zu leiden.

Nachdem Anfangs Regen und Schnee abgewechselt und infolge eintretenden Frostes das Gebirge sich mit Glatteis bedeckt hatte, trat dauernd strenge Kälte — bis zu 15 Grad R. steigend — ein, verbunden mit starkem Schneefall und heftigen Schneestürmen, welche zeitweise die Verbindung zwischen den einzelnen Theilen der Stellung unmöglich machten. Nachdem dann einige Tage kaltes klares Wetter gewesen, brach am 28. ein furchtbarer Schnee-Orkan los, welcher mehrere Tage anhielt und der das Detachement Brok in seiner ziemlich ungeschützten Stellung auf der Passhöhe stark mitnahm.

Die fast vernichtende Wirkung, welche dieser selbe Schnee-Orkan auf das zur Zeit im Uebergange über die vollkommen kahle und offene Hochfläche der Baba Gora begriffene Detachement des Generals Dandeville ausübte, wird im nächsten Abschnitt näher erwähnt werden.

Am 24. December traf bei dem Detachement die Disposition Gurkos für die bevorstehende allgemeine Offensive der West-Armee ein. Das Detachement Brok sollte stehen bleiben, die Aufmerksamkeit des Gegners auf sich ziehen und hierdurch die Absendung von Verstärkungen von Slatiza nach Mirkowo und Bunowo verhindern. Selbst zur Offensive übergehen durfte das Detachement erst dann, wenn Kolonnen des Haupt-Corps im Thal von Slatiza erscheinen oder wenn die Türken von Slatiza unverkennbar abziehen würden.

Im Hinblick auf die bevorstehenden Ereignisse wurde die nach Etropol in Quartier gelegte Cavallerie des Detachements wieder nach der Passhöhe beordert; der Abstieg vom Pass durch die Schlucht von Klissekioi wurde möglichst gangbar gemacht und rings um Klissekioi wurden Schützengräben hergestellt, um auf diese Weise für das bevorstehende Debouchiren des Detachements in die Ebene eine Art Brückenkopf zu schaffen.

Die fernere Thätigkeit des „Slatiza-Detachements" in den letzten Tagen des December und in den ersten des Januar fällt mit der allgemeinen Offensive der West-Armee zusammen und wird im Zusammenhange mit dieser zur Darstellung kommen.

a. Die Oertlichkeit.

Ueber die Einzelheiten des Kasamarska-Passes als solchen siehe l. c.

Von der Passhöhe aus führen zwei in ihrem oberen Theil nach benachbarte Schluchten nach dem Südfuss des Gebirges; die östliche dieser Schluchten mündet bei dem Dorfe Klissekioi, welches etwa 400 Schritt vom Ausgang der Schlucht entfernt ist; die westliche mündet bei dem Dorfe Tschelopetscheni. Beide Dörfer sind etwa 3 km von einander entfernt. Der eigentliche, übrigens sehr mangelhafte Passweg führt durch die Schlucht von Klissekioi nach Slatiza.

Die russischen Befestigungen lagen der Hauptsache nach **zwischen** beiden Schluchten am Südabhange des Gebirges. Verschiedene steile Kuppen sowohl auf der Ostseite der Klissekioi-Schlucht als auch auf der Westseite der Tschelopetscheni-Schlucht überhöhten die russische Stellung; es sind dies diejenigen Höhen, um welche es sich bei den türkischen Versuchen gegen die Flanken der russischen Stellung besonders handelte.

Die **Thal-Ebene** von Slatiza erstreckt sich von Westen nach Osten in einer Länge von 30 km und einer Breite von 5 km. Sie wird durchflossen von der oberen Topolniza, nach Süden begrenzt von der Sredna-Gora-Kette. Von der Ebene von Sofia wird die Thal-Ebene von Slatiza durch einen Querriegel getrennt, der als Wasserscheide zwischen Malinska und Topolniza von der Ichtiman-Kette zum Etropol-Balkan zieht; von der Thal-Ebene von Karlow aber durch einen Querriegel, der als Wasserscheide zwischen Topolniza und Giopsa von der Sredna-Gora-Kette zum Trajan-Balkan zieht.

Slatiza hatte zur Zeit des Krieges 5000 Einwohner, der Mehrzahl nach Türken.

Sowohl bei Bunowo als bei Mirkowo münden von Norden her schwierige Gebirgspfade, welche zwischen dem Strigli- und dem Kasamarka-Pass den Etropol-Balkan überschreiten. Von Mirkowo führt die Strasse nach (10 km) Slatiza, wo die Strassen von Etropol über den Kasamarska-Pass und von Tetewen über den Slatiza-Pass münden. Von Slatiza aus führt die Strasse zunächst durch die Ebene weiter, dann über den Pass von Derbent oder Klissura nach (40 km) Rachmanli.

b. Kommando-Verhältnisse und Zusammensetzung des russischen Slatiza-Detachements.

Das Detachement stand anfangs unter dem Befehl des General Kurnakow, Kommandeur der donischen Kosaken-Brigade; am Abend des 9. December traf der zum Kommandeur der 1./2. Garde-Brigade ernannte General Brok auf dem Passe ein und übernahm vom 10. an das Kommando.

Das zu dem Detachement gehörende Leib-Garde-Grenadier-Regiment — Oberst Ljubowizki — scheint zur Zeit einen auffallend schwachen Effektivstand gehabt zu haben, was im Hinblick auf die grossen am 24. Oktober bei Ober-Dubnjak erlittenen Verluste natürlich ist; dagegen dürfte die an mehreren Stellen sich vorfindende Angabe: das Regiment habe bei Besetzung des Passes nur eine Stärke von 1000 Mann gehabt — übertrieben niedrig zu sein. — Am 22. December treffen 300 Mann Ersatzmannschaften bei dem Regiment ein; der Umstand, dass dieselben mit Pelzen ausgerüstet sind (das Regiment war bisher nicht im Besitze von solchen) ist im Hinblick auf die Witterungsverhältnisse sehr vortheilhaft.

Die bereits vor dem 29. November auf dem Pass anwesende 3. Schützen-Compagnie des Regiments Welikoluz verbleibt dauernd beim Detachement.

Oberst Komarowski stand mit zwei Bataillonen seines Regiments Neu-Ingermanland Nr. 10 in Tetewen; er war dem General Karzow, Kommandeur des selbstständigen Lowtscha-Selwi-Detachements unterstellt, gehörte also **nicht** zu dem Befehlsbereiche des General Gurko (III, a.). Als er trotzdem in den letzten Novembertagen die Aufforderung Gurkos erhält: „den bevorstehenden Angriff des General Kurnakow auf Slatiza zu unterstützen", marschiert er mit sieben Compagnien und zwei/24. Sotnien am 28. November von Tetewen aus und erscheint nach Uebersteigung des Slatiza-Passes und nach leichter Vertreibung einer hier stehenden schwachen türkischen Abtheilung, in der Ebene von Slatiza. Als hier von Kurnakow nichts zu sehen, geht er wieder auf die Passhöhe zurück, bleibt hier unter schwierigen örtlichen und klimatischen Verhältnissen drei Tage stehen und tritt dann den Rückmarsch nach Tetewen an. Als er unterwegs den — thatsächlich widerrechtlich und sogar ohne Benachrichtigung Karzows gegebenen — Befehl Gurkos erhält, sofort nach Etropol zu rücken, sendet er eine Compagnie (wahrscheinlich auch eine Sotnie) nach Tetewen zurück und marschiert mit sechs Compagnien und einer Sotnie über Etropol nach dem Kasamarski-Pass, wo er am 13. December eintrifft. Er tritt hier bis auf Weiteres unter das Kommando des General Brok. Die sechs Compagnien haben bei ihrem Eintreffen eine Gesammtstärke von 700 Mann.

Die 3. Compagnie des Garde-Sappeur-Bataillons scheint, von der Schandornik-Höhe kommend, am 9. December zum Detachement gestossen zu sein.

Die beiden Geschütze der 19. donischen Batterie wurden dem Detachement wahrscheinlich von Anfang an zugetheilt, sie blieben aber zunächst in Etropol und wurden erst am 4. December nach dem Pass hinaufgeschafft.

Die donische Brigade Kurnakow war in Stärke von sieben Sotnien zur West-Armee gestossen (fünf Sotnien waren bei der Süd-Armee verblieben); von dieser waren zwei Sotnien (je eine der Regimenter Nr. 21 und 26) unter Oberstlieutenant Schtakelberg dem Detachement Dandeville in der Wrateschka-Stellung zugetheilt; der Rest gehörte zum Slatiza-Detachement, doch werden hier eigentlich nur vier Sotnien erwähnt.

Die bei Etropol in Erholungs-Quartieren stehende kaukasische Brigade hatte zu dem Slatiza-Detachement zwei Sotnien zu stellen; dieselben wurden vom Kuban-Regiment gegeben und nach einem mehrtägigen Aufenthalt in der Stellung in regelmässigen Wechsel durch zwei andere Sotnien desselben Regiments abgelöst. — Da die Brigade bei Etropol im Zeltlager steht und Verpflegung und Fourage hier sehr knapp sind, während die beiden zum Slatiza-Detachement abkommandirten Sotnien in dem Dorfe Tschelopetscheni in Häusern untergebracht sind und dort reichliche Verpflegung und Fourage haben, so tritt der eigenthümliche Fall ein, dass die aus den „Erholungs-Quartieren" zum Dienst in der Stellung abkommandirten Sotnien dies für einen vortheilhaften Tausch halten.

Als die Brigade am 10. December den Marschbefehl nach Ossikowo erhält (siehe VIII), werden die beiden bei Tschelopetscheni stehenden Sotnien ebenfalls abberufen; sie treten den Abmarsch aus der Stellung am 13. December an.

c. Vorgänge.

29. November. — Die Avantgarde des Detachements, 2. Bataillon und zwei Compagnien des 4. Bataillons der Leib-Grenadiere und ein Theil der Kosaken, erreicht um 10 Uhr die halbzerstörte Karaula und vereinigt sich mit der bereits hier stehenden 3. Schützen-Compagnie Welikoluz. Der Vormarsch gegen die wirkliche Passhöhe erfolgt in drei Kolonnen: zwei Compagnien gehen auf der eigentlichen Passstrasse, je zwei Compagnien rechts und links derselben über die Höhen vor.

Auf der Passhöhe sind unter Bedeckung einer türkischen Abtheilung zahlreiche Bulgaren mit Schanzarbeit beschäftigt; beim Anmarsch der Russen entfliehen sie; die türkischen Truppen weichen ohne ernsten Widerstand auf beiden Seiten der Klissekioi-Schlucht zurück, auf der Ostseite behalten sie eine steile, fast unzugängliche Felsposition über dem Dorfe Klissekioi besetzt. Gegen Abend trifft der Rest des Grenadier-Regiments auf der Passhöhe ein; das Regiment nimmt folgende Aufstellung: 4. Bataillon besetzt eine Reihe hergestellter Schützengräben am Südabhange des Gebirges, das 3. Bataillon dahinter in zweiter Linie; zwei Compagnien des 1. Bataillons östlich des Passes als Flankendeckung vorgeschoben; 2. Bataillon und zwei Compagnien des 1. Bataillons auf der Passhöhe selbst in Reserve.

30. November. — Die Türken errichten auf der Westseite der Schlucht von Tschelopetscheni auf einer hohen steilen Kuppe über dem Dorfe eine Redute; russischerseits wird vergeblich versucht, die Arbeit durch Schützenfeuer zu hindern. Auf dem rechten russischen Flügel auf der Ostseite der Schlucht von Tschelopetscheni wird russischerseits ebenfalls eine Redute erbaut.

1. December. Die Türken schaffen ein Gebirgs-Geschütz in die Redute über Tschelepotscheni. Da türkische Abtheilungen den Versuch machen, die rechte Flanke der russischen Stellung zu umgehen, so werden zum Schutz derselben zwei neue Schützengräben rechts zurückgebogen angelegt.

2. December. — Türkische Abtheilungen gehen in der Schlucht von Tschelopetscheni vor; gleichzeitig macht eine Abtheilung den Versuch, den rechten Flügel der russischen Stellung über die Höhen westlich dieser Schlucht zu umgehen. Dem Angriff in der Front treten 1½ Compagnien und 1⅓ Sotnie entgegen, nach längerem Geplänkel gehen die Türken wieder zurück. — Die Umgehungs-Abtheilung setzt sich auf einer Höhe fest, von wo aus der auf dem äussersten rechten Flügel der russischen Stellung gelegene, von einer halben Compagnie besetzte Schützengraben fast im Rücken beschossen werden kann. Die Besatzung des Schützengrabens wirft nach jener Seite hin ebenfalls eine Brustwehr auf und verwandelt den Schützengraben in eine Art Redute. Das Erscheinen einer Abtheilung abgesessener Kosaken in der Flanke der Türken veranlasst diese schliesslich, die Höhe zu räumen und zurückzugehen. — Bei starkem Regen tobt Nachts ein furchtbarer Sturm, der die Zelte meist umreisst und fast alle Feuer ausbläst.

3. December. — Die türkischen Truppen gehen in das verschanzte Lager bei Slatiza zurück; die beiden Dörfer Klissekioi und Tschelopetscheni bleiben anfangs durch schwache Infanterie-Abtheilungen besetzt; zwischen den Dörfern sind einige hundert Mann Cavallerie sichtbar. Russischerseits gehen zwei Compagnien und vier Sotnien gegen Tschelopetscheni vor und setzen sich nach Vertreibung der dort stehenden Infanterie-Abtheilung und einer Schaar plündernder Tscherkessen in Besitz des Dorfes; auch Klissekioi wird russischerseits besetzt.

4. December. — Die Türken gehen mit 2 Bataillonen in der Front gegen Tschelopetscheni vor, während Cavallerie von einigen Eskadrons das Dorf zu umgehen und von rückwärts in dasselbe einzudrängen versucht; der Angriff wird nach längerem Feuergefecht abgewiesen. — Zwei Compagnien arbeiten während des heutigen Tages am Heraufschaffen der beiden dem Detachement zugetheilten Vierpfünder auf die Passhöhe. — Starker Schneefall und Frost; die ersten Fälle erfrorener Gliedmassen.

5. December. — Die beiden Geschütze werden auf einer über Klissekioi gelegenen Höhe in Stellung gebracht. — Wechsel von Schnee und Regen; starker Sturm.

6. und 7. December. — Sturm und Regen. Die Erkrankungsfälle mehren sich.

8. December. — Die Besatzung von Tschelopetscheni wird verstärkt und besteht jetzt aus 5 Compagnien (4 Grenadier-, 1 Welikoluz-), den beiden Kuban-Sotnien und einem Theil der vorhandenen donischen Kosaken. Klissekioi ist von einer Compagnie besetzt. — Infolge eintretenden Frostes bedeckt sich das Gebirge mit Glatteis.

9. December. — Eine gegen Tschelopetscheni vorgehende türkische Abtheilung wird durch Schützenfeuer aus den vor dem Dorfe angelegten Logements abgewiesen. — Die Kälte nimmt zu; verschiedene Fälle erfrorener Glieder. — General Brok trifft Abends auf dem Pass ein.

10. December. — Um den Pass gegen einen etwa von Schandornik oder Bunowo her unternommenen Angriff zu sichern, werden in der rechten Flanke auf der Ostseite der Tschelopetscheni-Schlucht zwei neue Reduten angelegt; die Kosaken unterhalten in jener Richtung einen lebhaften Patrouillengang. 10 Grad R. Kälte — die Truppen beginnen den Bau von Erdhütten.

11. December. — Türkische Cavallerie rekognoszirt gegen Tschelopetscheni.

12. December. — Um 10 Uhr Vormittags gehen die Türken mit starken Infanterie- und Cavallerie-Abtheilungen gegen beide Dörfer vor; gegen Tschelopetscheni treten vier Geschütze in Thätigkeit. Russischerseits scheint Klissekioi von vier, Tschelopetscheni von fünf Compagnien und einer Anzahl abgesessener Kosaken besetzt gewesen zu sein; die übrigen Kosaken hielten zu Pferde zwischen den Dörfern. Der Rest der Infanterie stand in den Pass-Verschanzungen zwischen den beiden Schluchten; einige Compagnien hielten die Höhen auf der Ostseite der Klissekioi-Schlucht besetzt; die beiden Geschütze standen auf der Westseite dieser Schlucht.

Während ein Theil der Türken in der Front gegen Klissekioi vorgeht, hier aber nicht näher als bis auf 600 Schritt herankommt, versucht eine andere Abtheilung, Klissekioi ostwärts zu umgehen. Nachdem mehrere Versuche fehlgeschlagen, gelingt es den Türken nach Heranziehung weiterer Verstärkungen am späten Nachmittage, die Russen von den Höhen östlich der Klissekioi-Schlucht zu vertreiben und von hier aus ein lebhaftes Feuer sowohl gegen die auf den anderen Schluchtrand stehenden Geschütze als auch auf Klissekioi zu eröffnen. Die Besatzung Klissekiois sieht sich zur Räumung dieses Dorfes und zum Rückzug in die Schlucht genöthigt, das Dorf wird von den Türken besetzt. In der Nacht verlassen die Türken sowohl die Höhen an der Ostseite der Klissekioi-Schlucht wie auch das Dorf, worauf die Russen hier ihre frühere Stellung wieder einnehmen. Inzwischen sind gegen Tschelopetscheni vier Bataillone, einige hundert Reiter und vier Geschütze vorgegangen. Das Feuer der russischen Geschütze zwingt indessen die türkischen Geschütze zum Abfahren aus der anfangs genommenen Stellung; der Angriff gegen Tschelopetscheni wird abgewiesen; der Versuch der türkischen Cavallerie, das Dorf zu umgeben, wird durch die berittenen Kosaken, zu deren Unterstützung eine Compagnie Infanterie vorgeht, vereitelt.

Gegen Abend erscheint eine türkische Kolonne, welche den weiten Umweg über Mirkowo gemacht hat, auf dem Westrande der Schlucht von Tschelopetscheni und besetzt eine den Ostrand der Schlucht beherrschende Höhe (wahrscheinlich dieselbe, welche bereits am 2. December von einer türkischen Abtheilung vorübergehend besetzt war). Die letzte verfügbare russische Compagnie besetzt dieser Umgehung gegenüber den Ostrand der Schlucht, doch gelingt es nicht, die Türken aus ihrer bedrohlichen Stellung zu vertreiben. — Russischer Gesammtverlust in diesen Tagen 20 Todte und Verwundete.

13. December. — Nachdem General Brok sich unter diesen Umständen noch im Laufe der Nacht zur Räumung von Tschelopetscheni entschlossen, wird diese unter dem Schutz eines starken Nebels ungehindert ausgeführt. Um die Türken zu verhindern, sich ihrerseits im Dorfe festzusetzen, werden auf einer das Dorf beherrschenden Höhe am Ostrande der Tschelopetscheni-Schlucht zwei Compagnien in Schützengräben aufgestellt. — Die beiden Kuban-Sotnien rücken zu ihrer Brigade

ab; auch von den donischen Kosaken bleiben nur zwei Sotnien zum Vorposten-, Patrouillen- und Ordonnanzdienst auf der Passhöhe; die übrigen (2 oder 3) Sotnien werden der besseren Unterkunft und Verpflegung wegen nach Etropol zurückgeschickt. — Am heutigen Tage, 4 Uhr Morgens, trifft das Detachement des Oberst Komarowski (b.) auf dem Pass ein. — Infolge des starken Nebels bleibt den Türken während des ganzen Tages die Räumung von Tschelopetscheni verborgen; die türkischen Geschütze setzen die Beschiessung des Dorfes fort.

14., 15., 16. December. — Fortgesetzte Versuche der Türken, die Flanken der russischen Stellung im Gebirge zu umgehen und um dieselben herum zur Passhöhe zu gelangen; dabei mehrfach Geschützfeuer gegen die russische Stellung, namentlich gegen die über Tschelopetscheni gelegene Redute. — Nachdem die Truppen auf der Passhöhe drei Tage lang vollkommen ohne Brot gewesen, trifft am 16. von Etropol her ein Transport mit Zwieback und Branntwein in der Stellung ein.

Am 10. December beginnt bei 8 Grad R. Kälte ein heftiges Schneetreiben, welches allmälig immer stärker wird, vom 18. an zur Einstellung aller Arbeiten zwingt, erst am 21. schwächer wird und am 22. ganz aufhört — worauf nunmehr ausgedehnte Arbeiten zur Aufräumung der stellenweise 2 m hoch mit Schnee bedeckten Wege in der Stellung und nach Etropol beginnen. Die Erkrankungen und die Fälle des Erfrierens von Gliedmassen nehmen sehr zu.

23. December. — Das nunmehr vollkommen klare Wetter gestattet einen deutlichen Ueberblick über die Stellung der Türken in der Slatiza-Ebene.

25. December. — Die Besatzung von Klissekioi — bisher eine Compagnie — wird um zwei Compagnien verstärkt. Beginn verschiedener Schanzarbeiten bei Klissekioi. — Demonstrative Beschiessung der türkischen Stellung bei Slatiza durch die beiden russischen Geschütze, welche oberhalb Klissekioi aufgestellt sind.

26. December. — Zwei donische Sotnien — 5./21. und 5./26. unter Oberst Mandrükin — welche von Etropol her heute wieder auf der Passhöhe eintreffen, werden nach Klissekioi geschickt mit dem Auftrage, die Telegraphenleitung zwischen Slatiza und Mirkowo zu unterbrechen. Der Auftrag wird in der folgenden Nacht ausgeführt und als Beweis ein grosses Stück Leitungsdraht dem General Brok überbracht.

27. December. — Türkische Abtheilungen besetzen im Laufe des Vormittags das Dorf Tschelopetscheni und gehen von hier aus gegen die auf der Höhe über dem Dorfe gelegenen Verschanzungen vor, welche von 1 Compagnie Grenadiere und 1 Compagnie Welikoluz bedeckt sind; zwei lebhafte Angriffe werden mit Verlust abgewiesen. — Das eine der beiden russischen Geschütze wird aus der Stellung oberhalb von Klissekioi nach dem Berge oberhalb Tschelopetscheni geschafft. — Nachmittags beginnt ein starker Schneesturm. — Um 9 Uhr Abends trifft die Mittheilung des General Dandeville ein: dass er die Passhöhe der Baba Gora erreicht und dass seine Patrouillen bis Bunowo gekommen.

28. December. — Zwei Angriffe der Türken auf die am 26. auf der Ostseite der Klissekioi-Schlucht gebaute Redute werden abgewiesen. — Das auf dem Berge über Tschelopetscheni aufgestellte Geschütz eröffnet das Feuer gegen dieses Dorf. — Um bei dem Erscheinen von Truppen des Hauptcorps auf der Südseite des Gebirges sofort zur Offensive bereit zu sein, werden die verfügbaren, d. h. nicht zu Besatzungszwecken in der Stellung erforderten Compagnien auf dem rechten Flügel versammelt. — Zur Herstellung der Verbindung mit Dandeville wird am Abend ein Offizier auf dem Umwege über Etropol nach der Baba Gora geschickt. — Um 5 Uhr Nachmittags beginnt ein furchtbarer Schnee-Orkan.

29. December. — Fortdauer des Schnee-Orkans; die Kälte steigt auf 15 Grad. Kein Feuer kann unterhalten werden; mehrere Posten werden durch die Gewalt des Sturmes in Abgründe geschleudert, 5 Mann erfrieren ganz. General Brok will die Truppen von den der Wuth des Unwetters schutzlos preisgegebenen Höhenstellungen in das Dorf Klissekioi verlegen, die Ordonnanzen mit den Befehlen kommen aber nicht durch; nur das 2. Bataillon des Grenadier-Regiments rückt aus eigener Initiative nach Klissekioi. — Der zu Dandeville geschickte Offizier kommt um 8 Uhr Morgens zurück. — Um Mittag fängt der Schneesturm an etwas nachzulassen.

30. December. — In der Nacht beginnt der Schneesturm von Neuem mit furchtbarer Heftigkeit und tobt den ganzen Tag über; die Verbindung zwischen den einzelnen Abtheilungen ist fast ganz unterbrochen. Zwei Mann erfrieren, ausserdem eine Anzahl Pferde und Esel. — Ein gestern Abend um 9 Uhr aus Etropol abgegangener Brief Dandevilles trifft um 11 Uhr Morgens bei Brok ein: Dandeville ist von der Baba Gora wieder nach Etropol zurückgegangen. — Oberst Ljubowizki begiebt sich nach Etropol zu Dandeville und schlägt ihm vor, über den Kasamarska-Pass zu gehen. Gegen Abend meldet Ljubowizki durch die Kosaken-Relais-Linie die Zustimmung Dandevilles.

Einige durch die Kosaken eingebrachte Gefangene geben die Stärke der bei Slatiza stehenden Türken an auf 4000 Mann Infanterie und 500 Reiter.

31. December. — Der Schneesturm hört auf; in der Aufräumung der vom Schnee verstopften Wege und Schluchten wird angestrengt gearbeitet. — Gegen Abend treffen die ersten Truppen Dandevilles auf dem Pass ein, Dandeville selbst am 1. Januar um 4 Uhr Morgens.

d. Gefechtsverluste und Krankheiten.

Die Gefechtsverluste des Slatiza-Detachements während des ganzen Zeitabschnittes von Ende November bis Ende December sind sehr gering; es verloren: 1) Das Regiment Leib-Grenadiere: 3 Mann todt, 27 verwundet; 2) die 3. Schützen-Compagnie Welikoluz: 1 Mann todt, 12 Mann verwundet (darunter 1 Offizier); 3) sechs Compagnien Neu-Ingermanland: 3 Mann verwundet; 4) die Kosaken: 1 Mann todt, 8 Mann verwundet — im Ganzen 5 Mann todt, 50 Mann verwundet.

Sehr bedeutend war dagegen der Abgang an Krankheiten und infolge erfrorener Gliedmassen. Es hatten Abgang infolge verschiedener Krankheiten:

Grenadiere: 278
Welikoluz: 33   } 513 Mann;
Ingermanland: 202

ausserdem infolge erfrorener Gliedmassen:

Grenadiere: 350
Welikoluz: 21   } 521 Mann.
Ingermanland: 150

Das Grenadier-Regiment verlor ausserdem 6 Mann, das Regiment Ingermanland 1 Mann todt durch Erfrieren.

Die sechs Compagnien Neu-Ingermanland hatten übrigens bereits während ihres dreitägigen Aufenthaltes auf dem Slatiza-Pass (b.) einen Abgang von 150 Mann durch Krankheiten erlitten.

Zehnter Abschnitt.

Beginn der allgemeinen russischen Offensive. — Uebergang der West-Armee über den Etropol-Balkan. — 25. bis 30. December.

Der Plan der russischen oberen Heeresleitung für die beabsichtigte grosse Offensive über den Balkan hatte folgende Grundzüge:

Die West-Armee unter General Gurko, zum Uebergang über den Etropol-Balkan bestimmt, sollte die ganze Bewegung eröffnen und zu dem Zweck bereits am 25. December ihren Vormarsch beginnen.

Das als Verbindungsglied zwischen der West- und Süd-Armee bei Lowtscha stehende schwache Detachement unter General Karzow sollte am 2. Januar den Uebergang über den Trajan-Balkan beginnen und hierdurch die Aufmerksamkeit der Türken auf sich ziehen, um so nach Möglichkeit die — im Hinblick auf die numerische Stärke und vortheilhafte Stellung der türkischen Schipka-Armee für besonders schwierig erachtete — Aufgabe der Süd-Armee unter General Radezki zu erleichtern, welche am 5. Januar ihre Bewegungen zur Ueberschreitung des Schipka-Balkans beginnen sollte. Diese Bewegung sollte ausserdem durch eine energische Demonstration unterstützt werden, welche das als Verbindungsglied zwischen der Süd- und Ost-Armee auf der Osmanbasar-Strasse stehende Corps unter General Dellinghausen in der Richtung auf Achmedli zu führen hatte.

Den beiden Heertheilen der Generale Gurko und Radezki war übrigens nicht nur die Aufgabe gestellt worden, den Uebergang über die betreffende Gebirgsstrecke zu erzwingen, sondern sie sollten auch die ihnen gegenüberstehenden türkischen Heertheile unter Schakir Pascha und Wessel Pascha womöglich völlig vernichten, d. h. durch vollständige Umfassung zur Uebergabe zwingen.

Die Operationen, durch welche die anderen genannten Heertheile die ihnen gestellten Aufgaben zu erfüllen suchten und mehr oder weniger vollständig erfüllten, liegen nicht im Rahmen dieser Darstellung, welche sich nur mit den Operationen Gurkos im Etropol-Balkan beschäftigt.

Für die Art und Weise, in welcher Gurko die der West-Armee gstellte Aufgabe zu erfüllen suchte, waren — abgesehen von der Stärke der zu seiner Verfügung stehenden Streitkräfte — massgebend die durch zahlreiche Rekognoszirungen gewonnenen Kenntnisse über die Beschaffenheit des Gebirges und der dasselbe überschreitenden Passwege sowie die ziemlich dürftigen und unsicheren Nachrichten über Stärke und Stellung der türkischen Streitkräfte.

Die verhältnissmässig bedeutende Stärke der West-Armee — 82 Bataillone, 59 Eskadrons und Sotnien, 33 Fuss- und 9 reitende Batterien und allerdings nur ein Sappeur-Bataillon — liess es möglich erscheinen, durch gleichzeitiges Vorgehen in mehreren getrennten und doch in sich genügend starken Heersäulen die völlige Umfassung der feindlichen Hauptmacht mit Aussicht auf Erfolg anzustreben, und dabei die zwischen und neben den zum Uebergange der einzelnen Kolonnen benutzten Passwegen gelegenen Gebirgsstrecken so stark besetzt zu halten, dass eine Störung der Offensiv-Bewegung durch einen Gegenstoss der Türken nicht zu besorgen war.

Eine vergleichende Zusammenstellung der Rekognoszirungs-Berichte über die verschiedenen Passwege liess — wenn man von der durch die feindliche Hauptstellung unmittelbar und vollkommen gesperrten Chaussee über den Arabkonak-Pass absieht — den Weg über den Tschuriak-Pass als den verhältnissmässig gangbarsten erscheinen; dagegen hatte diese Wegerichtung den grossen Nachtheil, dass sie sehr nahe an dem linken Flügel der feindlichen Hauptstellung vorbeiführte, sodass der Marsch grosser Truppenmassen auf diesem Wege dem Gegner kaum verborgen bleiben konnte. Aus diesem Grunde hatte Gurko auch anfangs die Wegerichtung über den weiter westlich gelegenen Umurgatsch-Pass für die Hauptmacht der West-Armee ins Auge gefasst, musste aber zu seinem grossen Missvergnügen diesen Plan aufgeben, da Oberst Pusûrewski diesen Passweg für grössere Truppenmasen mit Geschütz für unbedingt unbenutzbar erklärte.

Die in Gurkos Haupt-Quartier gesammelten Nachrichten über die Stärke der gegenüberstehenden feindlichen Streitkräfte bezifferten dieselben im Allgemeinen auf etwa 80 Bataillone, wobei übrigens bekannt war, dass dieselben zum Theil von sehr schwachem Bestande und zum Theil auch von geringer Brauchbarkeit waren.

Die Haupt-Armee bei Arabkonak-Kamarzü sollte aus 45 Bataillonen bestehen; 15 Bataillone sollten bei Slatiza, 5 bis 10 Bataillone in der Lutikowo-Stellung, der Rest in und bei Sofia stehen.

Auf Grund der angeführten Nachrichten und Erwägungen gestaltete sich Gurkos Plan in seinen Grundzügen folgendermassen:

Das Zentrum — die Hauptmacht — geht über den Tschuriak-Pass, erreicht den Südfuss des Gebirges bei Jeleschniza, entwickelt sich hier mit der Front nach Osten gegen den linken Flügel der türkischen Stellung von Arabkonak-Kamarzü und sucht dieselbe durch Vornehmen des rechten Flügels vollständig im Rücken zu umfassen.

Der rechte Flügel geht über den Umurgatsch-Pass, erreicht den Südfuss des Gebirges bei Schiliawa, entwickelt sich hier mit der Front nach Westen und tritt jedem Versuch entgegen, den etwa die in der Gegend von Sofia befindlichen türkischen Streitkräfte zur Unterstützung des Kamarzü-Corps unternehmen könnten.

Der linke Flügel geht über die Baba Gora, erreicht den Südfuss des Gebirges bei Bunowo, sucht um den rechten Flügel der türkischen Stellung herum im Rücken derselben dem Zentrum die Hand zu reichen und so die vollständige Umfassung des Gegners herbeizuführen.

Mit defensiver, bezüglich demonstrativer Aufgabe bleiben ausserdem Truppen-Abtheilungen — sogenannte „Schirme" — aufgestellt:

links auf dem Kasamarska-Pass gegen das türkische Slatiza-Detachement;

rechts bei Wratschesch-Lutikowo gegen das türkische Lutikowo-Detachement; endlich

im Zentrum zu beiden Seiten der Chaussee gegenüber der türkischen Hauptstellung.

Zur Verwirklichung dieses Planes erhielten durch Armee-Befehl vom 22. December die Truppen der West-Armee folgende Eintheilung in neun Detachements, von denen fünf zur wirklichen Ausführung der Offensive, vier zum defensiven Festhalten der eigenen Stellung und zu Demonstrationen bestimmt waren.

Regiment Preobraschensk . . . . . Regiment Ismailow . . . . 1. und 4. Garde-Schützen-Bataillon . Regiment Koslow Nr. 123 . . . . Elf Sotnien der kaukasischen Brigade. 1., 3., 6./1. Garde-Batterie à 4 Gesch. Eine / 31. Batterie à 4 Gesch. . . . 8. donische Batterie à 4 Gesch. . . .	Avantgarde des Haupt-Corps General Rauch. — 13 Bataillone, 11 Sotnien, 20 Geschütze.

Regiment Wolhynien . . Regiment Petersburg . . Astrachan-Dragoner Nr. 8 Eine kaukasische Sotnie . Vier / 3. Garde-Batterien à 4 Gesch.	Erstes Echelon des Haupt-Corps General Kurlow. 8 Bataillone, 5 Eskadrons und Sotnien, 16 Geschütze.
Regiment Littauen . . . Regiment Kexholm . . . 2. u. 3. Garde-Schützen-Bat. Zwei / 3. Garde-Batterien à 4 Gesch.	Zweites Echelon des Haupt-Corps General Filosofow. 10 Bataillone, 8 Geschütze.
Zwei Bataillone Pensa Nr. 121 . . . Regiment Tambow Nr. 122 . . . . 1. und 2. Garde-Cavallerie-Brigade . 6./31. Batterie à 4 Gesch.. . . . . 2. 5./ reitende Garde-Batterie à 4 Gesch.	Rechte Seiten-Kolonne General Weljaminow. 5 Bataillone, 16 Eskadrons, 12 Geschütze.
Regiment Pskow Nr. 11 . . . Regiment Welikoluz Nr. 12 . . Regiment Woronesch Nr. 124 . Jekaterinoslaw-Dragoner Nr. 4. Eine / 21. Sotnie . . . . . . Eine / 26. Sotnie . . . . . . 4./31. Batterie . . . . Vier / 19. donische Geschütze . Zwei / 16. reitende Geschütze .	Linke Seiten-Kolonne General Dandeville. 9 Bataillone, 6 Eskadrons und Sotnien, 14 Geschütze.
Regiment Pawlow . . . Regiment Finland . . . Drei Bataillone Moskau . Drei / 2. Garde-Batterien	Rechter Flügel der Hauptstellung General Schuwalow. 11 Bataillone, 24 Geschütze.
Regiment Semenow . . . Regiment Garde-Jäger . . Ein Bataillon Moskau. . . 2., 4., 5./1. Garde-Batterie . Vier / 16. reitende Geschütze	Linker Flügel der Haupt-Stellung General Prinz Oldenburg. 9 Bataillone, 28 Geschütze.
Regiment Archangel Nr. 17 Regiment Wologda Nr. 18 . Regiment Galiz Nr. 20. . . 3. Garde-Cavallerie-Brigade Vier / 5. Batterien . . . . 3. reitende Garde-Batterie .	Rechte Seiten-Deckung General Schilder-Schuldner. 9 Bataillone, 7 Eskadrons, 30 Geschütze.

Regiment Leib-Grenadiere	Linke Seiten-Deckung
Sechs Compagnien Neu-Ingermanland	General Brok.
Nr. 10............	5½ Bataillone,
Eine / 21., eine / 24., eine 26. Sotnie .	3 Sotnien,
Zwei / 19. donische Geschütze ...	2 Geschütze.

General Gurko behielt sich die spezielle Leitung des Haupt-Corps vor, dessen Gros — 1. und 2. Echelon — dem General Katalei unterstellt war.

General Krüdener hatte den gemeinsamen Befehl über die beiden Flügel der Hauptstellung und die rechte Seiten-Deckung.

Die beiden Seiten-Kolonnen und die linke Seiten-Deckung standen unmittelbar unter dem Armee-Kommando.

Von den zur West-Armee gehörenden, in obiger Aufzählung nicht angeführten Truppentheilen waren:

Ein Bataillon Pensa Nr. 121 im Rücken der Armee abkommandirt;

Regiment Kostroma Nr. 19 noch von Wrazza her im Anmarsch;

eine Eskadron Kaiser-Ulanen (3. Garde-Cavallerie-Brigade) zur Herstellung der Verbindung mit den Serben nach Pirot entsendet;

drei Sotnien der kombinirten donischen Brigade in den Gebirgsstellungen und auf Relaislinien im Rücken der Armee verzettelt;

die mit dem 9. Corps von Plewna gekommenen Sotnien des 34. donischen Regiments bei den verschiedenen Detachements dieses Corps vertheilt. Vom Garde-Sappeur-Bataillon befanden sich die 1., 2., 4. Compagnie auf dem Tschuriak-Pass, die 3. Compagnie auf dem Kasamarska-Pass.

Nachdem verschiedene Armee-Befehle über Massregeln der Verpflegung und Ausrüstung, über Grundsätze der Marschordnung und Marschdisciplin und über sonstige Einzelheiten besondere Bestimmungen gebracht hatten, wurde durch Armee-Befehl vom 23. December die ausführliche Disposition für die Ausführung der ganzen Bewegung bekannt gemacht mit genauer Bezeichnung der Aufgaben und des Zusammenwirkens der verschiedenen Detachements.

Dieser Disposition gemäss sollten die Haupt-Kolonne — Detachements Rauch, Kurlow und Filosofow — und die rechte Seiten-Kolonne — Detachement Weljaminow — sich am Morgen des 25. December bei Wratschesch versammeln, und zwar Rauch und Weljaminow um 5 Uhr, Kurlow um 5½ Uhr und Filosofow um 8 Uhr Morgens. Da höheren Orts gar keine näheren Bestimmungen über Anmarsch und Aufstellung der verschiedenen Detachements gegeben waren, so musste diese Anordnung zunächst einen grossen Wirrwarr, fortwährende Kreuzungen und hierdurch zahlreiche Stockungen aller Bewegungen hervorrufen und so die Kräfte der Truppen noch vor dem Beginn der eigentlichen schwierigen Aufgabe des Gebirgs-Ueberganges unnützer Weise in Anspruch nehmen.

Der ganzen Anordnung lag ausserdem eine durchaus falsche Zeitberechnung zu Grunde, und die übertriebenen Erwartungen, welche das Armee-Kommando von der Schnelligkeit der Ausführung der ganzen Bewegung hatte, müssen geradezu in Erstaunen versetzen.

Das Detachement Rauch sollte am 25. December um 5½ Uhr Morgens antreten und die beiden Echelons unter Kurlow und Filosofow mit einem Zeitintervall von einigen Stunden folgen.

Rauch sollte noch im Laufe des 25. den Pass überschreiten und bis zu dem Dorfe Tschuriak gelangen, dann am 26. über Potop und Jeleschniza bei Stolnik die Chaussee erreichen, hier links schwenken und bei Ober-Malina mit der Front gegen Taschkesen-Kamarzü aufmarschieren.

Kurlow sollte am 25. bis zum Pass gelangen, am 26. über Potop und Jeleschniza nach Roschdanie rücken und sich hier links von Rauch in derselben Front wie dieser entwickeln.

Filosofow sollte auf demselben Wege am 26. bei Stolnik die Chaussee erreichen und sich hier als Reserve hinter den beiden anderen Detachements formiren.

Die Cavallerie des Haupt-Corps sollte theils — kaukasische Brigade — in direktem Zusammenhange mit dem Gros das Gelände südlich der Chaussee aufklären, theils — Astrachan-Dragoner — die Strasse Sofia-Ichtiman zu erreichen und die Verbindung zwischen beiden Punkten zu unterbrechen versuchen.

Gleichzeitig mit den erwähnten Bewegungen des Haupt-Corps sollte die erste Seiten-Kolonne — Detachement Weljaminow — am 25. und 26. über den Umargatsch-Pass nach Schiliawa rücken, hier mit der Front nach Westen aufmarschieren und die Cavallerie — 1. und 2. Garde-Cavallerie-Brigade — gegen Sofia vorgehen lassen.

Inzwischen sollte die bei Etropol zu versammelnde linke Seiten-Kolonne — Detachement Dandeville — am 25. den Höhenrücken der Baba Gora ersteigen, am 26. mit der Infanterie und Artillerie gegen den rechten Flügel der türkischen Schandornik-Stellung demonstriren und die Cavallerie über Bunowo gegen die Verbindung Slatiza-Kamarzü vorgehen lassen.

Die in den russischerseits besetzten Höhenstellungen mit defensiv-demonstrativer Aufgabe belassenen Detachements Schuwalow, Oldenburg, Brok und Schilder-Schuldner hatten unterdessen die feindlichen Stellungen zu beobachten, in der Front zu beschäftigen und bei sich bemerkbar machendem Abzuge des Gegners demselben scharf zu folgen.

Die Disposition nahm also für den wirklichen Uebergang über das Gebirge im Ganzen nur 48 Stunden in Anspruch; nach Ablauf dieser Zeit sollten die betreffenden Detachements bereits am Südfuss des Gebirges gegen die Flanke der türkischen Stellung Arabkonak-Kamarzü entwickelt sein.

Selbst unter den denkbar günstigsten Umständen würden allein schon die zu überwindenden ungeheuren örtlichen Schwierigkeiten eine solche Schnelligkeit der Bewegung unmöglich gemacht haben.

Stellt man nun in Rechnung, dass nicht nur das Gebirge theils mit Glatteis überzogen, theils mit gewaltigen Schneemassen bedeckt war, sondern dass auch zur Zeit des Ueberganges heftige Schneestürme wütheten, so wird es begreiflich, dass der Gebirgs-Uebergang weit mehr Zeit in Anspruch nahm, als die Disposition dafür ausgesetzt hatte.

Dazu kommt noch, dass trotz der bis in die kleinsten Einzelheiten hinein gegebenen Bestimmungen über die Ausführung der Bewegung die Marschordnung thatsächlich sehr mangelhaft gewesen zu sein scheint und dass sie noch dazu durch eigenmächtige Abweichungen einzelner Unterführer zwecklos gestört wurde.

Wenn trotzalledem das Haupt-Corps und die rechte Seiten-Kolonne allerdings nicht dispositionsgemäss schon am 26., sondern erst am 30. December am Südfuss des Gebirges zum Beginn der eigentlichen Operationen bereit standen, so muss man diese Thatsache immerhin als eine hervorragende Leistung der russischen Truppen anerkennen, welche nur durch die grosse Energie der Führer und durch die selbstlose aufopferungsvolle Thätigkeit aller Betheiligten ermöglicht wurde.

Im Einzelnen gestaltete sich der Uebergang des Haupt-Corps folgendermassen:

Nur die beiden an der Tête der Avantgarde marschierenden Sotnien erreichten, am 25. December in der Frühe von Wratschesch aufbrechend, am Abend planmässig das Dorf Tschuriak, wo sich seit einigen Tagen bereits eine schwache Cavallerie-Abtheilung und seit dem Morgen des heutigen Tages auch der grösste Theil des bei den Wegearbeiten beschäftigt gewesenen Regiments Preobraschensk befand.

Der Marsch der übrigen Truppen ging in einem äusserst langsamen Tempo von statten und blieb von vornherein weit hinter der Annahme der Disposition zurück. Auf dem steilen und schmalen, mit Glatteis bedeckten Wege mussten Geschütze, Protzen und Munitionswagen einzeln von Mannschaften vorwärts geschleppt und stellenweise fast getragen werden; die Reiter führten ihre Pferde.

Die Tête der Infanterie der Avantgarde mit den beiden ersten Geschützen erreichte die Passhöhe erst in der Nacht vom 25. zum 26. December und machte hier vorläufig Halt; erst am Abend des 26. war wenigstens der grösste Theil der Avantgarde auf der Passhöhe versammelt, während das erste Echelon zu dieser Zeit den Aufstieg noch gar nicht begonnen hatte und das zweite Echelon sogar noch nördlich der Wege-Gabelung auf und an der Chaussee stand.

Am 27. Morgens begann die Avantgarde den Abstieg vom Pass, der namentlich im Hinblick auf den Transport der Geschütze und Fahrzeuge weit schwieriger war als der Aufstieg, zumal auf der dem Feinde zugekehrten Seite des Passes, auf welcher der Abstieg erfolgte, Herstellungsarbeiten an dem durch seine Steilheit ohnehin beschwerlichen Wege nicht vorgenommen worden waren, um nicht die Aufmerksamkeit des Gegners auf sich zu ziehen.

Geschütze und Fahrzeuge liess man an Gurten und Tauen hinabgleiten, wobei diese Letzteren um die rechts und links des Weges stehenden Bäume und Felsblöcke gewickelt und dann allmälig abgewunden wurden; so ging es von Baum zu Baum, von Fels zu Fels. Mehrfach rissen hierbei die Taue oder entglitten den erfrorenen Händen der sie haltenden Mannschaften; dann rollten die Geschütze, sich überschlagend, eine Strecke den Abhang hinunter oder stürzten in seitwärtige Schluchten, wobei es mehrfach Verletzte und auch einige Todte gab; im Allgemeinen ging die schwierige Arbeit aber wenn auch sehr langsam, so doch ziemlich glücklich von statten.

Um die Bewegung einigermassen zu beschleunigen, wurde vom 29. an eine zweite Wegerichtung vom Passe aus zum Abstiege benutzt, sodass dieser jetzt gleichzeitig auf zwei Linien erfolgen konnte; trotzdem trafen die letzten Truppen des zweiten Echelons erst im Laufe des 30. December im Thal von Tschuriak ein.

Abweichend von den Festsetzungen der ursprünglichen Disposition hatte Gurko im Laufe des 27. — nachdem an diesem Tage die Hauptmasse der Avantgarde ihren Abstieg vom Passe in das Thal von Tschuriak bewerkstelligt — folgende Massregeln getroffen, um die ungestörte Ausführung der nun nicht mehr zu verheimlichenden Bewegung zu sichern:

Ein Bataillon Ismailow wurde zwischen Tschuriak und Potop in einer ostwärts aufsteigenden Schlucht als Seitendeckung vorgeschoben;

das Regiment Preobraschensk besetzte nach leichtem Scharmützel mit türkischer Cavallerie den Pass, welcher aus dem Tschuriak-Thal ostwärts in das Thal von Taschkesen führt und an dessen Ostfuss das Dorf Njegoschewo gelegen ist;

das Regiment Koslow besetzte nach Vertreibung schwacher türkischer Abtheilungen die Dörfer Potop und Jeleschniza und sicherte so den Ausgang aus dem Tschuriak-Thal in die Ebene von Sofia; die kaukasische Brigade endlich wurde gegen die Chaussee vorgeschickt, um die Verbindung zwischen Kamarzü-Taschkesen und Sofia zu unterbrechen. In Ausführung dieses Befehles gelang es der Brigade am 27., einen türkischen Proviant-Transport wegzunehmen, dessen Inhalt den russischen Truppen sehr zu statten kam.

Am 28. versammelte Rauch sein Detachement — mit Ausnahme der an der Chaussee verbleibenden kaukasischen Brigade — bei Njegoschewo und nahm hier eine Vertheidigungsstellung ein, welche in der Eile einigermassen befestigt und von einem Theil der Truppen besetzt wurde; der Rest der Truppen wurde in Njegoschewo untergebracht.

Ein Detachement von drei Bataillonen — 1. Garde-Schützen, 1. und 2. Koslow — unter Oberst Wasmundt nahm Stellung auf dem Höhenrücken Tschornü Werch (Wasmundt-Höhe) und diente so als Verbindungsglied zwischen den Truppen am Südfuss des Gebirges und dem in der Höhenstellung westlich der Chaussee stehenden Detachement Schuwalow.

Unter dem Schutze dieser Aufstellung schlossen die allmälig eintreffenden Abtheilungen der beiden anderen Echelons auf die Avantgarde auf; am 30. stand — wie schon gesagt — das ganze Haupt-Corps operationsfähig auf der Südseite des Gebirges.

Inzwischen hatte auch die rechte Seiten-Kolonne — Detachement Weljaminow — ihren Uebergang bewerkstelligt, wenn auch in einer von der ursprünglichen Disposition abweichenden Art und Weise.

Weljaminow war am 25. Morgens mit seiner Infanterie und Artillerie von Wratschesch nach dem Umurgatsch-Pass aufgebrochen; die Cavallerie sollte erst später folgen.

Dass der Uebergang über den Umurgatsch-Pass mit grossen Schwierigkeiten — namentlich was den Transport der Artillerie betraf — verbunden sein würde, war aus den vorhergegangenen Rekognoszirungen genügend bekannt; trotzdem scheint Weljaminow, als er gegen Mittag am Fusse des Aufstieges anlangte, vor der Schwierigkeit des Unternehmens zurückgeschreckt zu sein. Er schickte einen Ordonnanz-Offizier an Gurko ab mit der Meldung über die dem Weitermarsch sich entgegenstellenden grossen Schwierigkeiten — natürlich erhielt er von Gurko die einfache Antwort: er habe unbedingt seinen Marsch fortzusetzen.

Der ganze 25. verging unter Vorbereitungen — der erste Theil des Aufstieges wurde durch die Artillerie-Offiziere rekognoszirt, die

Geschütze wurden auseinandergenommen und auf Schlitten verladen; die zum Detachement gehörige Fuss-Batterie wurde, da die vorhandenen Schlitten zu ihrem Transport nicht ausreichten, nach Wratschesch zurückgeschickt.

Nachdem am 26. Morgens eine aus zwei Bataillonen bestehende Avantgarde vorausgeschickt, begann erst um Mittag der Aufstieg der Geschütze, der durch die steilen mit Glatteis bedeckten Böschungen, durch tiefe Schluchten und gewaltige Schneemassen in hohem Grade erschwert wurde.

Ein plötzlich ausbrechender eisiger Schneesturm vermehrte die Schwierigkeiten des Aufstieges und zwang die bereits in der Richtung nach der Passhöhe weiter aufwärts gekletterte Avantgarde — welche hierbei 13 Mann durch Erfrieren verlor — zur Umkehr nach einer tiefer gelegenen Gebirgs-Terrasse.

Am 27. wurde der mühsame Aufstieg fortgesetzt; die Téte der mit dem Transport der Geschütze beschäftigten Infanterie erreichte heute noch nicht die Passhöhe. Die aus zwei Bataillonen bestehende Avantgarde überschritt den Pass: Das 1. Bataillon Archangel (eigentlich zum Detachement Schilder-Schuldner gehörig und nur für die Zeit des Aufstieges dem Detachement Weljaminow angeschlossen) ging in der Richtung auf Jabloniza vor, um hier als Flankendeckung gegen die türkische Lutikowo-Stellung stehen zu bleiben. Das unter Führung des Generalstabs-Kapitäns Birger den direkten Abstieg versuchende 1. Bataillon Tambow gelangte nach Ueberwindung zahlreicher Hindernisse, bis an den Gürtel durch den Schnee watend, am folgenden Tage nach Jeleschniza, wo bereits ein zum Detachement Rauch gehöriges Bataillon Koslow stand.

Der vom 1. Bataillon Tambow unter unglaublichen Anstrengungen zurückgelegte Weg war augenscheinlich für Artillerie unter keinen Umständen zu benutzen. Als die bezügliche Meldung Birgers bei Weljaminow — der für seine Person am 28. Morgens die Passhöhe erreicht hatte — eintraf, beschloss dieser, den direkten Abstieg vom Umurgatsch aufzugeben, mit seinem Detachement über die leidlich gangbar erscheinende Kammhöhe nach dem Tschuriak-Pass zu marschieren und diesen zum Abstieg zu benutzen.

Bevor Weljaminow indessen in dieser Hinsicht einen endgültigen Entschluss fasste, glaubte er zunächst die Genehmigung Gurkos einholen zu sollen. Nachdem dies geschehen, trat die Spitze des in einem langen Faden auseinandergezogenen Detachements am späten Nachmittage des 28. den Marsch nach dem Tschuriak-Pass an; die letzten Abtheilungen des Detachements waren noch immer mit dem

Aufstieg zum Umurgatsch-Pass beschäftigt. Nachdem das Detachement bis zum Morgen des 30. vollständig bei Tschuriak eingetroffen, wurde es von hier noch an demselben Tage nach Jana vorgeschoben, wo es sich mit der Front nach Westen aufstellte.

Die Cavallerie des Detachements — 1. und 2. Garde-Cavallerie-Brigade — war inzwischen am 27. Morgens von Wratschesch aufgebrochen, hatte die Höhe des Umurgatsch erstiegen und war von hier, die letzte Staffel der Infanterie-Kolonne abdrängend, über Tschuriak und Jeleschniza nach Schiliawa marschiert, welcher Punkt noch am Abend des 29. erreicht wurde.

Die beiden Garde-Cavallerie-Brigaden traten nunmehr aus dem Verbande des Detachements Weljaminow zum Haupt-Corps über; an Artillerie wurde ihnen ausser der halben 5. reitenden Garde-Batterie noch die 8. donische Batterie zugewiesen; die andere halbe 5. und die ganze 2. reitende Garde-Batterie verblieben bei dem Detachement Weljaminow.

Die 1. Garde-Cavallerie-Brigade rekognoszirte am 30. gegen die türkische Stellung Taschkesen-Kamarzü, während die 2. Brigade bei Schiliawa stehen blieb und Patrouillen nach Westen und Süden vorgehen liess.

Inzwischen war in der Nacht vom 28. zum 29. die sogenannte Lutikowo-Stellung von den auf Sofia abziehenden Türken geräumt worden, wodurch die bis jetzt dieser Stellung gegenüber belassenen russischen Truppen — 5. Infanterie-Division und 3. Garde-Cavallerie-Brigade — zu anderweitiger Verwendung verfügbar wurden.

Während das Regiment Galiz Nr. 20 die von den Türken geräumte Stellung besetzte, rückten die Regimenter Archangel Nr. 17, Wologda Nr. 18 und 1. Bataillon Kostroma Nr. 19 nach der Hauptstellung am Arabkonak-Pass und traten hier unter die Befehle des General Krüdener, der einen Theil dieser Verstärkungen zur Besetzung der Höhenstellung westlich der Chaussee verwendete, wodurch die bisherige Besatzung dieser Stellungen — die Regimenter Moskau und Pawlow — zu offensiver Thätigkeit frei wurden.

General Schuwalow trat am 29. mit dem Regiment Pawlow, drei Bataillonen Moskau und zwei Geschützen vom Preobraschenskischen Berge den Vormarsch in südlicher Richtung an, zog unterwegs das vom Detachement Rauch in einer Seitenschlucht vorgeschobene 3. Bataillon Ismailow an sich und erreichte mit seinen Truppen unter grossen Schwierigkeiten am 30. den später sogenannten „Moskauischen Berg" westlich von Ober-Kamarzü, fast im Rücken des linken Flügels der türkischen Hauptstellung.

Zwischen dem Detachement Schuwalow (rechter Flügel der Defensiv-Stellung unter Krüdener) und Wasmundt (linker Flügel des Haupt-Corps) war die Verbindung hergestellt worden; die Entfernung zwischen beiden Detachements betrug 4 km.

An die übrigen bei Lutikowo frei gewordenen Truppen-Abtheilungen — 2., 3. Bataillon Kostroma Nr. 19 und die 3. Garde-Cavallerie-Brigade — erging der Befehl, über Tschuriak dem Haupt-Corps nachzurücken. Die beiden Bataillone Kostrama vereinigten sich auch am 30. mit dem Gros unter Katalei; die 3. Garde-Cavallerie-Brigade, der der betreffende Befehl verspätet zuging, marschierte erst am 31. December von Nowatschin ab und benutzte zum Uebergang den inzwischen frei gewordenen Hauptpass von Arabkonak.

Zur Beschäftigung der türkischen Hauptstellung in der Front hatten die russischen Detachements in den Höhenstellungen zu beiden Seiten der Chaussee eine lebhafte Kanonade unterhalten und mit kleinen Infanterie-Abtheilungen gegen die feindliche Stellung demonstriren sollen. Der furchtbare Schneesturm, der in der Nacht vom 28. zum 29. December losbrach und bis zum Nachmittage des 29. anhielt, liess auch hier in der Ausführung dieser Disposition eine vollkommene Unterbrechung eintreten; erst am 30. Morgens, nachdem die gewaltigen Schneemassen, unter denen die Batterien und Verschanzungen völlig begraben gewesen, einigermassen fortgeräumt waren, wurde das Feuer wieder aufgenommen und an diesem und dem folgenden Tage mit gesteigerter Heftigkeit fortgesetzt, während gleichzeitig Infanterie-Demonstrationen gegen die Höhen von Schandornik und Arabkonak gerichtet wurden.

Die Darstellung hat nunmehr diejenigen Ereignisse nachzuholen, deren Schauplatz inzwischen die öde Hochfläche der Baba Gora gewesen war.

Am 25. December von Etropol aufbrechend, hatte Dandevilles Avantgarde am Abend dieses Tages den Höhenrücken der Baba Gora erreicht und hier noch diesseits der eigentlichen Kammhöhe das Biwak bezogen.

Am 26. traf auch das Gros des Detachements hier ein; die Geschütze waren — auseinander genommen — von Mannschaften und Bulgaren auf die Höhe hinaufgeschleppt worden.

Nachdem hier einige hundert Bulgaren durch Forträumen des stellenweise fast 2 m tiefen Schnees einen zur Aufstellung einiger Geschütze geeigneten Platz auf einer gegenüber von Bunowo gelegenen Höhe frei gemacht hatten, wurde am 27. ein Bataillon mit zwei Geschützen dorthin vorgeschoben; nachdem die Geschütze eine Zeitlang in der Richtung auf Bunowo sichtbaren feindlichen Verschanzungen gefeuert, wurde die Abtheilung bei Einbruch der Dunkelheit wieder zum Gros zurückgenommen, dessen Biwak durch seine Lage auf dem nördlichen Abhange im Schutz eines kleinen Waldes gegen den eisigen Wind wenigstens etwas besser geschützt war als die Stellung auf der offenen Kammhöhe.

Nachdem am 28. die über Nacht wieder vollständig zugeschneite Stellung von neuem aufgeräumt, nahm das Regiment Pskow mit zwei Geschützen auf einer fast im Rücken der Schandornik-Redute gelegenen Höhe und ein Bataillon Woronesch mit zwei Geschützen auf der bereits gestern besetzt gewesenen Höhe gegenüber Bunowo Aufstellung. Beide Abtheilungen eröffneten in demonstrativer Absicht Geschützfeuer und zogen hierdurch die Aufmerksamkeit der in der Schandornik-Stellung wie auch der bei Bunowo und Mirkowo stehenden türkischen Truppen auf sich; die Cavallerie Dandevilles rekognoszirte den nach Mirkowo führenden Abstieg.

Am Abend des 28. brach ein furchtbarer Schnee-Orkan los, der zwar ziemlich gleichzeitig im ganzen Gebirge tobte und auf die Bewegungen der verschiedenen Kolonnen mehr oder weniger störend einwirkte — wie schon erwähnt, hatte namentlich die Avantgarde des Detachements Weljaminow schwer unter ihm zu leiden — der aber nirgends mit solcher überwältigenden Heftigkeit wüthete und nirgends solche unheilvollen Wirkungen herbeiführte als auf dem öden, schutzlosen Höhenrücken der Baba Gora, dem höchsten Punkt der von den Truppen der West-Armee augenblicklich eingenommenen Gebirgsstellung.

Binnen einer halben Stunde war die Verbindung zwischen dem im Walde gelegenen Biwak des Gros und den Stellungen der beiden auf die Kammhöhe vorgeschobenen Detachements durch gewaltige Schneemassen vollständig versperrt; Ordonnanzen, welche den vorgeschobenen Abtheilungen den Befehl bringen sollten, nach dem Wald-Biwak zurückzukehren, konnten gegen den rasenden Orkan sich nicht durch die Schneemassen zur Höhe durcharbeiten; da aber kein Befehl zum Rückzuge erging, glaubten diese Abtheilungen ihre gefährlichen Stellungen nicht verlassen zu sollen. Die Kälte war auf 15 Grad R. gestiegen; auch im Biwak des Gros waren alle Feuer ausgelöscht und keine Möglichkeit, sie wieder anzuzünden. Weit schlimmer indessen als den Truppen des Gros war es den beiden Abtheilungen in den vorgeschobenen Höhenstellungen ergangen, welche der Gewalt des Orkans ohne jeden Schutz ausgesetzt waren.

Als es am Morgen des 29. trotz des weiter wüthenden Unwetters gelang, diesen Abtheilungen den Befehl zum Rückzug zukommen zu lassen, trafen sie in vollständiger Auflösung und in entsetzlichem Zustande bei dem Gros ein.

Die völlig im Schnee vergrabenen Geschütze mussten einstweilen auf der Gebirgshöhe zurückgelassen werden.

Da das Unwetter noch immer andauerte, an Feueranmachen nicht zu denken war, und da Leute und Pferde ganz entsetzlich litten, so beschloss Dandeville seine furchtbar mitgenommenen Truppen nach Etropol zurückzuführen, wo das Detachement im Laufe des 30. December eintraf. Die zum Aufsuchen von Verirrten und Erschöpften zunächst noch zurückgelassene Arrièregarde — zwei Bataillone Woronesch und zwei Sotnien Kosaken — schaffte im Ganzen 3 Offiziere und 420 Mann nach Etropol zurück, welche sonst unrettbar dem Tode verfallen gewesen wären. Immerhin waren die Verluste, welche das Detachement in diesem grauenhaften Kampf mit den Naturgewalten erlitten, sehr bedeutende: 13 Offiziere und etwa 800 Mann waren durch Erfrieren von Gliedmassen dienstunfähig geworden, 53 Mann hatten durch Erfrieren den Tod gefunden.

Trotz dieser Verluste und trotz der furchtbaren Strapazen der letztverflossenen Tage trat Dandeville schon am nächsten Tage — 31. December — den Vormarsch wieder an, und zwar jetzt nicht über die Baba Gora, sondern über den Kasamarska-Pass, von wo er, mit dem Detachement des General Brok vereinigt, den Abstieg in das Thal von Slatiza glücklich bewerkstelligte.

Den Schluss dieses dem Uebergang der West-Armee über das Gebirge gewidmeten Abschnittes möge eine kurze Uebersicht über die Stellungen bilden, welche die verschiedenen Abtheilungen der West-Armee am Abend des 30. December einnahmen.

1) Von den geschlossenen Cavallerie-Körpern stand: General Tscherewin mit der kaukasischen Brigade bei Stolnik; General Klot mit der 1. und 2. Garde-Cavallerie-Brigade bei Schiliawa; die 3. Garde-Cavallerie-Brigade unter General de Balmen war im Marsch von Nowatschin nach Tschuriak;
2) General Rauch mit 9 Bataillonen[*]) und 8 Geschützen war in der verschanzten Stellung von Njegoschewo, ein Theil der Truppen in diesem Dorfe untergebracht;
3) General Weljaminow mit 5 Bataillonen[**]) und 6 Geschützen bei Jena und Schiliawa;

---

[*]) Vier Preobraschensk, drei Ismailow, eins Koslow, eins Schützen.
[**]) Drei Tambow, zwei Pensa.

4) General Katalei mit 20 Bataillonen *) und 24 Geschützen in Potop und Tschuriak;
5) Oberst Wasmund mit 3 Bataillonen **) auf dem Tschornü Werch;
6) General Graf Schuwalow mit 8 Bataillonen ***) und 2 Geschützen auf dem Moskauischen Berg;
7) General Etter mit 10 Bataillonen †) und 22 Geschützen in der westlichen Höhenstellung auf dem Finländischen, Pawlowskischen und Preobraschenskischen Berge;
8) General Prinz Oldenburg mit 9 Bataillonen ††) und 28 Geschützen in der östlichen Höhenstellung auf der Wratscheschka- und Schandornik-Höhe;
9) General Brok mit $5\frac{1}{2}$ Bataillonen †††), 2 Sotnien und zwei Geschützen auf dem Kasamarska-Pass;
10) General Dandeville mit 9 Bataillonen *†), 4 Eskadrons, 2 Sotnien und 14 Geschützen (von diesen zur Zeit ein Theil noch auf der Baba Gora) in Etropol;
11) Regiment Galiz Nr. 20 in der Lutikowo-Stellung;
12) Ein Bataillon Archangel auf dem Wege vom Umurgatsch nach Jabloniza als äusserste rechte Flankendeckung;
13) Eine Anzahl nicht im Einzelnen aufgeführter Sotnien bei den verschiedenen Detachements vertheilt.
14) Die nicht den einzelnen Detachements zugetheilten Batterien oder Batterie-Theile parkirten vorläufig bei Orchanie.

Die Entfernung von der Njegoschewo-Stellung bis zum linken Flügel der östlichen Höhenstellung betrug in der Luftlinie 15 km, die Entfernung von Stolnik bis Etropol 30 km.

Von Tschuriak war eine Relais-Linie aufgestellt bis zum sogenannten Schuwalow-Lager an der Chaussee und von hier aus weiter bis Etropol; die Gesammtlänge der Linie betrug 25 km.

a. Allgemeine Anordnungen Gurkos für den Gebirgs-Uebergang.

α) Verpflegung.

Die Mannschaften sind mit Zwieback — pro Tag ein Pfund — bis zum 30. December einschliesslich auszurüsten und hierbei auf die Nothwendigkeit aufmerksam zu machen, mit diesem Zwiebacks-Vorrath sparsam umzugehen, da im Hinblick

---

*) Die ganze 3. Garde-Infanterie-Division, ausserdem zwei Garde-Schützen und zwei Kostroma.
**) Zwei Koslow, eins Schützen.
***) Vier Pawlow, drei Moskau, eins Ismailow.
†) Vier Finland, zwei Archangel, drei Wologda, eins Kostroma.
††) Vier Garde-Jäger, vier Semenow, eins Moskau.
†††) Vier Leib-Grenadiere, anderthalb Neu-Ingermanland.
*†) Drei Pskow, drei Welikoluz, drei Woronesch.

auf die bevorstehende Bewegung im Gebirge frische Zufuhr zunächst nicht zu erwarten sei. — Die Compagnie-, Eskadrons- und Batterie-Chefs sind persönlich für die sachgemässe Verwendung des Zwiebacks verantwortlich; sie haben täglich die Zwiebacks-Vorräthe persönlich zu revidiren; für den Fall leichtsinnigen Verbrauchs haben sie strenge Strafe zu erwarten.*)

An die Mannschaften war ferner auszugeben Thee und Zucker für 6 Tage, Fleisch für 3 Tage und an die berittenen Truppen Gerste für 3 Tage.

Die Truppentheile hatten sich derartig mit Branntwein zu versehen, dass jeden Morgen pro Kopf ein Glas verausgabt werden konnte.

Ein Intendantur-Proviant-Transport von 200 Packpferden folgt dem Hauptcorps unmittelbar.

β) Ausrüstung und Tross.

1) Mit Ausnahme der Munitionswagen (einer pro Geschütz) und der Apotheker-Karren darf kein Wagen bei dem Marsche über das Gebirge mitgenommen werden.
2) Die Truppentheile haben sich mit Tauen und Gurten zu versehen.
3) Der Hufbeschlag der Pferde ist in Ordnung zu bringen, die Eisen sind zu schärfen. Die Batterien bespannen die für die bevorstehenden Operationen mitzunehmenden Geschütze und Munitionswagen mit den besten Pferden ihres Pferdebestandes.

γ) Marschordnung und Marschdisciplin.

1) Die Geschütze und Munitionswagen sind während des Marsches an die Infanterie zu vertheilen, sodass jede Compagnie den Transport eines Fahrzeuges zu besorgen hat; die Compagnie-Commandeure sind für die möglichste Förderung des Transportes verantwortlich.
2) Mit Ausnahme einer schwachen an die Spitze der Marschkolonne zu nehmenden Abtheilung hat die Cavallerie an der Queue einer jeden Kolonne bez. Staffel zu marschieren.
3) Die mitzunehmenden Tragethiere marschieren unmittelbar hinter den Compagnien, Eskadrons und Batterien.
4) Es wird streng verboten, unterwegs Feuer anzuzünden. — Dieses Verbot wurde übrigens gar nicht beachtet, längs der ganzen Passstrasse brannten zahlreiche Feuer.
5) Es wird streng verboten, die Truppen durch Signale zu alarmiren — trotz dieses Verbotes wurden z. B. am Morgen des 25. beim Aufbruch aus Orchanie von den verschiedenen in diesem Ort liegenden Truppentheilen alle möglichen Signale durcheinander geblasen.
6) Die Mannschaften sind darüber zu belehren, dass in der von der Armee zu durchschreitenden Gebirgsgegend stärkere feindliche Abtheilungen sich durchaus nicht befinden, dass also gar keine Veranlassung ist, durch etwa zufällig entstehenden Alarm sich beunruhigen zu lassen. Die Truppen werden besonders davor gewarnt, in solchem Falle nicht blindlings das Feuer zu eröffnen.

δ) Taktische Anweisungen.

1) Der Sicherheitsdienst während des Marsches ist durch schwache Infanterie-Seiten-Patrouillen auszuüben; während der Ruhe durch Infanterie-Feldwachen. —

---

*) In der Theorie sehr schön — wenn man aber die zahlreichen detaillirten Schilderungen jener Tage des Gebirgs-Ueberganges durchliest, so drängt sich unwillkührlich der Gedanke auf, dass unter diesen Umständen wohl kein Mensch an eine Kontrolle der Mannschaft in Bezug auf den Zwiebacks-Vorrath gedacht haben dürfte.

(Hierbei wird stillschweigend vorausgesetzt, dass auf den schmalen Passwegen der Sicherheitsdienst nach vorwärts die Aufgabe der an der Spitze einer jeden Kolonne marschierenden Cavallerie-Abtheilung sei.)

2) Im Gefecht sind dichte Schützenlinien zu entwickeln, dahinter haben die Truppen in mehreren Compagnie-Kolonnen-Linien zu folgen.
3) Der Angriff ist stets durch Feuer genügend vorzubereiten und wenn irgend möglich mit einer Umgehung zu verbinden, da eine solche den Türken sehr unangenehm ist.
4) Es wird sorgsame Benutzung des Geländes und Sparsamkeit im Verbrauch der Patronen empfohlen.
5) Bei nebeligem Wetter wird Vorsicht empfohlen, um nicht etwa diesseitige Abtheilungen zu beschiessen.
6) Eigenmächtiger Beginn des Feuers ohne vorherigen Befehl der Führer ist strengstens zu verhindern.

b. Disposition Gurkos für den Gebirgs-Uebergang.

α) Die Avantgarde unter General Rauch sammelt sich bei Wratschesch am 25. um 5 Uhr Morgens, bricht um 5½ Uhr auf, macht am Biwak der Astrachan-Dragoner (an der Chaussee da, wo der ausgebesserte alte Sofia-Weg von dieser zum Pass abgeht) bis 11 Uhr Halt, beginnt genau um 11 Uhr den Aufstieg und marschiert mit nur kleinen Haltepausen bis Tschuriak, wo Halt gemacht wird.

Am 26. bricht die Avantgarde um 4 Uhr Morgens auf und marschiert über Potop, Jeleschniza und Stolnik nach der Chaussee; hier wird links geschwenkt, auf die sogenannte „Position von Malina" losmarschiert und hier in Gefechts-Ordnung aufmarschiert. — Nach hier vorliegenden Nachrichten sollen Potop und Jeleschniza von türkischer Infanterie in Stärke von zwei Bataillonen (500—800 Mann) besetzt sein. Nachts sollen die Türken keine genügende Sicherheits-massregeln treffen, man muss versuchen, sie unvermuthet zu überfallen und aus beiden Dörfern zu vertreiben. — Zwischen Tschuriak und Potop zweigt sich links eine Schlucht ab, durch welche ein Weg zum Thal von Sofia führt; auf diesem Wege ist als Seitendeckung das Regiment Koslow mit einer Sotnie und vier Geschützen aufzustellen.

β) Das erste Echelon unter General Kurlow sammelt sich bei Wratschesch am 25. December um 5½ Uhr, bricht um 7 Uhr auf und marschiert auf der Chaussee bis zum Biwak der Astrachan-Dragoner, wo dieses Regiment zum Echelon stösst. Das Echelon macht hier Halt und beginnt seine Bewegung wieder eine halbe Stunde nachdem die Queue der Avantgarde von der Chaussee abgebogen. Das Echelon setzt, nur mit den allernothwendigsten Haltepausen, seine Bewegung so lange fort, bis seine Tête in der Gegend von Tschuriak die Queue der Avantgarde erreicht hat. — Am 26. bricht das Echelon um 6 Uhr Morgens auf und marschiert über Potop und Jeleschniza nach Roschdanie. — Wenn der Weg, der sich zwischen Tschuriak und Potop links abzweigen und durch eine Schlucht direkt nach Roschdanie führen soll, sich für Artillerie gangbar erweist, so hat das Echelon diesen Weg einzuschlagen. Bei Roschdanie ist das Biwak zu beziehen.

γ) Das zweite Echelon unter General Filosofow sammelt sich bei Wratschesch am 25. December um 8 Uhr Morgens, und beginnt seine Bewegung, sobald die Nachricht eintrifft, dass die Queue der Avantgarde die Chaussee verlassen hat. An dem Dragoner-Biwak macht das Echelon Halt und tritt erst wieder an eine halbe Stunde nachdem das erste Echelon von der Chaussee abgebogen. Das Detachement marschiert nur mit den allernothwendigsten Haltepausen bis Tschuriak und bezieht hier das Biwak. — Am 26. December bricht das Echelon auf, eine Stunde nachdem die Queue des ersten Echelons angetreten; es marschiert über Potop und Jeleschniza nach Stolnik und bezieht hier das Biwak.

δ) **Die Cavallerie des Hauptcorps.** — Nach dem Austritt in das Thal von Sofia geht das Regiment Astrachan-Dragoner sofort über Jeni-Han auf Türnowo vor und beobachtet die von Sofia über Ichtiman nach Philippopel führende Chaussee. — Die kaukasische Brigade säubert die Gegend südlich der Chaussee von türkischen Abtheilungen und bezieht bei Kodscha das Biwak.

ε) **Die rechte Seiten-Kolonne** unter General Weljaminow sammelt sich am 25. December um 5 Uhr Morgens bei Wratschesch; die Infanterie mit der ganzen Artillerie bricht um 5½ Uhr Morgens auf, die Cavallerie um 5 Uhr Abends. — Die Kolonne marschiert über den Umurgatsch-Pass nach Schiliawa. — Der Marsch wird bis zum Einbruch der Dunkelheit fortgesetzt, wobei nur die nothwendigsten Haltepausen gemacht werden. Für die Nacht bleiben die Truppen an den Punkten, wo sie sich bei Einbruch der Dunkelheit befinden. — Am 26. bricht die Kolonne um 4 Uhr Morgens auf und marschiert nach Schiliawa. Hier angekommen, ist es die Hauptaufgabe der Kolonne, für das Hauptcorps die Seitendeckung gegen Sofia und Kremikowze zu bilden. Zu diesem Zweck bleiben drei Bataillone, vier Geschütze und eine Eskadron bei Schiliawa; je ein Bataillon nebst zwei Geschützen wird nach Tschainik und Jana vorgeschoben; die ganze Cavallerie nebst der reitenden Artillerie geht gegen Sofia vor und beobachtet die von Sofia nach Philippopel führende Chaussee sowie die Ausmündungen der Gebirgs-Pässe bei Kremikowze und Seljewa. (Seslawez).*)

Zeigt es sich, dass die Türken den Pass-Ausgang bei Jeleschniza halten und hierdurch die Entwickelung des Hauptcorps aufhalten, so ist ein Theil der Kolonne (Infanterie, Cavallerie und Artillerie) gegen den Rücken der bei Jeleschniza stehenden Türken vorzuschieben.

ζ) **Die abgesonderte linke Seiten-Kolonne** unter General Dandeville bricht aus Etropol am 25. December um 6 Uhr Morgens auf und marschiert über die Baba Gora nach Bunowo. — Sobald die Kammhöhe des Baba Gora erreicht ist, geht die Cavallerie nach Bunowo vor und entsendet starke Streifabtheilungen in der Richtung auf Nieder-Kamarzü und auf Slatiza; die Telegraphenleitung von Kamarzü nach Slatiza wie auch diejenige von Kamarzü nach Petritschewo ist zu zerstören. — Die Infanterie und Artillerie der Kolonne demonstrirt vom Morgen des 26. an gegen Flanke und Rücken der türkischen Schandornik-Stellung. Die Hauptaufgabe der Kolonne ist, durch diese Demonstrationen die Aufmerksamkeit des Gegners auf sich zu lenken und so die Bewegung des Hauptcorps zu erleichtern. — Treten die Türken den Rückzug nach Petritschewo an, so hat die Kolonne durch energische Verfolgung ihnen möglichst Abbruch zu thun.

η) **Die Beobachtungs-Detachements.** — Die Detachements der Generale Schuwalow, Prinz Oldenburg und Brok verbleiben in ihren Stellungen, überwachen den Gegner aufs sorgfältigste, gehen, wenn derselbe den Rückzug antritt, sofort zur Offensive über, besetzen die geräumten Stellungen und folgen dem weichenden Feinde.

---

*) Bei Kremikowze mündet der Ogoja- oder Lutikowo-Pass, durch welchen das türkische Lutikowo-Detachement zurückgehen konnte und auch thatsächlich zurückging; Seljewa scheint als ein Neben-Ausgang des Passes über den Umurgatsch angesehen worden zu sein.

Das Detachement des Generals Schilder-Schuldner bleibt in der Stellung bei Wratschesch-Skrivena, beobachtet den in der Lutikowo-Stellung stehenden Gegner und deckt so die rechte Flanke der Armee. — Die Detachements Oldenburg, Schuwalow und Schilder-Schuldner unterstehen dem gemeinsamen Oberbefehl des Generals Krüdener.

ϑ) Das Sanitäts-Personal.

Das ganze Personal des Divisions-Lazarethes der 1. Garde-Infanterie-Division marschiert an der Queue des Detachements Rauch.

Die erste Hälfte des Personals des Divisions-Lazarethes der 2. Garde-Infanterie-Division marschiert an der Queue des Detachements Weljaminow; die zweite Hälfte verbleibt bei dem Detachement Schuwalow.

Das ganze Personal des Divisions-Lazarethes der 3. Garde-Infanterie-Division marschiert an der Queue des Hauptcorps.

Die fliegenden Abtheilungen des Rothen Kreuzes marschieren an der Queue der Detachements Weljaminow und Dandeville.

Ist der Südfuss des Gebirges erreicht, so sind in Jeleschniza und Schiliawa Verbandplätze einzurichten.

ι) Das Armee-Commando.

Ich befinde mich bei Beginn der Bewegung an der Spitze des ersten Echelons des Hauptcorps; nach dem Austritt in das Thal von Sofia: im Dorfe Stolnik.

c. General Gurko vom 25. bis 30. December.

Am 25. nahm Gurko zunächst seinen Aufenthalt in der Karaula an der Strassen-Gabelung, wo sich der Tschuriak-Weg von der Chaussee abzweigt; in seinem Gefolge befanden sich ausser seinem Stabe einige Zeitungs-Correspondenten, auch hielten sich die Generale Rauch und Katalei zunächst hier auf.

Erst am Nachmittage, nachdem er einen Theil der Truppen der Avantgarde hatte vorüberziehen lassen, begann Gurko mit seinem Stabe den Aufstieg zum Passe, auf dem er, 100 Schritt jenseits der eigentlichen Passhöhe, an zwei kleinen Feuern sein Nachtquartier nahm. Oberst Pusirewski wurde von Gurko angewiesen, für die allmälig eintreffenden Abtheilungen der Avantgarde verdeckte Biwaksplätze auf der Passhöhe auszusuchen.

Den ganzen 26. und die Nacht vom 26. zum 27. brachte Gurko in seinem Biwak auf der Passhöhe zu. Am Morgen des 27. bewerkstelligte er dicht hinter den vordersten Abtheilungen seinen Abstieg nach Tschuriak und rekognoszirte von hier in Begleitung des Oberst Stawrowski die Stellung der Türken in der vom Tschuriak-Thal zum Pass von Njegoschewo aufwärts führenden Schlucht. Hier mit Gewehrfeuer empfangen, kehrte Gurko nach Tschuriak zurück, hatte hier eine Besprechung mit Rauch und Pusirewski, welche inzwischen vom Passe her eingetroffen, und ordnete dann das Vorgehen des Regiments Preobraschensk gegen Njegoschewo, des Regiments Koslow gegen Potop und Jeleschniza und der kaukasischen Brigade gegen die Chaussee an. Am 28. und 29. scheint Gurko in Tschuriak geblieben zu sein, wahrscheinlich um den Uebergang der Truppen im Auge zu haben; am 30. besichtigte er die von Rauch bei Njegoschewo genommene Stellung und rekognoszirte dann unter Deckung durch Abtheilungen der Garde-Cavallerie die feindliche Stellung bei Taschkesen. Behufs Besprechung über die für morgen beabsichtigte Offensive traf General Graf Schuwalow am 30. bei Gurko ein; er scheint noch an demselben Tage zu seinen aus der westlichen Höhenstellung vorgeschobenen Truppen zurückgekehrt zu sein.

d. Das Hauptcorps vom 25. bis 30. December.

α) Besetzung von Tschuriak vor dem Beginn der allgemeinen Bewegung.

Bereits einige Tage vor dem Beginn der allgemeinen Bewegung war Tschuriak durch Cavallerie besetzt worden; es scheint dort eine Eskadron Astrachan-Dragoner und eine halbe Eskadron Garde-Ulanen gestanden zu haben. — Ein Theil des bei den Wege-Arbeiten im Passe beschäftigt gewesenen Regiments Preobraschensk scheint bereits am 25., der Rest am 26. Morgens nach Tschuriak gerückt zu sein und dort, um nicht die Aufmerksamkeit des Gegners zu erregen, ganz verdeckt Aufstellung genommen zu haben.

β) Disposition Rauchs für den Marsch der Avantgarde.

Die Bewegung beginnt am 25. um $5\frac{1}{2}$ Uhr Morgens, zu welchem Zeitpunkt die Spitze der Kolonne von dem türkischen Artillerie-Depôt in Wratschesch antritt.

Die Marschordnung ist folgende:

2. und 3. Sotnie des Kuban-Regiments,
eine Compagnie Koslow.

Das Gros des Regiments Koslow mit der Vierpfünder-Batterie der 31. Artillerie-Brigade und mit der 8. donischen Batterie — hierbei ist jedem der vier Fuss-Geschütze und jedem der acht Munitionswagen je eine Compagnie, jedem der vier reitenden Geschütze je eine halbe Compagnie zuzutheilen; jede Compagnie stellt mit Ablösung 20 Mann zur eigentlichen Arbeit bei dem Fortschaffen des Fahrzeugs, und 20 Mann, welche ausser ihren eigenen Gewehren die Gewehre jener Arbeitsmannschaften tragen.

Es folgen:

1. und 4. Garde-Schützen-Bataillon, jedes mit zwei Geschützen und zwei Munitionswagen der 1./1. Garde-Batterie.

Das Regiment Ismailow mit acht Geschützen und acht Munitionswagen der 3./1. und 6./1. Garde-Batterie.

Bei allen diesen Truppentheilen wird jedem Fahrzeug eine Compagnie zugetheilt. Das Gros der kaukasischen Brigade — neun Sotnien — bildet den Schluss der Avantgarde.

Sobald die Passhöhe überschritten, ist mit der grössten Sorgfalt alles zu vermeiden, was den Feind auf den Marsch der Kolonne aufmerksam machen könnte. — Das Anzünden von Feuern wird auf das strengste untersagt.

Am 26. um 4 Uhr Morgens soll die Bewegung von Tschuriak aus (welcher Ort planmässig von der Kolonne am 25. erreicht werden sollte) in derselben Marschordnung fortgesetzt werden.

Regiment Koslow mit einer Sotnie und vier Geschützen soll halbwegs zwischen Tschuriak und Potop in die dort ostwärts sich abzweigende Schlucht abbiegen; Generalstabs-Kapitain Miloradowitsch wird dieser Abtheilung beigegeben. Die andere der beiden Vorhut-Sotnien wartet in möglichst verdeckter Aufstellung die Ankunft der übrigen Truppen ab. Der Marsch derselben erfolgt von Tschuriak aus in folgender Ordnung:

Vorhut:

1. 4. Garde-Schützen-Bataillon, 8. donische Batterie, 4. Bataillon Preobraschensk.

Gros:

Zwei Bataillone Preobraschensk,
1./1. Garde-Batterie,

ein Bataillon Preobraschensk.
3./1. Garde-Batterie,
zwei Bataillone Ismailow,
6./1. Garde-Batterie,
zwei Bataillone Ismailow,
neun kaukasische Sotnien.
Meldungen treffen den General Rauch an der Spitze des Gros.

τ) **Thatsächliche Ausführung des Marsches durch die Truppen der Avantgarde.**

1) Die an der Spitze befindlichen beiden Kuban-Sotnien marschieren von Wratschesch ab am 25. um $5\frac{1}{2}$ Uhr früh, sie beginnen um 12 Uhr Mittags den eigentlichen Aufstieg, erreichen 5 Uhr Nachmittags die Passhöhe und um 7 Uhr Abends das bereits mit Preobraschenzen und Cavallerie überfüllte Dorf Tschuriak. Beide Sotnien werden in einem Gehöft untergebracht.

2) Regiment Koslow mit vier Fuss- und vier Kosaken-Geschützen erreicht am 25. Mittags den eigentlichen Aufstieg. Am 26. Morgens um 2 Uhr erreichen zwei donische Geschütze die Passhöhe. Das eine dieser Geschütze, welches gegen den Rath des auf der Passhöhe stationirten Sappeur-Offiziers den Versuch macht, mit angespannten Stangenpferden eine schwierige Stelle zu passiren, stürzt hierbei in eine Schlucht, Führer und Pferde werden schwer beschädigt. — Um 8 Uhr Morgens kommen die beiden anderen donischen Geschütze auf der Passhöhe an, im Laufe des Tages auch die vier Fuss-Geschütze; das Regiment bezieht mit beiden Batterien ein Biwak auf der Passhöhe. — Am 27. früh beginnt Regiment Koslow mit den donischen Geschützen den Abstieg hinter der kaukasischen Brigade; die Fuss-Batterie und die Munitionswagen der donischen Batterie bleiben vorläufig auf der Passhöhe zurück. Regiment Koslow besetzt am Abend des 27. die Dörfer Potop und Jeleschniza. — Am 29. tritt das 1. und 2. Bataillon zum Detachement Wasmundt, das 3. Bataillon bleibt in Jeleschniza.

3) Das 1. und 4. Garde-Schützen-Bataillon mit der 1./1. Garde-Batterie. — Am Abend des 25. wird erst die Strassen-Gabelung erreicht; am Abend des 26. trifft die Spitze am Fuss der Passhöhe ein. Die erste Compagnie des 1. Bataillons mit ihrem Geschütz erreicht die Passhöhe um 11 Uhr Nachts; die zweite Compagnie mit ihrem Geschütz am 27. um 2 Uhr Morgens; die 3. Compagnie mit einem Munitionswagen um 6 Uhr früh; die 4. Compagnie ebenfalls mit einem Munitionswagen um 10 Uhr früh. Demnächst trifft das 4. Bataillon mit der zweiten Hälfte der Batterie in demselben Zeitverhältniss ein. — Der Abstieg beginnt um 12 Uhr Mittags. Durch Reissen eines Taues stürzt ein Geschütz einen Abhang hinunter, wobei 1 Mann getödtet, 3 Mann schwer verletzt werden. — Erst 9 Uhr Abends ist das 1. Bataillon mit seinen Geschützen und Wagen am Südfuss der Passhöhe eingetroffen, um 11 Uhr Nachts wird Tschuriak erreicht. Später trifft auch das 4. Bataillon hier ein. — Das 1. Bataillon (ohne Artillerie) tritt zum Detachement Wasmundt, bricht am 28. um 4 Uhr Morgens von Tschuriak auf, erreicht um 12 Uhr Mittags die Höhe der Tschornü Werch (Wasmundt-Höhe) und bleibt hier bis zum 31. im Biwak. — Das 4. Bataillon rückt inzwischen nach Njegoschewo und wird dort in Quartieren untergebracht.

4) Regiment Ismailow mit der 3./1. und 6./1. Garde-Batterie erreicht am Abend des 25. die Strassen-Gabelung und beginnt erst am Morgen des 26. den Aufstieg. — Das 3. Bataillon wird als Seitendeckung in einer ostwärts sich abzweigenden Schlucht vorgeschoben; dieses Bataillon tritt demnächst zu dem Detachement des Generals Schuwalow. — Vom Gros des Regiments erreicht das 4. Bataillon am 27.

Mittags die Passhöhe; die beiden andern Bataillone sind noch in lang auseinandergezogener Marschkolonne weit zurück; die Queue des Regiments hat Nachmittags 3 Uhr den Aufstieg noch gar nicht begonnen. — Am 28. um 2 Uhr Morgens beginnt das 4. Bataillon (ohne Geschütze) den Abstieg und erreicht um 6 Uhr Tschuriak; um 8 Uhr bereits wieder Abmarsch nach Njegoschewo, wo das Bataillon in Stellung rückt und sich verschanzt. Die beiden anderen Bataillone mit der 3./1. Garde-Batterie treffen im Laufe des Tages bei Njegoschewo ein und beziehen im Dorfe Quartiere. Die 6./1. Garde-Batterie bleibt vorläufig auf der Passhöhe zurück.

5) Das Gros der kaukasischen Brigade marschiert anfangs der Disposition gemäss an der Queue der Kolonne. Da diese langsame Art der Bewegung dem General Tscherewin unangenehm ist, so fasst er eigenmächtig den Entschluss, sich ohne weiteres an die Tête der Kolonne zu setzen. Die Brigade geht thatsächlich, natürlich in voller Auflösung, zu beiden Seiten des Weges an der übrigen Marschkolonne vorbei; dass die ganze Marschordnung hierdurch im hohen Grade gestört wurde, ist natürlich. Um 11 Uhr Nachts bezieht die Brigade Biwaks noch diesseits der Passhöhe zu beiden Seiten des Weges auf bewaldeten Abhängen. — Am Morgen des 26. wird die Passhöhe erreicht, hier bleibt die Brigade 24 Stunden stehen (ein deutlicher Beweis für die vollkommene Zwecklosigkeit der eigenmächtigen Abweichung von der Marsch-Disposition). — Am 27. um 3 Uhr Morgens beginnt der Abstieg, um 5 Uhr Abends wird die Chaussee erreicht. (Näheres über die Gefechts-Thätigkeit der Brigade im XI. Abschnitt.)

δ) Marsch des ersten Echelons.

Der Gurkoschen Disposition gemäss soll das Detachement am 25. um 7 Uhr Morgens von Wratschesch abmarschieren und am 26. Abends bereits den Südfuss des Gebirges bei Roschdanie erreicht haben.

Thatsächlich tritt das Echelon am 25. um 10 Uhr Morgens mit der Tête an, gelangt aber an diesem Tage nur bis zur Wege-Gabelung, wo das Biwak bezogen wird. — Das Dragoner-Regiment Astrachan Nr. 8, welches hier bereits seit einiger Zeit im Biwak steht (eine Eskadron bereits in Tschuriak), tritt hier zum Detachement hinzu. — Am 26. wird nur das Biwak des ganzen Detachements von der Chaussee in die zum Aufstieg führende Querschlucht verlegt, welche gegen den eisigen Wind (18° R.) besser gesichert ist. — Erst am 27. Mittags beginnt von hier aus die Tête des Echelons die weitere Bewegung; Nachmittags beginnt der eigentliche Aufstieg. Im Laufe der Nacht wird die Passhöhe erreicht, wo die einzelnen Abtheilungen je nach ihrem Eintreffen das Biwak beziehen.

Die von der Avantgarde zurückgelassene Artillerie — eine /31. Batterie, die Munitionswagen der 8. donischen Batterie und wahrscheinlich auch die 6./1. Garde-Batterie — werden hier zur Weiterbeförderung dem Detachement zugetheilt.

Die Tête des Echelons erreicht noch am 28. Tschuriak; am 29. rückt ein Theil des Echelons nach Potop, ein anderer Theil ist bis zum 30. mit dem Hinunterschaffen der Artillerie von der Passhöhe beschäftigt, wobei der inzwischen hergestellte zweite Abstieg (VIII, f. s.) benutzt wird.

ε) Marsch des zweiten Echelons.

Der Gurkoschen Disposition gemäss soll dieses Echelon im Laufe des Vormittags des 25. von Wratschesch aufbrechen und ebenfalls am 26. Abends bereits auf der Südseite des Gebirges stehen.

Statt dessen bleibt das Echelon den ganzen 25. über unthätig bei Wratschesch stehen, gelangt am 26. nur bis zur Strassen-Gabelung und erreicht Tschuriak erst am 29. December.

e. Die rechte Seitenkolonne vom 25. bis 30. December.

α) Allgemeine Anordnung des Marsches.

Nach der allgemeinen Disposition Gurkos soll das Detachement Weljaminow mit seiner Infanterie und Artillerie am 25. um 5 Uhr Morgens, mit der Cavallerie um 5 Uhr Abends aufbrechen; es war darauf gerechnet, dass das Detachement bereits am 26. Abends den Südfuss des Gebirges erreicht haben sollte. — Ausser den zum Detachement eingetheilten Truppen war demselben das 1. Bataillon Archangel Nr. 17 angeschlossen, welches, eigentlich zur rechten Seitendeckung (Detachement Schilder-Schuldner) gehörig, auf einem von Umurgatsch in der Richtung auf Jabloniza führenden Pfade als Flankendeckung Aufstellung nehmen sollte.

Weljaminow lässt seinem Gros eine Avantgarde voraufgeben, welche aus dem 1. Bataillon Tambow und dem oben erwähnten 1. Bataillon Archangel besteht; der Avantgarde sind 10 Garde-Dragoner beigegeben. — Das Gros der Infanterie, vier Bataillone, ist zum Transport der Artillerie bestimmt; dem Gros ist eine halbe Eskadron Garde-Dragoner unter Kapitain Burago beigegeben. Das Gros der Cavallerie soll vorläufig bei Wratschesch zurückbleiben.

β) Marsch von Wratschesch bis zum Beginn des Passweges. Vorbereitungen zum Aufstiege.

Die Infanterie und Artillerie bricht zur befohlenen Zeit von Wratschesch auf und erreicht gegen Mittag den Beginn des steilen, mit Glatteis bedeckten Passweges. Weljaminow zweifelt an der Möglichkeit, auf diesem Wege vorwärts zu kommen und schickt einen Ordonnanz-Offizier an Gurko mit der betreffenden Meldung. Unterdessen rekognosziren die Artillerie-Offiziere den Passweg und kommen zu der Ueberzeugung, dass mit bespannten und überhaupt mit montirten Geschützen auf diesem Wege nicht vorwärts zu kommen sei; nach vielem Hin- und Herreden (nach einer ziemlich unglaubhaft klingenden, aber von einem Artillerie-Offizier gemachten Angabe soll ein Infanterie-Offizier den ersten Vorschlag dazu gemacht haben) beschliesst man, die Geschütze auseinander zu nehmen, auf Schlitten zu verladen und diese von Mannschaften ziehen zu lassen. Da die verfügbar zu machenden bulgarischen Schlitten nicht zum Transport des ganzen dem Detachement zugetheilten Artillerie-Materials ausreichen, werden die ganze 6./31. Batterie und die Hinterwagen der acht Munitionswagen der reitenden Artillerie nach Wratschesch zurückgeschickt; es werden nur die acht reitenden Geschütze und die Vorderwagen der zugehörigen Munitionswagen mitgenommen. — Das Detachement biwakirt am Fuss des Aufstieges. — Am Morgen des 26. kommt der an Gurko abgeschickte Offizier mit dem Befehl zurück, unter jeder Bedingung vorwärts zu gehen. — Die Geschütze werden auseinandergenommen und verladen, für jedes Geschütz mit Zubehör sind vier Schlitten erforderlich, und zwar je einer für das Geschützrohr — die Lafette und Räder — die Protze — den Munitions-Vorderwagen. Vorne werden an jedem Schlitten Stricke angebracht, an welchen 30 Mann ziehen können; hinten ausserdem zwei Stricke zum Halten. — Für den Transport von je einem Geschütz mit Zubehör werden zwei Compagnien bestimmt; die Leute hängen die Gewehre über die Schulter und sind mit Stöcken zum Stützen versehen.

γ) Marsch der Avantgarde über den Umurgatsch-Pass nach Jeleschniza.

Die Avantgarde unter Führung des Generalstabs-Oberst Muromzew beginnt am Morgen des 26. den Aufstieg, um den Weg nach dem Passe zu rekognosziren; sie ersteigt den 2 km langen ersten Absatz des Aufstieges und gelangt über die erste Terrasse zum zweiten Aufstiege. In der Ersteigung desselben begriffen, wird die Avantgarde von einem derartigen Schnee-Unwetter überfallen, dass sie mit vielen Schwierigkeiten bis zur ersten Terrasse zurückgehen muss; 13 Mann sind erfroren.

Am 27. macht die Avantgarde einen erneuten Versuch, zur Passhöhe zu gelangen; für den erkrankten Oberst Muromzew übernimmt der Generalstabs-Kapitain Birger die Führung. Um 2 Uhr Mittags wird die Passhöhe des Umurgatsch erreicht; das 1. Bataillon Archangel wird von hier aus in der Richtung auf Jabloniza vorgeschoben; Kapitain Birger beginnt mit dem 1. Bataillon Tambow den Abstieg vom Pass. Das Bataillon klettert bei starkem Schneetreiben bis an den Gürtel durch den Schnee, erreicht glücklich das Kloster Bogorodize und am folgenden Tage um 2 Uhr Mittags Jeleschniza, wo bereits das 3. Bataillon Koslow von Tschuriak her angekommen. — Birger schickt an Weljaminow die Meldung zurück, dass der von dem Avantgarden-Bataillon zurückgelegte Weg für die Geschütze durchaus nicht zu brauchen sei.

    ß) **Aufstieg der Infanterie und Artillerie zum Umurgatsch-Pass und Abstieg über Tschuriak.**

Am 26. um 1 Uhr Mittags beginnt der Transport der 2. Batterie durch das Regiment Tambow, am Abend ist diese Staffel auf der ersten Terrasse angekommen. Die zweite Staffel, Regiment Pensa, mit der 5. Batterie bleibt heute noch am Fuss des Aufstieges und ist mit dem Verladen der Geschütze beschäftigt.

Am 27. erreicht ein Theil des Regiments Tambow mit zwei/2. Geschützen nach Zurücklegung des 3 km langen, stellenweise mit 45° ansteigenden Aufstieges die zweite Terrasse; der Rest des Regiments mit den beiden anderen Geschützen muss die Nacht noch auf dem Abhange zubringen. Regiment Pensa mit der 5. Batterie erreicht bis zur Nacht die erste Terrasse.

Weljaminow, der bisher den Aufstieg der Truppen vom Fusse des Gebirges geleitet, begibt sich heute an der Kolonne vorbei nach der Passhöhe. Von dem Weg des Detachements aus ist die türkische Lutikowo-Stellung deutlich zu übersehen; die dort stehenden türkischen Truppen scheinen dagegen die Bewegung der Russen nicht zu bemerken. — Ein sehr heftiger Schneesturm beginnt.

Am 28. Morgens trifft Weljaminow auf der Passhöhe ein und erhält hier die Meldung Birgers über die Unmöglichkeit, mit der Artillerie vom Umurgatsch direkt nach dem Fusse des Gebirges zu gelangen; gleichzeitig geht die Meldung einer Dragoner-Patrouille ein: Vom Umurgatsch aus sei der Höhenkamm des Gebirges nach Tschuriak hin leidlich gangbar.

Weljaminow beschliesst, diesen Weg einzuschlagen und über Tschuriak den Südfuss des Gebirges zu erreichen. Als Major Kwitnizki, der mit diesem Vorschlage an Gurko abgesandt worden, die zustimmende Antwort desselben zurückbringt, tritt um 4 Uhr Nachmittags ein Theil des Regiments Tambow mit zwei inzwischen wieder zusammengesetzten und bespannten Geschützen den Marsch über den Gebirgskamm an und trifft am Abend bei Tschuriak ein, der Rest des Regiments mit den beiden andern Geschützen ist während der Nacht noch in Bewegung. — Regiment Pensa mit der 5. Batterie erreicht die Passhöhe erst im Laufe des Nachmittags und Abends. Die dem Gros beigegebene halbe Eskadron Dragoner unter Kapitain Burago erreicht, über Bogorodize und Jeleschniza marschierend, am 28. um 7 Uhr Abends das Dorf Schiliawa.

Nachdem der Rest des Regiments Tambow mit seinen Geschützen am Morgen des 29. bei Tschuriak eingetroffen, bricht das Regiment mit der 2. Batterie um 12 Uhr Mittags auf und erreicht in der Nacht Jeleschniza. — Regiment Pensa mit der 5. Batterie lässt zunächst die von Wratschesch nachrückende Garde-Cavallerie auf der Passhöhe an sich vorüber, tritt infolgedessen erst um 12 Uhr Mittags den Abmarsch von der Passhöhe an und trifft in der Nacht, zum Theil erst am andern Morgen bei Tschuriak ein.

Am 30. rückt Regiment Tambow nach Jana und schiebt ein Bataillon nach Schiliawa, zwei Compagnien nach Tschainik vor. — Regiment Pensa bricht um 10 Uhr Morgens von Tschuriak auf und trifft am Abend bei Jana ein. — Die 2. Batterie und zwei Geschütze der 5. Batterie bleiben bei dem Detachement Weljaminow, zwei/5. Geschütze treten zur Garde-Cavallerie.

s) Marsch der Cavallerie über das Gebirge.

Weljaminows vom Umurgatsch nach Wratschesch zurückgesandter Befehl: „Die Cavallerie solle direkt nach dem Passe von Tschuriak marschieren (also nicht erst nach dem Umurgatsch)" — scheint die Cavallerie entweder gar nicht oder doch zu spät erreicht zu haben; jedenfalls war dieselbe schon am 27. um 10 Uhr Morgens von Wratschesch abmarschiert und zwar auf dem von der vorausgegangenen Infanterie eingeschlagenen Wege.

Erst am Morgen des 28. begann die Cavallerie den Aufstieg des Passweges, auf welchem sie bald in einem 8 km langen Faden auseinandergezogen war. Auf dem von grossen mit Glatteis überzogenen Steinblöcken gebildeten treppenartigen Pfade, der sich mit steiler Steigung zwischen senkrechten Felswänden und tiefen Abgründen hindurchwand, mussten die Reiter auf Stöcke gestützt einer hinter dem andern die Pferde führen, die sich entweder in Sprüngen vorwärts bewegen oder von Stein zu Stein klettern mussten. Trotz dieser grossen Schwierigkeiten ging der Marsch überraschend glücklich von statten; nur sechs Pferde verunglückten durch Sturz in den Abgrund.

Am Mittag wurde die Queue der Infanterie-Kolonne erreicht. Um 10 Uhr Abends trifft die Tête der Cavallerie auf der Passhöhe Umurgatsch ein, die Queue dagegen erreicht dieselbe erst um 5 Uhr Morgens.

Am 29. Morgens wird der Marsch nach Tschuriak angetreten, im Laufe des Nachmittags wird Tschuriak erreicht und von hier der Marsch auf Schiliawa fortgesetzt, wo die Division am späten Abend eintrifft.

f. Die linke Seiten-Kolonne vom 25. bis 30. December.

α) Versammlung des Detachements. — Vorbereitungen.

Als die beiden Regimenter Pskow und Welikoluz am 21. December aus der östlichen Höhenstellung abrücken, haben sie in Reih und Glied nur 1043 bezgl. 1245 Mann. Während der Ruhetage in Etropol treten eine Anzahl gesund gewordener Mannschaften aus dem in Etropol befindlichen Lazareth zu den Regimentern zurück, für das Regiment Pskow scheint ausserdem ein Ersatz-Transport eingetroffen zu sein, denn bei dem Beginn der Bewegung beträgt die Stärke beider Regimenter 1580 und 1312 Mann. — Das Regiment Woronesch, von welchem drei Compagnien erst am 27. eingetroffen zu sein scheinen, stösst mit einer Gesammtstärke von 2000 Mann zum Detachement; das 4. Dragoner-Regiment hat 420 Pferde. — Die 4./31. Batterie trifft erst später ein; an dem Marsch nach der Baba Gora nehmen nur vier/19. donische und zwei/16. reitende Geschütze theil.

Dandeville trifft, von Orchanie kommend, am 23. in Etropol ein. Er ordnet die möglichste Instandsetzung und Ergänzung des Schuhzeuges, der Bekleidung und des Schanzzeuges an; Zwieback soll auf acht Tage, Fleisch und Branntwein soviel als irgend möglich beschafft werden. Als Transportmittel werden 12 mit Büffeln bespannte Schlitten und 40 Büffel mit Packsätteln zusammengebracht. — Der bulgarische Dolmetscher Zaregradzki erhält den Auftrag, eine möglichst grosse Anzahl bulgarischer Arbeiter mit Spaten und Hacken zum Aufräumen der den Passweg versperrenden Schneemassen zusammenzubringen. — Am 24. um 3 Uhr Nachmittags überbringt ein Ordonnanz-Officier Gurkos die Disposition für die am 25. zu beginnende allgemeine Offensive.

β) Die Oertlichkeit.

Der Weg von Etropol nach der Baba Gora überschreitet 1 km hinter der Stadt auf einer hölzernen Brücke den Kleinen Isker, führt dann 6 km lang am linken Ufer dieses Gebirgsbaches entlang und beginnt dann, rechts abbiegend, zur Kammhöhe aufzusteigen. Dieser Aufstieg zerfällt in drei Theile. — Der erste Aufstieg — hier ist der Weg auf mehrere hundert Meter Länge tief in den steilgeböschten, waldbedeckten Abhang eingeschnitten — führt zu einer kleinen Terrasse. Von hier führt der zweite Aufstieg zu einer grösseren Terrasse, welche von Norden nach Süden zu fast 3 km Ausdehnung hat. Von hier aus führt der dritte Aufstieg auf die wirkliche Kammhöhe, die eigentliche Baba Gora, einen vollkommen kahlen, öden Gebirgsrücken. Von hier aus zieht der Hauptkamm des Gebirges nach Westen zu über zwei — Adschiwus und Sucho Korüto genannte — Gipfel zum Berge Schandornik, welcher von dem Sucho Korüto durch das Quellthal der Malinska getrennt ist. — Adschiwus und Sucho Korüto sind niedriger als die Baba Gora und als der Schandornik. — Vom Sucho Korüto aus führt ein schwieriger Pfad um den linken Flügel der türkischen Bunowo-Stellung herum nach Bunowo. — Von der Baba Gora nach Osten zu zieht der Hauptkamm zum Kasamarska-Pass; eine gangbare direkte Verbindung zwischen Baba Gora und Kasamarska scheint nicht vorhanden zu sein.

Von Adschiwus aus zieht ein Querast nach Süden zu zu den Höhen von Bunowo, von denen er jedoch durch eine tiefe Einsattelung getrennt ist; von diesem Querast aus führt ein schwieriger Pfad um den rechten Flügel der türkischen Bunowo-Stellung herum noch Mirkowo.

Von der Baba Gora aus erblickt man nach Westen zu zunächst die Schandornik-Höhe und die von hier zum Arabkonak-Pass sich hinziehende türkische Stellung, und zwar ist von hier aus die Rückseite der Schandornik-Redute zu sehen. Jenseits der türkischen Stellung erblickte man den rechten Flügel der russischen Höhenstellung, den Finnländischen, Pawlowskischen und Preobraschenskischen Berg; in blauer Ferne schimmerte das Thal von Sofia.

Gerade aus vor sich sah man auf einer niedrigeren Höhenkette die aus einer Reihe von Reduten und Schützengräben bestehende Bunowo-Stellung: das Dorf Bunowo war durch den genannten Höhenzug verdeckt; dagegen sah man Mirkowo am Fusse des Gebirges liegen.

γ) Aufstieg des Detachements zur Baba Gora.

Am 25. um 1 Uhr Mittags beginnt die Avantgarde unter General Krasnow — dem der Generalstabs-Kapitain Protopapow beigegeben — den Aufstieg in folgender Ordnung: zwei Sotnien Kosaken, drei Eskadrons Dragoner, 700 bulgarische Arbeiter, Regiment Welikoluz und vier/19. donische Geschütze, bei deren Transport ebenfalls eine Anzahl Bulgaren behülflich ist. — Der Marsch der Cavallerie durch den gänzlich mit Schnee verstopften Engweg des ersten Aufstieges nimmt eine ganze Stunde in Anspruch; dann beginnen die Bulgaren den Weg für die Geschütze frei zu machen. Diese werden aus den Lafetten genommen und an Stricken ohne weitere Unterlage (?!)

direkt über den Schnee gezogen; der Transport der Lafetten und der Protzen verursacht grössere Mühe.

Die Cavallerie und ein Theil der Infanterie erreichen am Abend die Kammhöhe; die Kosaken entdecken daselbst eine Hammelheerde und einige Heuvorräthe. Zwei Geschütze erreichen die erste Terrasse, die beiden anderen Geschütze machen bei Einbruch der Dunkelheit am Fusse des Aufstieges Halt.

Die auf der Kammhöhe angekommenen Truppen beziehen ein Biwak im Walde auf dem nordwestlichen Abhange des Kammes; auf diesem selbst wird als einzige Sicherheitsmassregel ein Kosaken-Posten von 10 Pferden aufgestellt.

Am 26. um 7 Uhr Morgens brechen die übrigen Truppen des Detachements (die 4./31. Batterie ist noch gar nicht angekommen) von Etropol auf und erreichen — mit ihnen die gestern zurückgebliebenen beiden Geschütze der Avantgarde — nach einem mühseligen Marsche das Biwak am nordwestlichen Abhang. Um 12 Uhr Mittags kommt Krasnow mit Protopapow auf der Kammhöhe an; auf den Höhen von Bunowo und Mirkowo, sowie längs des Schandornik-Höhenzuges sieht man feindliche Posten. Krasnow lässt zwei Sotnien Kosaken und zwei Eskadrons Dragoner gegen Bunowo rekognosziren; einige hundert Bulgaren beginnen einen Weg über den tief verschneiten Höhenrücken aufzuräumen. — Im türkischen Lager hinter der Schandornik-Redute wird eine lebhafte Bewegung wahrnehmbar, Signale werden geblasen und Abtheilungen marschieren hin und her. — Die rekognoszirende Cavallerie geht auf dem nach Bunowo führenden schmalen Schluchtpfade vor, welcher nur für einen Reiter genügende Breite hat. Eine in der Schlucht gelegene Wassermühle ist von türkischer Infanterie besetzt; die russische Cavallerie sieht sich in Folge dessen zur Umkehr genöthigt. — Um 6 Uhr Abends beginnt auf der Kammhöhe ein heftiges Schneetreiben; die Cavallerie und die bulgarischen Arbeiter werden nach dem Biwak des Detachements zurückgezogen.

Im Verlauf des heutigen Tages sind bei dem Regiment Pskow: 48 Mann, bei Welikoluz: 35 Mann, bei Woronesch: 10 Mann erkrankt. Die Meldungen der Truppentheile ergeben, dass Zwieback auf vier Tage, Thee, Zucker und Branntwein auf drei Tage vorhanden sind. — Am Abend meldet sich Lieutenant Kasnakow als Ordonnanz-Offizier Gurkos, auf drei Tage zu Dandeville kommandirt, um nach bewirktem Uebergange über das Gebirge direkt Meldung an Gurko zu bringen.

Bald nach Kasnakows Ankunft trifft durch die Relais-Linie eine schriftliche Mittheilung Krüdeners ein: Die Umgehungs-Bewegung des Hauptcorps sei auf Schwierigkeiten gestossen und der allgemeine Angriff auf den 28. verschoben.

δ) Demonstrationen des Detachements auf der Baba Gora.

Am 27. begibt sich Dandeville um 10 Uhr Morgens nach der Kammhöhe; der Weg nach Bunowo ist wieder vollkommen zugeschneit. Dandeville ordnet dessen erneute Aufräumung durch die Bulgaren an und reitet selbst in der Richtung auf Mirkowo vor. Auf den Höhen von Mirkowo und Bunowo sind starke türkische Abtheilungen sichtbar, welche eifrig mit Schanzarbeiten beschäftigt sind. — Dandeville lässt ein Bataillon Welikoluz mit zwei Geschützen auf der Kammhöhe Aufstellung nehmen und die Geschütze das Feuer gegen Bunowo eröffnen. Unter dem Schutze dieses Feuers sind die Bulgaren mit der Herstellung eines Weges durch den stellenweise 2 m tiefen Schnee nach dem Suchu-Koruto-Gipfel beschäftigt, während die Cavallerie gegen Mirkowo vorzugehen versucht, woran sie indessen durch lebhaftes feindliches Gewehrfeuer gehindert wird. — Als bei Einbruch der Dunkelheit abermals starkes Schneetreiben beginnt, werden die Truppen und die bulgarischen Arbeiter von der Kammhöhe wieder nach dem Biwak zurückgezogen. — Einer bis in die Nähe von Bunowo gelangten Kosaken-Patrouille hat ein bulgarisches Weib einen bulgarisch geschriebenen Zettel übergeben; in demselben wird gebeten, russischerseits möge nicht auf die mit türkischen Schanzarbeiten bei Bunowo beschäftigten Bulgaren geschossen werden; ferner wird darin mitgetheilt, von Slatiza her seien bei Bunowo 1000 Mann türkischer Infanterie und Cavallerie eingetroffen.

Am 28. um 4 Uhr Morgens erhält Dandeville einen vom Prinzen von Oldenburg weitergeschickten, von General Lipinski, dem Stabschef Krüdeners, unterschriebenen, vom 27. December 4 Uhr Nachmittags datirten Zettel folgenden Inhalts:

„In Tschuriak stehen die Regimenter Preobraschensk und Koslow, die kaukasische Brigade und die donische Batterie. Es wird beabsichtigt, heute die kaukasische Brigade mit zwei Geschützen in das Thal von Sofia vorgehen zu lassen; Regiment Koslow soll das von zwei türkischen Compagnien besetzte Potop angreifen. Um die Türken in ihrer Stellung zu beschäftigen, soll am 28. Morgens von allen Batterien der diesseitigen Höhenstellung ein langsames Feuer eröffnet werden, 20 Schuss pro Geschütz und Tag."

Um 10 Uhr Morgens werden zwei Detachements nach der Kammhöhe vorgeschoben, um gegen die türkischen Stellungen zu demonstriren.

Ein Detachement — ein Bataillon Woronesch, eine Eskadron Dragoner, einige Kosaken und zwei Geschütze — rückt nach dem von Adschiwus südwärts ziehenden Querast und nimmt hier Aufstellung gegenüber der türkischen Bunowo-Stellung; ein anderes Detachement — Regiment Pskow, eine Eskadron Dragoner, einige Kosaken und zwei Geschütze — rückt nach dem Sucho Korüto und nimmt dem Schandornik gegenüber Aufstellung. Beide Detachements sind dem Oberst Subatow, Kommandeur des Regiments Pskow, unterstellt.

Die Entfernung vom Biwak des Gros bis zu den beiden vorgeschobenen Detachements beträgt etwa 7 km, und zwar hat der Weg zu der Stellung gegenüber von Bunowo im allgemeinen eine südliche Richtung; der Weg nach dem Sucho Korüto fällt auf 3 km mit jenem zusammen und zweigt sich dann nach Westen ab.

Dandeville begibt sich um 2 Uhr Nachmittags nach dem Sucho Korüto; die hier aufgestellten beiden Geschütze eröffnen um 3 Uhr das Feuer, welches von der Schandornik-Stellung aus durch einige zu diesem Zweck besonders aufgestellte Geschütze erwidert wird. Dragoner-Patrouillen versuchen gegen die Schandornik-Stellung vorzugehen, kommen aber in dem tiefen Schnee nicht vorwärts.

Auch die Geschütze des anderen Detachements haben inzwischen das Feuer gegen die Bunowo-Stellung eröffnet; eine Kosaken-Patrouille wird gegen Mirkowo vorgeschickt.

z) Schneesturm-Katastrophe. — Rückzug des Detachements nach Etropol.

Nachdem Dandeville um 5 Uhr Nachmittags vom Sucho Korüto den Rückweg zum Biwak des Gros angetreten, beginnt um 6 Uhr abermals ein starkes Schneetreiben. Als dieses stärker und stärker wird, schickt Dandeville nach 8 Uhr Abends zwei Dragoner an Oberst Subatow mit dem schriftlichen Befehl, die vorgeschobenen Truppen nach dem Biwak zurückzuführen.

Die inzwischen eingetroffenen Rapporte melden für Regiment Pskow: 48, für Welikoluz: 30, für Woronesch: 12, für die Dragoner: 2 Erkrankungen.

Vom Kasamarska-Passe her kommt am späten Abend über Etropol ein vom General Brok abgeschickter Offizier, um sich über die Verhältnisse bei dem Detachement Dandeville zu orientiren; er kehrt noch in der Nacht auf demselben Wege zurück; seine Begleitung besteht in einem Kosaken.

Inzwischen wird das Unwetter immer heftiger und heftiger. Selbst in dem Wald-Biwak des Gros, welches vermöge seiner Lage weit weniger den Unbilden der Witterung ausgesetzt ist als die Stellungen der vorgeschobenen Detachements auf den kahlen Gebirgsrücken, haben die Truppen in hohem Grade unter den Wirkungen des eisigen Windes zu leiden, der mit stets wachsender orkanartiger Wuth den hohen Gebirgskamm umtobt und die Lagerfeuer theils ausbläst, theils unter wirbelnden Schneemassen erstickt.

Mit Ungeduld sieht Dandeville der Ankunft der aus ihren gefährlichen offenen Stellungen zurückbeorderten Truppen des Oberst Subatow entgegen — als mitten in der Nacht der eine der beiden mit dem Befehl an Subatow geschickten Dragoner in völlig erschöpftem Zustande bei Dandeville erscheint: sein Begleiter ist in dem furchtbaren Schneeorkan verschwunden, er selbst hat sich, nachdem er sein Pferd verloren, nur mit grosser Anstrengung und mit vollständig erfrorenen Füssen nach dem Biwak zurückschleppen können; den schriftlichen Befehl hat er noch bei sich. In grösster Besorgniss und Unruhe schickt Dandeville diesen Befehl sofort durch zwei Kosaken abermals ab. Vorgreifend sei hier bemerkt, dass auch diese beiden Leute nicht an ihren Bestimmungsort gelangten; der eine von ihnen wird später halberfroren und bewusstlos aufgefunden, der andere blieb verschollen.

Die Lage der im Wald-Biwak stehenden Truppen wird immer unerträglicher; eine Anzahl Mannschaften haben bereits vollständig erfrorene Gliedmassen; um so grösser ist die Besorgniss um das Schicksal der in weit schlimmerer Lage befindlichen Truppen Subatows, deren Rückkehr man jeden Augenblick erwartet. Der neue Tag bringt keine Besserung der Lage; der Orkan tobt mit ungeschwächter Kraft weiter, alles ist in dichte wirbelnde Schneemassen gehüllt; um 8 Uhr Morgens herrscht noch tiefe Finsterniss.

In steigender Unruhe schickt Dandeville jetzt abermals eine Kosaken-Patrouille an Subatow ab mit dem Befehl, die Geschütze stehen zu lassen und mit den Truppen sofort zurückzukehren. Die im Biwak befindlichen Truppen und Bulgaren beginnen, den zur Kammhöhe führenden Pfad, der wieder über einen Meter hoch mit Schnee bedeckt ist, einigermassen aufzuräumen.

Dandeville und Krasnow begeben sich an den Rand des Waldes, um die Lage zu überblicken; der rasende Sturm macht es fast unmöglich, sich miteinander zu unterhalten. Die wirbelnden Schneemassen beschränken die Aussicht auf die unmittelbarste Nähe. Endlich taucht vor den mit banger Sorge Wartenden ein Kosak auf, dessen Pferd sich nur mühsam durch den Schnee durcharbeitet; der halbtodte Reiter bringt einen mit Bleistift geschriebenen Zettel Subatows, datirt $1^{1}/_{4}$ Uhr Morgens: „520 Mann krank, 170 Mann an Händen und Füssen erfroren, Feuer zu unterhalten nicht möglich." — Der Kosak giebt an, bei Subatow sei bis zu seinem Abgange kein Befehl eingetroffen, unterwegs habe er in einiger Entfernung zwei Leute bemerkt, welche zu Fuss in einer seinem entgegengesetzten Richtung in Bewegung gewesen seien. (Es scheint, dass dies jene beiden um Mitternacht abgeschickten Kosaken gewesen sind, welche dem Unwetter schliesslich erlagen.)

Die Meldung Subatows in ihrer schauerlichen Knappheit und die Angabe des Kosaken, der über sieben Stunden Zeit gebraucht hatte, um die 7 km betragende Entfernung bis zum Wald-Biwak zurückzulegen, lassen die Lage der vorgeschobenen Detachements als eine ganz verzweifelte erkennen; ausserdem muss es sehr zweifelhaft erscheinen, ob überhaupt die beiden bis jetzt abgeschickten Befehle den Oberst

Subatow erreicht haben oder erreichen werden. Dandeville giebt sofort dem Major Gretschanowski den Befehl, mit 20 Kosaken aufzubrechen, um den Rückzugsbefehl an Subatow zu übermitteln. Oberst Klugen, Commandeur des Regiments Woronesch, der über das Schicksal des ebenfalls auf der Kammhöhe befindlichen Bataillons seines Regiments in grosser Sorge ist, macht sich, begleitet von einigen Officieren seines Regiments, ebenfalls dorthin auf den Weg.

Die allgemeine Lage des Detachements wird immer bedenklicher; warme Nahrung zu bereiten ist nicht möglich, da kein Feuer brennt, der letzte Branntwein-Vorrath wird theils an die Truppen ausgegeben, theils den Aerzten zur Verwendung für die Erkrankten und Erfrorenen überwiesen.

Für die Behandlung erfrorener Mannschaften wird von Seiten der Aerzte — zu dem Detachement gehörte eine Sanitäts-Abtheilung des Rothen Kreuzes unter Leitung der Aerzte Golowatschew und Weimarn — ein vollständiger Verbandsplatz errichtet. Das Dragoner-Regiment meldet, dass eine Anzahl Pferde der Kälte erlegen ist.

Dandeville schickt durch Lieutenant Kasnakow, den Ordonnanz-Officier Gurkos, an diesen eine kurze schriftliche Meldung über die Sachlage ab.

Endlich — Mittag ist bereits vorüber, wegen der die Luft erfüllenden Schneemassen ist es aber noch immer finster — erscheint Gretschanowski mit einem Zettel Subatows, den er wie es scheint einem ihm unterwegs begegnenden Ordonnanz-Reiter abgenommen, um ihn sofort selbst an Dandeville zu überbringen. Der von 11 $^3/_4$ Uhr Vormittags datirte Zettel lautet: „In jeder Compagnie meines Regiments nur noch 20 Mann dienstfähig. Alle Leute mit erfrorenen Gliedern sind bereits zurückgeschickt. Feuer anzuzünden unmöglich. Wenn das Regiment bis zum Abend in der Stellung bleibt, ist kein Mann mehr dienstfähig." Aus dem Zettel war ersichtlich, dass bis zu seinem Abgange ein Rückzugsbefehl dort nicht angekommen war.

Gretschanowski meldet ausserdem, dass ein Theil der erkrankten und halberfrorenen Mannschaften bereits auf dem Wege zum Biwak begriffen sei. — Es ist anzunehmen, dass Gretschanowski, als er für seine Person umkehrte, um diese Nachrichten an Dandeville zu überbringen, einen Theil seiner zwanzig Kosaken den Weg zu Subatow hat fortsetzen lassen.

Sofort werden alle vorhandenen Kosaken und die bulgarischen Arbeiter unter Führung Gretschanowskis den Truppen Subatows zur Hilfeleistung entgegengeschickt; der Weg zum Biwak wird durch Stangen, Spaten und Gewehre bezeichnet, welche von fünf zu fünf Schritt in den Schnee gesteckt werden. — Oberst Klugen wird von zwei Officieren in halbtodtem Zustande zurückgebracht.

Truppweise treffen jetzt die von Subatow zurückgeschickten Kranken ein, alle in entsetzlichem Zustande, zum Theil kaum noch bewegungsfähig; eine grosse Anzahl muss von den entgegengeschickten Mannschaften getragen werden; die ankommenden Kranken werden sofort der Behandlung der Aerzte übergeben.

Nach einiger Zeit bringt ein Kosak einen neuen Zettel Subatows: Der um 8 Uhr Morgens von Dandeville abgeschickte Befehl zum Verlassen der Stellung ist um 1 Uhr 40 Minuten Mittags angekommen. Subatow hat mit dem Rest seines Detachements nunmehr unter Zurücklassung der unter dem Schnee begrabenen Geschütze den Rückmarsch angetreten.

Obschon im Laufe des Nachmittags das Unwetter ein wenig schwächer geworden, hielt Dandeville ein längeres Verbleiben des Detachements auf der Baba Gora unter diesen Umständen für äusserst bedenklich und dabei für zwecklos; er beschliesst daher, sofort den Rückmarsch nach Etropol anzutreten.

Die in den vorgeschobenen Stellungen gewesenen Truppen marschieren zuerst ab, dann folgt Regiment Welikoluz; zwei Bataillone Woronesch — die verhältnissmässig frischeste Truppe — sollen als Arrièregarde zunächst noch zurückbleiben, um alle Kranken zu sammeln und zu transportiren. Zwei Sotnien Kosaken (zusammen noch 50 Pferde stark!) werden den Aerzten, welche mit hingebender Aufopferung ihren Pflichten nachkommen und zunächst auf dem Biwaksplatz der Baba Gora zurückbleiben, als Bedeckung und Hülfe zugewiesen. Die bulgarischen Arbeiter sollen morgen die Geschütze aus dem Schnee ausgraben und nach Etropol schaffen.

Gegen Abend trifft Dandeville für seine Person in Etropol ein; er schickt sofort eine Meldung an Gurko und eine Mittheilung an Brok. Zaregradzki erhält den Auftrag, morgen früh einige hundert frische bulgarische Arbeiter zum Transport der Geschütze nach der Baba Gora hinaufzuschicken.

Da in der Nacht vom 29. zum 30. die Meldung einläuft, infolge eines Missverständnisses habe das Regiment Woronesch bereits den Rückzug angetreten, während auf dem Verbandplatze der Baba Gora noch eine Anzahl bewegungsloser Kranker auf den Rücktransport warte, so wird ein Bataillon Woronesch am Morgen des 30. wieder nach der Baba Gora hinaufgeschickt.

Hier ist inzwischen das Sanitäts-Personal, aufs eifrigste unterstützt von den Kosaken und Bulgaren, unausgesetzt thätig gewesen.

Bei der sorgfältigen Absuchung der Strecke zwischen den vorgeschobenen Stellungen und dem Biwak werden im Ganzen 420 Mann, darunter 3 Officiere und 1 Geistlicher, aufgefunden, welche bewusstlos im Schnee liegen und ohne die ihnen zutheil gewordene Hülfe unfehlbar dem Tode verfallen gewesen wären.

Am Abend des 30. December war das Detachement wieder in Etropol versammelt.

c) Verluste.

Ueber die Verluste der beiden schrecklichen Tage auf der Baba Gora liegen verschiedene Angaben vor, die im Einzelnen zwar nicht genau übereinstimmen, im Allgemeinen jedoch ein ziemlich deutliches Bild geben.

Der bald nach den Ereignissen selbst veröffentlichte officielle Rapport spricht von 13 Officieren und 813 Mann, welche durch Erfrieren von Gliedmassen dienstuntauglich geworden seien; ausserdem werden 53 Mann als vollständig erfroren angegeben, wobei es zweifelhaft ist, ob diese Zahl in der ersten Zahl bereits mit enthalten ist oder nicht.

In einer später veröffentlichten, sehr ausführlichen Darstellung jener Schreckenstage macht Dandeville speciell für den 28. und 29. folgende detaillirte Verlust-Angaben:

Regiment Pskow: 42 Mann todt durch Erfrieren; 8 Officiere 519 Mann dienstuntauglich durch völliges Erfrieren einzelner Gliedmassen.

Regiment Welikoluz: 1 Mann todt, 30 Mann erfrorene Gliedmassen, 10 Mann an katarrhalischem Fieber schwer erkrankt.

Regiment Woronesch: 10 Mann todt, 2 Officiere 109 Mann erfrorene Gliedmassen, 79 Mann an katarrhalischem Fieber erkrankt.

Cavallerie und Artillerie zusammen: 3 Officiere 18 Mann Verlust.

Nicht in Uebereinstimmung mit dieser Zusammenstellung, welche den Verlust des Regiments Welikoluz auf nur 41 Mann beziffert, ist eine andere Angabe Dandevilles, wonach im Regiment Welikoluz am 29. December 400 Mann erkrankten, von denen 109 Mann bereits vor dem Befehl zum allgemeinen Rückzug nach Etropol hatten zurückgeschafft werden müssen. Auch die Angabe, dass der Verlust der 19. donischen Batterie an erfrorenen Mannschaften besonders gross gewesen sei, ist schwer mit der obigen summarischen Verlustangabe für die ganze Cavallerie und

Artillerie in Einklang zu bringen. — Der Umstand endlich, dass für das Regiment Pskow in der Zusammenstellung gar keine Erkrankungen „an katarrhalischem Fieber" angegeben sind, während diese Rubrik bei den beiden andern Regimentern vorkommt, lässt die Genauigkeit der ganzen Angabe einigermassen zweifelhaft erscheinen.

Auch der Verlust des Regiments Woronesch wird von anderer Seite auf etwa 300 Mann mit erfrorenen Gliedmassen angegeben.

An militärärztlichen Hülfsmitteln waren zur Behandlung der zahlreichen nach Etropol geschafften Kranken nur vorhanden: Die Sanitäts-Abtheilung des Rothen Kreuzes, welche dem Detachement nach der Baba Gora gefolgt war — die Krankenfahrzeuge der Truppen — und endlich eine in Etropol dauernd stationirte Abtheilung des Divisions-Lazarethes der 3. Infanterie-Division mit zwölf (!) Betten.

Nur die ausgedehnte Hülfeleistung der Bevölkerung von Etropol vermochten diese argen Missverhältnisse wenigstens einigermassen auszugleichen.

g. Das Detachement Oldenburg in der östlichen Höhenstellung.

26. December. — Gegen 5 Uhr Nachmittags werden die Spitzen der Kolonnen von Dandeville auf der Baba Gora, von Rauch auf der Passhöhe von Tschuriak sichtbar.

General Prinz Oldenburg ordnet an: Wenn die Türken ihre Stellung räumen, sollen die vordersten russischen Abtheilungen die geräumten Punkte sofort besetzen und zwar ohne Hurrah! zu rufen; durch Schwenken des Tschakos auf den Bajonetten sollen die rückwärtigen Truppen benachrichtigt werden. Alles soll dann vorgehen, nur zwei Bataillone sollen in den Stellungen bei den Geschützen zurückbleiben.

27. December. — Sehr klarer Tag. — Um Mittag glaubt man eine von der Baba Gora herabsteigende Truppenabtheilung zu bemerken (es wird dies jene Abtheilung gewesen sein, welche den Höhen von Bunowo gegenüber Aufstellung nahm, am Abend wieder zurückgezogen wurde).

28. December. — Um 9 Uhr Morgens beginnt ein lebhafter Geschützkampf, welcher russischerseits einige Verluste an Todten und Verwundeten verursacht. — Gegen Mittag klettern türkische Schützenschwärme von den vor der Arabkonak-Redute gelegenen Schützengräben aus abwärts bis zum halben Abhang, werden aber durch das Feuer der Batterie Maibaum bald zum Zurückgehen veranlasst. — Die Batterien Onoprienko und Martischow feuern gegen die Arabkonak-Werke, die Batterien des linken Flügels gegen die Schandornik-Werke. Gegen Abend muss das Feuer infolge des ausbrechenden Schneesturmes ganz eingestellt werden. Der Schneesturm — dessen furchtbare Gewalt bereits weiter oben (f. s.) geschildert, begräbt alle Batterien und Schützengräben unter gewaltigen Schneemassen. Erst am 29. Abends kann mit dem Aufräumen derselben begonnen werden, worauf am 30. die Kanonade wieder lebhaft aufgenommen wird.

h. Das Detachement Schuwalow in der westlichen Höhenstellung.

Bei Beginn der allgemeinen Offensive scheint das Detachement — über dessen ganze Thätigkeit weit weniger Einzelheiten bekannt sind als über diejenige des Detachements in der östlichen Stellung — folgende Aufstellung gehabt zu haben:

Ein Bataillon Finland und ein Bataillon Moskau an der Chaussee — das Gros des Regiments Finland auf dem Finländischen Berge — zwei Bataillone Moskau auf dem Pawlowskischen Berge — zwei Bataillone (1. und 3.) Pawlow auf dem Preobraschenskischen Berge — zwei Bataillone (2. und 4.) Pawlow in Reserve am Fusse des Gebirges.

Von den dem Detachement zugetheilten drei/2. Garde-Batterien stand eine Anzahl Geschütze (mindestens 6) auf dem Finländischen Berge, einige Geschütze auf dem Pawlowskischen und zwei Geschütze auf dem Preobraschenskischen Berge. Die nicht auf den genannten Bergen in Stellung gebrachten Geschütze jener drei Batterien standen an der Chaussee im Biwak.

Der unter General Etter stehende linke Flügel des Detachements — die Truppen an der Chaussee und auf dem Finländischen Berge — betheiligt sich an den bereits (g.) erwähnten Demonstrationen gegen die Front der türkischen Stellung; die Geschütze auf dem Finländischen Berge kanoniren sich mit den Arabkonak-Werken; Abtheilungen des Regiments Finland demonstriren gegen die feindliche Stellung und erleiden einige Verluste.

25. December. — Die 15. und 16. Compagnie Pawlow rücken nach dem Preobraschenskischen, das 2. Bataillon und die 13. und 14. Compagnie Pawlow nach dem Pawlowskischen Berge.

An die Mannschaften der Regimenter Pawlow und Moskau wird Zwieback, Fleisch und Grütze für acht Tage ausgegeben.

26. December. — Am Morgen trifft Schuwalow auf dem Preobraschenskischen Berge ein. — Zwei Bataillone Moskau passiren denselben Berg und gehen noch etwa 3 km weiter bis zu der später „Moskauscher Berg" benannten Höhe vor. — Die 13. und 14. Compagnie Pawlow schleppen zwei Geschütze vom Pawlowskischen nach dem Preobraschenskischen Berge.

27. December. Zwei Compagnien Pawlow schleppen zwei Geschütze vom Preobraschenskischen zum Moskauschen Berge; das 4. Bataillon Pawlow schleppt vier Geschütze vom Pawlowskischen über den Preobraschenskischen zum Moskauschen Berge. — Regiment Pawlow geht bis zum Moskauschen Berge vor und bezieht hier das Biwak hinter dem Regiment Moskau (wann und von wo das dritte Bataillon Moskau zum Gros des Regiments gestossen, ist nicht zu ersehen). — Auf dem Pawlowskischen und Preobraschenskischen Berge sind je zwei Compagnien Pawlow zurückgeblieben. — Die auf den Moskauer Berg geschleppten Geschütze (Batterie des Oberst Marin) verfeuern 20 Granaten gegen den linken Flügel der türkischen Stellung; die Türken antworten nicht.

28. December. — Schuwalow trifft heute auf dem Moskauer Berge ein. — Die türkischen Geschütze beantworten heute das russische Feuer und haben mehrere gute Treffer.

29. December. — Unter heftigem Schneewetter (in dieser Gebirgsgegend scheint der Schneesturm weit weniger heftig aufgetreten zu sein als östlich der Chaussee) werden zwei Batterie-Stellungen für je drei Geschütze gebaut. — Am Abend treffen vom Pawlowskischen Berge her die anfangs dort zurückgebliebenen zwei Compagnien Pawlow ein mit zwei Geschützen. (Auf dem Moskauer Berge müssen jetzt acht Geschütze gewesen sein, und es scheint auf einem Irrthum zu beruhen, wenn verschiedene Darstellungen, wie z. B. der Aufsatz: „Die 3. Garde-Infanterie-Division im Kriege 1877/78" von Enkel, nur von zwei Geschützen sprechen, die sich in der genannten Stellung befunden haben sollen.)

Im Laufe des 29. und 30. December trifft von Wratschesch-Lutikowo her die 1./5. Infanterie-Brigade mit zwei Bataillonen Archangel Nr. 17 und drei Bataillonen Wologda Nr. 18 in der westlichen Höhenstellung ein und übernimmt die Besetzung der bisher von den Regimentern Moskau und Pawlow besetzt gehaltenen Stellungen. — Am 30. bezieht das 1. Bataillon Pawlow die Vorposten vor dem Regiment Moskau. Das Vorgelände wird eingehend rekognoszirt.

i. Das Detachement Schilder-Schuldner in der Wratschesch-Lutikowo-Stellung.

Der türkischen Lutikowo-Stellung gegenüber stehen bei Wratschesch-Lutikowo unter dem General Schilder-Schuldner (in Folge von Erkrankung wird derselbe vertreten durch den General Pachitonow) die 1./5. Infanterie-Brigade — von welcher das 1. Bataillon Archangel zeitweilig dem Detachement Weljaminow angeschlossen ist (siehe e.) — und die 3. Garde-Cavallerie-Brigade unter General de Balmen.

Am 27. trifft die 2./5. Infanterie-Brigade, von Wrazza kommend, bei Lutikowo ein. Während das Regiment Galiz Nr. 20 hier zurückbleibt, setzt das Regiment Kostroma Nr. 19 seinen Marsch weiter fort, und zwar trifft das 1. Bataillon am 28. in der Passstellung ein und scheint an der Chaussee Aufstellung genommen zu haben, während die beiden anderen Bataillone dieses Regiments von Wratschesch aus auf einem schmalen Gebirgspfade direkt nach Tschuriak rücken und hier zum Hauptcorps stossen.

Nachdem die Lutikowo-Stellung in der Nacht vom 28. zum 29. von den Türken geräumt, werden sofort auch die beiden Regimenter Archangel Nr. 17 (excl. 1 Bat.) und Wologda Nr. 18 zu Schuwalow in Marsch gesetzt; sie treffen theils noch am 29., theils am 30. in der westlichen Höheustellung ein (siehe h.).

Die 3. Garde-Cavallerie-Brigade bleibt zunächst ruhig bei Nowatschin stehen. Ein am 30. December um 6,30 Uhr Morgens von Tschuriak abgeschickter Befehl des Armee-Kommandos: Die Brigade solle sofort nach Tschuriak aufbrechen, um an der für morgen in Aussicht stehenden Aktion theilnehmen zu können — trifft erst am 31. December um 2 Uhr Mittags in Nowatschin ein. Die Brigade bricht nun sofort auf, erreicht in der Nacht Wratschesch und bewerkstelligt am 2. Januar den Uebergang über das Gebirge auf dem inzwischen frei gewordenen Arabkonak-Pass.

Elfter Abschnitt.

Entwickelung der West-Armee auf der Südseite des Gebirges. — Einnahme von Sofia. — 27. December bis 4. Januar.

Der vorige Abschnitt hat die Bewegungen der West-Armee, soweit sie den eigentlichen Gebirgs-Uebergang betrafen, bis zum 30. December Abends verfolgt.

Dieser Abschnitt, welcher bestimmt ist, die Entwickelung der West-Armee auf der Südseite des Gebirges im Zusammenhang zur Darstellung zu bringen, muss zu diesem Zweck zunächst um einige Tage zurückgreifen, d. h. bis zu dem Augenblick, wo die Spitze der russischen Truppen den Südfuss des Gebirges erreichte.

Nachdem am 27. December die Avantgarde unter General Rauch das Dorf Tschuriak erreichte, ging dieselbe von hier aus unter den Augen Gurkos, der vorher persönlich in Begleitung des Oberst Stawrowski den zum Pass von Njegoschewo führenden Weg rekognoszirt hatte, in zwei Richtungen vor:

Das Regiment Preobraschensk vertrieb unter leichtem Geplänkel eine schwache türkische Cavallerie-Abtheilung vom Passe von Njegoschewo, besetzte demnächst das jenseits dieses Passes gelegene Dorf gleichen Namens und sicherte so der West-Armee den Ausgang aus der Tschuriak-Schlucht in das Thal von Taschkesen, während gleichzeitig das Regiment Koslow nach unblutiger Vertreibung einer schwachen feindlichen Abtheilung Potop und Jeleschniza besetzte und somit den Ausgang in die Thalebene von Sofia eröffnete. Noch am späten Nachmittage des 27. wurde die kaukasische Kosaken-Brigade über Jeleschniza nach der Chaussee vorgeschickt, wo sie sich eines aus 200 Schlitten bestehenden türkischen Transportes bemächtigte.

Während im Laufe des 28. bei Njegoschewo weitere Abtheilungen des Hauptcorps eintrafen, wurde unter dem Oberst Wasmund ein aus drei Bataillonen — 1. Garde-Schützen und 1. und 2. Koslow — bestehendes Detachement zur Verbindung mit den Truppen Schuwalows auf die Höhe des Tschornü Werch (Wasmund-Höhe) vorgeschoben. — Die kaukasische Brigade erhielt den Befehl, zur Sicherung der rechten Flanke der West-Armee nach Stolnik zu rücken und längs der Chaussee aufzuklären.

Im Laufe der Nacht traf bei Gurko in Tschuriak eine von 10 Uhr Abends datirte Meldung des Generals Tscherewin ein, wonach die Brigade einen in der Richtung nach Sofia marschierenden Transport genommen; nachdem die auf $1^1/_2$ Bataillone und 4 Eskadrons geschätzte Bedeckung zum schleunigen Rückzug und zur Preisgabe der Fahrzeuge gezwungen.

Das Detachement Weljaminow war im Laufe des Tages im Marsche von Umurgatsch nach Tschuriak begriffen; Kapitain Burago, der mit einer halben Eskadron Garde-Dragoner auf sehr schwierigen, tief verschneitem Pfade von Umurgatsch über das Kloster Bogorodize und Jeleschniza marschiert war, erreichte um 7 Uhr Abends Schiliawa, trat aber erst am anderen Morgen mit der kaukasischen Brigade in Verbindung.

Ob und wann Gurko von dem Eintreffen Buragos bei Schiliawa Meldung erhalten, ist nicht bekannt.

Im Laufe des 29. schritt die Versammlung des Hauptcorps zwischen Tschuriak und Njegoschewo weiter vor; die Stellung der Avantgarde vor Njegoschewo wurde nach Möglichkeit verschanzt, wobei aus Mangel an passendem Schanzzeug und wegen des meist steinigen Grundes eine Anzahl Deckungen aus Schnee hergestellt wurden.

Das Detachement Weljaminow erreichte Jeleschniza, die Garde-Cavallerie Schiliawa.

In Bezug auf die aufklärende Thätigkeit der Cavallerie wurden — wie es scheint um Mittag — vom Armee-Kommando folgende Befehle erlassen:

Die kaukasische Brigade beobachtet die Gegend zwischen Jeleschniza, Kremikowze, der Chaussee und weiter nach Westen; Kremikowze ist womöglich zu besetzen.

Die Garde-Cavallerie — der die 8. donische Batterie zugewiesen wird — beobachtet die Gegend südlich der Chaussee und gegen die feindliche Hauptstellung.

Als ferner im Laufe des 29. bei Gurko die Meldung einging, dass die Lutikowo-Stellung von den Türken geräumt sei, wurde an das

Lutikowo-Wratschesch-Detachement der Befehl geschickt: mit **einem** Regiment die geräumte Stellung zu besetzen, die übrigen Truppen aber theils (3. Garde-Cavallerie-Brigade und zwei Bataillone Kostroma) zum Hauptcorps, theils (sechs Bataillone) zum Detachement Schuwalow abrücken zu lassen.*)

Am Abend ging ein neuer Befehl an die kaukasische Brigade ab: Dieselbe solle am folgenden Tage nach Jana rücken und unter die Befehle des Generals Weljaminow treten.

In Ausführung des oben erwähnten **ersten** Befehls ging die kaukasische Brigade in der Richtung auf Wraschdebna gegen den Isker vor, stiess hier auf Widerstand und ging dann (es ist nicht recht klar, ob am 29. oder erst am 30.) in Ausführung des inzwischen eingetroffenen **zweiten** Befehls nach Ober-Bugarow zurück, Detachements in Tschelopetsch und Nieder-Bugarow stehen lassend; in letzterem Ort wurde die Fühlung mit der Garde-Cavallerie gewonnen.

Von dieser hatte im Laufe des 30. die 1. Brigade eine Rekognoszirung gegen Ober-Malina und Nieder-Kamarzü ausgeführt; die 2. Brigade war mit dem Gros bei Schiliawa stehen geblieben und hatte zwei Eskadrons gegen Westen und Süden vorgehen lassen, welche bei Nieder-Bugarow und Jenihan auf feindliche Abtheilungen gestossen waren.

Das 8. Dragoner-Regiment war nach Jenihan (an der von Sofia nach Ichtiman führenden Chaussee) vorgegangen.

Obgleich am 30. immer noch nicht **alle** Truppen des Hauptcorps den Südfuss des Gebirges erreicht hatten — es fehlten noch drei Batterien und ein Bataillon**) — so beschloss Gurko doch nicht länger zu zögern, sondern am 31. den entscheidenden Vorstoss gegen die türkische Stellung von Arabkonak-Kamarzü zu unternehmen.

---

*) Ueber diesen Befehl Gurkos herrscht keine Klarheit. Gurko sagt in seinem ziemlich oberflächlichen offiziellen Rapport: Am 29. sei von ihm der Befehl abgeschickt worden, zwei Bataillone Kostroma sollten zum Hauptcorps, der Rest der Infanterie des Lutikowo-Wratschesch-Detachements — mit Ausnahme **eines** in der von den Türken geräumten Stellung zurückzulassenden Regiments — sollte zu den Truppen in der Baba-Konak-Stellung stossen. Thatsächlich war aber das Regiment Kostroma schon am 28. in der Ausführung dieses Befehls begriffen und ein Theil der 1./5. Infanterie-Brigade traf bereits am 29. in der Baba-Konak-Stellung ein; es ist also schlechterdings nicht gut möglich, dass diese Bewegungen auf einen am 29. erlassenen Befehl Gurkos zurückzuführen sind. — Ueber die Heranbeorderung der bei Nowatschin stehenden 3. Garde-Cavallerie-Brigade sagt Gurko in seinem offiziellen Rapporte gar nichts, während thatsächlich der Befehl an diese Brigade zum Marsche nach Tschuriak am 30. December Morgens abgegangen ist. (Siehe X, i.)

**) Es waren dies wie es scheint zwei Batterien der 3. Garde- und eine der 31. Armee-Artillerie-Brigade sowie das zur Bedeckung dieser Geschütze zurückgelassene 1. Bataillon des Regiments Littauen.

Die Aufstellung der West-Armee am Abend des 30. December ist am Schluss des zehnten Abschnittes angegeben.

Die am 30. für den folgenden Tag ausgegebene Disposition bezweckte nicht nur die Einnahme der Taschkesen-Stellung und Oeffnung des Arabkonak-Passes, sondern die völlige Einschliessung und Gefangennahme der Armee Schakir Paschas. Zu diesem Zweck waren folgende Anordnungen getroffen:

Das Gros der Armee gliedert sich zu dem von Njegoschewo aus gegen die Taschkesen-Stellung zu führenden Haupt-Angriff in drei Gruppen: Linker Flügel — Detachement Rauch mit neun Bataillonen und acht Geschützen — zum Angriff nördlich der Chaussee; rechter Flügel — Detachement Kurlow mit 10 Bataillonen und 8 Geschützen — zum Angriff südlich der Chaussee; Reserve — Detachement Filosofow mit 9 Bataillonen und 12 Geschützen — hinter der Mitte an der Chaussee. Dem General Katalei war der gemeinsame Oberbefehl über die Detachements Rauch, Kurlow und Filosofow übertragen.

Zur Unterstützung dieses Haupt-Angriffes wird vom Gebirge aus gegen die rechte Flanke der Taschkesen-Stellung ein Neben-Angriff in zwei Kolonnen geführt:

Detachement Wasmund — 3 Bataillone — vom Tschornu Werch aus;

Detachement Schuwalow — 8 Bataillone und 8 Geschütze — vom Moskauischen Berge aus.*)

Gleichzeitig fanden von Seiten der Detachements Etter und Prinz Oldenburg (zusammen 19 Bataillone) Demonstrationen gegen die Front der türkischen Arabkonak-Stellung statt.

Die Garde-Cavallerie — 12 Eskadrons und 4 Geschütze — steht auf dem rechten Flügel des Detachements Kurlow, sucht nach Nieder-Kamarzü vorzudringen, den Türken den Rückzugsweg zu verlegen und dem Detachement Dandeville — dessen Missgeschick auf der Baba Gora dem Armee-Kommando noch nicht bekannt geworden war und dessen Mitwirkung daher erwartet wurde — die Hand zu reichen.

Das Detachement Weljaminow endlich — 5 Bataillone 12 Sotnien 6 Geschütze — sollte bei Jana mit der Front nach Westen die Deckung der Haupt-Armee gegen einen etwa von Sofia herkommenden feindlichen Angriff übernehmen.

Zum Haupt-Angriff gegen die Stellung von Taschkesen waren somit im Ganzen bestimmt 28 Bataillone mit 28 Geschützen; zum

---

*) Ueber die Geschützzahl und den Ausgangspunkt dieses Detachements sind die unter c, γ_1. gemachten Bemerkungen zu vergleichen.

Neben-Angriff gegen die rechte Flanke jener Stellung waren bestimmt 11 Bataillone und 8 Geschütze; zur Bedrohung der feindlichen Rückzugslinie endlich 12 Eskadrons und 4 Geschütze.

Nach Ausgabe der Disposition begab sich Gurko mit seinem Stabe und den Führern der verschiedenen Detachements auf die Höhe des Tschornü Werch (Wasmund-Höhe), von wo aus das ganze Gelände, welches der Schauplatz der bevorstehenden Operationen werden sollte, deutlich zu übersehen war; den einzelnen Detachements-Führern wurden ihre Aufstellungsplätze, die von ihnen einzuschlagenden Marschrichtungen und ihre Angriffs-Objekte genau bezeichnet.

Nach Gurkos Entfernung begab sich Katalei mit Rauch, Kurlow und Filosofow in das Thal hinunter, um hier verschiedene Einzelheiten des Geländes in Augenschein zu nehmen.

Der Entscheidungstag, welcher durch wochenlange unsägliche Mühe und Arbeit vorbereitet, die heroischen Anstrengungen der russischen Truppen mit einem glänzenden Erfolge krönen sollte, stand bevor — das Resultat sollte die gehegten Erwartungen nicht im vollen Umfange erfüllen!

Die sehr bedeutende Ueberlegenheit sowohl an Zahl wie an innerem Werth, welche die Armee Gurkos der Armee Schakirs gegenüber unzweifelhaft hatte, liess es unbedingt als gerechtfertigt erscheinen, dass Gurkos Disposition sich nicht mit der Vertreibung des Feindes aus seiner Stellung und der Oeffnung des Arabkonak-Passes begnügte, sondern dass sie die völlige Vernichtung des Gegners anstrebte.

Die Art und Weise, welche Gurko von Anfang seiner Uebergangs-Operationen an für die Lösung dieser Aufgabe ins Auge gefasst hatte und welche durch die eigenthümlichen und schwierigen Verhältnisse des zu durchschreitenden Gebirgs-Terrains in gewissem Sinne gerechtfertigt erscheint, bedingte eine grosse Zersplitterung seiner Streitkräfte in zahlreiche grössere oder kleinere, räumlich von einander getrennte Detachements, wodurch es kam, dass von den 82 Bataillonen der West-Armee am Tage des entscheidenden Angriffs nur 39 Bataillone zu aktiver Thätigkeit berufen waren, und hiervon sogar nur 28 an dem eigentlich entscheidenden Punkte.

Ursprünglich hatte Gurko bereits den 27. December für den entscheidenden Angriff gegen die linke Flanke der den Arabkonak-Pass und seine Umgebungen besetzt haltenden türkischen Armee in Aussicht genommen; die über Erwarten grossen Schwierigkeiten, welche sich dem Uebergange der verschiedenen Kolonnen über das Gebirge entgegenstellten, hatten ihn gezwungen, den Angriffs-Termin mehrmals zu verschieben.

Von dem Augenblicke an, wo die Umfassungs-Tendenz der russischen Bewegungen den Türken klar wurde, musste man fürchten, dass dieselben sich der ihnen drohenden Gefahr durch schnellen Rückzug zu entziehen versuchen würden — jeder Tag weiteren Aufschubes musste also für Gurko die Aussicht auf vollständigen Erfolg seines Unternehmens wesentlich verringern.

Indolenz und unklare Vorstellungen über die allgemeine strategische Lage liessen Schakir Pascha rath- und thatlos in seiner Tag für Tag bedenklicher werdenden Lage verharren — ein Umstand, der dem russischen Unternehmen trotz der eingetretenen unerwarteten Verzögerungen von Neuem ein volles Gelingen in Aussicht stellte.

So gross aber auch die Indolenz und Unentschlossenheit des türkischen Generals sein mochte, so musste man doch wohl annehmen, dass der thatsächliche Beginn des taktischen Angriffs nicht nur gegen seine Flanke, sondern geradezu gegen seine Rückzugslinie ihn aus seiner Unthätigkeit aufrütteln und zu dem Versuch veranlassen werde, sich durch schleunigen Abzug der drohenden Gefahr zu entziehen.

Sollte die Fortsetzung der russischen Offensive also wirklich zur völligen Einschliessung der türkischen Armee führen, so musste der taktische Angriff, sobald er begonnen hatte, noch an demselben Tage bis zu der nach Slatiza führenden Chaussee vordringen und sich in den Besitz des Engpasses von Nieder-Kamarzü setzen — da andernfalls eine lange Winternacht den Türken zu einer mehr oder weniger geordneten Ausführung des Rückzuges zu Gebote stand.

Betrachtet man von diesem Gesichtspunkte aus die am 31. December von der West-Armee zu lösende Aufgabe — berücksichtigt man die Aufstellung der verschiedenen Abtheilungen am Abend des 30. December und die zum Theil bedeutenden Anmarschwege, welche sie von hier aus bis zur feindlichen Stellung zurückzulegen hatten — denkt man an die Schwierigkeiten, welche ihnen hierbei die Unwegsamkeit des Terrains und der tiefe Schnee bereiten mussten, sowie daran, dass die ganze Aktion in den Grenzen eines kurzen Wintertages sich abspielen musste — so kommt man zu der Ueberzeugung, dass eine glückliche und vollständige Lösung dieser Aufgabe nur dann möglich war, wenn bei der Ausführung der verwickelten Disposition alles vorzüglich klappte und wenn namentlich keine Minute der kurz zugemessenen Zeit ungenutzt verloren ging.

Gerade das Gegentheil war aber in Wirklichkeit der Fall, und in keiner der grösseren Aktionen dieses Krieges hat es auf russischer Seite weniger „geklappt" als am Tage von Taschkesen.

Die Ausführung der Disposition gestaltete sich folgendermassen: Das Detachement Kurlow, welches um 7½ Uhr vom Dorfe Tschekantschewo aus den Angriff gegen die Höhen südlich des Passes von Taschkesen (südliche Beklem-Stellung) beginnen sollte, brach von Potop allerdings schon um Mitternacht auf; zunächst aber schlug die Spitze der Kolonne bei dem Passiren durch das Dorf Njegoschewo einen falschen Weg ein, wodurch ein Zeitverlust von einer ganzen Stunde entstand; dann gerieth das zum Detachement gehörende Regiment Wolhynien beim Weitermarsch nach Tschekantschewo in eine falsche Richtung, wodurch abermals viel Zeit verloren ging.

Um den Angriff nicht zu sehr zu verspäten, wartete Kurlow gar nicht die Versammlung des ganzen Detachements ab, sondern begann zwischen 10 und 11 Uhr — also drei Stunden später als die Disposition vorschrieb — den Angriff mit fünf Bataillonen, denen sich nach und nach noch drei Bataillone anschlossen. Aus Mangel an Zeit hatte man auch auf die Vorbereitung des Angriffes durch die mühsam herangeschafften Geschütze ganz verzichten müssen.

Um 12 Uhr war der vordere Theil der türkischen Stellung in den Händen der Russen; nun aber trat wegen vollständiger Erschöpfung der Truppen und da keine Reserven zur Hand waren, eine längere Pause ein und es gelang den zurückgeworfenen schwachen türkischen Abtheilungen, eine neue Stellung zu nehmen, welche den Russen den Zugang zur Chaussee völlig versperrte.

Wir verlassen jetzt den General Kurlow, welcher seine sehr durcheinander gekommenen acht Bataillone in der eroberten Stellung ordnete, und wenden uns zu dem Detachement des Generals Rauch.

Dieser hatte seine Geschütze schon vor 7 Uhr Morgens in Stellung gebracht, aber erst nachdem der anfangs die Aussicht hindernde Nebel um 9 Uhr gestiegen war, wurde das Feuer gegen die türkischen Reduten auf der Höhe nördlich von Taschkesen eröffnet.

Die Infanterie des Detachements marschierte zum Gefecht auf, Regiment Preobraschensk und das 4. Garde-Schützen-Bataillon links, Regiment Ismailow rechts der Geschütze; in dieser Stellung mit vorgenommenen Schützen blieben die Bataillone Rauchs ruhig stehen.

Die Disposition hatte dem Detachement Rauch die Aufgabe gestellt: die Höhen nördlich von Taschkesen in der Art anzugreifen, dass ein Scheinangriff gegen die Front und der wirkliche Angriff umfassend gegen die rechte Flanke geführt werden sollte — über den Zeitpunkt des Angriffs war in der Disposition nichts gesagt.

Gurko — welcher seinen Standpunkt auf der Höhe östlich von Njegoschewo, also hinter dem Detachement Rauch genommen hatte —

scheint der Ansicht gewesen zu sein, Rauch habe zum Angriff schreiten sollen, sobald der Angriff Kurlows Erfolg gehabt; als daher um 12 Uhr der vordere Theil der südlichen Stellung von Kurlows Bataillonen genommen war und Rauch noch immer keine Anstalten machte, seinerseits zum Angriff vorzugehen, erregte dies Gurkos Befremden, doch war er der Ansicht: der direkte Befehl zum Angriff müsse von Katalei ausgehen, dem die drei Detachements Rauch, Kurlow und Filosofow gemeinsam unterstellt waren und dem er die ihm übertragene Kommando-Befugniss nicht schmälern wollte.

Katalei seinerseits scheint der ihm übertragenen Kommando-Befugniss keinen grossen Werth beigelegt zu haben.

Von einer nördlich von Tschekantschewo gelegenen Höhe aus beobachtete er das Vordringen der Bataillone Kurlows; dem Detachement Rauch Befehle zu ertheilen hielt er sich nicht für befugt „im Hinblick auf die persönliche Anwesenheit Gurkos", und auch über die Truppen des die Reserve bildenden Detachements Filosofow glaubte er nicht ohne besondere Erlaubniss Gurkos verfügen zu dürfen.

Rauch endlich — einer der entschlossensten und intelligentesten Generale der West-Armee — scheint durch die Unbestimmtheit seiner Aufgabe und die Unklarheit der sein Detachement betreffenden Kommando-Verhältnisse von einem rechtzeitigen energischen Eingreifen zurückgehalten worden zu sein. Obgleich seine Infanterie seit dem frühen Morgen gefechtsbereit war, zögerte er mit dem Beginn des Angriffs auch dann noch, als ein Theil der südlichen Stellung bereits in Kurlows Händen war; Rauch scheint auf ein energisches Eingreifen der Detachements Wasmund und Schuwalow oder auf einen direkten Befehl gewartet zu haben.

Diesen erhielt er endlich vom General Katalei.

Katalei war, als nach Einnahme der vorderen türkischen Stellung die oben erwähnte Gefechtspause bei den Truppen Kurlows eingetreten, zu Gurko nach Njegoschewo geritten, um sich weitere Befehle zu erbitten. Hier kam es zwischen ihm und Gurko zu Erörterungen darüber, weshalb er Rauch nicht angreifen lasse. Infolge dieses Gespräches schickte Katalei — etwa gegen 2 Uhr — an Rauch den Befehl zum Angriff, der nun auch mit Erfolg ausgeführt wurde; um 3 Uhr war die Höhe nördlich von Taschkesen mit den auf ihr gelegenen Reduten im Besitze Rauchs; der Widerstand von Seiten der Türken war hier nur sehr unbedeutend gewesen.

Bei Gelegenheit der Besprechung zwischen Gurko und Katalei war Letzterer von Ersterem angewiesen worden, mit den Truppen Kurlows den Angriff energisch bis zur Erreichung der Chaussee fortzusetzen, auch war Katalei ermächtigt worden, zu diesem Zweck Verstärkungen aus der Reserve heranzuziehen.

Katalei begab sich nun nach dem rechten Flügel des Detachements Kurlow, übernahm hier persönlich den Befehl über die inzwischen eingetroffenen letzten beiden Bataillone Kurlows und über ein aus der Reserve vorbeordertes Bataillon — und führte diese Truppen zur Umgehung des türkischen linken Flügels vor. Anfangs eine falsche Richtung einschlagend, gelang es ihm schliesslich zwar, den linken Flügel der feindlichen Stellung wirklich zu umgehen, aber hier traten ihnen frische feindliche Abtheilungen — allerdings nur zwei Compagnien — entgegen, und Katalei war trotz seiner Ueberlegenheit nicht im Stande, ihren Widerstand zu überwältigen und bis zur Chaussee vorzudringen, auf welcher deutlich der Marsch feindlicher Kolonnen zu bemerken war. Bevor schliesslich ein zweites Bataillon der Reserve eintraf, welches Katalei zu seiner weiteren Verstärkung vorbeordert hatte, war es dunkel geworden und das Gefecht zu Ende.

Kurlows Bataillone waren von der eingenommenen Stellung aus inzwischen allerdings weiter vorgegangen und hatten die Türken auch aus einer zweiten Stellung vertrieben — aber bis zur Chaussee waren auch diese Truppen nicht vorgedrungen. Rauch war in der eroberten Stellung nördlich von Taschkesen stehen geblieben.

Die Thätigkeit der beiden Detachements Wasmund und Schuwalow — welche allerdings mit grossen Terrainschwierigkeiten zu kämpfen hatten — war für den Verlauf des Gefechtes ziemlich bedeutungslos gewesen. Wasmund hatte zwei Bataillone auf der Kammhöhe zurückgehalten und nur das 1. Garde-Schützen-Bataillon bis zu einer östlich von Dauschkioi gelegenen Höhe vorgeschoben, von wo aus die Schützen ein wirkungsloses Gewehrfeuer gegen die türkischen Reduten der Taschkesen-Stellung unterhielten. Später ging das Bataillon allerdings gegen die Nordseite dieser Stellung selbst vor, erreichte dieselbe aber erst, als sie von den Türken bereits verlassen war, worauf das Bataillon wieder nach Dauschkioi zurückgenommen wurde.

Die Thätigkeit des Detachements Schuwalow hatte sich auf einige demonstrative Bewegungen und ein ziemlich wirkungsloses Geschützfeuer beschränkt, welches vom Moskauer Berge gegen die Taschkesen-Stellung unterhalten worden war. Gegen Abend waren zwei Bataillone des Detachements in der Richtung nach Ober-Kamarzû vorgegangen, hatten das Dorf aber nicht mehr erreichen können.

Die Batterien in den von den Detachements Etter und Oldenburg besetzten Höhenstellungen hatten den Tag über gegen die türkische Arabkonak-Stellung eine lebhafte Kanonade unterhalten, auch war von kleinen Infanterie-Abtheilungen gegen die feindliche Stellung demonstrirt worden.

Die Garde-Cavallerie unter Klot war um 4 Uhr Morgens von Schiliawa abmarschiert und um 9 Uhr zwischen Tschekantschewo und Malkotschewo eingetroffen. Obgleich die Disposition dieser Cavallerie vorschrieb: gegen Nieder-Kamarzü vorzugehen und womöglich in den Thalkessel von Kamarzü einzudringen, blieben beide Brigaden stundenlang bei Tschekantschewo stehen. Erst auf den erneut gegebenen Befehl Gurkos ging die 2. Brigade um 12 Uhr Mittags gegen Nieder-Kamarzü vor, fand dieses Dorf — welches am Morgen nach Meldung vorgegangener Patrouillen unbesetzt gewesen war — nunmehr von Infanterie besetzt und ging dann wieder nach Tschekantschewo zurück, wo die 1. Brigade inzwischen stehen geblieben war. Zum Abend gingen beide Brigaden bis Ober-Malina zurück; nicht einmal Patrouillen scheinen zur Beobachtung von Nieder-Kamarzü zurückgelassen zu sein.

Der Gesammt-Verlust der Russen am Tage vor Taschkesen betrug an Todten und Verwundeten nicht ganz 600 Mann, von denen fast 500 Mann auf das Detachement Kurlow entfallen.

Die Aufstellung der verschiedenen Abtheilungen der West-Armee am Abend des 31. December war — von Osten beginnend — folgende:

1) Das Detachement Brok auf dem Kasamarska-Pass und am Südfuss desselben;
2) das Detachement Dandeville war infolge der im vorigen Abschnitt geschilderten Schneesturm-Katastrophe von der Baba Gora nach Etropol zurückgegangen und schickte sich an, von hier aus nunmehr über den Kasamarska-Pass den Vormarsch wieder anzutreten;
3) die Detachements Oldenburg und Etter standen nach wie vor in den Höhenstellungen zu beiden Seiten der Chaussee;
4) die 3. Garde-Cavallerie-Brigade, von Nowatschin kommend, traf um Mitternacht bei Wratschesch ein;
5) das Detachement Schuwalow auf dem Höhenkamme zwischen Ober-Kamarzü und Dauschkioi;
6) das Detachement Wasmund bei Dauschkioi;
7) das Detachement Rauch auf der Höhe nördlich von Taschkesen;
8) das Detachement Kurlow nebst zwei Bataillonen des Detachements Filosofow auf der Höhe südlich von Taschkesen;
9) das Detachement Filosofow an der Chaussee westlich von Taschkesen;
10) die 1. und 2. Garde-Cavallerie-Brigade bei Ober-Malina;
11) das Detachement Weljaminow — dessen Thätigkeit demnächst eingehend besprochen werden wird — stand bei Ober-Bugarow

angesichts eines von Sofia bis Nieder-Bugarow vorgegangenen türkischen Corps.

Der von der West-Armee auf die Taschkesen-Stellung unternommene Angriff war nirgends bis zu der von Arabkonak über die Karaula nach Nieder-Kamarzü führenden Chaussee vorgedrungen; die Höhen, welche den Thalkessel von Kamarzü nach Westen hin begrenzen und an deren östlichem Fuss die genannte Chaussee entlang zieht, waren bei Einbruch der Dunkelheit noch überall im Besitz der Türken.

Gurko hatte sich nach Beendigung des Gefechtes nach Taschkesen begeben, woselbst bald auch Rauch und Katalei eintrafen.

Ueber die Lage der Dinge auf türkischer Seite herrschte bei den russischen Generalen völlige Unklarheit. Obwohl man im Laufe des Nachmittages den Marsch türkischer Truppen und Trossabtheilungen auf der Chaussee in südlicher Richtung hatte beobachten können, vermuthete man die Hauptmasse der feindlichen Armee merkwürdigerweise immer noch in ihren Stellungen am Arabkonak-Pass und im Thalkessel von Kamarzü und hoffte bestimmt, am folgenden Tage den völlig eingeschlossenen Gegner zur Waffenstreckung zu zwingen.

In diesem Sinne erliess Gurko für den folgenden Morgen nachstehende Befehle:

Klot mit der Garde-Cavallerie geht über Tscherkeskioi gegen die von Nieder-Kamarzü nach Petritschewo führende Strasse vor.

Katalei geht mit dem durch drei Bataillone der Reserve verstärkten Detachement Kurlow gegen Nieder-Kamarzü vor.

Rauch gibt drei Bataillone an die Reserve ab und dringt mit dem Gros seines Detachements längs der Chaussee gegen die Karaula vor.

Wasmund und Schuwalow setzen den Vormarsch in der Richtung gegen die Chaussee Arabkonak-Karaula fort.

Filosofow mit der Reserve folgt auf Nieder-Kamarzü.

Irgend welche Massregeln, welche die Aufklärung der Sachlage auf feindlicher Seite und die Ueberwachung feindlicher Bewegungen zum Zweck gehabt hätten, scheinen nicht getroffen worden zu sein; die russischen Truppen scheinen sogar alle und jede Fühlung mit dem gegenüberstehenden Gegner verloren zu haben.

Die Folgen dieser ganz unbegreiflichen Nachlässigkeit machten sich sehr unangenehm fühlbar.

Als Gurko am folgenden Morgen einen Parlamentär an Schakir Pascha abschickte, um ihn zur Waffenstreckung aufzufordern, „da er gänzlich eingeschlossen sei", stellte sich die überraschende Thatsache heraus, dass die türkische Armee aus dem Thalkessel von Kamarzü verschwunden war.

Schakir Pascha hatte seinen bereits im Laufe des 31. unter dem Schutze des von Baker Pascha geleisteten Widerstandes begonnenen Rückzug im Laufe der Nacht mit Energie und Geschick fortgesetzt; trotz der grossen Wegeschwierigkeiten war es ihm gelungen, den grössten Theil seiner Artillerie zurückzuschaffen, zehn Geschütze waren in der Arabkonak-Stellung stehen geblieben. Baker Pascha, der nach Beendigung des Gefechtes anfangs zum Schutze der Rückzugsbewegung in seiner letzten Aufstellung westlich der Chaussee stehen geblieben war, hatte sich schliesslich, von den Russen nicht nur unbelästigt, sondern auch unbemerkt dem Gros der Armee angeschlossen. Als am Morgen des 1. Januar die Russen ihre Vorwärtsbewegung begannen, war die ganze türkische Armee bereits über Nieder-Kamarzü hinaus in Marsch auf Petritschewo; einige Bataillone der Nachhut hielten Nieder-Kamarzü noch besetzt.

Den am Abend des 31. December vom Armee-Kommando gegebenen Befehlen entsprechend, setzten sich die Detachements Kurlow und Filosofow unter General Kataleis gemeinsamer Leitung am Morgen des 1. Januar gegen Nieder-Kamarzü in Bewegung; nach leichtem Gefechte fiel der Ort gegen Mittag in die Hände der Russen.

Klot mit den beiden Garde-Cavallerie-Brigaden war inzwischen im Marsche auf Tscherkeskioi begriffen.

Die Detachements Rauch, Wasmund und Schuwalow hatten am Morgen den concentrischen Vormarsch gegen die Chaussee in der Richtung gegen die Karaula angetreten; als der Abzug der Türken aus dem Kamarzü-Thal bekannt wurde, sammelten sich die Truppen dieser Detachements an der Chaussee. Die Detachements Etter und Oldenburg waren mit dem Herabschaffen ihrer Artillerie von den Höhenstellungen in den Thalkessel von Kamarzü beschäftigt.

Nachdem der glücklich bewerkstelligte Abzug der Armee Schakirs aus der Stellung Arabkonak-Kamarzü und wohl ziemlich gleichzeitig das Vorgehen starker feindlicher Kräfte von Sofia her gegen das bei Jana stehende Detachement Weljaminow bekannt geworden, mussten die nächsten Entschliessungen des Armee-Kommandos zwei gewissermassen taktische Aufgaben ins Auge fassen: die Verfolgung der Armee Schakirs und die Unterstützung Weljaminows. Diese beiden taktischen Aufgaben deckten sich vollkommen mit den beiden strategischen Aufgaben, welche der West-Armee durch die allgemeine Kriegslage gestellt waren.

Die allgemeine Operations-Linie der West-Armee für ihren weiteren Vormarsch ging concentrisch mit den Bewegungen der anderen Heerestheile — in der Richtung auf Adrianopel; in diese Richtung führte die Verfolgung Schakirs.

Eine Neben-Aufgabe der West-Armee war die Besitznahme von Sofia, sowohl aus moralischen (um den Zusammenbruch der türkischen Macht in jener ganzen Gegend zu verdeutlichen) wie aus materiellen Gründen (im Hinblick auf den Besitz einer grossen Stadt und ihrer bedeutenden Hülfsmittel) — in diese Richtung führte die Unterstützung Weljaminows.

Der allgemeine physische und materielle Zustand der russischen Armee nach den gewaltigen Anstrengungen des Gebirgs-Ueberganges, die nothwendige Rücksicht auf die Verpflegungsverhältnisse sowie der Umstand, dass eine Anzahl Geschütze erst von den Höhenstellungen herunter und wenigstens ein Theil des vorläufig zurückgelassenen Trosses erst über das Gebirge herübergeschafft werden mussten — liessen eine unmittelbare Aufnahme der Operationen in der Richtung auf Adrianopel nicht thunlich erscheinen; es war unbedingt geboten, der Armee einige wohlverdiente Ruhetage zu gewähren und diese Zeit zu Vorbereitungen aller Art zu benutzen; die zunächst auszuführenden Vorwärtsbewegungen sollten daher nicht über die Linie Sofia-Petritschewo hinaus ausgedehnt werden.

Diesen verschiedenen Gesichtspunkten Rechnung tragend, gliederte Gurko seine Armee im Grossen und Ganzen folgendermassen:

Zur Verfolgung der Armee Schakir Paschas wurden bestimmt:

1) Die 3. Garde-Infanterie-Division, welche augenblicklich unter General Katalei in der Gegend von Nieder-Kamarzü versammelt war;

2) die beiden Garde-Cavallerie-Brigaden unter General Klot, welche augenblicklich im Marsche von Ober-Malina nach Tscherkeskioi begriffen waren;

3) das Detachement Dandeville, welches vereint mit dem Detachement Brok den Südfuss des Gebirges bei Klissekioi und Tschelopetscheni erreicht hatte.

Katalei sollte den auf Petritschewo abziehenden Gegner scharf verfolgen; Klot sollte von Süden, Dandeville von Norden her gegen die von Kamarzü nach Petritschewo führende Strasse vorgehen; auf diese Weise hoffte man die bei Taschkesen vorgekommenen Versäumnisse nachholen und den Gegner doch noch zur Waffenstreckung zwingen zu können.

Zur Unterstützung Weljaminows und demnächst zum Vormarsch gegen Sofia wurden — unter dem Oberfehle des Generals Rauch — folgende Truppentheile bestimmt:

1) Die 1. Garde-Infanterie-Division — von der die Regimenter Preobraschensk und Ismailow bei Taschkesen standen, während

die Regimenter Semenow und Garde-Jäger sich augenblicklich noch in der Höhenstellung östlich der Chaussee befanden;
2) die Garde-Schützen-Brigade, welche augenblicklich bei den Detachements Rauch, Wasmundt und Katalei vertheilt war, aber Befehl hatte, sich bei Taschkesen zu sammeln;
3) das Regiment Koslow Nr. 123, welches — zu Weljaminos (31.) Division gehörend — sich augenblicklich bei den Detachements Wasmund und Rauch befand;
4) die 3. Garde-Cavallerie-Brigade, welche zur Zeit im Marsche über das Gebirge von Wratschesch nach Arabkonak begriffen war.

Das Dragoner-Regiment Astrachan Nr. 8, welches die besondere Aufgabe hatte, die Verbindung zwischen Sofia und Ichtiman zu unterbrechen, erreichte im Laufe des 1. Januar bei Jenihan die gedachte Strasse.

Alle übrigen Truppen verblieben unter Krüdeners Oberbefehl — dem formell übrigens auch die zur Verfolgung Schakirs bestimmten Truppen unterstellt waren — in der Linie Taschkesen-Kamarzü und waren zum Theil mit dem Heranschaffen der Geschütze und Fahrzeuge beschäftigt.

Das Armee-Commando begleitete die auf Sofia marschierenden Truppen.

Der Versuch, den Truppen Schakirs den Rückzug abzuschneiden, missglückte völlig.

General Katalei — der über 15 Bataillone, aber nur über vier Geschütze und über gar keine Cavallerie verfügte — war am Mittag des 1. Januar von Nieder-Kamarzü aus in zwei Colonnen vorgegangen: links Kurlow über Bunowo, rechts Filosofow über Telisch; Katalei selbst befand sich bei letzterer Colonne. Weder mit Dandeville noch mit Klot hatte im Laufe des Tages die Verbindung hergestellt werden können.

Am folgenden Tage (2.) vereinigten sich beide Colonnen unweit Mirkowo und setzten nun in einer Colonne auf der im Thal des Mirkowo-Baches entlang führenden Strasse den Vormarsch auf Petritschewo fort.

Dicht vor diesem Orte stiess der Vormarsch unvermuthet auf Widerstand. Die türkische Nachhut, in Stärke einer Brigade, hatte hier, wo das Thal zum Engpass wird, eine starke in der Front fast unangreifbare Stellung genommen, welche die Strasse vollkommen sperrte. In dem sich entspinnenden Gefechte wurden gleich zu Anfang die Generale Katalei und Filosofow erschossen, welche mit ebensoviel Unerschrockenheit wie Unvorsichtigkeit im heftigen feindlichen Feuer in und vor der Schützenlinie ritten. General Kurlow, der das Commando übernahm, liess gegen die Front der feindlichen Stellung nur demonstriren, während einige Bataillone den rechten Flügel derselben umgingen. Als diese Umgehung sich am Abend fühlbar machte, traten die Türken unter dem Schutze der Dunkelheit — abermals unbemerkt — den Rückzug an. Am anderen Morgen wurde Petritschewo von den Russen ohne Gefecht besetzt.

Das Gefecht von Petritschewo hatte den Russen an Todten und Verwundeten 2 Generale, 8 Offiziere und 130 Mann gekostet.

Dandeville war gar nicht in der Richtung auf Petritschewo vorgegangen, sondern im Thal von Slatiza stehen geblieben.

Klot hatte es nicht möglich machen können, die allerdings wohl sehr grossen Wegeschwierigkeiten rechtzeitig zu überwinden; seine Regimenter erreichten die Strasse Kamarzü-Petritschewo am 3. Januar erst **hinter** der Queue der 3. Garde-Infanterie-Division.

Schakir war auch diesmal der ihm drohenden Gefahr glücklich und ohne besondere Verluste entgangen.

Russischerseits wurde die Verfolgung nicht weiter fortgesetzt. Die 3. Garde-Infanterie-Division bezog Quartiere in Petritschewo und Smowsko mit vorgeschobenen Abtheilungen in Poibren an der Strasse nach Tatar Basardschik und in Metschka an der Strasse nach Otlukioi. Die Garde-Cavallerie rückte nach Rakowiza; das Garde-Dragoner-Regiment blieb vorläufig der 3. Garde-Infanterie-Division zugetheilt. Das in Metschka stehende Detachement — ein Bataillon und eine Eskadron — wurde am 6. Januar durch eine von Otlukioi vorgehende türkische Brigade angegriffen, schlug aber, durch zwei von Petritschewo ankommende Bataillone verstärkt, den Angriff ab; der russische Verlust betrug 2 Offiziere, 68 Mann.

Die bisherigen Detachements Dandeville und Brok wurden aufgelöst; die zur 3. Infanterie-Division gehörigen Truppentheile rückten zur Verbindung mit dem Detachement des General Karzow nach Osten ab; das Leib-Garde-Grenadier-Regiment rückte zu seiner Division nach Taschkesen; das Regiment Woronesch Nr. 124 blieb nebst der Kosaken-Brigade Kurnakow in und bei Slatiza. General Dandeville wurde zum Kommandeur der 3. Garde-Infanterie-Division ernannt.

Von den übrigen, dem General Krüdener unterstellten Truppen bezog die 2. Garde-Infanterie-Division Quartiere in und um Taschkesen; die Truppen der 5. Infanterie-Division in Strigli, Ober- und Nieder-Kamarzü; das Dragoner-Regiment Jekaterinoslaw Nr. 4 rückte nach Poibren, das Dragoner-Regiment Astrachan Nr. 8 stand, wie schon erwähnt, bei Jenihan.

Es erübrigt nun noch, diejenigen Ereignisse nachzuholen, welche sich inzwischen an der grossen Sofia-Strasse abspielten und die schliesslich zur Besitznahme der Stadt durch die Russen führten.

Wie bereits erwähnt, stand am 31. December General Weljaminow mit 5 Bataillonen, 6 Geschützen und der kaukasischen Kosaken-Brigade bei Jana; Kosaken-Vorposten waren bis zum Hadschi Karaman vorgeschoben.

Als im Laufe des 31. von Sofia her starke türkische Abtheilungen aller Waffen längs der Chaussee vorrückten, ging General Tscherewin mit einem Theil seiner Brigade bis zur Brücke von Nieder-Bugarow vor, hielt hier die türkische Vorhut bis zum Abend vom Uebergange ab und ging dann auf das Gros Weljaminows zurück. Dasselbe hatte bei Ober-Bugarow nördlich der Chaussee eine günstige Flankenstellung eingenommen, welche die Türken am weiteren Vormarsche auf der Chaussee hinderte.

Am 1. Januar griffen die Türken in einer Stärke von etwa 15 Bataillonen, 500 Reitern und 6—8 Geschützen die Stellung Weljaminows an, wurden jedoch nach lebhaftem Gefechte mit sehr bedeutendem Verluste — derselbe scheint über 2000 Mann betragen zu haben — abgewiesen und gingen über Nieder-Bugarow, wo zunächst ihre Nachhut Front machte, auf Sofia zurück. Weljaminows Verlust belief sich auf 8 Offiziere, 261 Mann.

Auf die Nachricht von diesen Ereignissen hatte, wie schon erwähnt, Gurko den Abmarsch eines starken Detachements unter General Rauch zur Unterstützung Weljaminows angeordnet.

In der Nacht vom 1. zum 2. Januar brach Rauch von Taschkesen mit der Garde-Schützen-Brigade, den Regimentern Preobraschensk, Ismailow, Koslow Nr. 123, drei Sappeur-Compagnien und zwei halben Garde-Batterien auf; die Regimenter Semenow und Garde-Jäger, die im Marsche von Wratschesch nach Arabkonak begriffene 3. Garde-Cavallerie-Brigade und einige Batterien rückten in einem Gewaltmarsch dem Detachement nach.

Am 2. Januar Nachmittags stiess Rauch an der Isker-Brücke bei Wraschdebna auf Widerstand. Während er den Gegner durch Geschütz- und Gewehrfeuer in der Front beschäftigte, ging das Regiment Preobraschensk weiter oberhalb auf der schwachen Eisdecke über den Fluss, worauf das schwache türkische Detachement den Rückzug antrat; die in Brand gesteckte Chaussee-Brücke wurde von den russischen Sappeuren gelöscht und wieder in Stand gesetzt.

Nachdem Gurko am 3. persönlich die türkischen Stellungen auf der Ost- und Nordseite von Sofia rekognoszirt, beschloss er, dieselben am folgenden Tage mit stürmender Hand anzugreifen; zu diesem Zwecke war das Detachement Weljaminow durch die Garde-Schützen-Brigade verstärkt und nach Kumaniza herangezogen worden, um von hier gegen die Nordseite vorzugehen, während von Wraschdebna aus Rauch den Angriff gegen die Ostseite führen sollte.

Der schleunige Abzug der Türken in der Nacht vom 3. zum 4. Januar liess diesen Angriff nicht zur Ausführung kommen; nachdem die mit Geschick ausgeführte Räumung der Stadt bekannt geworden, erfolgte der feierliche Einzug Gurkos an der Spitze seiner Truppen in die alte Bulgaren-Stadt, in welcher grosse Vorräthe an Lebensmitteln und Munition, aber auch zahlreiche überfüllte Lazarethe mit Tausenden von Verwundeten und Kranken vorgefunden wurden.

Eine Verfolgung der auf Dubniza und Samakow abziehenden Truppen fand nicht statt.

Ueber den Ginzi-Pass wurde die Verbindung mit der in der Gegend von Berkowaz stehenden Brigade der 4. Cavallerie-Division unter General Arnoldi — welche demnächst nach Sofia herangezogen wurde —, in der Richtung auf Pirot die Verbindung mit den Serben hergestellt.

Die Verluste der West-Armee in den Gefechten auf der Südseite des Balkan vom Treffen von Taschkesen bis zur Einnahme von Sofia betrugen an Todten und Verwundeten etwas über 1000 Mann.

Die West-Armee, deren Operationen zur Ueberschreitung des Etropol-Balkans Mitte November begonnen, hatte nach siebenwöchentlicher gewaltsamer Anspannung aller Kräfte den ersten Theil ihrer Aufgabe gelöst und stand jetzt auf der Südseite des Gebirges in der Linie Sofia-Petritschewo bereit, im Vereine mit der gleichzeitig über den Schipka-Balkan gegangenen Süd-Armee den zweiten Theil ihrer Aufgabe zu beginnen:

Die Operationen in Rumelien.

a. Die kaukasische Kosaken-Brigade vom 27. bis 31. December.

α) Der 27. December. — Die Stärke der Brigade ist durch Verluste und Abkommandirungen aller Art und durch den Abgang zahlreicher gedrückter Pferde auf etwa 50 Pferde pro Sotnie gesunken.

Um 3 Uhr Morgens beginnt der Abstieg vom Passe, Nachmittags wird Tschuriak erreicht; nach einer halbstündigen Ruhe beginnt der Vormarsch. Im Passe von Njegoschewo wird die Spitze durch das Feuer einer türkischen Reiter-Abtheilung empfangen. Die 3. und 4. Wladikaukas-Sotnien sitzen ab, erklettern den Schluchtrand und erwidern das Feuer; die 1. und 2. Sotnie versuchen zu Pferde den Gegner zu umfassen; dieser zieht aber erst ab, als die Tête des Regiments Preobraschensk in das Gefecht eingreift. Durch eine enge Schlucht, welche die Brigade zwingt, in der Kolonne zu Einem zu marschieren, wird um 5 Uhr Abends mit der Tête die Chaussee erreicht; Patrouillen melden den Marsch eines feindlichen Trosses auf derselben mit Infanterie- und Cavallerie-Bedeckung (die Richtung, in welcher dieser Tross marschierte, ist aus den unklaren Berichten nicht deutlich zu ersehen). Die zuerst entwickelten Sotnien, 2. und 4. Wladikaukas, stürzen sich durch den tiefen Schnee auf den Tross, dessen Bedeckung entflieht; die Kosaken drehen den Tross um und führen ihn nach dem Gebirge zu. Von Sofia aus nähert sich jetzt reguläre Cavallerie, vereinigt sich mit den geflohenen Tscherkessen und bemächtigt sich eines Theiles des Trosses wieder. Als jetzt die 1. und 2. Kuban-Sotnie ihren Waffengefährten zu Hülfe eilen, fällt der Tross wieder vollständig in die Hände der Kosaken. Der Tross besteht aus 200 Schlitten, die mit Gerste, Pressheu und Tuchmänteln beladen sind; der Inhalt des Trosses und das Zugvieh wird an die Truppen vertheilt. Verlust der Kosaken: 3 Mann verwundet, einige Pferde todt und verwundet. — Am Abend s c h e i n t die Brigade nach Njegoschewo zurückgegangen zu sein, denn nur hierdurch würden sich die am anderen Tage ausgeführten Bewegungen erklären.

β) Der 28. December. — Die Brigade — in einer Stärke von nur 7½ Sotnien, der Rest ist bei verschiedenen Infanterie-Abtheilungen und Stäben vertheilt — erhält den Befehl, nach Stolnik vorzugehen. Als die Brigade die Chaussee erreicht, wird sie von der Höhe von Taschkesen aus durch feindliche Artillerie ohne Wirkung beschossen. Die linke Seiten-Deckung hat ein Scharmützel mit einer feindlichen Infanterie-Abtheilung, wobei einige Gefangene gemacht werden. Die Brigade setzte ihren Vormarsch auf der Chaussee in westlicher Richtung fort, wobei die in der linken Flanke entsandten Patrouillen mehrfach Scharmützel mit feindlichen Reitertrupps hatten. Als um 8 Uhr Nachmittags die Meldung der Avantgarden-Sotnie eingeht: „ein Tross sei unter Bedeckung von 4 Eskadrons und 1½ Bataillon im Marsch auf Sofia,"*) lässt Tscherewin eine Sotnie auf der Chaussee direct verfolgen; je zwei Sotnien sollten auf jeder Seite den Tross zu überholen versuchen; zwei Sotnien folgen als Reserve auf der Chaussee. Vier Kilometer setzt der Tross, seine Infanterie-Bedeckung an der Tête, die Cavallerie-Bedeckung an der Queue, die Bewegung auf der Chaussee fort, wobei er auf beiden Seiten von den Kosaken umschwärmt und beschossen wird. Als die Kosaken schliesslich wirklich angreifen, entflieht (!) die Bedeckung und wird von den beiden Ossetinen-Sotnien bis in die Gegend von Bugarow verfolgt; der aus 300 Fuhrwerken bestehende, mit Gerste, Hafer, Mehl, Kleidung und Schuhwerk beladene Transport fällt in die Hände der Kosaken, welche ihn in umgekehrter Richtung in Bewegung setzen. Als der Transport sich Stolnik bis auf 2 km genähert hat, erscheint von Sofia her wiederum türkische Cavallerie. Da der Transport nur sehr langsam vorwärts kommt, so nehmen die Kosaken nur etwa 100 Fuhren, welche die beste Bespannung haben, sowie einen Theil der ausgespannten Zugthiere der anderen Fuhren mit und lassen die übrigen Fahrzeuge stehen. Drei Sotnien bleiben bei Stolnik stehen; das Gros der Brigade rückt mit dem erbeuteten Theil des Trosses nach Jeleschniza, welcher Ort vom Detachement Weljaminow besetzt ist; die erbeuteten Vorräthe werden an die Truppen vertheilt. — Der Verlust der Brigade wird für den ganzen Tag auf zwei Verwundete und einige Pferde angegeben.

γ) Der 29. December. — Durch Heranziehung verschiedener abkommandirter Abtheilungen vereinigt Tscherewin zehn Sotnien seiner Brigade; 1½ Sotnien bleiben bei Njegoschewo, ½ Sotnie bei Jeleschniza der Infanterie zugetheilt.

---

*) Die Angabe, dass ein mit Vorräthen aller Art beladener Tross von der Armee fort nach Sofia marschiert sei, ist sehr unwahrscheinlich; wahrscheinlich war dieser Tross im Marsch von Sofia zur Armee und beim Erscheinen der Kosaken umgekehrt. — Uebrigens sind alle Angaben über die Thätigkeit der kaukasischen Brigade in diesen Tagen sehr unklar und verworren.

Ein an Tscherewin gerichteter, vom 20. December 1 Uhr Mittags datirter (wann erhaltener?) Befehl Gurkos lautet: „Für die Thätigkeit Ihrer Brigade wird folgender Abschnitt bestimmt: östlich die Linie Jeleschnizu-Stolnik, nördlich das Gebirge, südlich die Chaussee, westlich so weit als möglich. Besondere Aufmerksamkeit auf Kremikowze zu richten; über dieses Dorf führt der Rückzugsweg der in der Lutikowo-Stellung befindlichen türkischen Truppen nach Sofia. Wo möglich ist der Ort zu besetzen und dort viel Lärm zu machen. Heute trifft die Garde-Cavallerie im Thal (von Sofia) ein, sie wird südlich der Chaussee in Thätigkeit treten."

In Ergänzung dieses Befehls erhält Tscherewin um 2 Uhr 30 Minuten Mittags aus Njegoschewo folgende Mittheilung Rauchs: „Die 2. Garde-Cavallerie-Division ist angekommen und tritt heute in das Thal hinaus. Die 8. donische Batterie wird ihr zugetheilt. Die Garde-Cavallerie wird südlich der Chaussee und gegen die feindliche Hauptstellung operiren."

Um den von Lutikowo kommenden Türken den Weg zu verlegen, beschliesst Tscherewin, am rechten Ufer des Hadschi Karaman über Tschelopez nach Negowan zu marschiren. Als die Avantgarden-Sotnie Tschelopez erreicht, ist hier soeben ein Bataillon türkischer Infanterie in der Richtung nach Wraschdebna durchpassirt und hat die Brücke über das nicht sehr breite, aber sumpfige Flüsschen abgebrochen. Während die Kosaken sich bemühen, mit Hülfe von Latten und Brettern einen Uebergang herzustellen, erscheinen von Wraschdebna her einige hundert Tscherkessen und gehen über die Brücke (also ist sie wieder gangbar?) der anrückenden Brigade entgegen; bei dem Herankommen derselben gehen sie wieder auf das andere Ufer zurück und eröffnen von hier aus Schützenfeuer; auch die vorhin erwähnte Infanterie scheint zur Vertheidigung des Ueberganges wieder Front gemacht zu haben. Unter diesen Umständen führt Tscherewin die Brigade nach Nieder-Bugarow zurück; Vorposten bleiben gegen Wraschdebna stehen.

3) Der 30. December. — Wahrscheinlich am Morgen dieses Tages gehen bei Tscherewin die folgenden beiden vom vorigen Tage datirten Mittheilungen ein:

1) Von General Naglowski aus Tschuriak, datirt 29. December 8 Uhr Abends: „Vom 31. December bis auf Weiteres tritt Ihre Brigade unter die Befehle des Generals Weljaminow. Das Detachement dieses Generals (5 Bataillone 8*) Geschütze und die 12 Sotnien Ihrer Brigade) sammelt sich morgen den 30. December um 5 Uhr Abends bei Jana. Ziehen Sie alle detachirten Sotnien an die Brigade heran."**)

2) Von General Klot aus Schiliawa, datirt vom 29. December 0 Uhr Abends: „Morgen wird eine Brigade in der Richtung auf Taschkesen rekognosziren und dabei versuchen, über Tschekantschewo und Nieder-Kamarzli die Verbindung mit den Jekaterinoslaw-Dragonern***) herzustellen. Die andere Brigade entsendet starke Patrouillen auf Nieder-Bugarow und Tschardakli; ich selbst bleibe mit 7 Eskadrons bei Schiliawa."

Tscherewin führt die Brigade nach Ober-Bugarow und Butonez; je eine Sotnie wird nach Nieder-Bugarow und Tschelopez vorgeschoben. — Die nach Nieder-Bugarow entsendete 3. Kuban-Sotnie trifft in diesem Dorfe eine Eskadron der

---

*) Diese Angabe Naglowskis beruhte auf einem Irrthum, das Detachement hatte nur sechs Geschütze.
**) Dieser Befehl in seiner Allgemeinheit ist unverständlich; er würde der Brigade jede Möglichkeit genommen haben, den ihr obliegenden Aufklärungs-Dienst genügend zu handhaben.
***) Diese gehörten zum Detachement Daudeville, dessen Erscheinen von der Baba Gora her über Bunowo erwartet wurde.

Garde-Cavallerie, die von Schiliawa auf Sofia vorgeschoben, bei Nieder-Bugarow auf Widerstand gestossen ist. Nach dem Eintreffen der Kosaken scheint die Garde-Eskadron nach Schiliawa zurückgegangen zu sein.

c) Der 31. December.

General Tscherewin bereitet mit dem General Weljaminow die von diesem ausgewählte Vertheidigungs-Stellung bei Ober-Bugarow. — Am Vormittage trifft ein Ersatz-Transport bei der Brigade ein, für jedes der Regimenter 180 Mann. — Um 3 Uhr Nachmittags hört man von Nieder-Bugarow her Gewehrfeuer; eine Meldung besagt: etwa 500 Tscherkessen seien gegen die Chaussee-Brücke von Wraschdebna aus im Vorgehen, hinter ihnen sei Infanterie sichtbar. Als nach einer halben Stunde die Brigade sich der Brücke nähert, zeigt es sich, dass die Tscherkessen versuchen, den Fluss auf der dünnen Eisdecke ober- und unterhalb der von der 3. Kuban-Sotnie besetzten Brücke zu überschreiten. Zwei Sotnien brechen über die Brücke vor, treiben die Tscherkessen in der Richtung auf Wraschdebna zurück, stossen dann aber auf Infanterie (sie wird auf 4 Bataillone geschätzt) und gehen vor dem Feuer derselben langsam auf die Brücke zurück. Inzwischen hat Tscherewin durch fünf abgesessene Sotnien das rechte Ufer zu beiden Seiten der Brücke besetzen lassen, durch deren Feuer das Vorgehen des Gegners zunächst aufgehalten wird. Da türkischerseits immer neue Truppen und auch Geschütze eintreffen, geht Tscherewin gegen Abend auf die Stellung Weljaminows bei Ober-Bugarow zurück. In seiner Meldung an Weljaminow schätzt er die Stärke des Gegners auf 15 Bataillone, 500 Reiter und 12 Geschütze.

b. Die Garde-Cavallerie vom 29. December bis 5. Januar.

α) Der 29. December. — Von 3 Uhr Nachmittags an trifft die lange Marschkolonne der 1. und 2. Brigade bei Schiliawa ein.

Die 3. Brigade steht noch bei Nowatschin.

β) Der 30. December.

Die Cavallerie-Division giebt die 2. Batterie und zwei Geschütze der 5. Batterie an das Detachement Weljaminow.

Die der Division nominell zugetheilte 8. donische Batterie scheint nicht wirklich zu derselben gestossen zu sein. — Die 1. Brigade, vier Eskadrons Grenadiere (davon ein Zug zu Rauch detachirt) und zwei Eskadrons Ulanen, rekognoszirt gegen Ober-Malina und Nieder-Kamarzü. Die Ulanen gehen längs der Chaussee gegen die Front der feindlichen Stellung vor, mehrere Officiere krokiren dieselbe. Das von den Türken eröffnete Geschützfeuer verursacht nur unbedeutende Verluste, ein Officier wird getödtet. Die Ulanen gehen demnächst auf Schiliawa zurück. — Die Grenadiere haben die Aufgabe, die linke Flanke der feindlichen Stellung in der Richtung auf Nieder-Kamarzü zu umgehen. Aus Tschekantschewo und Malkotschewo werden feindliche Reitertrupps vertrieben, Nieder-Kamarzü wird von Infanterie besetzt gefunden. Patrouillen gehen bis Bailowo und Rakowiza vor (über beide Orte führen Wege zur Ichtiman-Chaussee); die Grenadiere bleiben schliesslich in Ober-Malina. — General Klot mit der 2. Brigade bleibt bei Schiliawa stehen und lässt durch je eine Husaren- und eine Dragoner-Eskadron nach Süden und Westen aufklären.

Die auf Jenihan vorgehenden Husaren stossen dort auf eine starke feindliche Abtheilung, der sie sich durch nächtlichen Rückzug entziehen; sie kommen erst am 31. nach Schiliawa zurück.

Die gegen Sofia vorgegangenen Dragoner stossen bei Nieder-Bugarow auf feindliche Abtheilungen und scheinen, nachdem eine Sotnie Kosaken bei Nieder-Bugarow eingetroffen, nach Schiliawa zurückgegangen zu sein.

γ) Der 31. December.

Die Division marschiert um 4 Uhr Morgens von Schiliawa ab und erreicht um 9 Uhr die Gegend zwischen Tschekantschewo und Malkotschewo. — Eine Husaren-Patrouille unter Kornet Krupenski findet Nieder-Kamarzü unbesetzt. — Zwei Eskadrons Grenadiere werden nach Bailowo vorgeschickt und schieben Patrouillen bis Smowsko vor; diese melden: Petritschewo sei von 3000 Mann mit 2 Geschützen besetzt. — Um 12 Uhr geht auf Gurkos erneuten Befehl die 2. Brigade (3 Eskadrons Husaren, 3 Eskadrons Dragoner) über Malkotschewo im Thal der Malinska gegen Nieder-Kamarzü vor. Um 2 Uhr vor Nieder-Kamarzü ankommend, findet die 2. Brigade dieses Dorf jetzt von Infanterie besetzt, auf der Höhe hinter dem Dorfe stehen einige Geschütze. Feindliche Cavallerie-Abtheilungen beunruhigen die Brigade in der rechten Flanke und werden durch das Feuer abgesessener Dragoner zurückgewiesen. Um 3 Uhr geht die Brigade auf Malkotschewo zurück; Kamarzü und die Chaussee scheinen völlig unbeobachtet geblieben zu sein. — Wahrscheinlich noch am heutigen Abend trifft der um 6 Uhr Abends vom Armee-Kommando ausgefertigte Befehl bei der Division ein: am folgenden Tage über Tscherkaskioi gegen die feindliche Rückzugsstrasse Nieder-Kamarzü-Petritschewo vorzugehen.

Die 3. Brigade erhält in Nowatschin um 2 Uhr Nachmittags den Befehl zum Marsch nach Tschuriak; sie bricht sofort auf und erreicht um Mitternacht Wratschesch.

δ) Der 1. Januar.

Die Division marschiert von Malina nach Tscherkaskioi (15 km); sie steht hier 8 km südlich der Strasse Kamarzü-Petritschewo und 15 km von Petritschewo entfernt. Das Grenadier-Regiment wird noch 7 km weiter bis Smowsko vorgeschoben und mit der möglichst zu bewirkenden Besserung des für Artillerie unbrauchbaren Weges nach Petritschewo beauftragt. General Klot hat für den folgenden Tag die Absicht: eine Brigade mit der Artillerie über Smowsko, die andere über Kameniza nach Petritschewo marschieren zu lassen. — Die 3. Brigade ist im Marsch über den Arabkonak-Pass.

ε) Der 2. Januar.

Um 3 Uhr Morgens trifft ein am vorigen Abend 9 Uhr abgeschicktes Schreiben Naglowskis an Bunakow (Stabs-Chef der Division) ein, welches den Abzug der Türken mittheilt, und dann fortfährt: „Für morgen haben Sie die Aufgabe, den Feind zu verfolgen und ihn dabei womöglich in Flanke oder Rücken zu fassen. Die 3. Garde-Infanterie-Division folgt den Türken dicht auf. Morgen wird das Detachement Dandeville vereinigt mit dem Detachement Brok bei Klissekioi und Tschelopetscheni seinen Abstieg vom Gebirge bewirken. Wie Sie den Feind verfolgen sollen, ist schwer zu sagen; Sie werden es selbst wissen und das Möglichste leisten. Stellen Sie die Verbindung mit General Katalei her." — Bei Tagesanbruch kommt eine Meldung des Grenadier-Regiments aus Smowsko: Die Höhen vor Petritschewo sind von feindlicher Infanterie besetzt, die von Süden gekommen. — Um 10 Uhr (nachdem die Wegebesserung fertig geworden), bricht das Gros der Division von Tscherkaskioi auf und erreicht um 2 Uhr die am Wege nach Smowsko gelegene Karaula. — Eine Meldung der Grenadiere aus Schmowsko lautet: „Die Türken setzen den Rückzug fort; drei Bataillone und eine Abtheilung Tscherkessen sind auf der Strasse sichtbar." — Klot lässt die Husaren als Repli an der Karaula zurück mit der Bestimmung, starke Patrouillen in nordöstlicher Richtung nach der Strasse vorzuschieben. Die Grenadiere und Ulanen mit den beiden Geschützen marschieren auf Petritschewo. Die Dragoner biegen noch vor Smowsko links ab und klettern, in der Kolonne zu Einem, über die Berge direkt nach der Chaussee. — Um 3 Uhr wird von den Dragonern die Chaussee erreicht an einer Stelle, von wo aus die Wege nach Slatiza und nach Petritschewo zu übersehen sind. Auf letzterem Wege sind verschiedene Abtheilungen und eine Anzahl Nachzügler bemerkbar; weiter nach Petritschewo hin hört man Gewehrfeuer. Man glaubt die Queue der abziehenden Türken vor sich zu haben und nimmt an, das Gewehrfeuer hänge mit dem Vorgehen der Grenadiere und Ulanen zusammen. Als die Dragoner auf der Chaussee vorgehen, treffen sie indessen auf die Queue der 3. Garde-Infanterie-Division, welche bei Petritschewo im Gefecht ist. Dem zufällig hier vorbeikommenden Adjutanten des Generals Kurlow, Kapitän Agapejew, welcher den Auftrag hat, vom Armee-Commando die Zutheilung von irgend einer kleinen Cavallerie-Abtheilung zu erbitten, wird auf sein Ansuchen die 4. Eskadron mitgegeben; das Gros des Regiments geht auf Smowsko zurück und trifft hier 5½ Uhr Nachmittags ein. Auch die beiden anderen Regimenter kehren unverrichteter Dinge wieder hierher zurück, sodass am Abend die ganze Division — mit Ausnahme der 4. Eskadron Dragoner — bei Smowsko vereinigt ist. — Die 3. Brigade erreicht am Abend den Süd-Ausgang des Arabkonak-Passes.

ξ) Der 3. Januar.

Die 2. Brigade marschiert nach Petritschewo, trifft hier — der Ort war am Morgen bereits von der 4. Eskadron des Dragoner-Regiments besetzt worden — um 2 Uhr Nachmittags ein und geht wieder auf Smowsko zurück. Auf den Wegen nach Metschka und Poibren sind Patrouillen entsendet.

η) Der 4. Januar.

Beide Brigaden bleiben bei Smowsko stehen. — Eine Patrouille der 4. Dragoner-Eskadron besetzt Metschka, macht hier 22 Gefangene und verliert selbst 2 Verwundete.

ϑ) Der 5. Januar.

Die Division rückt nach Rakowiza: das Garde-Dragoner-Regiment bleibt — bis zur Ankunft des Dragoner-Regiments Astrachan Nr. 8 — zur Verfügung Kurlows in Smowsko.

c. Das Treffen von Taschkesen am 31. December.

a) Gurkos Disposition für den 31. December, ausgegeben in Tschuriak am 30. December.

1) Kolonne des Generals Rauch. — Generalstabs-Oberst Pusürewski. — Vier Bataillone Preobraschensk, drei Bataillone Ismailow, 3. Bataillon Koslow, 4. Bataillon Garde-Schützen; 1. 3./1. Garde-Batterie = 9 Bataillone 8 Geschütze. — Die Kolonne steigt vom Gebirge herunter und geht zwischen dem Dorfe Dauschkiöi und der Chaussee gegen die Taschkesen-Stellung vor. Der Angriff ist mit Demonstrationen gegen die Front und mit Umfassung des rechten Flügels zu führen. Das Feuer ist bei Tagesanbruch zu eröffnen.

2) Detachement des Generals Kurlow. — Generalstabs-Oberst Stawrowski. — Vier Bataillone Wolhynien, vier Bataillone Petersburg, 2. 3. Bataillon Kostroma Nr. 19, 6./1. und 6./3. Garde-Batterie = 10 Bataillone 8 Geschütze. — Das Detachement sammelt sich noch heute Nacht bei Njegoschewo und bricht morgen früh nach Tschekantschewo so frühzeitig auf, dass es von letzterem Dorfe um 7½ Uhr weiter vorgehen kann. Richtungs-Punkt für den Angriff der hohe Berg südlich von Taschkesen zwischen der Chaussee und dem Dorfe Malkotschewo.*)

---

*) Die Disposition war auf Grund der österreichischen Karte entworfen, welche während des Krieges vielfach in den Händen russischer Offiziere war. Auf dieser Karte ist aber

3) Detachement des Generals Filosofow. — Generalstabs-Kapitän Dagajew. — Vier Bataillone Littauen, vier Bataillone Kexholm, 2. 3. Bataillon Garde-Schützen, vier/3. Garde-Batterien = 10 Bataillone 16 Geschütze.*) -- Das Detachement bricht um 5 Uhr Morgens auf, marschiert über den Pass von Njegoschewo und stellt sich, mit der Front gegen die Taschkesen-Stellung, möglichst gedeckt an der Chaussee als allgemeine Reserve auf.

4) Die in Tschuriak und Umgegend befindlichen drei Compagnien des Garde-Sappeur-Bataillons schliessen sich dem Detachement Kurlow an.**)

5) Alle drei genannten Kolonnen stehen unter dem gemeinsamen Befehl des Generals Katalei. — Bei ihm Generalstabs-Oberst Enkel.

6) Detachement des Generals Graf Schuwalow. — Generalstabs-Oberst Walz. — Drei Bataillone Moskau, vier Bataillone Pawlow, 3. Bataillon Ismailow = 8 Bataillone.***) Das Detachement umgeht die linke Flanke der türkischen Arabkonak-Stellung und wirkt gegen die rechte Flanke der türkischen Taschkesen-Stellung; die Karaula an der Chaussee östlich von Taschkesen dient als Richtungs-Punkt der Bewegung. Beginn der Bewegung 7 Uhr Morgens.

7) Detachement des Oberst Wasmund. — 1. 2. Bataillon Koslow, 1. Bataillon Garde-Schützen = 3 Bataillone. Das Detachement steigt von der Höhe des Tschornü Werch nieder und dient als Verbindungs-Glied zwischen der linken Flanke des Detachements Rauch und der rechten Flanke des Detachements Schuwalow. Das Schützen-Bataillon besetzt die Höhe, welche ich persönlich dem Oberst Wasmund bezeichnet habe.†) Beginn der Bewegung 6 Uhr Morgens.

8) Detachement des Generals Klot. — Generalstabs-Oberst Bunakow. — 1. und 2. Garde-Cavallerie-Brigade = 10 Eskadrons und 4 Geschütze.††) Das Detachement steht auf dem rechten Flügel des Detachements Kurlow. Die 2. Brigade geht gegen Nieder-Kamarzii vor. Wenn es der Brigade gelingt, in den Thalkessel von Kamarzü einzudringen, so hat sie im Rücken der türkischen Truppen möglichsten Lärm zu machen und Bestürzung zu verbreiten, dabei zu

---

die Lage des Dorfes Malkotschewo (Makas) ganz falsch, die Lage des höchsten Berges des Balabanitscha-Höhenzuges, nicht deutlich angegeben. Malkotschewo liegt nicht nordöstlich von Tschekantschewo in der Mitte des Balabanitscha-Höhenzuges, sondern südöstlich jenes Dorfes am Südfuss jener Höhen. Der höchste Berg der Balabanitscha-Gruppe, der thatsächlich als Richtungspunkt bezeichnet war und der in den russischen Berichten und auch in der folgenden Darstellung einfach „Direktionsberg" genannt wird, lag nicht, wie es in Gurkos Bericht fälschlich heisst, 1 1/2 Werst südöstlich, sondern in Wirklichkeit 2 1/2 Werst östlich von Taschkesen.

*) Von dieser Zahl waren am Gefechtstage ein Bataillon Littauen und eine Batterie noch nicht zur Stelle.

**) Geschah nicht.

***) Die Anzahl der zu diesem Detachement gehörenden Geschütze ist in der Disposition nicht genannt; siehe darüber die näheren Angaben unter 7).

†) Dies war geschehen von der Wasmund-Höhe (Tschornü Werch) aus bei Gelegenheit der am 30. December auf dieser Höhe stattfindenden Instruktion aller Detachements-Führer durch den General Gurko. Die zu besetzende Höhe lag östlich des Dorfes Dauschkioi.

††) Das Detachement scheint nur mit 12 Eskadrons zur Stelle gewesen zu sein, auch scheinen sich nur zwei Geschütze bei demselben befunden zu haben, und zwar waren dies zwei Geschütze der 5. reitenden Garde-Batterie, die in der Disposition der 3. Garde-Cavallerie-Brigade zugetheilt waren. Wo die dispositionsmässig dem Detachement Klot zugewiesene 8. donische Batterie sich befunden hat, ist nicht zu ersehen. Siehe auch b, §. 7.

versuchen, die Verbindung mit dem Detachement Dandeville herzustellen, das über die Baba Gora herüberkommt. Anfang der Bewegung um 7½ Uhr früh.

9) Die 3. Garde-Cavallerie-Brigade — 8 Eskadrons 2 reitende Geschütze — stösst zur allgemeinen Reserve.*)

10) Detachement des Generals Dandeville — 2./3. Infanterie-Brigade, Regiment Woronesch Nr. 124, Jekaterinoslaw-Dragoner Nr. 4, zwei Sotnien der Brigade Kurnakow, eine/31. Batterie à 8 Geschütze, vier/19. donische Geschütze = 9 Bataillone, 6 Eskadrons und Sotnien, 12 Geschütze.**) — Das Detachement führt seine Angriffsbewegung entweder auf Strigli oder auf Nieder-Kamarzü aus, je nach den Verhältnissen der Oertlichkeit.

11) Alle Truppen in den befestigten Stellungen gegenüber der türkischen Stellung vom Arabkonak-Schandornik — vier Bataillone Semenow, vier Bataillone Garde-Jäger, 4. Bataillon Moskau, vier Bataillone Finnland, fünf Bataillone des 9. Corps***) = 18 Bataillone 52 Geschütze — verbleiben in ihren Stellungen und halten sich bereit, bei der ersten Möglichkeit zum Angriff überzugehen, um sich der türkischen Stellung zu bemächtigen. Mit Tagesanbruch ist von allen Batterien das Feuer zu eröffnen.

12) Detachement des Generals Weljaminow — zwei Bataillone Pensa, drei Bataillone Tambow, 6 Geschütze der reitenden Garde-Artillerie, 12 Sotnien der kaukasischen Brigade — steht bei Jana als Rückendeckung gegen einen möglicherweise von Westen her erfolgenden Angriff.

13) Drei Bataillone des 9. Corps — Regiment Galiz Nr. 20 — verbleiben in der von ihnen besetzten Lutikowo-Stellung.

14) Das Slatiza-Detachement unter General Brok — vier Bataillone Leib-Grenadiere, sechs Compagnien Neu-Ingermanland Nr. 10, zwei donische Sotnien, zwei/19. donische Geschütze — bleibt in seiner Stellung, steigt bei erster Möglichkeit herab und stellt die Verbindung mit dem Detachement Dandeville her.

15) Hinter jedem Detachement ist ein vorderer Verbandplatz zu errichten; Hauptverbandplätze sind zu errichten in Njegoschewo und Tschuriak. Zum Transport der Verwundeten ist eine möglichst grosse Zahl von Ochsen-Fuhren bei Njegoschewo zu versammeln, hierzu sind die dem Feinde abgenommenen Fuhren und alle in Tschuriak, Potop, Jeleschniza und Njegoschewo aufzutreibenden Fuhren zu verwenden.

16) Bei Beginn des Gefechts befinde ich mich in der jetzigen Stellung des Detachements Rauch. (gez.) Gurko.

β) Die obere Leitung des Gefechtes durch die Generale Gurko und Katalei.

Gurko hatte nach Ausgabe der Disposition am 30. von der Höhe des Tschornü Werch (Wasmund-Höhe) aus allen Detachements-Führern die ihnen gestellten Auf-

---

*) Diese Brigade befand sich zur Zeit noch auf der Nordseite des Gebirges, siehe die Angaben unter b.

**) Die Disposition hat zwei/16. reitende Geschütze aufzuzählen vergessen, welche sich ebenfalls bei dem Detachement befanden; dieses hatte 14 Geschütze.

***) Hiermit sind zwei Bataillone Archangel und drei Bataillone Wologda gemeint; ein Bataillon Archangel stand bekanntlich als äusserste rechte Flanken-Deckung südöstlich des Umurgatsch-Passes (siehe X, e, α). — Nicht mitberechnet ist hier aber das 1. Bataillon Kostroma, welches seit dem 29. ebenfalls zu den Truppen unter General Krüdener gestossen war. — Zu den Truppen Krüdeners gehörten ferner einige Sotnien Kosaken, welche in der Berechnung der Disposition ebenfalls nicht enthalten sind.

gaben erklärt und einzelne zu erreichende Punkte — so auch den sogenannten „Direktions-Berg", den höchsten Punkt südlich der Chaussee — ganz genau bezeichnet.

Bei Beginn der Bewegungen am 31. begab sich Gurko auf die Höhe von Njegoschewo, der türkischen Taschkesen-Stellung gerade gegenüber und etwa 4 km von der vordersten türkischen Redute entfernt.

Von einer direkten Einwirkung auf die Detachements Schuwalow und Wasmund konnte nach Beginn der Bewegungen im Hinblick auf die Entfernungen und auf die Natur der Oertlichkeit keine Rede sein; einer direkten Einwirkung auf die Detachements Rauch, Kurlow und Filosofow hatte sich Gurko dadurch begeben, dass er die gemeinsame Leitung dieser drei Detachements dem General Katalei übertragen hatte. Die Friktionen, die — ohne Verschulden Gurkos — in dieser Beziehung eintraten, werden weiter unten erörtert werden. Auf die Thätigkeit des Detachements Klot scheint Gurko einen direkten Einfluss ausgeübt zu haben; das Vorgehen der 2. Garde-Cavallerie-Brigade um 12 Uhr gegen Nieder-Kamarzü scheint auf besonderen Befehl Gurkos erfolgt zu sein.

Als bei Einbruch der Dunkelheit das Gefecht aufhörte, gab Gurko, der eine Erneuerung desselben am folgenden Morgen erwartete, eine Reihe darauf bezüglicher Befehle, welche durch den inzwischen erfolgten Abzug des Gegners im Allgemeinen gegenstandslos wurden. Soweit diese Befehle sich auf die Verfolgung des entkommenen Gegners bezogen, werden sie an einer späteren Stelle ihren Platz finden.

Katalei, dem durch die Disposition die obere Leitung der Detachements Rauch, Kurlow und Filosofow übertragen war, verlässt sein Nachtquartier Tschuriak um 5 Uhr Morgens; am Ausgange des Dorfes ist um diese Zeit das Detachement Filosofow im Sammeln begriffen. Um 7 Uhr erreicht Katalei die Stellung von Njegoschewo, in welcher die Geschütze Rauchs bereits aufgeführt sind; Rauchs Infanterie ist bereits weiter vorwärts im Thal entwickelt.

Hier bleibt Katalei vorläufig; um 9 Uhr steigt der bis dahin die ganze Gegend einhüllende Nebel, die Geschütze Rauchs eröffnen das Feuer.

Ob während dieser Zeit auch Gurko bereits auf der Höhe von Njegoschewo anwesend war, ist nicht bekannt.

Um 11 Uhr begiebt sich Katalei nach einer nördlich von Tschekautschewo gelegenen Höhe; unterwegs zieht sein Gefolge das feindliche Artilleriefeuer auf sich. Von dem neuen Standpunkt aus vermag Katalei — nach der Angabe des Oberst Enkel — die ganze Umgegend und den Vormarsch der Bataillone Kurlows gut zu übersehen; der Fortgang des Angriffs dieser Bataillone und die Einnahme des Direktionsberges scheint sich aber den Augen Kataleis entzogen zu haben, was bei der Gestaltung des Gefechtsfeldes (Labyrinth von Kuppen und Schluchten) leicht möglich war. Als gegen 1 Uhr das Feuer fast auf der ganzen Linie schweigt, begiebt sich Katalei zu Gurko nach der Höhe von Njegoschewo, um neue Befehle einzuholen. Gurko war in diesem Zeitpunkt bereits von der Einnahme des Direktions-Berges durch die Bataillone Kurlows unterrichtet — ob durch den Augenschein oder durch Meldung, ist nicht ersichtlich.

Gleich nach Kataleis Ankunft trifft hier auch Kapitän Schenebeer, Adjutant des Generals Kurlow, ein mit der Meldung, dass der Direktions-Berg genommen sei.

Zu bemerken ist, dass während Katalei von Tschekautschewo nach Njegoschewo unterwegs war, die mehrfach erwähnte Explosion in der türkischen Redute nördlich von Taschkesen erfolgte — ein Umstand, der für die Zeitbestimmung der einzelnen Gefechtsmomente von Wichtigkeit ist.

In Bezug auf die Befehls-Competenz Katalei's über das Detachement Rauch spielt demnächst ein interessanter und lehrreicher Zwischenfall. Dem General Gurko scheint das passive Verhalten Rauchs aufgefallen zu sein; um 12,50 Uhr, noch vor dem Eintreffen Katalei's bei Gurko, schickt General Naglowski — Gurkos Stabs-Chef — an Rauch einen Zettel folgenden Inhalts: „Die Bewegung des Detachements Kurlow hat zur Besetzung des waldigen Direktions-Berges geführt. Unsere Artillerie hat die feindliche zum Schweigen gebracht. Es dürfte jetzt für Ihr Detachement Zeit sein, anzugreifen. General Gurko lässt fragen, weshalb Ihr Detachement noch nicht in Bewegung ist — und wenn keine besonderen Ursachen hierfür vorliegen, so soll die umfassende Bewegung beginnen. Lassen Sie Wasmund sagen, er solle ebenfalls in Ihrer linken Flanke vorgehen. Die Dunkelheit wird früh eintreten, der Weg ist lang, die Türken können frische Verstärkungen erhalten."

Als bald darauf Katalei bei Gurko eintrifft, richtet Naglowski an Enkel die Frage: weshalb Katalei keine Befehle zum Angriff auf Taschkesen (an Rauch) gegeben habe. Enkel erwidert: Im Hinblick auf die persönliche Anwesenheit des Höchstkommandirenden habe Katalei sich hierfür nicht befugt gehalten. Naglowski spricht sich dann dahin aus: Gurko habe durchaus nicht die Absicht, die Selbstständigkeit seiner Unterführer zu beschränken; Katalei möge sofort die nöthigen Anordnungen treffen. Während dieser Unterredung der beiden Stabs-Chefs fand auch ein Gespräch zwischen Gurko und Katalei statt; Letzterer wurde angewiesen, mit dem Detachement Kurlow den Angriff weiter fortzusetzen und wo möglich bis zur Chaussée vorzudringen.

Infolge dieser Besprechung — welche übrigens nur einige Minuten gedauert zu haben scheint, sendet Katalei sofort — bald nach ein Uhr — an Rauch den Befehl, den Angriff zu beginnen, sowie gleichzeitig an zwei bei Tschekantschewo zur Deckung der Artillerie-Stellung zurückgehaltene Bataillone Kurlows den Befehl, nach dem rechten Flügel des Detachements Kurlow vorzugehen. Katalei selbst begiebt sich nach Kurlows rechtem Flügel und kommt unterwegs an der Stelle (an der Chaussée) vorüber, wo nach der Disposition das Detachement Filosofow Stellung nehmen soll; es ist aber erst ein Theil der zu diesem Detachement gehörigen Truppen eingetroffen.

Katalei trifft Kurlow hinter dem rechten Flügel seiner Gefechtslinie in der Schlucht von Tschekantschewo und bleibt hier ebenfalls, um die Ankunft der vorbeorderten beiden Bataillone (2. Petersburg und eins Kostroma) abzuwarten. — Die Wahl dieses Standortes, der gar keine Uebersicht gewähren konnte, muss überraschen; übrigens mag erwähnt werden, dass der Punkt durchaus keine besondere Deckung vor dem feindlichen Feuer bot. Gewehrkugeln schlugen mehrfach dort ein und es kamen im Gefolge der Generale mehrfache Verwundungen vor.

Bald nach Katalei's Ankunft in der Schlucht von Tschekantschewo erscheint hier Oberst Suchotin und überbringt Gurkows Erlaubniss: aus der Reserve (Detachement Filosofow) Verstärkungen für das Detachement Kurlow heranzuziehen. Katalei schickt darauf den Befehl an Filosofow: ein Bataillon Littauen vorzusenden.

Inzwischen erhält Katalei einen von 1,50 Uhr datirten Zettel Naglowskis mit der Mittheilung: Rauch sei zum Angriff bereit. Es scheint, dass diese Mittheilung durch eine Meldung Rauchs veranlasst worden ist, welche dieser als Antwort auf den oben erwähnten Zettel Naglowskis an diesen gerichtet hatte.

Nachdem die beiden von Tschekantschewo herangeorderten Bataillone Kurlows und das aus der Reserve vorgeschickte Bataillon Littauen eingetroffen, stellt sich Katalei persönlich an die Spitze dieser drei Bataillone, um sie, den linken Flügel der

Türken umgehend, gegen die Chaussee vorzuführen. Der ungünstige Standort, an dem sich Katalei befand und von wo aus er — ohne Uebersicht zu haben — den Vorstoss dieser Bataillone ansetzte, machte sich bald geltend; es stellte sich heraus, dass die eingeschlagene Marschrichtung im Grunde einer Schlucht nicht um den türkischen linken Flügel herum, sondern direkt in den Rücken der vorderen russischen Aufstellung führt. Nachdem der Irrthum aufgeklärt, ändert Katalei — mit Hülfe eines Compasses — die Richtung; eine andere weiter südwärts ausbiegende Schlucht benutzend, gelangt das Detachement unter Kataleis Führung jetzt thatsächlich um den linken Flügel der türkischen Stellung herum, wird aber bald durch eine kleine türkische Abtheilung aufgehalten, welche eine diesseits der Chaussee gelegene Höhe besetzt. Trotz der Schwäche der gegenüber befindlichen türkischen Abtheilung und trotz des Umstandes, dass man von der russischen Stellung aus den Marsch feindlicher Trossabtheilungen auf der Chaussee deutlich wahrnehmen kann, entschliesst sich Katalei nicht dazu, mit den zur Hand befindlichen drei Bataillonen energisch vorzustossen. Er hält sich für zu schwach und schickt an die 7 km weiter rückwärts stehende Reserve den Befehl, ihm ein weiteres Bataillon Littauen zur Verstärkung zu senden. Als dies Bataillon endlich vorkommt, ist natürlich längst die Dunkelheit hereingebrochen und die Fortführung des Angriffs bis zur Chaussee unmöglich. Katalei begiebt sich nun nach Taschkesen, wo er bereits Gurko und Rauch antrifft.

γ) Das Detachement Rauch.

Das Gros des Detachements ist am Abend des 30. im Dorfe Njegoschewo untergebracht; Abtheilungen halten die verschanzte Stellung auf dem Höhenzug nordöstlich des Dorfes besetzt.

In Ergänzung der für den 31. ausgegebenen allgemeinen Disposition gibt Rauch für den nächsten Tag folgende Befehle:

1) Regiment Ismailow (drei Bataillone) mit der 3./1. Batterie steht morgen früh 6 Uhr hinter der Höhe, auf der jetzt zwei Geschütze der 3./1. Batterie Aufstellung genommen haben.
2) Regiment Preobraschensk, 4. Garde-Schützen-Bataillon, 3. Bataillon Koslow, 1./1. Batterie stehen morgen früh 6 Uhr hinter der Höhe, auf der jetzt die 1./1. Batterie und zwei Geschütze der 3./1. Batterie stehen.
3) Alle Truppen des Detachements treten derartig an, dass sie unbedingt um 6 Uhr an den befohlenen Plätzen stehen. Die in Njegoschewo liegenden Abtheilungen treten spätestens um 3 Uhr an. Die Artillerie ist rechtzeitig von den Höhen herunterzuschaffen, um nicht späterhin die Bewegungen aufzuhalten.
4) Verbandplätze sind — nach den Bestimmungen des ältesten Arztes des Regiments Preobraschensk — hinter beiden Flügeln der Aufstellung einzurichten.
5) Alle weiteren Befehle werden von mir an Ort und Stelle gegeben werden.

Zur befohlenen Zeit wird angetreten; der tiefe Schnee und die Dunkelheit halten die Bewegungen sehr auf. Beide Batterien sind um 7 Uhr auf einer Höhe — etwa halbwegs zwischen der Njegoschewo-Stellung und der feindlichen Stellung nördlich von Taschkesen — staffelförmig aufgestellt; links der Artillerie nehmen drei Bataillone Preobraschensk und das 4. Garde-Schützen-Bataillon Aufstellung; rechts drei Bataillone Ismailow; 1. Preobraschensk und 3. Koslow hinter der Mitte in Reserve. Die Infanterie steht in Compagnie-Kolonnen in zwei Treffen; die Compagnien des ersten Treffens haben je eine halbe Compagnie als Schützen aufgelöst.

Als um 9 Uhr der Nebel steigt, eröffnen die Batterien gegen die feindlichen Reduten das Feuer, die Entfernung beträgt etwa 2000 m. Die türkischen Geschütze antworten sehr sicher; eine ihrer ersten Granaten schlägt in das Gefolge Rauchs und tödtet einen Kosaken. Gegen 1 Uhr erfolgt in einer der feindlichen Reduten eine Explosion.

Bald nach 1 Uhr erhält Rauch sowohl von Naglowski wie von Katalei den Befehl, den Angriff zu beginnen. Ob Rauch von seinem Standpunkt aus die Besitznahme des Direktions-Berges durch die Truppen Kurlows unmittelbar bemerken konnte, ist nicht klar zu ersehen; dass jener Berg in den Händen Kurlows sei, wusste Rauch jedenfalls als er — wie es scheint zwischen 1 und 2 Uhr — seinen Truppen den Befehl zum Angriff gab. Die Bataillone Preobraschensk und das 4. Schützen-Bataillon gehen gegen die verschanzte Höhe nördlich von Taschkesen vor, wobei sie den rechten Flügel der türkischen Stellung zu umfassen versuchen; die Bataillone Ismailow gehen direkt gegen das Dorf Taschkesen und gegen den Südabhang der türkischen Höhenstellung vor. General Rauch begibt sich mit seinem Stabe zu den im Vorgehen begriffenen Schützen des Regiments Preobraschensk, welche trotz heftigen feindlichen Feuers fast keine Verluste haben. Weniger gut ergeht es dem weiter links vorgehenden 4. Schützen-Bataillon. Als dieses zwei einzeln stehende Bäume erreicht — wahrscheinlich hatten die Türken nach dieser Marke die Entfernung gemessen — schlagen mehrere Granaten in das Bataillon ein, verursachen Verluste an Todten und Verwundeten und bringen wie es scheint die Truppe einigermassen in Unordnung. Das Bataillon theilt sich; ein Theil schliesst sich nach rechts den Preobraschenzen an, ein Theil sucht nach links Deckung in dem bebuschten Gelände.

Der nach Westen vorspringende schmale Kamm der Höhe von Taschkesen trennte die Angriffsfelder der Regimenter Preobraschensk und Ismailow von einander und verhinderte die beiden Flügel Rauchs, ihr Vorgehen gegenseitig zu übersehen. Um die Verbindung zwischen beiden Flügeln herzustellen und so ein gleichmässiges Vorschreiten zu ermöglichen, erhielt die 14. Compagnie Preobraschensk den Befehl, auf dem offenen Höhenkamm, für beide Flügel — allerdings auch für den Gegner — vollkommen sichtbar vorzugehen; das Gros des Regiments benutzt die verschiedenen Deckungen, welche das Gelände am Nordabhang der gedachten Höhe bot.

Das Vorgehen des Regiments Ismailow wird, um die Ausführung der Umfassung durch das Regiment Preobraschensk abzuwarten, eine Zeitlang unterbrochen; die Mannschaften werfen sich nieder und unterhalten ein lebhaftes Feuer auf das Dorf und die vor demselben sich zeigenden feindlichen Reiter.

Auf ein vom Regiments-Commandeur gegebenes Signal wird nach einiger Zeit wieder angetreten, das Dorf wird fast ohne Widerstand durchschritten (es war unter dem Schutz der vorgehenden Cavallerie vorhin geräumt worden, VII d. ö.); ein Theil des Regiments schwenkt links und beginnt den Südabhang der verschanzten Höhe zu ersteigen, während die Preobraschenzen von der Nordseite vordringen.

Um 3 Uhr sind die Reduten in den Händen der Russen; eine wirkliche Vertheidigung derselben hat gar nicht stattgefunden, die Türken waren, nachdem ihre Geschütze schon vorher abgefahren, bei dem Herannahen des russischen Angriffs bis in die nördliche Beklem-Stellung (VII, c. γ.) zurückgegangen. Nach Einnahme der Reduten wird ein Theil der Artillerie des Detachements auf die Taschkesen-Höhe hinaufgeschafft.

Ueber die genommene Stellung wird russischerseits nicht weiter vorgegangen; der Gegner hat sich in ziemlicher Nähe wieder festgesetzt und zwischen beiden Seiten wird noch längere Zeit ein lebhaftes Schützenfeuer unterhalten, welches allmählich erstirbt.

Während der Dämmerung tritt ein eigenthümlicher Zwischenfall ein. Innerhalb der bereits nicht mehr feuernden russischen Schützenkette verbreitet sich durch Zurufe einzelner Mannschaften das Gerücht, die gegenüberstehenden Türken wollten sich ergeben. Als zur Aufklärung der Sachlage ein Bataillon Ismailow vorgeschickt wird, erhält es sehr bald Feuer und geht wieder zurück.

Verlust des Detachements Rauch:

Preobraschensk:	7 Mann todt,	1 Offizier	48 Mann	verwundet.
Ismailow:	— „ „	— „	11 „	„
Kosaken:	1 „ „	— „	— „	„
Artillerie:	— „ „	— „	1 „	„
Zusammen:	8 Mann todt,	1 Offizier	60 Mann	verwundet.*)

Es hatten verschossen:
Preobraschensk: 3543 Patronen.
Ismailow: 2393 „
Die Artillerie: 166 Granaten, 108 Shrapnels.

2) **Das Detachement Kurlow.**

Das Detachement bricht um Mitternacht von Potop auf; die Artillerie benutzt den wirklichen nach Njegoschewo führenden Weg, die Infanterie schlägt Seitenpfade ein, und zwar marschieren auf dem einen Pfade die beiden Bataillone Kostroma und dahinter das Regiment Wolhynien, auf dem andern Pfade das Regiment Petersburg. Gegen 3 Uhr trifft die Infanterie bei Njegoschewo ein; erst um 4½ Uhr wird der Weitermarsch angetreten. Die Tête schlägt noch innerhalb des Dorfes Njegoschewo einen falschen Weg ein und marschiert eine Strecke im Kreise, wodurch ein weiterer Aufenthalt von einer Stunde entsteht. Die Artillerie scheint zunächst noch nicht bei Njegoschewo eingetroffen gewesen zu sein; nur zwei Geschütze treten mit den beiden Bataillonen Kostroma den Marsch an, der nach dem Erreichen der Chaussee auf dieser fortgesetzt worden zu sein scheint. Die beiden Bataillone Kostroma dienten so zunächst als linke Seitendeckung, während das Gros des Detachements, die Chaussee südwärts überschreitend, auf Tschekantschewo marschieren sollte. Das die erste Staffel der Kolonne bildende Regiment Wolhynien schlägt abermals einen falschen Weg ein; die über diesen Umstand vorliegenden verschiedenen Angaben sind ziemlich verworren, der Hergang der Sache scheint folgender gewesen zu sein. Anstatt die Malinska auf der Chausseebrücke zu überschreiten und dann erst von der Chaussee südwärts abbiegend am nördlichen Ufer der Malinska entlang auf Tschekantschewo zu marschieren, biegt das Regiment zu früh von der Chaussee ab, setzt seinen Marsch auf dem südlichen Ufer der Malinska fort, gelangt hier in sehr unwegsames Gelände und sieht sich schliesslich durch das allerdings nicht sehr breite, zum Theil mit Eis bedeckte Flüsschen in seinem Weitermarsch aufgehalten. Die vorderen Abtheilungen des Regiments scheinen das Flüsschen auf der schwachen Eisdecke überschritten zu haben; das Gros ging bis zur Chaussee zurück, überschritt auf dieser die Malinska und setzte dann seinen Marsch am nördlichen Ufer weiter fort.

Das als zweite Staffel folgende Regiment Petersburg, bei dem sich General Kurlow befand, vermied zwar den vom Regiment Wolhynien gemachten zeitraubenden Fehler und ging gleich am richtigen Ufer der Malinska vor; trotzdem traf gegen 9 Uhr zunächst nur das an der Tête marschierende 4. Bataillon bei Tschekantschewo

---

*) Hierzu noch der nicht näher bekannte Verlust des 4. Garde-Schützen-Bataillons, der in einigen Todten und Verwundeten bestand.

ein und entwickelt sich nördlich des Dorfes, links von ihm entwickelt sich das nun allmählich auch eintreffende Regiment Wolhynien. Der Aufmarsch dieser Truppen zum Gefecht erfolgt in zwei Gruppen: links unter dem Regiments-Kommandeur General Mirkowitsch das 2. und 3. Wolhynien mit der Richtung gegen eine vorspringende Höhe südlich der Chaussee und des Dorfes Taschkesen; rechts unter General Kurlows persönlicher Führung das 1. und 4. Wolhynien, dahinter in zweiter Linie ein Bataillon Kostroma und noch weiter rechts das 4. Petersburg — diese Truppen hatten die Richtung auf den sogenannten Directions-Berg. Das 2. Petersburg und ein Bataillon Kostroma waren zur Deckung der Artillerie zurückgehalten, welche (8 Geschütze) auf einer Höhe nördlich des Dorfes Tschekantschewo aufgefahren war, ohne jedoch — mit Ausnahme von ein paar Schüssen — zur Thätigkeit zu kommen. — Das 1. und 3. Petersburg scheinen nach und nach ebenfalls in das Gefecht eingegriffen zu haben.

Wann das Detachement Kurlow nach theilweise beendetem Aufmarsch seinen Vormarsch gegen die türkische Stellung angetreten, ist nirgends deutlich gesagt; es dürfte nicht viel vor 11 Uhr gewesen sein.

Die vorspringende Höhe südlich der Chaussee, gegen welche General Mirkowitsch mit zwei Bataillonen Wolhynien vorgeht, wird von den Türken ohne Gefecht geräumt. Mirkowitsch lässt diese Höhe zur Sicherheit seiner linken Flanke durch zwei Compagnien besetzen und führt nun die übrigen sechs Compagnien gegen den Direktions-Berg vor. Gegen dasselbe Ziel hat Kurlow das 4. Wolhynien, das 4. Petersburg und ein Kostroma in Marsch gesetzt, während das 1. Wolhynien (nur drei Compagnien) den Auftrag hat, durch die Schlucht von Tschekantschewo die linke Flanke der türkischen Stellung zu umgehen.

Das Gelände südlich der Chaussee, welches das Gefechtsfeld des Detachements Kurlow bildete, war ein von Westen nach Osten 3 km breites von tiefem Schnee gedecktes Labyrinth steil gebüschter Höhen und tiefer Schluchten; der höchste Theil dieser Höhengruppe, der sogenannte „Direktions-Berg" südlich des Han Beklem, bildete die erste Aufstellung des türkischen linken Flügels; die zweite Aufstellung desselben lag auf einem weiter östlich aber nach diesseits der Chaussee gelegenen Höhenkamm.

Das Avanciren der Bataillone Kurlows geschah unter lebhaftem feindlichen Gewehrfeuer. Die anfangs in langer Linie entwickelten Schützen bildeten bald grössere oder kleinere Gruppen, welche im Gänsemarsch im langsamen Schritt sich durch den tiefen Schnee vorwärtsarbeiten. Zur Ermunterung der Leute wurde der Sturmmarsch geschlagen und geblasen. Dann und wann ertönte hier und da Hurrahruf; einzelne Trupps liefen 20—30 Schritt vorwärts, verfielen aber sehr bald wieder in den langsamen Schritt oder warfen sich zeitweilig nieder, um auszuruhen. Nicht nur die Mannschaften verschiedener Compagnien und Bataillone, sondern auch verschiedener Regimenter kamen durcheinander. So ging es unter nicht unbedeutendem Verluste — auch General Mirkowitsch war schwer verwundet — langsam aber unaufhaltsam vorwärts; gegen 12 Uhr ertönte ein allgemeines Hurrah — der Direktions-Berg war in den Händen der Russen, welche den in eine rückwärtige Stellung zurückweichenden Gegner zunächst mit Feuer verfolgten; allmälig erstarb dasselbe auf der ganzen Gefechtslinie — nur die Geschütze Ranchs schossen sich noch mit der türkischen Artillerie herum.

Die Bataillone Kurlows machten in der eroberten Stellung Halt, um sich auszuruhen und die sehr gestörten Verbände wieder herzustellen.

General Kurlow befindet sich mit seinem Stabe während dieser Zeit in der Schlucht von Tschekantschewo hinter dem rechten Flügel seiner Gefechtslinie; wenn man keinen näheren Grund für die Wahl dieses Standortes kennt, ist dieselbe schwer zu verstehen; die Höhe des genommenen Direktions-Berges scheint der naturgemässe Standort zu sein.

Nach einiger Zeit erscheint hier bei Kurlow der General Katalei, übernimmt persönlich (Näheres hierüber siehe unter ʒ) den Oberbefehl über die beiden letzten noch intakten Bataillone Kurlows — 2. Petersburg und ein Kostroma, und ein aus der Reserve vorgezogenes Bataillon Littauen und führt dieselben — nicht ohne anfangs einen falschen Weg einzuschlagen — in einer Schlucht um den linken türkischen Flügel herum. Nach einem Marsche von 2½ km Länge tritt das Detachement hinter dem linken Flügel der feindlichen Stellung aus der zum verdeckten Anmarsch benutzten Schlucht heraus; Katalei entwickelt das 2. Bataillon Petersburg links, das Bataillon Kostroma rechts, das Bataillon Littauen bleibt in Reserve. Dem Vorgehen dieser Umgehung treten frische türkische Kräfte entgegen (zwei Compagnien Usküb, siehe Seite 145), welche eine seitwärts gelegene Höhe in der Nähe der Chaussee besetzen und hier einen sehr nachhaltigen Widerstand leisten. Die Truppen Kataleis erleiden hier nicht unbedeutende Verluste: das Bataillon Kostroma verliert seinen Kommandeur, das 2. Petersburg drei Compagnie - Kommandeure — es gelingt den Russen aber nicht, bis zur Chaussee vorzudringen, auf welcher man deutlich den Marsch von Truppen und Tross wahrnimmt. Um den Angriff mit verstärkten Kräften weiter fortsetzen zu können, wird noch ein Bataillon Littauen aus der (7 km rückwärts befindlichen) Reserve vorbeordert, trifft aber erst nach Einbruch der Dunkelheit ein.

Vom Direktions-Berge aus gehen Theile der dort befindlichen Truppen Kurlows noch weiter vor, treiben die gegenüber befindlichen Türken auch noch eine Strecke weit zurück, vermögen aber auch hier nicht die Chaussee zu erreichen.

Die Truppen übernachten in den gewonnenen Stellungen.*)

Verlust des Detachements Kurlow:

Wolhynien:	1 Offizier	48 Mann todt,	7 Offiziere	204 Mann	verwundet.
Petersburg:	1 „	34 „ „	3 „	158 „	„
Littauen:	— „	1 „ „	— „	6 „	„
Kostroma:	— „	1 „ „	2 „	28 „	„

Zusammen: 2 Offiziere 84 Mann todt, 12 Offiziere 396 Mann verwundet.

ε) Das Detachement Filosofow.

Von dem Detachement fehlt das 1. Bataillon Littauen, welches als Bedeckung der noch im Abstieg vom Tschuriak-Pass begriffenen Artillerie — darunter auch eine

---

*) Gurkos offizieller Rapport über das Treffen von Taschkesen enthält — was bei der sehr sachlichen und wahrheitsgetreuen Fassung der russischen Rapporte im Allgemeinen in hohem Grade befremden muss — über das Gefecht auf dem rechten Flügel Kurlows ein vollständiges Phantasiegemälde. Der erwähnte Rapport lässt nach Einnahme des Direktions-Berges durch Kurlow von Nieder-Kamarzü her zehn türkische Bataillone gegen Kurlows rechte Flanke vorbrechen. Das von diesem Stoss zunächst getroffene Regiment Petersburg, verstärkt durch zwei Bataillone Kostroma und das 3. (finnische) Garde-Schützen-Bataillon, wirft den Angriff nach heftigem Gefechte zurück und erstürmt das Dorf Malkoschewo. — Aus der obigen nach durchaus zuverlässigen Quellen zusammengestellten Darstellung geht ohne Weiteres hervor, dass diese ganze Stelle des Rapportes der lebhaften Phantasie eines nervös überreizten Erzählers ihr Dasein verdankt. Ein türkischer Angriff hat überhaupt gar nicht stattgefunden; das 3. Garde-Schützen-Bataillon ist den ganzen Tag über nicht aus der hintersten Reserve-Stellung herausgekommen; das Dorf Malkoschewo ist vom Gefechte nicht berührt worden.

zu diesem Detachement gehörige Batterie — zurückgeblieben. Das Detachement bricht in einer Stärke von 9 Bataillonen und 12 Geschützen am Morgen des 31. von Tschuriak auf und trifft erst spät und sehr allmählich in der ihm an der Chaussee zugewiesenen Reserve-Stellung ein. Bald nach 1 Uhr wird ein Bataillon Littauen, einige Stunden später ein zweites Bataillon dieses Regiments nach dem rechten Flügel des Detachements Kurlow vorgezogen, von denen übrigens nur das erstere am Gefecht wirklich Theil nimmt.

ζ) **Das Detachement Wasmund.**

Das 1. Garde-Schützen-Bataillon erhält den Auftrag, am Morgen des 31. die am Fuss des Gebirges gelegene Höhe von Dauschkioi — im Norden der Höhe von Tsarhkesen — zu besetzen und von hier aus die türkische Stellung auf letzterer Höhe zu beschiessen; die beiden Bataillone Koslow sollen als Reserve und zur Sicherung der linken Flanke des Schützen-Bataillons dienen.

Das Schützen-Bataillon bricht um 6 Uhr bei tiefer Finsterniss auf und beginnt den sehr schwierigen Abstieg über den steilen schneebedeckten Hang des Tschornü Werch; wenn nicht das brennende Dorf Dauschkioi als Wegweiser gedient hätte, würde es sehr schwer gewesen sein, die befohlene Richtung in der Dunkelheit einzuhalten. Gegen 10 Uhr ist das Bataillon am Fusse der zu besetzenden Höhe angekommen; die 1. Compagnie besetzt den Gipfel derselben, die drei anderen Compagnien bleiben hinter der Höhe in Reserve. Die Entfernung nach den türkischen Reduten erweist sich für die Berdan-Gewehre zu gross. Die Türken feuern zwei Granaten nach der Stellung des Bataillons ab, nehmen dann aber keine weitere Notiz von demselben. Von der Stellung des Bataillons aus sieht man ganz deutlich die Aufstellung und das Vorgehen Rauchs, auch kann man die Angriffsbewegung Kurlows verfolgen. Gegen 2 Uhr*) hört man aus jener Gegend heftiges Gewehrfeuer und Hurrahgeschrei; man nimmt an, Kurlow habe die feindliche Stellung genommen. Gegen 3 Uhr bemerkt man Bewegungen auf feindlicher Seite; an der Karaula (Chaussee-Gabelung) erscheinen Truppen und Geschütze. Die Ansichten über diese Erscheinung sind verschieden: die Einen erklären sie durch das Eintreffen frischer Verstärkungen auf feindlicher Seite, die Anderen durch den Beginn des Rückzuges.

Als jetzt plötzlich auf dem Gebirgshange links rückwärts des Detachements Wasmund Truppen und Geschütze sichtbar werden, hält man dieselben im ersten Augenblick für Türken; bald aber klärt sich die Sache auf: es ist das Detachement Schuwalow, dessen Geschütze gegen die türkische Stellung das Feuer eröffnen.

Um 3 Uhr erhält das Schützen-Bataillon Befehl zum Vorgehen; ohne auf Widerstand zu stossen, gelangt es bis zu einer von den Türken verlassenen aus Steinen erbauten Redute, in welcher sich deutliche Spuren des Artilleriefeuers (von Rauch) zeigen. Bald darauf wird das Bataillon bis zur Höhe von Dauschkioi zurückgenommen und bleibt hier die Nacht über. Ein Bataillon Koslow biwakirt links von den Schützen; das andere Bataillon Koslow steht noch weiter links rückwärts auf dem Gebirgsabhang.

η) **Das Detachement Schuwalow.**

Die Angaben, welche Gurkos offizieller Rapport über die Ereignisse bei Taschkesen, sowie diejenigen, welche die sehr eingehende und in hohem Grade lehrreiche

---

*) Diese und die übrigen Zeitangaben für die Ereignisse bei dem Detachement Wasmund sind der Feldzugsgeschichte des 1. Garde-Schützen-Bataillons entnommen; im Hinblick auf die überhaupt sehr schwankenden Zeitangaben für die einzelnen Abschnitte des Treffens von Taschkesen sind diese Angaben unverändert gegeben, auch wo sie mit anderweitigen Angaben nicht genau stimmen.

Arbeit des Oberst Enkel „Die 3. Garde-Infanterie-Division im Feldzuge 1877/78" über das Detachement Schuwalow bringt, sind merkwürdigerweise nicht nur sehr oberflächlich, sondern zum Theil nachweislich falsch.

Gurkos Rapport lässt Schuwalow erst am 20. December vom Preobraschenskischen Berge aus vorgehen; Enkel lässt die Vorwärtsbewegung Schuwalows vom genannten Berge sogar erst am Morgen des 31. beginnen — während die Verschiebung des Detachements Schuwalow vom Preobraschenskischen Berge zu dem sogenannten Moskauischen Berge schon am 26. begonnen hat und das ganze Detachement am Abend des 30. December bereits auf letztgenanntem Berge versammelt war. Die zahlreichen Einzelheiten, welche vorliegende Darstellung über die Bewegungen des Detachements Schuwalow bringt (X, g.) sind der sehr eingehenden Feldzugsgeschichte des Regiments Pawlow (im 4. Bande der Sammlung von Meschtscherski) entnommen und entschieden glaubwürdiger, als die in Bezug auf dieses Detachement sehr oberflächlichen und beiläufigen Angaben der oben genannten beiden Quellen. In Bezug auf die Zahl der Geschütze, welche Schuwalow am 31. auf dem Moskauischen Berge in Stellung hatte, spricht Gurkos Rapport allerdings nur von zwei Geschützen und Enkel nimmt diese Angabe ohne Weiteres auf; nach der sehr eingehenden Darstellung der Erlebnisse des Regiments Pawlow waren aber bis zum Abend des 30. December mindestens sechs, wahrscheinlich aber acht Geschütze auf dem Moskauischen Berge aufgestellt.

In Bezug auf die Aufgabe, welche dem Detachement Schuwalow für den 31. gestellt war, herrschte vor und während der Ereignisse des genannten Tages entschieden keine Klarheit. Die am 30. ausgegebene allgemeine Disposition spricht allerdings ganz deutlich aus: Schuwalow solle die linke Flanke der Arabkonak-Stellung umgehend in der Richtung auf die Karaula (Chaussee-Gabelung) gegen den rechten Flügel der Taschkesen-Stellung vorgehen.

In demselben Sinne wie die Disposition äussern sich zwei von dem Armee-Commando an General Krüdener gerichteten Schreiben. In dem einen Schreiben (datirt vom 29.) heisst es: „Schuwalow wird am 31. gegen Nieder-Kamarzü vorgehen." In einem ferneren Schreiben (datirt vom 30.) heisst es ausdrücklich: „In Ergänzung und Erläuterung der früheren Bestimmungen wünscht das Armee-Commando, dass morgen am 31. dem General Schuwalow acht Bataillone nicht zur Vertheidigung der besetzten Stellung, sondern zur Ausführung des Angriffs zur Verfügung stehen; da nun Schuwalow einen starken Schirm in seiner Stellung zurücklassen muss, so wird es nöthig sein, ihn um mindestens drei Bataillone zu verstärken."

Etwas weniger nachdrücklich wird die Offensive betont in einem Schreiben Naglowskis an Schuwalow vom 29. December, 10 Uhr Abends: „Am 31. sollen Ew. Durchlaucht die verabredete Bewegung auf Ober-Kamarzü ausführen, hierbei wird Vorsicht empfohlen, um Verluste zu vermeiden." In dem mehrerwähnten Rapport Gurkos über die Ereignisse bei Taschkesen wird die dem General Schuwalow gestellte Aufgabe ihres offensiven Charakters fast völlig entkleidet: „Die Colonne des Grafen Schuwalow sollte vom Tschornü Werch herabsteigen und den zum Thal von Kamarzü abfallenden Höhenzug besetzen."

Die Thätigkeit des Detachements im Laufe des 31. besteht in Folgendem:

Am 30. stand das Detachement auf dem Moskauischen Berge, wahrscheinlich mit 8 Geschützen. Entweder noch am Abend des 30. oder am frühen Morgen des 31. wird das Regiment Moskau (d. h. die hier vorhandenen drei Bataillone) nach dem Kahlen-Berge vorgeschoben, welcher von dem Moskauischen Berge durch einen tiefen steil geböschten Grund getrennt ist. Nachdem am frühen Morgen des 31. die letzten beiden noch auf dem Preobraschenskischen Berge zurückgebliebenen Compagnien des Regiments Pawlow auf dem Moskauischen Berge eingetroffen, steigen drei Bataillone dieses Regiments in den genannten Grund herunter und nehmen dort Aufstellung; das 1. Bataillon bleibt zur Bedeckung der Geschütze auf dem Moskauischen Berge zurück; eine Compagnie des Regiments Pawlow wird zur Deckung der linken Flanke seitwärts vorgeschoben.

Eine nicht ganz deutliche Angabe lässt es möglich erscheinen, dass von den auf dem Moskauischen Berge stehenden acht Geschützen vielleicht einige auf den Kahlen-Berg geschafft worden sind.

Nach einiger Zeit wird das 3. und 4. Bataillon Pawlow ebenfalls auf den Kahlen-Berg gezogen und alle jetzt hier versammelten fünf Bataillone beziehen das Biwak, da das Gefecht beendigt erscheint. Das 2. Bataillon Pawlow wird nun auch auf den Kahlen-Berg gezogen; das 1. Pawlow rückt in die Schlucht und übernimmt die Deckung des dort aufgeschlagenen Verbandplatzes (der übrigens gar nicht zur Thätigkeit gekommen sein dürfte).

Später wird noch das 2. und 3. Pawlow beauftragt, das Dorf Ober-Kamarzü zu besetzen; sie treten die Bewegung in der Richtung dorthin an, finden aber derartige Wegeschwierigkeiten, dass sie vor Erreichen des Dorfes das Biwak beziehen müssen. Das Gros des Detachements scheint auf dem Kahlen-Berge die Nacht zugebracht zu haben.

Das 3. Bataillon Ismailow gehört zu dem Detachement Schuwalow, spezielle Angaben über seine Thätigkeit sind diesseits nicht bekannt.

ϐ) Das Detachement Klot.

Siehe b, 7.

d. Die Truppen in der Haupt-Stellung unter General Krüdener vom 30. December bis 1. Januar.

α) Allgemeine Anordnungen Krüdeners.

Krüdener erlässt am 30. an die ihm unterstellten Truppen (ausser den Detachements Oldenburg und Etter in den Höhenstellungen zu beiden Seiten der Chaussee waren seinem Befehle unterstellt die Detachements Dandeville und Schuwalow sowie die von Lutikowo her eingetroffenen Verstärkungen) folgende Befehle:

1) Heute am 30. wird nicht gefeuert, morgen dagegen von allen Batterien aus; jedes Geschütz thut 30 Schuss;
2) am 31. wird voraussichtlich der Austritt der Armee in das Thal und der Angriff auf die Taschkesen-Stellung stattfinden;
3) am 31. wird gegen 9 Uhr von der östlichen Höhenstellung aus eine Demonstration gegen die Schandornik-Stellung ausgeführt. Eine dünne Schützenkette, gefolgt von kleinen Unterstützungs-Trupps, geht langsam gegen die Stellung bis auf einen weiten Gewehrschuss vor und eröffnet ein langsames Feuer. Zweck der Unternehmung: Die Türken sollen in der Stellung festgehalten und an der Entsendung von Verstärkungen gegen den diesseitigen Hauptangriff verhindert werden. Treten die Türken den Rückzug an, so sind die Stellungen zu besetzen. Die ganze Bewegung ist mit grosser Vorsicht auszuführen, um Verluste zu vermeiden;
4) eine ähnliche Demonstration wird in der Front links der Chaussee gegen die Arabkonak-Stellung ausgeführt;
5) Schuwalow demonstrirt in der Richtung auf Ober-Kamarzü;
6) Dandeville vollführt eine demonstrative Offensiv-Bewegung in der Richtung auf Strigli und Nieder-Kamarzü.
7) Alle Truppen halten sich bereit, auf den ersten Befehl anzutreten.

Um 3 Uhr Nachmittags trifft bei dem Prinzen Oldenburg ein Kosak ein mit einem aus Etropol vom 29. December 8 Uhr Abends datirten Brief Daudevilles an Gurko, worin er die auf der Baba Gora eingetretene Katastrophe und seinen Rückzug nach Etropol meldet. Das Schreiben wird sofort an Gurko weiter befördert (es scheint erst um andern Morgen in Gurkos Hände gelangt zu sein).

Am Morgen des 31. wird von den russischen Batterien, nachdem der Nebel sich einigermassen verzogen, ein lebhaftes Feuer gegen die türkischen Stellungen eröffnet und von den Türken sehr energisch erwidert. Besonders heftig ist das Feuer gegen die auf dem Finländischen Berge belegene Batterie, deren Commandeur verwundet wird.

Als um 4 Uhr Nachmittags das feindliche Geschützfeuer schweigt, werden zur Aufklärung, ob der Feind die Stellungen noch besetzt hält oder nicht, zwei Demonstrationen gegen die Schandornik- und gegen die Arabkonak-Stellung unternommen.

ß) Ereignisse in der Schandornik-Stellung.

Gegen die Schandornik-Stellung gehen etwa um 5 Uhr Nachmittags in der Front zwei Compagnien (8. 9.) Semenow, von Osten her 200 Freiwillige desselben Regiments, von Westen her 200 Freiwillige der Garde-Jäger vor; Artilleristen sind den Abtheilungen beigegeben, um durch mitgenommene Raketen die etwaige Besitznahme der feindlichen Stellung sofort zu signalisiren. Die Abtheilungen kommen unter dem Schutze eines starken Nebels der feindlichen Stellung ziemlich nahe (die Freiwilligen vom Regiment Semenow wollen einem Logement bis auf 80 Schritt nahe gekommen sein), dann beginnt türkischerseits Gewehr- und Geschützfeuer; die Russen feuern ebenfalls lebhaft und treten dann den Rückzug an; Verlust: 1 Mann verwundet. — Am 1. Januar um 9 $^1/_2$ Uhr Morgens gehen dieselben Abtheilungen wie gestern gegen die in Nebel gehüllte Schandornik-Stellung vor. Als die Russen herankommen, fallen einige Schüsse; unter lebhaftem Feuer und mit lautem Hurrah werfen sich die russischen Abtheilungen auf die Verschanzungen, in denen nur einige wenige Türken zurückgeblieben sind. Um 11 Uhr verkünden drei durch den Nebel aufsteigende Raketen die Besitznahme der Stellung, in welcher sechs Geschütze stehen geblieben sind (im Ganzen hatten die Türken zehn Geschütze zurückgelassen, die andern vier scheinen in der Arabkonak-Stellung gestanden zu haben). Prinz Oldenburg lässt seine Truppen zur Besetzung der Stellungen auf der ganzen Linie vorgehen. Demnächst wird das Garde-Jäger-Regiment beauftragt, die türkischen Verschanzungen zu besetzen und die türkischen Geschütze von den Höhen fortzuschaffen. Das Regiment Semenow und das 4. Bataillon Moskau kehren in die alten Stellungen zurück und schaffen die russischen Geschütze aus den Stellungen nach der Chaussee.

Die Garde-Jäger beziehen nach dem Hinunterschaffen der türkischen Geschütze Quartiere in Strigli und marschiren am 3. Januar nach Wraschdebna zur Vereinigung mit der 1. Garde-Infanterie-Division.

Vom Regiment Semenow folgen zwei Bataillone dem Detachement Rauch und schliessen sich demselben am 3. Januar bei Wraschdebna an; die andern beiden Bataillone beginnen am 2. Januar Morgens mit dem Herunterschaffen der russischen Geschütze, erst am 4. erreichen dieselben bei dem sogenannten Schuwalow-Lager die Chaussee. — Die Bataillone rücken dann am 4. nach Taschkesen, am 5. nach Nieder-Bugarow und am 6. über Wraschdebna nach Sofia zur Vereinigung mit dem bereits dort befindlichen Theile des Regiments.

Das 4. Bataillon Moskau beginnt am 2. Januar um 8 Uhr Morgens mit dem Transport der vier 5./2. Garde-Geschütze aus der Batterie Maibaum.

Um 4 Uhr Nachmittags sind die Geschütze unten an der Chaussee. Um 11 Uhr Nachts stösst das Bataillon zu seinem Regiment.

γ) **Ereignisse in der Arabkonak-Stellung.**

Zwei abgesessene /34. Sotnien, unterstützt von zwei Compagnien Infanterie, gehen längs der Chaussee gegen die Arabkonak-Stellung vor und unterhalten längere Zeit ein Feuergefecht mit der Besatzung der türkischen Verschanzungen. In der Nacht melden mehrere gegen die feindliche Stellung vorgehende Kosaken-Patrouillen, dort sei starker Lärm zu hören. Am frühen Morgen geht die Meldung ein, die Stellung scheine geräumt, auf herangehende Patrouillen seien nur vereinzelte Schüsse gefallen. Die Räumung der feindlichen Stellungen bestätigt sich dann, und bald darauf trifft bei Krüdener die Mittheilung ein, dass Taschkesen gestern von den Russen besetzt worden. Alle Truppen erhalten nunmehr Befehl zum Vorgehen. Die Chaussee ist von den Türken durch Zerstörung einer Brücke und Ausführung einer ziemlich umfangreichen Durchstechung des Chaussee-Dammes nach Möglichkeit unbrauchbar gemacht, russischerseits werden sofort die Herstellungsarbeiten begonnen.

Zunächst werden die beiden /34. Sotnien vorgeschickt, um die Verbindung mit Taschkesen herzustellen; im Laufe des Vormittags überschreiten den Pass auf der Chaussee das 1. Bataillon Finland, das Regiment Archangel Nr. 17 und ein Theil des Regiments Wologda Nr. 18; später — nach Herstellung der Chaussee — die 2./31. Batterie.

Ueber die Truppentheile, welche während der Uebergangs-Operationen theils in der westlichen Höhenstellung, theils in der Reserve-Stellung an der Chaussee (Schuwalow-Lager) gestanden, wird zunächst folgendermassen verfügt:

Die verschiedenen Truppentheile der 5. **Infanterie-Division** rücken nach Strigli, Ober- und Nieder-Kamarzü in Quartier.

Regiment **Finland** scheint in Taschkesen oder in der Umgegend Quartier bezogen zu haben.

Regiment **Pawlow** rückt am 1. Januar nach Ober-Kamarzü, hat hier am 2. Ruhe und marschiert am 3. über Taschkesen nach Ober-Malina, wo es mehrere Tage bleibt.

Regiment **Moskau** rückt am 3. Januar mit dem 1. und 2. Bataillon nach Taschkesen, mit dem 3. und 4. Bataillon nach Dauschkioi.

Die 2./31. Batterie marschiert zur Vereinigung mit der 3. Garde-Infanterie-Division nach Petritschewo.

e. Das Detachement Katalei-Kurlow vom 1. bis 6. Januar.

α) **Die Wege-Verbindung zwischen Nieder-Kamarzü und Petritschewo.**

Die Hauptstrasse von Nieder-Kamarzü nach Slatiza überschreitet 2 km südlich von Mirkowo — ohne diesen Ort zu berühren — den Mirkowo-Bach, der bei Petritschewo in die Topolniza mündet. Etwa 4 km östlich von Nieder-Kamarzü zweigt sich von der genannten Strasse ein Weg nach Osten ab, der, über Bunowo und Mirkowo führend, nicht weit von letzterem Orte wieder in die Hauptstrasse mündet.

Sobald die Strasse Kamarzü-Slatiza den Mirkowo-Bach überschritten hat, führt von ihr in südlicher Richtung ein guter Weg am Ost-Ufer des Mirkowo-Baches entlang nach Petritschewo. Das von hohen steilen Bergen eingeschlossene Thal des Mirkowo-Baches, an der Slatiza-Strasse etwa 2 km breit, verengt sich nach Süden mehr und mehr; bei Kelano Kamarzü schliessen die Thalränder dicht zusammen und bilden bis Petritschewo einen fortlaufenden Engpass.

Von Slatiza nach Petritschewo führt im Thal der Topolniza entlang ein schwieriger Gebirgspfad; ein ebensolcher Pfad führt von Tscherkaskioi über Smowsko im Thal des Smowsko-Baches entlang und erreicht die nach Petritschewo führende Strasse da, wo der Smowsko-Bach in den Mirkowo-Bach mündet — etwa 3 km nördlich von Petritschewo.

9) Der 1. Januar.

Noch ohne Kenntniss von dem inzwischen bewerkstelligten Abzuge der Türken zu haben, begibt sich Katalei am frühen Morgen von Taschkesen, wo er die Nacht zugebracht (e. 3.), zu dem Detachement Kurlow, um den ihm ertheilten Befehl: sich in den Besitz von Nieder-Kamarzü zu setzen, auszuführen.

Unter Kurlow sind in der Stellung südlich von Taschkesen versammelt: Die Regimenter Wolhynien, Petersburg, zwei (3. 4.) Bataillone Littauen und zwei (1. 2.) Bataillone Kostroma.

Der Stabs-Chef Oberst Enkel hat sich von Taschkesen zu Filosofow begeben und dort die von Gurko dem General Katalei zugewiesenen drei Bataillone — 2. 3. Garde-Schützen, 2. Littauen — übernommen; um 6 Uhr mit ihnen aufbrechend, kommt er (7 km Entfernung) um 9 Uhr bei Kurlow an.

Hier haben inzwischen Patrouillen gemeldet, dass Nieder-Kamarzü besetzt sei, worauf Katalei — um 9,45 Uhr — folgende Anordnungen trifft: Die beiden Schützen-Bataillone gehen in der Front gegen das Dorf vor — 2. Littauen und drei Compagnien Kostroma umgehen das Dorf rechts und suchen die Chaussee hinter ihm zu erreichen — 2. Petersburg folgt in Reserve.

Kurlow mit den übrigen Truppen des Detachements — vier Bataillone Wolhynien, 1., 3., 4. Petersburg, 3., 4. Littauen, ein Kostroma — soll von den besetzten Höhen direkt zur Chaussee hinuntersteigen und dann auf dieser nach Kamarzü marschieren.

An Filosofow schickt Katalei den Befehl, er solle mit dem Regiment Kexholm durch die Schlucht von Malkotschewo nach Kamarzü marschieren; denselben Befehl bekommt inzwischen Filosofow auch von Gurko. Die Artillerie der Detachements Kurlow und Filosofow soll bei Taschkesen zurückbleiben; die Absicht, einige Geschütze auf Schlitten mitzunehmen, hat mangels letzterer nicht ausgeführt werden können.

Nach leichtem Gefecht räumen die Türken das Dorf Nieder-Kamarzü vor den vordringenden Schützen-Bataillonen und besetzen etwa 1000 m hinter dem Dorfe eine nördlich der Chaussee gelegene bereits vorher verschanzte Höhe, auf welcher auch zwei Geschütze in Stellung gebracht werden.

Um 11½ Uhr ist das Dorf von den russischen Bataillonen besetzt, die Umgehung nähert sich von Süden her der Chaussee; von der Karaula her kommen von Gurko gesandt zwei 1./1. Garde-Geschütze angetrabt, welche nördlich des Dorfes auffahren und die türkische Stellung unter Feuer nehmen. Bald darauf treten die Türken den Rückzug an, verfolgt von den beiden Schützen-Bataillonen.

Russischer Verlust: 8 Mann verwundet (5 Mann Littauen und 3 Artilleristen). Etwa 150 Türken waren gefangen.

Bald nachdem Katalei (12,15 Uhr) an Gurko eine Meldung über die Einnahme von Nieder-Kamarzü sowie über den Beginn der Verfolgung auf Slatiza und Petritschewo abgeschickt, trifft folgender Befehl Gurkos ein: Die beiden Schützen-Bataillone sollen behufs anderweitiger Verwendung von Kataleis Detachement abgegeben werden; Katalei soll auf Bunowo und Telisch verfolgen. Als Notiz ist hinzugefügt: wahrscheinlich seien die türkischen Verschanzungen (Arabkonak-Stellung) vom Gegner geräumt, bestimmt weiss man es noch nicht (!).

Die in lebhafter Verfolgung begriffenen Schützen-Bataillone werden nur mit Mühe zurückgenommen; die Verfolgung kommt hierdurch ins Stocken und wird erst um 1 Uhr Mittags wieder aufgenommen.

Allmählich treffen die übrigen Truppen des Detachements Kurlow wie auch Filosofow mit dem Regiment Kexholm ein; die ganze Division wird auf der Chaussee in Marsch gesetzt. Um 2,⁴⁵ Uhr erreicht die Spitze die 4 km hinter Kamarzü befindliche Strassen-Gabelung, Katalei theilt hier sein Detachement: Kurlow mit zwei Bataillonen Kostroma und dem ganzen Regiment Petersburg soll über Bunowo marschieren, das Gros der Division über Telisch.

Hier ist eine Bemerkung nicht gut zu unterlassen. Das Dörfchen Telisch liegt 2 km seitwärts der Chaussee und hat an und für sich gar keine Bedeutung; der Marsch nach Petritschewo musste und konnte nur auf der Chaussee bewerkstelligt werden. Es ist schwer zu glauben, dass Gurko das Dörfchen Telisch thatsächlich als Marschziel für Kataleis Kolonne ins Auge gefasst hatte; viel wahrscheinlicher ist es, dass man entweder in der Eile der Befehlsertheilung geglaubt hatte, Telisch liege an der Chaussee, oder dass man mit diesem Namen nur die Höhe bezeichnen wollte, bis zu welcher jedenfalls auf der Chaussee vorgegangen werden sollte. Katalei fasste die Bestimmung aber wörtlich auf, wodurch den Truppen zwecklose Anstrengungen auferlegt, auch der Vormarsch am anderen Tage bedeutend verzögert wurde.

Katalei lässt das die Avantgarde bildende 3. Kexholm nebst der halben 1./1. Garde-Batterie auf der Chaussee in der Höhe von Telisch um 5 Uhr Nachmittags Halt machen; die übrigen Truppen der rechten Kolonne, anstatt auf der Chaussee weiter zu marschieren und demnächst an dieser zu biwakiren, biegen von der Chaussee ab und schlagen einen beschwerlichen schmalen mit tiefem Schnee bedeckten Pfad ein, auf dem die Tête der Kolonne das Dorf Telisch im Laufe des Abends, die Queue erst um 2 Uhr Nachts erreicht. Die linke Kolonne unter Kurlow übernachtet in Bunowo.

Um 8 Uhr Abends schickt Katalei aus Telisch eine schriftliche Anfrage an Gurko ab: ob und wohin er am folgenden Tage die Verfolgung fortsetzen solle? sowie was er mit den beiden nicht zu seiner Division gehörenden Bataillonen Kostroma Nr. 10 machen solle?

γ) Der 2. Januar. — Gefecht bei Petritschewo.

Um 6 Uhr Morgens erscheint Oberst Stawrowski — der am vorigen Tage von Kamarzü aus nach Taschkesen an Gurko um Befehle abgeschickt worden — bei Katalei mit einem Schreiben des Stabs-Chefs Naglowski folgenden Inhalts: „General Gurko befiehlt Ihnen, morgen um 5 Uhr aufzubrechen, die Türken so energisch wie möglich zu verfolgen und wenn angängig, Petritschewo zu nehmen. Ferner hat General Gurko befohlen, dass Sie mit Daudeville die Verbindung herstellen sollen, der morgen bei Klissekioi und Tschelopetscheni vom Gebirge heruntersteigt. Die (Garde-) Cavallerie ist auf Petritschewo in Marsch gesetzt und soll den Türken den Weg verlegen; wenn Sie nicht schnell genug vorgehen, kann diese Cavallerie in eine schwierige Lage kommen. Ihre Artillerie (die bei Taschkesen gebliebenen Batterien der 3. Garde-Artillerie-Brigade) geht morgen nach Sofia, Sie werden andere Artillerie erhalten."

Dieser Brief, der den Aufbruch um 5 Uhr befiehlt, war wie gesagt erst um 6 Uhr an General Katalei gelangt. Die Truppen der rechten Kolonne Filosofow, welche die Nacht bei Talisch zugebracht, werden sofort alarmirt; Filosofow erhält den Befehl, mit ihnen sofort nach Mirkowo zu marschieren (d. h. wohl nach der Strassen-Gabelung südlich Mirkowo, siehe a.) — es zeigt sich nun, dass die Kolonne drei Stunden braucht, um auf dem einen beschwerlichen Fusspfade die gestern nutzloser Weise verlassene Chaussee zu erreichen. An Kurlow wird der Befehl geschickt, er solle die beiden Bataillone Kostroma zur Herstellung der Verbindung mit Daudeville auf Tschelopetscheni in Marsch setzen, selbst aber mit dem Regiment Petersburg sofort über Mirkowo auf Petritschewo marschieren.

Katalei mit seinem Stab war inzwischen nach der Chaussee zu der hier stehenden Avantgarde geritten und hatte dieselbe in Marsch gesetzt. — Die Chaussee-Brücke über den Mirkowo-Bach — 2 km südlich Mirkowo — war zerstört, was den Uebergang der Artillerie über den steilgeränderten Bach erschwerte. In Mirkowo selbst, wohin eine Compagnie entsendet wurde, befanden sich etwa 100 Türken, welche sich gefangen nehmen lassen; einige Tollköpfe, welche aus den Häusern schiessen, werden niedergemacht. Von den Gefangenen erfährt man, dass das Gros Schakirs sich in Petritschewo befinde.

Zur Deckung seines Rückzuges, der von Petritschewo aus auf den beiden Wegen über Metschka und über Poihren nach Tatar Basardschik ausgeführt wurde, hatte Schakir eine Brigade als Nachhut bei Petritschewo zurückgelassen. Die Vertheidigungsstellung derselben lag westlich der Strasse auf den Höhen südlich des Smowsko-Baches; eine Vor-Stellung lag auf den Höhen nördlich des Smowsko-Baches zwischen diesen und dem Mirkowo-Bach, also auch westlich der Strasse; kleinere Abtheilungen scheinen auch die Höhen östlich der Strasse besetzt gehabt zu haben.

An der Brücke über den Mirkowo-Bach wartet Katalei mit der grössten Ungeduld auf die Ankunft der von Telisch und Bunowo her im Anmarsch befindlichen Kolonnen. Als gegen 1 Uhr die Têten beider Kolonnen an der Brücke eintreffen, lässt Katalei das Avantgarden-Bataillon — 3. Kexholm — antreten; an der Spitze f ü n f Kosaken, die e i n z i g e bei der ganzen Division befindliche Cavallerie,*) dahinter Infanterie-Patrouillen, dann eine Compagnie als Vorhut, dann das Gros des Bataillons, hinter demselben die vier Geschütze.

Katalei reitet mit seinem Stabe v o r der Compagnie der Vorhut; Filosofow, der ihn mehrmals vergeblich darauf aufmerksam gemacht hat: sein Platz sei wohl nicht so weit v o r der Division, bleibt schliesslich auch bei ihm.

Als die Spitze sich dem Eingang in den eigentlichen Engpass — auf dessen Westseite die türkische Stellung lag — bis auf 1500 Schritt genähert hat, zeigen sich auf den Höhen einzelne Fussgänger und Reiter, auch fallen Schüsse auf die an der Spitze reitenden Kosaken.

Das 3. Kexholm entwickelt sich in Compagnie-Kolonnen in zwei Treffen und setzt mit vorgenommener Schützenlinie die Bewegung fort; der Regiments-Commandeur General Wittorf dirigirt den rechten, General Filosofow den linken Flügel der Schützenlinie. — Es ist etwa 2 Uhr Nachmittags.

Das feindliche Gewehrfeuer wird immer heftiger.

Das 1. Kexholm und kurze Zeit nachher auch das 1. Petersburg werden in die Gefechtslinie gezogen; die Artillerie fährt links der Strasse auf und eröffnet das Feuer gegen die rechts der Strasse gelegene türkische Stellung.

---

*) Auch diese hatte Katalei auf eigene Verantwortung mitgenommen trotz des sehr scharfen Befehls Gurkos, alle der kaukasischen Brigade entnommenen Ordonnanzen, Eskorte-Reiter etc. zurückzusenden.

Nachdem Katalei diese Anordnungen im feindlichen Gewehrfeuer getroffen, sinkt er von einer Gewehrkugel durchbohrt todt vom Pferde; gleich darauf wird General Filosofow tödtlich verwundet, ebenso der Adjutant des Letzteren.

Auffallend ist der Umstand, dass Filosofow längere Zeit an der Stelle, wo er gefallen, liegen bleiben muss, weil wegen des dorthin gerichteten feindlichen Feuers die Versuche, ihn von dort zurückzuschaffen, nicht gelingen. — General Kurlow übernimmt das Kommando. Die Türken räumen die am Eingange des Engpasses gelegene Vor-Stellung und gehen auf die verschanzte Haupt-Stellung hinter dem Snıowsko-Bach zurück.

Im Hinblick auf die bedeutende Stärke der feindlichen Stellung beschliesst Kurlow, in der Front keinen ernsthaften Angriff zu unternehmen, sondern den Gegner durch Umgehung aus der Stellung zu vertreiben.

Unter Führung von zwei ortskundigen Bulgaren wird das 2. und 3. Petersburg unter Major Merkling bestimmt, den rechten Flügel der türkischen Stellung auf Gebirgspfaden zu umgehen; der Generalstabs-Oberst Stawrowski begleitet die Umgehungs-Kolonne.

Drei andere Bataillone — 2. 4. Kexholm, 4. Petersburg — verstärken die Gefechtslinie in der Front, welche namentlich gegen den linken Flügel der Türken demonstriren soll, um die Aufmerksamkeit des Gegners von der Umgehungs-Kolonne abzuziehen; im Hinblick auf die grosse Schwierigkeit eines weiteren Vorgehens gegen die feindliche Stellung beschränkt sich diese Demonstration auf ein lebhaftes Feuer.

Die inzwischen herangekommenen Regimenter Littauen (drei Bataillone) und Wolhynien (vier Bataillone) verbleiben vorläufig in Reserve; obgleich über 3000 m von dem Gegner entfernt, erleiden diese Truppen dennoch einige Verluste durch fast senkrecht einschlagende Geschosse.

Um 4 Uhr wird aus der Gegend hinter dem rechten feindlichen Flügel Gewehrfeuer hörbar; der Ton des Berdan-Gewehres ist deutlich kenntlich.

Kurlow entsendet das 2. Littauen zur Verstärkung der Umgehungs-Kolonne; das 3. und 4. Littauen verstärken den linken Flügel der Frontlinie.

Nach einiger Zeit trifft eine Meldung Stawrowskis ein: der Abzug der Türken in der Richtung auf Petritschewo habe begonnen.

Um 6 Uhr ist das Gefecht zu Ende.

Verluste am 2. Januar:

Stäbe: 1 General todt, 1 General 1 Offizier tödtlich, 1 Offizier (Oberst Enkel) leicht verwundet.
Littauen: 4 Mann verwundet.
Kexholm: 21 Mann todt, 5 Offiziere 61 Mann verwundet.
Petersburg: 9 „ „ 1 „ 35 „ „

Zusammen: 1 General 30 Mann todt,
1 General 8 Offiziere 100 Mann verwundet.

Kapitän Agapejew, Adjutant Kurlows, wird während des Gefechtes abgeschickt, um vom Armee-Kommando die Zutheilung von etwas Cavallerie zu erbitten; er trifft in der Gegend von Mirkowo das Garde-Dragoner-Regiment (b, r.) und führt die ihm überlassene 4. Eskadron dieses Regiments zu Kurlow. Nach Beendigung des Gefechtes wird ausserdem ein Offizier abgeschickt, um das Detachement Dandeville aufzusuchen und ihm Mittheilung über die Verhältnisse bei dem Detachement Kurlow zu machen.

β) Der 3. Januar.

Im Laufe der Nacht oder am frühen Morgen trifft ein Zettel des Generals Lipinski (Stabs-Chef des Generals Krüdener) ein: Kurlow solle sich nicht auf Frontal-Angriffe einlassen, sondern durch Umgehungen zu manöveriren versuchen.

Patrouillen der Garde-Dragoner-Eskadron melden am Morgen: Petritschewo sei von den Türken geräumt.

Noch vor dem Aufbruch des Detachements trifft vom General Dandeville Antwort ein: sein Detachement habe Slatiza und Tschelopetscheni besetzt.

Nachdem das Detachement sich bereits nach Petritschewo in Marsch gesetzt, erscheint von Smowsko her die 2. Garde-Cavallerie-Brigade bei diesem Ort, geht aber sofort wieder nach Smowsko zurück.

In Petritschewo trifft ein Befehl Krüdeners ein über die von den ihm unterstellten Truppen zu beziehenden Quartiere; der 3. Garde-Infanterie-Division sind danach angewiesen Petritschewo, Kelano, Kamarzü, Smowsko, Telisch und Kolorani.

Die beiden letzteren Orte werden von der Division nicht belegt, weil sie zu weit entfernt sind; Smowsko ist vorläufig bereits durch die Garde-Cavallerie belegt; Petritschewo und Kelano Kamarzü, welche von der Division belegt werden, sind von den Einwohnern verlassen und zum Theil niedergebrannt.

In Petritschewo trifft am heutigen Tage von Arabkonak kommend die dem Detachement zugetheilte 2./31. Batterie ein.

ε) Der 4. Januar.

Die Türken räumen Poibren (im Topolniza-Thal, 12 km von Petritschewo), worauf dieser Ort sofort vom Regiment Petersburg besetzt wird. Cavallerie-Patrouillen gehen 10 km weiter bis Mochowo, wo feindliche Abtheilungen in starken Verschanzungen stehen.

ζ) Der 5. Januar.

Das von den Türken ebenfalls ohne Gefecht geräumte Dorf Metschka (auf dem Wege nach Otlukioi), wird vom 4. Bataillon Petersburg besetzt.

Im Hinblick auf den am heutigen Tage erfolgenden Abmarsch der Garde-Cavallerie von Smowsko nach Rakowiza und der dadurch ermöglichten weiteren Ausbreitung des Quartier-Bezirks des Detachements wird folgende morgen zur Ausführung kommende Vertheilung der Truppen angeordnet:

Wolhynien: 2 Bataillone Metschka, 2 Bataillone Smowsko.
Petersburg: Poibren.
Kexholm: Kelano Kamarzü und Petritschewo.
Littauen: Smowsko.

η) Der 6. Januar. — Gefecht bei Metschka.

Das Dorf Metschka, aus 60 bulgarischen Häusern bestehend, liegt in einer von hohen Bergen eingeschlossenen Mulde, welche sich nach Südosten zu öffnet. Nach dem etwa 13 km entfernten Petritschewo führt ein Gebirgspfad vom Dorfe aus in nördlicher Richtung über die einschliessenden Berge, ein ähnlicher Weg führt in westlicher Richtung nach Poibren. Nach Südosten zu — in welcher Richtung der Weg nach Otlukioi zieht — fällt das Gelände von Metschka aus auf $2\frac{1}{2}$ km Entfernung sanft ab; jenseits einer tiefen steilrandigen Schlucht erheben sich dann Berge von bedeutender Höhe.

Auf diesen Höhen, von wo aus Metschka und seine Umgebung vollkommen eingesehen wurde, hatte Schakir Pascha bei seinem Abzuge nach Otlukioi in verschanzter Stellung eine Brigade mit zwei Geschützen stehen lassen.

Das 4. Bataillon Petersburg unter Major Mjätschkow, welches zusammen mit der 2. Eskadron des Garde-Dragoner-Regiments am 5. nach Metschka vorgeschoben worden war, befand sich hier, kaum 3 km vor einer verschanzten feindlichen Stellung und 13 km von der nächsten Unterstützung entfernt, unzweifelhaft in einer ganz ausnahmsweise gefährlichen Lage — trotzdem scheint grosse Sorglosigkeit geherrscht zu haben; an eine Verstärkung der Stellung durch Schützengräben war nicht gedacht worden.

Als um 10 Uhr Morgens sich eine türkische Schützenkette der russischen Stellung nähert, lässt Major Mjätschkow die auf Vorposten befindliche 13. Compagnie ausschwärmen, die 16. Compagnie wird als Unterstützung dahinter aufgestellt, die beiden anderen Compagnien verbleiben im Dorfe, die Dragoner decken die Flanken. Türkischerseits wird die Schützenlinie verstärkt und ein lebhaftes Feuergefecht eröffnet.

Gegen 12 Uhr entwickeln sich vor der Stellung starke türkische Abtheilungen — nach türkischen Angaben fünf Bataillone — und dringen, starke Schützenschwärme vor sich, bis auf 600 Schritt an die russische Aufstellung heran. Nachdem türkische Cavallerie die Flanken der russischen Stellung rekognoszirt, beginnt eine Infanterie-Kolonne mit Cavallerie das Dorf südwärts zu umgehen; gleichzeitig macht der rechte Flügel der Türken eine Vorwärtsbewegung, um sich dem nach Petritschewo führenden Wege zu nähern, die Türken gehen hier vor mit zwei Schützenlinien hintereinander, hinter diesen folgt eine Compagnie-Kolonnen-Linie.

Major Mjätschkow besetzt die Höhen nördlich des Dorfes zur Deckung des nach Petritschewo führenden Weges mit der 14. und 15. Compagnie; die bisher im Gefechte gewesenen Compagnien, welche beide als Schützen aufgelöst waren, werden hinter das Dorf zurückgenommen, welches so den Türken in die Hände fällt und von diesen in Brand gesteckt wird.

Während dieser ganzen Zeit hat Major Mjätschkow es nicht für nöthig gehalten, eine Meldung über die Vorgänge nach Petritschewo zu schicken; er durfte also auf keine Unterstützung rechnen und befand sich jedenfalls in einer äusserst bedrängten Lage. Durch reinen Zufall treffen in diesem gefahrvollen Augenblick um $2,^{50}$ Uhr die beiden Bataillone (3. 4.) Wolhynien, welche nach der neuen Quartier-Vertheilung nach Metschka bestimmt sind, von Petritschewo kommend auf dem Gefechtsfelde ein. Die drei vordersten Compagnien eilen sofort der 14. und 15. Compagnie gegen den türkischen rechten Flügel zu Hülfe, die anderen Compagnien werfen sich der von Süden her kommenden Umgehung entgegen. Das plötzliche Auftreten bedeutender Verstärkungen bringt den türkischen Angriff zum Stutzen, und als die Russen nunmehr zum Angriff übergehen, weichen die Türken rasch bis auf ihre verschanzte Stellung zurück. Das Gefecht ist um $5,^{30}$ Uhr zu Ende.

Verluste: 4. Bataillon Petersburg: 6 Mann todt, 41 Mann verwundet. 3. und 4. Bataillon Wolhynien: 1 Mann todt, 1 Offizier (tödtlich), 18 Mann verwundet. 2. Eskadron Garde-Dragoner: 1 Offizier 2 Mann verwundet.

Der verwundete Dragoner-Offizier war um 3 Uhr Nachmittags nach Petritschewo gekommen; von ihm erfährt Oberst Enkel, Stabs-Chef der 3. Garde-Infanterie-Division, beiläufig, dass seit dem Morgen bei Metschka heftig gefochten werde. Oberst Enkel reitet sofort mit dem Generalstabs-Kapitain Dagajew nach Metschka ab, trifft aber erst nach Beendigung des Gefechtes ein. Enkel orientirt sich über die Sachlage, überträgt dem Oberst Ober, Kommandeur des Regiments Wolhynien, das Kommando über die jetzt in Metschka befindlichen Truppen, gibt ihm den Generalstabs-Kapitain Dugajow bei und trifft selbst um Mitternacht in Petritschewo wieder ein.

ß) Der 7. Januar.

Von Metschka läuft in Petritschewo die Meldung ein: nach Bulgaren-Nachrichten sollen in Tatar-Basardschik 22000 Türken angekommen sein. — Aus Poibren kommt die Meldung, dass vor Mechowo starke türkische Vorposten stehen und dass dieses Dorf selbst verschanzt ist.

Diese Nachrichten lassen eine verstärkte Wiederholung des feindlichen Angriffs auf Metschka als leicht möglich erscheinen; aus diesem Grunde wird bei Metschka eine stärkere Truppen-Abtheilung zusammengezogen, bestehend aus den ganzen Regimentern Petersburg und Wolhynien und einem Bataillon Kexholm; Kurlow selbst übernimmt das Kommando.

Das Regiment Littauen rückt nach Poibren; drei Bataillone Kexholm bleiben mit der 1./1. Garde-Batterie (4 Geschütze) in Petritschewo als allgemeine Reserve.

Am folgenden Tage trifft die 2./31. Batterie (4 Geschütze) in Metschka ein; zwischen Petritschewo, Poibren und Metschka wird eine Relais-Linie errichtet. In Folge dieser Massregeln ist es möglich, im Bedarfsfalle ebensowohl in Poibren wie in Metschka ein verhältnissmässig starkes Detachement zu versammeln.

f. Die Detachements Dandeville und Brok im Slatiza-Thal.

a) Uebergang des Detachements Dandeville über den Kasamarska-Pass.

30. December.

Oberst Lubowizki trifft im Auftrage des Generals Brok in Etropol ein, um dem General Dandeville den Vorschlag zu machen, den Kasamarska-Pass zum Uebergange seines Detachements zu benutzen. Dandeville stimmt dem Vorschlage zu und schickt an Gurko die entsprechende Meldung.

31. December.

Um 6 Uhr Morgens bricht die 4./31. Batterie von Etropol auf mit einem Bataillon Woronesch und der halben 3. Compagnie des Garde-Sappeur-Bataillons.

Um 1 Uhr Mittags folgt das Regiment Pskow (771 Mann stark!), um 2 Uhr das Regiment Welikoluz. — Zwei Sotnien Donzen und eine Eskadron Jekaterinoslaw-Dragoner Nr. 4 sind auf der Baba Gora mit dem Hinunterschaffen der verschneit zurückgelassenen vier Geschütze (der 19. Don-Batterie) nach Etropol beschäftigt.

1. Januar.

Dandeville marschiert von Etropol ab mit zwei Eskadrons Dragonern, zwei Bataillonen Woronesch und zwei /16. reitenden Geschützen. Die gestern abgerückten Truppen überholend, kommt Dandeville mit den Dragonern um 3 Uhr Nachmittags auf dem Passe an. Die Regimenter Pskow und Welikoluz erreichen den Pass am späten Abend; die 1. Division der 4./31. Batterie mit zwei Bataillonen Woronesch gelangt heute bis zum Blockhaus (2 km vor dem Passe); die 2. Division der 4./31. Batterie und die beiden /16. reitenden Geschütze, begleitet von einem Bataillone Woronesch und einer Anzahl bulgarischer Arbeiter, sind auf der Nordseite des Passes noch um 5 km weiter zurück.

2. Januar.

Die erste Artillerie-Staffel erreicht die Passhöhe um 10 Uhr Morgens; am späten Abend erreichen diese vier Geschütze den Südfuss des Passes bei Klissekioi, wo auch die Regimenter Pskow und Welikoluz eingetroffen sind. — Die zweite Artillerie-Staffel mit Begleitung befindet sich noch auf der Nordseite des Passes. — Von Etropol aus treffen die auf der Baba Gora zurückgelassen gewesenen Kosaken und Dragoner bei Klissekioi ein.

Die zweite Artillerie-Staffel erreicht erst am Morgen des 3. Januar die Passhöhe und 4. Januar Abends das Dorf Klissekioi. Diese Geschütze hatten fast alle durch den Transport schwere Beschädigungen erlitten.

β) Entwickelung der vereinigten Detachements im Thal von Slatiza.

1. Januar.

Dandeville übernimmt, nachdem er am 1. Januar Nachmittags auf dem Pass eingetroffen, das Kommando auch über das Detachement Brok, rekognoszirt die Oertlichkeit und setzt den Angriff auf die feindlichen Stellungen auf den 3. Januar fest. Die Regimenter Pskow, Welikoluz und ein Theil von Woronesch nebst vier Geschützen sollen Slatiza und das dortige verschanzte Lager, — die Leib-Grenadiere und sechs Compagnien Neu-Ingermanland sollen gleichzeitig Tschelopetscheni und die über diesem Dorfe gelegene verschanzte Höhe angreifen. Noch vor Beginn des Angriffs soll General Krasnow mit den Dragonern und Kosaken von Klissekioi ins Thal vorgehen und so schnell als möglich nach Westen hin die Verbindung mit der Hauptarmee aufsuchen, über deren Bewegungen in den letzten Tagen dem General keine Nachrichten zugekommen waren.

Der Feind wartet den bevorstehenden Angriff indessen nicht ab, sondern tritt, nachdem er noch am Abend des 1. aus allen Stellungen ein überaus lebhaftes Feuer unterhalten hat, in aller Stille in der Nacht vom 1. zum 2. Januar seinen Rückzug an.

2. Januar.

Als am frühen Morgen durch Patrouillen der Abzug des Gegners bekannt geworden, gehen die russischen Truppen überall vor und besetzen die verlassenen Stellungen.

Oberst Mandrükin geht mit zwei donischen Sotnien und zwei Eskadrons Dragonern Nr. 4 durch Slatiza, wo nur einige wenige türkische Nachzügler entweder gefangen oder niedergemacht werden, in östlicher Richtung weiter vor und bemächtigt sich bei Laschen (Lizana) eines aus 50 Fuhrwerken bestehenden Trosses, der zum Theil zerstört, zum Theil nach Slatiza geschafft wird. Der um 3 Uhr Nachmittags sich einstellende starke Nebel sowie die grosse Ermüdung der Pferde machen dem weiteren Vorgehen des Oberst Mandrükin — der auch schwerlich grosse Erfolge gehabt haben würde — ein Ende. Das ganze Resultat der Verfolgung besteht in 60 Gefangenen, einigen Trossfahrzeugen und 250 Stück Vieh; ausserdem sind einige Türken getödtet.

Die im Lager von Slatiza vorhandenen ziemlich bedeutenden türkischen Vorräthe sind von den Bulgaren schon vor dem Eintreffen der russischen Truppen geplündert worden.

Dandeville, der die Einquartierung eines Theiles seiner Truppen in Slatiza angeordnet, kehrt von hier um 3½ Uhr Nachmittags nach Klissekioi zurück und findet hier die aus Etropol nachgerückte Cavallerie — 2 Sotnien und 1 Eskadron Dragoner. Oberst Rehbinder (Commandeur der 4. Dragoner) erhält Befehl, mit dieser Cavallerie sofort in südwestlicher Richtung über Kolonari auf Petritschewo vorzugehen. Rehbinder kommt auf dem schlechten Wege, der nur den Marsch in der Kolonne zu Einem gestattet, nur langsam vorwärts und übernachtet in Kolonari.

Nach dem Abmarsche Rehbinders aus Klissekiöi vernimmt man hier sehr heftiges Gewehrfeuer aus westlicher Richtung (Gefecht von Petritschewo); da der starke Nebel jede Aussicht hindert und keine weitere Cavallerie zum Aufklären vorhanden, so versammelt Dandeville bei Tschelopetscheni einen Theil des Grenadier-Regiments und die sechs Compagnien Neu-Ingermanland, auch werden die beiden 19. Kosaken-Geschütze aus der bisherigen Höhenstellung des Detachements Brok nach Tschelopetscheni geschafft. — Am Abend treffen von Mirkowo her acht Compagnien Kostroma ein (c. 7.); sie werden aus erbeuteten Vorräthen mit Brod versehen.

3. Januar.

Noch im Laufe der Nacht trifft Dandeville die Anordnung, dass um 6 Uhr Oberst Komarowski (Commandeur des Regiments Neu-Ingermanland Nr. 10) mit zwei Bataillonen Woronesch, einem Bataillon Welikoluz und zwei 4./31. Geschützen über Kolonari auf Petritschewo marschieren soll, um die dort stehenden Türken in der Flanke zu fassen. — Inzwischen trifft der von General Kurlow abgeschickte Ordonnanz-Officier ein, welchem von den getroffenen Anordnungen Kenntniss gegeben wird.

Dandeville schickt eine Sotnie zur Rekognoszirung in der Richtung auf Laschen vor; in Slatiza wird das Regiment Pskow mit zwei 4./31. Geschützen aufgestellt; in Tschelopetscheni verbleiben die sechs Compagnien Neu-Ingermanland. — Nicht direkt verfügt ist also über das Regiment Leib-Grenadiere und zwei Bataillone Welikoluz; diese Truppen scheinen theils in Ruhequartiere gelegt, theils noch auf dem Pass zurückbehalten zu sein; ein Bataillon Woronesch ist noch mit der zweiten Artillerie-Staffel unterwegs.

Am Abend trifft Rehbinders Meldung ein: Die Türken seien abgezogen und Petritschewo von der 3. Garde-Infanterie-Division besetzt. Nunmehr geht an Komarowski — der inzwischen bis Kolonari marschiert ist, seine beiden Geschütze aber wegen der Unmöglichkeit, sie auf den von ihm benutzten Gebirgspfade mitzunehmen, nach Slatiza zurückgesandt hat — der Befehl ab, mit seinem Detachement nach Slatiza zurückzukehren.

Die zur 3. Infanterie-Division gehörigen Truppentheile — Regimenter Pskow, Welikoluz und sechs Compagnien Ingermanland, rücken unter Oberst Komarowski nach Osten ab zur Vereinigung mit General Karzow; an Artillerie werden dieser Abtheilung beigegeben zwei /16. reitende, zwei /10. Kosaken und vier 4./31. Geschütze.

g. Das Gefecht von Ober-Bugarow am 1. Januar.

α) Der 31. December.

Weljaminow ist mit seinen aus fünf Bataillonen (Regiment Tambow und 2. und 3. Bataillon Pensa) und sechs Geschützen (vier der 2. und zwei der 5. reitenden Garde-Batterie) am 30. bei Jana eingetroffen; die gegen den Isker seit einigen Tagen vorgeschobene kaukasische Brigade, welche den Uebergang bei Nieder-Bugarow besetzt hat, ist ihm unterstellt.

Am Morgen des 31. rekognoszirt Weljaminow die Gegend um Jana; da die sanften Vorhöhen des Balkan von Usunli (zwischen Jana und Ober-Malina) an sich mehr und mehr von der Chaussee entfernen, bietet sich in der Nähe von Jana keine Stellung, in welcher sich Weljaminow einem Vormarsch des Gegners längs der Chaussee hätte frontal entgegenstellen können; er beschliesst daher bei Ober-Bugarow eine mit der Front nach Süden gerichtete Flankenstellung einzunehmen.

Von der Rekognoszirung nach Jana zurückgekehrt, erhält er um 5 Uhr die Meldung, dass starke feindliche Massen gegen die bei Nieder-Bugarow stehende Kosaken-

Brigade im Vorgehen sind, lebhaftes Feuer ist aus jener Richtung zu hören (a. e.). — Weljaminow führt sein Detachement sofort nach Ober-Bugarow vor.

Dieses kleine Dorf liegt in einer nach Süden sich öffnenden Mulde; die Höhen rechts und links des Dorfes fallen sanft nach Süden ab und gewähren — unbedeckt — ein gutes Schussfeld. Vor dem Dorfe erhebt sich ein Kurgan (vereinzelte Kuppe). Der taktische Schlüssel der Stellung liegt auf dem rechten Flügel, wo die Höhen gegen Butonez zu mehr ansteigen; strategisch ist der linke Flügel von vorwiegender Bedeutung, da in seiner Verlängerung die Verbindungslinie des Detachements mit der Haupt-Armee liegt.

Das Gelände vor dem linken Flügel der Stellung, zwischen der Chaussee und dem Hadschi-Karaman-Bache westlich des Dorfes Musakioi, ist sumpfig.

Weljaminow lässt seine Truppen folgende Aufstellung nehmen:

Das 1. Bataillon Tambow besetzt die Höhen westlich des Dorfes und den Kurgan, das 3. Bataillon Tambow besetzt die Höhen östlich des Dorfes. Beide Bataillone haben zunächst nur ihre Schützen-Compagnie ausgeschwärmt, die anderen Compagnien geschlossen dahinter. In den Stellungen beider Bataillone sind Schützengräben angelegt; aus Mangel an Schanzzeug sind dieselben zum Theil mit den Bajonetten gegraben.

Alle sechs Geschütze stehen auf der Höhe östlich des Dorfes hinter dem 3. Bataillon Tambow; nach verschiedenen Richtungen sind die Entfernungen abgemessen. Zwei Compagnien des 2. Bataillons Tambow bilden die besondere Bedeckung der Artillerie, zwei Compagnien dieses Bataillons sind von Tschainik her noch im Anmarsch; die fünfte Compagnie dieses Bataillons scheint als Trossbedeckung zurückgeblieben zu sein.

Das 2. und 3. Bataillon Pensa bilden die Reserve.

Zwei Kuban-Sotnien sichern den rechten Flügel gegen Butonez; vier Sotnien desselben Regiments sollen den linken Flügel und die Chaussee sichern; das Wladikaukas-Regiment steht hinter der Mitte.

Mit Munition ist das Detachement nur mässig versehen; für jedes Geschütz sind etwa 60 Schuss vorhanden.

β) Der 1. Januar.

Um 8 Uhr formiren sich türkische Kolonnen östlich der Chausseebrücke von Nieder-Bugarow und setzen sich gegen die russische Stellung in Bewegung, gleichzeitig zweigt sich eine Infanterie-Kolonne mit Artillerie rechts ab und schlägt, südlich der Chaussee bleibend, eine östliche Richtung ein. Die auf dem linken Flügel stehenden Sotnien erhalten den Befehl, zur Ueberwachung dieser den russischen linken Flügel mit Umgehung bedrohenden Kolonne eine starke Patrouille nach Musakioi vorgehen zu lassen.

Um 9 Uhr beginnt gegen die Front der russischen Stellung der Angriff starker türkischer Massen. Nachdem anfangs eine Linie berittener Tscherkessen die vorgeschobenen Kosaken-Posten vertrieben, gehen nunmehr dichte Schützenlinien sprungweise mit Sprüngen von 100—150 m Länge vor unter fortgesetztem heftigen Feuer.

Da der türkische linke Flügel in Stärke mehrerer Bataillone den russischen rechten Flügel zu umfassen versucht, so wird dieser Umfassung aus der Reserve das 2. Bataillon Pensa entgegengeworfen.

Die russische Artillerie eröffnet auf der abgemessenen Entfernung von 1700 m das Feuer; die erste Granate schlägt sogleich in die vorderste Kolonne ein. Die Infanterie lässt ohne zu feuern die Türken auf ganz nahe Entfernung herankommen und eröffnet dann ein mörderisches Feuer.

Auf die Meldung, dass die Türken zu einer noch weiteren Umfassung des russischen rechten Flügels über Butonez ausholen, werden ihnen hier die soeben von Tschainik eintreffenden zwei Compagnien des 2. Bataillons Tambow und vier Sotnien entgegengestellt. Eine noch intakte Compagnie des 1. Bataillons Tambow besetzt das Dorf Ober-Bugarow als allgemeinen Stützpunkt.

Um 2 Uhr meldet die vom linken Flügel entsendete Kosaken-Patrouille: Wegen des sehr sumpfigen Geländes südlich der Chaussee sei ein Vorgehen der Cavallerie auf Musakioi und infolgedessen auch eine ausgiebige Ueberwachung jener Gegend nicht möglich.

Da man türkische Kolonnen in jener Richtung in Bewegung wusste, so musste vom strategischen Gesichtspunkte aus die Verbindung des Detachements mit der Haupt-Armee, vom taktischen Gesichtspunkte aus die Stellung des linken Flügels bedroht erscheinen. Um dieser Gefahr einigermassen zu begegnen, wird die letzte Reserve, das 3. Bataillon Pensa, hinter den linken Flügel gezogen, und General Radsischewski, welcher diesen Flügel kommandirt, gibt den letzten beiden noch intakten Compagnien des 3. Bataillons Tambow den Befehl, ausschwärmend die Schützenlinie zu verlängern; ausserdem wird die ganze Schützenlinie dieses Bataillons, um besseres Schussfeld zu bekommen, eine Strecke vorgeschoben. Diese wohl ziemlich energisch ausgeführte Bewegung erschüttert die gegenüber befindlichen Türken, bringt sie ins Schwanken und stellenweise zum Zurückgeben.

Als Major Artobolewski, Kommandeur des 3. Bataillons Tambow, dieses momentane Schwanken in den feindlichen Reihen bemerkt, lässt er das Angriffs-Signal blasen, worauf sich sein Bataillon mit Hurrah! auf den Feind wirft. Das hinter diesem Flügel als Reserve stehende 3. Bataillon Pensa schliesst sich dem Bajonett-Angriff an. Auch die im Zentrum fechtenden Abtheilungen lassen ziemlich zu derselben Zeit einen sehr heftigen türkischen Angriff bis dicht an die Gewehrmündungen herankommen, geben eine mörderisch wirkende Salve und brechen sofort zum Gegenstoss vor.

Auf der ganzen Linie sind die Türken in eiligem Rückzuge, lebhaft verfolgt von der russischen Infanterie und Cavallerie.

Die Infanterie wird von der Verfolgung bald durch Weljaminows Befehl zurückgerufen, der, um auf alle unerwarteten Fälle gerüstet zu sein, bemüht ist, sein Detachement wieder geordnet die alte Stellung besetzen zu lassen.

Die Verfolgung von Seiten der Kosaken findet ihr Ende an der von türkischer Infanterie besetzten Brücke von Nieder-Bugarow.

Das Gefecht war entschieden ein glänzender Erfolg der russischen Waffen — um so glänzender, als er einem äusserst tapferen Feinde gegenüber errungen worden.

Verschiedene Punkte in dem Verlaufe des so sehr interessanten Gefechtes sind leider dunkel geblieben. Was thaten die beiden türkischen Umgehungs-Kolonnen? Wo stand und wie wirkte die türkische Artillerie? Wie viel türkische Angriffe sind russischerseits hintereinander abgeschlagen worden? — Denn unmöglich kann der um 8 Uhr in Bewegung gekommene Angriff erst um 2 Uhr zur Entscheidung gekommen sein. Auch über die Entfernungen, auf denen die Russen thatsächlich ihr mörderisches Feuer abgegeben, herrscht viel Unklarheit; die Angabe „auf 15 Schritt" klingt kaum wahrscheinlich. Die Thätigkeit der russischen Cavallerie erscheint in dem Gefechte keineswegs hervorragend; die mangelhafte Aufklärung in der linken Flanke macht einen eigenthümlichen Eindruck.

Russischer Verlust:
Regiment Tambow: 2 Offiziere 39 Mann todt, 6 Offiziere 102 Mann verwundet.
Regiment Pensa: 1 Mann todt, 29 Mann verwundet.

Artillerie:	10 Mann verwundet, 20 Pferde todt und verwundet.
Kosaken:	15 Mann verwundet.
Zusammen:	todt: 2 Offiziere 40 Mann ⎫ 8 Offiziere 261 Mann. verwundet: 6 „ 221 „ ⎭

Der türkische Verlust wird russischerseits auf 600 bis 800 Todte und 1400 bis 1600 Verwundete angegeben. In sehr vielen Fällen sind nun allerdings die russischen Angaben über die türkischen Verluste sehr übertrieben; im vorliegenden Falle dürfte die Angabe vielleicht ziemlich richtig sein. Dass die türkischen Verluste sehr gross gewesen sein müssen, geht aus der Art des Gefechts und aus der Beschaffenheit des von dem türkischen Angriff durchschrittenen Geländes hervor.

Von türkischer Seite (VII, f.) wird zugegeben, dass aus den Gefechten von Bugarow und Wraschdebna (h.) zusammen 1800 Verwundete nach Sofia geschafft worden sind; da der Verlust bei Wraschdebna entschieden nur gering war, so wird durch diese Angabe die oben angeführte russische Angabe annähernd bestätigt. Dass die Türken aus dem Gefechte von Bugarow ihre Verwundeten überhaupt zurückschaffen konnten, ist auch ein ziemlich unklarer Punkt.

h. Das Gefecht von Wraschdebna am 2. Januar.

Das Detachement, mit welchem General Rauch zur Unterstützung des Generals Weljaminow am 2. Januar um 2 Uhr Morgens von Taschkesen abmarschirte, bestand aus folgenden Truppen: Regimenter Preobraschensk und Ismailow (3 Bataillone), Garde-Schützen-Brigade, ein Zug reitender Grenadiere, 3./1. Garde-Batterie, 6./3. Garde-Batterie, 8. donische Batterie, 1. 4. Compagnie Garde-Sappeure. — Die 2. Sappeur-Compagnie, welche nach Arabkonak zu Wegebesserungen kommandirt gewesen, folgt einige Stunden später nach.

Um 2 Uhr Morgens längs der Chaussee aufbrechend, erreicht die Tête um 11 Uhr Mittags die Höhe von Ober-Bugarow, wo Weljaminow an das Detachement herankommt und über das gestrige Gefecht erzählt.

Zwei Sotnien — 2. Kuban und 2. Wladikaukas — der kaukasischen Brigade treten hier zum Detachement Rauch hinzu.

Nach zweistündigem Ruhehalt wird um 1 Uhr Mittags aufgebrochen; an der Spitze die Kosaken und reitenden Grenadiere; die Schützen-Brigade mit der 6./3. Garde-Batterie, die Regimenter Preobraschensk und Ismailow mit der 3./1. Garde-Batterie und der 8. donischen Batterie; die Sappeure (merkwürdiger Platz bei dem Vormarsch gegen eine vom Feinde besetzte grosse Brücke).

Etwa 3 km vor der Brücke von Wraschdebna erhält die Spitze des Detachements Feuer, feindliche Infanterie hat eine Anzahl Schützengräben diesseits der Brücke besetzt; andere Infanterie-Abtheilungen stehen am jenseitigen Ufer. Auf 2500 m Entfernung vom Feinde entwickelt sich das 4. Schützen-Bataillon rechts, das 1. Schützen-Bataillon links der Strasse; jedes Bataillon löst eine ganze Compagnie als Schützen auf und folgt dahinter mit den drei Compagnie-Kolonnen. Unter heftigem aber wenig wirksamem feindlichen Gewehrfeuer wird das ebene und offene Gelände durchschritten, ohne zu feuern. Auf 900 Schritt Entfernung eröffnen die besten Schützen das Feuer, das Vorgehen geschieht nunmehr sprungweise. Bis auf 600 Schritt an den Feind herangekommen, erhalten die Schützen den Befehl, liegen zu bleiben und nicht weiter vorzugehen.

General Rauch lässt durch die 2. Kuban-Sotnie den Lauf des Isker weiter aufwärts zur Aufsuchung einer Furth rekognosziren; als er die Meldung erhält: der Fluss sei mit Eis bedeckt, erhält das Regiment Preobraschensk den Befehl, in jener

Richtung eine Umgehung des rechten Flügels der feindlichen Aufstellung zu versuchen; die 1. Garde-Sappeur-Compagnie wird dem Regimente beigegeben. Zur Unterstützung der ganzen Umgehungs-Bewegung und namentlich zur Deckung des Fluss-Ueberganges werden bestimmt das 1. Garde-Schützen-Bataillon und die 3./1. Batterie; das gegen die feindliche Front im Schützengefechte begriffene 4. Schützen-Bataillon wird durch das 2. und 3. Schützen-Bataillon verstärkt. Um 5 Uhr fährt die 6./3. Garde-Batterie der Brücke gegenüber auf und eröffnet das Feuer auf 1000 m. Regiment Ismailow bleibt hinter der Mitte in Reserve.

Als die Umgehung der Preobraschenzen — welche glücklich die schwache Eisdecke des Isker überschritten — gegen den rechten Flügel des Gegners fühlbar wird, treten die Türken den Rückzug an, nachdem sie die mit brennbaren Stoffen verschiedener Art umwickelte Brücke in Brand gesteckt. Die brennende Brücke wird zunächst durch Abtheilungen der auf dem diesseitigen Ufer befindlichen Schützen-Bataillone überschritten; nach mehrstündiger harter Arbeit gelingt es den Sappeuren, den Brand zu löschen und die an der Brücke entstandenen Beschädigungen der Art auszubessern, dass sie von Artillerie benutzt werden kann.

Das Regiment Preobraschensk nebst den Batterien besetzt am andern Isker-Ufer eine den Brücken-Uebergang deckende Stellung, welche am folgenden Tage verschanzt wird; die übrigen Truppen des Detachements — zu denen noch eine Eskadron Grodno-Husaren stösst, beziehen theils Quartiere in Wraschdebna, theils Biwaks bei diesem Dorfe.

Russischer Verlust:

1. Schützen-Bataillon:	1	Mann todt,	8	Mann	verwundet.
3. "	—	"	3	"	"
4. "	1	"	11	"	"
Kosaken:	2	"	—	"	"
Zusammen:	4	Mann todt,	22	Mann	verwundet.

L. Die Einnahme von Sofia am 4. Januar.

a) Der 3. Januar.

Gurko unternimmt persönlich eine Rekognoszirung der türkischen Stellungen vor Sofia. Es zeigt sich, dass die Ostseite ziemlich stark befestigt ist, die Nordseite ist zugänglicher, auch scheint hier der Sicherheitsdienst weniger scharf gehandhabt zu werden. Gurko beschliesst nach Eintreffen verschiedener von Taschkesen her noch im Anmarsch befindlicher Verstärkungen am 4. Januar die Stadt von Osten und Norden her anzugreifen.

Das Detachement Weljaminow — zu dem das Regiment Koslow gestossen zu sein scheint — rückt auf Gurkos Befehl von Ober-Bugarow nach Kumaniza (nördlich von Sofia am linken Isker-Ufer). In der Nacht marschiert die Garde-Schützen-Brigade von Wraschdebna nach Kumaniza und vereinigt sich um 4 Uhr Morgens mit dem Detachement Weljaminow.

Das Detachement Rauch bleibt in seiner Stellung bei Wraschdebna stehen; es treffen ein das Garde-Jäger-Regiment, zwei Bataillone Semenow, die 3. Garde-Cavallerie-Brigade und einige Batterien. Die 3. Garde-Cavallerie-Brigade rückt nach Tschardaklü an der Chaussee Sofia-Philippopel, bemächtigt sich nach leichtem Gefecht des dortigen Isker-Ueberganges und schiebt Vorposten gegen Sofia vor; dieselben haben nach links Verbindung mit dem in Jenihan stehenden Dragoner-Regiment Astrachan Nr. 8; nach rechts reichen sie bis an die Chaussee Sofia-Orchanie und haben hier Verbindung mit der kaukasischen Brigade. Diese ist bis Maloschewzi (nördlich von Sofia) vorgegangen und hat hier Vorposten ausgestellt, welche mit dem linken Flügel bis zur Chaussee Sofia-Orchanie, mit dem rechten Flügel bis zur Chaussee Sofia-Pirot reichen. Eine Sotnie ist in der Richtung auf Pirot, eine andere Sotnie über den Ginzi-Pass nach Berkowaz entsandt.

ß) Der 4. Januar.

Bevor die Truppen sich zu dem für heute befohlenen Angriff in Bewegung setzen, verbreitet sich — durch aus der Stadt gekommene Bulgaren — die Nachricht von der Räumung der Stadt durch die Türken.

Der Abzug nicht nur der türkischen Truppen, sondern auch eines grossen Theiles der muhamedanischen Bevölkerung war im Laufe der Nacht bewirkt worden, ohne von der russischen Cavallerie bemerkt zu werden. Gurko hält nunmehr an der Spitze seiner Truppen, begeistert empfangen von der Bevölkerung, seinen feierlichen Einzug in die Stadt.

Eine eigentliche Verfolgung findet nicht statt; der einzige schwache Ansatz dazu — das Vorgehen einer Cavallerie-Abtheilung auf der nach Radomir und Dubniza führenden Strasse — fand sehr bald ein Ende; die Strasse war durch die zu Fuss und zu Wagen flüchtende Bevölkerung derartig verstopft, dass — nach Gurkos Rapport — „es durchaus unmöglich war, den Engpass von Bali Effendi zu passiren."

Die kaukasische Brigade und das Regiment Ismailow mit einer Batterie beziehen westlich der Stadt an der Strasse nach Dubniza die Vorposten; die Hauptmasse der Truppen bezieht Quartiere in der Stadt, das Garde-Jäger-Regiment und ein Theil der Artillerie in Podeni östlich der Stadt.

Von Berkowaz aus trifft demnächst General Arnoldi mit einer Brigade der 4. Cavallerie-Division in Sofia ein.

In der Stadt fielen den Russen sehr grosse Vorräthe aller Art in die Hände, die von den Türken dort aufgehäuft worden waren; so 200,000 Pud (70,000 Centner) Mehl und (nach Gurkos wahrscheinlich sehr übertriebener Angabe) etwa 20 Millionen Patronen.

Von den Kranken und Verwundeten, welche in Sofia in die Hände der Russen fielen, liess Gurko 5000 Mann, deren Zustand weniger bedenklich war, frei laufen; 1500 Mann verblieben in den Lazarethen.

Den Truppen Rauchs wurden in Sofia einige Ruhetage gegeben, um demnächst den weiteren Vormarsch in östlicher Richtung wieder anzutreten.

Schlütersche Buchdruckerei in Hannover.

Inhalts-Verzeichniss.

Erster Abschnitt.

Seite

Der Balkan und seine Pässe 3
  a. Der Etropol-Balkan 11
  b. Die Chaussee Orchanie-Sofia 13
  c. Die Wege von Orchanie über die Pässe von Tschuriak und Umurgatsch 13
  d. Der Weg von Etropol über den Strigli-Pass 14
  e. Der Weg von Etropol über den Kasamarska-Pass nach Slatiza . . . 15
  f. Der Weg von Tetewen über den Slatiza-Pass nach Slatiza 15

Zweiter Abschnitt.

Die türkische Armee von Sofia-Orchanie unter dem Ober-Kommando Mehmed Alis 16
  a. Die Ernennung Mehmed Ali Paschas zum Oberbefehlshaber der Armee von Sofia-Orchanie und sein Verhältniss zu dem Generalissimus Suleiman Pascha 20
  b. Die türkischen Stellungen im Etropol-Balkan 24
  c. Mehmed Ali von seinem Eintreffen in Sofia bis zu seiner Abberufung von dem Kommando der Sofia-Armee — 19. November bis 4. December 25

Dritter Abschnitt.

Einleitung der gegen den Etropol-Balkan gerichteten russischen Operationen 34
  a. Kommando-Verhältnisse 39
  b. Zusammensetzung der West-Armee Gurkos 40
  c. Vormarsch der Avantgarde der West-Armee von Telisch nach Jabloniza 41
  d. Vormarsch der vom Lowtscha-Detachement abgegebenen Truppen nach Jabloniza 42
  e. Die Avantgarde der West-Armee bei Ossikowo vom 9. bis 18. November 43
    α) Vormarsch von Jabloniza nach Ossikowo 43
    β) Rekognoszirung gegen Orchanie 43
    γ) Rekognoszirung gegen Prawez 43
    δ) Rekognoszirung gegen Etropol 44
  f. Versammlung der West-Armee bei Jabloniza 44
  g. Relais-Linien und Telegraph 44

	Seite
h. Anordnungen Gurkos in Bezug auf den allgemeinen Dienstbetrieb	45
i. Verpflegungs-Massregeln	46

Vierter Abschnitt.

Die Operationen der russischen Cavallerie westlich des Isker 48
  a. Die Streifzüge in der ersten Novemberwoche 58
    α) Oberst Kowaleski nach Dschurilowo am 2., 3. und 4. November . 58
    β) General Etter gegen Rahowa am 4., 5. und 6. November 58
    γ) Oberst Meyendorff nach Altimir am 4., 5., 6. und 7. November . . 59
    δ) Stabs-Kapitän Willamow gegen Wrazza am 4., 5. und 6. November 59
  b. Die Einnahme von Wrazza am 9. November 60
    α) Die Oertlichkeit 60
    β) Vormarsch gegen Wrazza 60
    γ) Einnahme von Wrazza 60
  c. Rekognoszirungen gegen Berkowaz 62
    α) Die Oertlichkeit 62
    β) Rekognoszirung des Oberst Offenberg am 14. November 62
    γ) Rekognoszirung des Oberst Kowalewski am 16. November . . . 62
  d. Gefecht bei Nowatschin am 22. November 64
    α) Die Oertlichkeit 64
    β) Die Ereignisse bei Radotin-Lutikowo 65
    γ) Die Ereignisse bei Nowatschin-Skrivena 66
  e. Die Ereignisse bei Rahowa 71
  f. Rekognoszirung des Ogoja-Passes im Rücken der Lutikowo-Stellung . 72

Fünfter Abschnitt.

Beginn der russischen Offensive. — Einnahme der Stellungen von Prawez und Etropol. — 22., 23. und 24. November 74
  a. Die Prawez-Stellung 83
  b. Die Etropol-Stellung 84
  c. Das Detachement des General Dandeville vom 18. bis 21. November . 84
  d. Rekognoszirung des Umgehungs-Weges um den linken Flügel der Prawez-Stellung durch Oberstlieutenant Pusfirewski am 20. und 21. November 85
  e. Der russische linke Flügel unter General Dandeville vom 22. bis 24. November 86
    α) Der 22. November 86
    β) Der 23. November 87
    γ) Der 24. November 89
    δ) Munitions-Verbrauch 90
  f. Das russische Zentrum unter General Schuwalow vom 22. bis 24. November 90
    α) Der 22. November 90
    β) General Schuwalow in der Nacht vom 22. zum 23. November . . 92
    γ) Der 23. November 94
  g. Der russische rechte Flügel unter General Rauch vom 21. bis 24. November 95
    α) Vorbereitungen 95
    β) Der 21. November 96

		Seite
η) Der 22. November		96
ϑ) Der 23. November		98

Sechster Abschnitt.

Fortsetzung der russischen Offensive. — Festsetzen der Russen auf den Passhöhen von Schandornik, Wrateschka und Arabkonak. — 25. November bis 5. Dezember 99
  a. Die Verfolgung hinter Etropol am 25. und 26. November 106
  b. Die Avantgarde unter General Dandeville auf den Passhöhen von Schandornik und Wrateschka am 27., 28. und 29. November 107
    α) Der 27. November 107
    β) Der 28. November. — Rechte Kolonne 108
    γ) Der 28. November. — Linke Kolonne 110
    δ) Der 29. November 110
  c. Das Gros der West-Armee bei Etropol vom 25. November bis Anfang December 112
    α) Regiment Preobraschensk 112
    β) Regiment Semenow 112
    γ) Regiment Ismailow 112
    δ) Regiment Garde-Jäger 113
    ε) Regiment Leib-Garde-Grenadiere 113
    ζ) Regiment Pawlow 113
    η) Regiment Finland 113
    ϑ) Die kaukasische Kosaken-Brigade 113
  d. Das Schandornik-Detachement unter General Rauch vom 30. November bis 8. December 113
    α) Versammlung des Detachements in der Stellung 113
    β) Befestigung der Stellung 114
    γ) Vertheilung der Truppen in der Stellung 115
    δ) Vorgänge in der Stellung 115
  e. Das Wrateschka-Detachement unter General Dandeville vom 30. November bis 7. December 116
    α) Versammlung des Detachements in der Stellung 116
    β) Befestigung der Stellung 117
    γ) Vertheilung der Truppen in der Stellung 118
    δ) Vorgänge in der Stellung 118
  f. Das Prawez-Detachement unter General Ellis 1 vom 25. bis 29. November 120
  g. Das Wratsesch-Orchanie-Detachement unter General Brok vom 30. November bis 8. December 121
    α) Die Oertlichkeit 121
    β) Zusammensetzung und Thätigkeit des Detachements 121
  h. Das Arabkonak-Detachement unter General Ellis vom 30. November bis 5. December 122
    α) Die Oertlichkeit 122
    β) Vormarsch des Detachements Ellis gegen die Arabkonak-Stellung. — Besitznahme des Finländischen Berges. — 30. November, 1. und 2. December 122
    γ) Der 3. December. — Angriff der Türken auf die russische Stellung 123

ε) Besetzung des Pawlowskischen und des Preobraschenskischen Berges durch die Russen. — 4. und 5. December 125

Siebenter Abschnitt.
Die türkische West-Armee unter dem Oberkommando von Schakir und Suleiman 127
  a. Suleiman und die türkische Heeresleitung 131
  b. Anmarsch der von der Ost-Armee abgegebenen Verstärkungen . . . 135
  c. Die türkische Stellung am Arabkonak-Pass 136
    α) Die Arabkonak-Schandornik-Stellung 136
    β) Der Thalkessel von Kamarzü 137
    γ) Die Taschkosen-Stellung 137
    δ) Die rückwärtigen Verbindungen 138
  d. Das Kamarzü-Corps unter Schakir Pascha von Anfang December bis Anfang Januar 138
    α) Kommando-Verhältnisse und Zusammensetzung des Corps . . . 138
    β) Ereignisse bis zum Beginn der russischen Offensive 139
    γ) Ereignisse vom 24. bis 30. December 140
    δ) Der 31. December. — Das Treffen vor Taschkesen 143
    ε) Rückzug Schakir Paschas nach Petritschewo 146
  e. Ereignisse bei Slatiza 146
  f. Ereignisse bei Sofia 147

Achter Abschnitt.
Stillstand der Operationen bis zum Beginn der allgemeinen russischen Offensive — 5. bis 24. December 149
  a. Das Schandornik-Wrateschka-Detachement vom 5. bis 24. December . . 157
    α) Die Höhenstellung östlich der Chaussee 157
    β) Kommando-Verhältnisse, Zusammensetzung und Aufstellung des Detachements 158
    γ) Vorgänge in der Stellung 159
  b. Das Arabkonak-Detachement vom 5. bis 24. December 161
    α) Die Höhenstellung westlich der Chaussee 161
    β) Kommando-Verhältnisse, Zusammensetzung und Aufstellung des Detachements 161
    γ) Vorgänge in der Stellung 162
  c. Das Wratschesch-Lutikowo-Detachement 163
    α) Die Oertlichkeit 163
    β) Kommando-Verhältnisse, Zusammensetzung und Aufstellung des Detachements 163
    γ) Vorgänge in der Stellung 164
  d. Gesundheitszustand und Stärke-Verhältnisse 164
  e. Verpflegung 164
  f. Rekognoszirungen der Balkan-Pässe 165
    α) Rekognoszirung des Slatiza-Passes 165
    β) Rekognoszirung des Kasanmarska-Passes 166
    γ) Rekognoszirung der Baba-Gora 166
    δ) Rekognoszirung des Strigli-Passes 166

	Seite
ε) Rekognoszirung des Tschuriak-Passes und Gangbarmachung desselben	167
ζ) Rekognoszirung des Umurgatsch-Passes	168
g. Anmarsch der Verstärkungen	169
α) Die Truppen	169
β) Anmarsch der Truppen	170

Neunter Abschnitt.

Die Ereignisse auf dem Kasamarska-Pass	172
a. Die Oertlichkeit	174
b. Kommando-Verhältnisse und Zusammensetzung des russischen Slatiza-Detachements	175
c. Vorgänge	176
d. Gefechtsverluste und Krankheiten	180

Zehnter Abschnitt.

Beginn der allgemeinen russischen Offensive. — Uebergang der West-Armee über den Etropol-Balkan. — 25. bis 30. December	181
a. Allgemeine Anordnungen Gurkos für den Gebirgs-Uebergang	195
α) Verpflegung	195
β) Ausrüstung und Tross	196
γ) Marschordnung und Marschdisciplin	196
δ) Taktische Anweisungen	196
b. Disposition Gurkos für den Gebirgs-Uebergang	197
α) Die Avantgarde	197
β) Das erste Echelon	197
γ) Das zweite Echelon	197
δ) Die Cavallerie des Hauptcorps	198
ε) Die rechte Seitenkolonne	198
ζ) Die abgesonderte linke Seiten-Kolonne	198
η) Die Beobachtungs-Detachements	198
θ) Das Sanitäts-Personal	199
ι) Das Armee-Kommando	199
c. General Gurko vom 25. bis 30. December	199
d. Das Hauptcorps vom 25. bis 30. December	200
α) Besetzung von Tschuriak vor dem Beginn der allgemeinen Bewegung	200
β) Disposition Rauchs für den Marsch der Avantgarde	200
γ) Thatsächliche Ausführung des Marsches durch die Truppen der Avantgarde	201
δ) Marsch des ersten Echelons	202
ε) Marsch des zweiten Echelons	202
e. Die rechte Seiten-Kolonne vom 25. bis 30. December	203
α) Allgemeine Anordnung des Marsches	203
β) Marsch von Wratschesch bis zum Beginn des Passweges. Vorbereitungen zum Aufstiege	203
γ) Marsch der Avantgarde über den Umurgatsch-Pass nach Jeleschniza	203
δ) Aufstieg der Infanterie und Artillerie zum Umurgatsch-Pass und Abstieg über Tschuriak	204
ε) Marsch der Cavallerie über das Gebirge	205

f. Die linke Seitenkolonne vom 25. bis 30. December 205
   α) Versammlung des Detachements. — Vorbereitungen 205
   β) Die Oertlichkeit 206
   γ) Aufstieg des Detachements zur Baba-Gora 206
   δ) Demonstrationen des Detachements auf der Baba-Gora 207
   ε) Schneesturm-Katastrophe. — Rückzug des Detachements nach Etropol 208
   ζ) Verluste 211
g. Das Detachement Oldenburg in der östlichen Höhenstellung 212
h. Das Detachement Schuwalow in der westlichen Höhenstellung . . . 212
i. Das Detachement Schilder-Schuldner in der Wratschesch-Lutikowo-Stellung 214

Elfter Abschnitt.

Entwickelung der West-Armee auf der Südseite des Gebirges. — Einnahme von Sofia. — 27. December bis 4. Januar 215
a. Die kaukasische Kosaken-Brigade vom 27. bis 31. December 231
   α) Der 27. December 231
   β) Der 28. December 232
   γ) Der 29. December 232
   δ) Der 30. December 233
   ε) Der 31. December 234
b. Die Garde-Cavallerie vom 29. December bis 5. Januar 234
   α) Der 29. December 234
   β) Der 30. December 234
   γ) Der 31. December 235
   δ) Der 1. Januar 235
   ε) Der 2. Januar 235
   ζ) Der 3. Januar 236
   η) Der 4. Januar 236
   ϑ) Der 5. Januar 236
c. Das Treffen von Taschkesen am 31. December 236
   α) Gurkos Disposition für den 31. December, ausgegeben in Tschuriak am 30. December 236
   β) Die obere Leitung des Gefechts durch die Generale Gurko und Katalei 238
   γ) Das Detachement Rauch 241
   δ) Das Detachement Kurlow 243
   ε) Das Detachement Filosofow 245
   ζ) Das Detachement Wasmund 246
   η) Das Detachement Schuwalow 246
   ϑ) Das Detachement Klot 248
d. Die Truppen in der Hauptstellung unter General Krüdener vom 30. December bis 1. Januar 248
   α) Allgemeine Anordnungen Krüdeners 248
   β) Ereignisse in der Schandornik-Stellung 249
   γ) Ereignisse in der Arabkonak-Stellung 250
e. Das Detachement Katalei-Kurlow vom 1. bis 7. Januar 250
   α) Die Wege-Verbindung zwischen Nieder-Kamarzü und Petritschewo 250
   β) Der 1. Januar 251

	Seite
γ) Der 2. Januar. — Gefecht bei Petritschewo	252
δ) Der 3. Januar	255
ε) Der 4. Januar	255
ζ) Der 5. Januar	255
η) Der 6. Januar. — Gefecht bei Metschka	255
ϑ) Der 7. Januar	257
f. Die Detachements Dandeville und Brok im Slatiza-Thal	257
α) Uebergang des Detachements Dandeville über den Kasamarska-Pass	257
β) Entwickelung der vereinigten Detachements im Thal von Slatiza	258
g. Das Gefecht von Ober-Bugarow am 1. Januar	259
α) Der 31. December	259
β) Der 1. Januar	260
h. Das Gefecht von Wraschdebna am 2. Januar	262
i. Die Einnahme von Sofia am 4. Januar	263
α) Der 3. Januar	263
β) Der 4. Januar	264

Karten-Skizzen.

1. Uebersichts-Skizze Nr. I. — Allgemeine Orientirung.
2. Uebersichts-Skizze Nr. II. — West-Bulgarien.
3. Operations-Skizze Nr. I. — Von Jabloniza bis Sofia.
4. Operations-Skizze Nr. II. — Von Jabloniza bis Etropol.
5. Operations-Skizze Nr. III. — Von Etropol bis Petritschewo.
6. Operations-Skizze Nr. IV. — Berkowaz, Wrazza, Nowatschin.
7. Detail-Skizze Nr. I. — Wrateschka-Schandornik.
8. Detail-Skizze Nr. II. — Arabkonak-Taschkesen.

Einige Druckfehler- und sonstige Berichtigungen.

1. Abschnitts-Uebersicht.

1) Seite 79, Zeile 13 von unten: dem statt den.
2) „ 105, Zeile 10 von oben: das statt dem.
3) „ 149, Zeile 16 von unten: Kommandeur statt Kommandeure.
4) „ 174, Zeile 4 von unten: nah statt nach.
5) „ 186, Zeile 14 von unten: rechte statt erste.
6) „ 191, letzter Absatz. Die durch ein Versehen stehen gebliebene, nicht ganz correcte Fassung dieses Satzes ist nach der Seite 247 gegebenen detaillirten Darstellung zu berichtigen.
7) „ 195, Zeile 4 von oben: In Betreff der Anzahl der Geschütze sind die detaillirten Angaben auf Seite 213 und 247 zu vergleichen.
8) „ 218, Zeile 18 von unten: finden statt fanden.

2. Mit lateinischen Buchstaben bezeichnete Abschnitte.

9) Seite 29, Zeile 12 von unten: Thalebene statt Hochebene.
10) „ 84, Zeile 20 von unten: des statt der.
11) „ 135, Zeile 22, 23 von oben: von den Corps bei Rustschuk und Rasgrad statt von dem Corps bei Rustschuk in Rasgrad.
12) „ 148, Zeile 1 von unten: Dubniza statt Dubriza.
13) „ 180, Zeile 22 von unten: 3 Uhr Nachmittags statt 4 Uhr Morgens.

3. Mit griechischen Buchstaben bezeichnete Abschnitte.

14) Seite 43, Zeile 24 von unten: Kowalewski statt Kowalski.
15) „ 60, Zeile 22 von unten: Kaiser-Ulanen statt Garde-Ulanen.
16) „ 60, Zeile 2 von unten: Wrbiza statt Wrliza.
17) „ 63, Zeile 17 von unten: dem statt den.
18) „ 66, Zeile 8 von oben: gegen zwölf Uhr statt gegen ein Uhr.
19) „ 66, Zeile 16 von oben: gegen ein Uhr statt gegen zwei Uhr.
20) „ 67, Zeile 26, 27 von oben: bald nachher statt zu derselben Zeit.
21) „ 88, Zeile 21 von unten: keine Artillerie.
22) „ 93, Zeile 13 oben: auf dem Berge X des beiliegenden Krokis.
23) „ 97, Zeile 24 von oben: Naglowski statt Gurko.
24) „ 122, Zeile 3 von unten: eine statt einer.
25) „ 124, Zeile 2 von unten: 2. 4./1. und 3./4.
26) „ 136, Zeile 11 von oben: Karagel und Sinitsch statt Karagel.
27) „ 137, Zeile 9 von unten: er statt sie.
28) „ 143, Zeile 13 von unten: südöstlich statt südlich.
29) „ 150, Zeile 17 von unten: Logements dazwischen, statt Logements, dazwischen.
30) „ 255, Zeile 14 von oben: Kelano Kamarzü ist ein Name.

www.ingramcontent.com/pod-product-compliance
Lightning Source LLC
Chambersburg PA
CBHW031952230426
43672CB00010B/2135